アジア地域主義とアメリカ

ベトナム戦争期のアジア太平洋国際関係

曺 良鉉 ――［著］
Jo Yanghyeon

東京大学出版会

本書は財団法人東京大学出版会の
刊行助成により出版される.

ASIAN REGIONALISM AND U.S. ASIAN POLICY
International Relations in the Asia-Pacific during the Vietnam War
JO, Yanghyeon
University of Tokyo Press, 2009
ISBN978-4-13-036232-0

凡　例

1. 国名に関しては，必要に応じて次のように略記した．
　　オーストラリア→豪　カナダ→加　フランス→仏　インド→印　イタリア→伊　マレーシア→馬　フィリピン→比　タイ→泰　イギリス→英　アメリカ（合衆国）→米　中国→中　日本→日　韓国→韓　台湾→台　ソ連→ソ
　　なお，日本や韓国の政府文書に関しては，原文中の「駐中」，「駐越」などは，直接引用の場合を除き，それぞれ「駐台」，「駐南ベトナム」に変更して表記した．

1. 人名に関しては，初出の箇所に姓名を表記し，以後は主に姓を用いた．注に初出した後に本文で初めて登場した場合，同一人物でも役職が変わった場合に関しては，いずれにおいても初出扱いとした．

1. 組織，機構などについては，初出の箇所に正式名称を表記（通称または英語による略語がある場合には括弧の中に併記）し，以後は主に通称ないし略語を用いた．英語による正式名称は略語表で明記した．

1. 会議などに関しては，英語の名称（語頭の定冠詞は省略），開催期間，開催地などが分かる場合には，括弧を設けてその中に併記した．

1. 引用文に関しては，一部を強調したい場合にはその箇所に傍点を付し，補足が必要と思われる場合には直後に［　］を設けて筆者の説明を付けた．（　）内は原文である．引用文の一部を省略した場合には，前略，中略，後略を問わず，「……」を用いた．

1. 出典は，原則として注にまわしたが，その際，次のような方法を用いた．
　　（1）　一般の文献，定期刊行物，学術論文などについては，（著者名，発表年：ページ／章）もしくは著者名（発表年：ページ／章）の形式を用いた．著者名は基本的に姓である．なお，別人でありながら著者の姓と発表年が同じ文献の場合や，同じ名字が多い韓国人の著者の場合などに限り，区別のため姓名を合わせて示すことにした．
　　（2）　外交文書などについては，初出の箇所に出典情報を示し，以後の再引用に際しては，"*ibid.*" "*op. cit.*" "idem"「同」などによる略記を用いた．但し，閲読の便宜上有効と思われる場合には，作成者，文書の題名及び引用箇所（日付），または電文の場合には電送番号のみないし電送番号，題名，日付による省略型を併用した．

1. 公刊資料，新聞などの出典表記については，次のものに限っては略記を用いた．
    Foreign Relations of the United States → FRUS
    Japan and the United States → J&US
    『朝日新聞』 →『朝日』
    『産経新聞』 →『産経』
    『日本経済新聞』 →『日経』

1. 非公刊の政府文書の出典表記については次のような方式を用いた．
    （1） アメリカ政府文書に関しては，ジョンソン大統領記念図書館所蔵のものには最後に"LBJL"を付け，国立公文書館所蔵のものには"NA"を付けた．その際，次のような略記を用いた．
    NATIONAL SECURITY FILE → NSF
    WHITE HOUSE CENTRAL FILE → WHCF
    RECORD GROUP 59 → RG59
    Central Files, Subject and Numeric Files → S&N
    Office Files/Lot Files, East Asia/Pacific → EA/P
    Office Files/Lot Files, Executive Secretariat, Conference Files → CF
    Office Files/Lot Files, Policy Planning Staff, Subject and Country Files → S/P
    （2） 日本政府文書に関しては，後にコマ番号（FN）がついているものは外務省外交史料館で公開された外交記録であり（初出に限り，マイクロフィルムのリール番号のほか，括弧内に門，類，項，目，号の分類番号を付けた），そのほかは，特に断らない限り，外務省情報公開室で開示された外務省所蔵の文書である．
    （3） 韓国政府文書は，特に断らない限り，外交安保研究院で公開された外交記録であり，初出に限り，後にマイクロフィルムのロール（リール）番号，ファイル番号，フレーム（コマ）番号を付けた．その際，マイクロフィルムの文書名は省略し，その一連番号のみを《 》内に示した．韓国語（ハングル）表記の場合は，直後に〈 〉を設け，日本語訳を付けた（但し漢字表記のみの場合は訳を省いた）．

略語表*

*英語名称の表記において語頭の冠詞は省略した.

ADB	アジア開発銀行（Asian Development Bank）
AfDB	アフリカ開発銀行（African Development Bank）
AID	（米国）国際開発庁（Agency for International Development）
AMDA	イギリス・マラヤ防衛協定（Anglo-Malayan Defense Agreement）
AMF	アジア通貨基金（構想）（Asian Monetary Fund）
ANZAM	アンザム（防衛計画取り決め）（Defense planning arrangement between British, Australian, New Zealand and Malayan forces）
ANZUS	アンザス（安全保障条約）（Australia, New Zealand, the United States）
APACL	アジア民族反共連盟（Asian People's Anti-Communist League）
APEC	アジア太平洋経済協力会議（Asia Pacific Economic Cooperation）
APO	アジア生産性機構（Asian Productivity Organization）
ARF	ASEAN地域フォーラム（ASEAN Regional Forum）
ASA	東南アジア連合（Association of Southeast Asia）
ASEAN	東南アジア諸国連合（Association of South East Asian Nations）
ASEM	アジア欧州会合（Asia-Europe Meeting）
ASPAC	アジア太平洋協議会（Asian and Pacific Council）
CENTO	中央条約機構（Central Treaty Organization）
CIA	（米国）中央情報局（Central Intelligence Agency）
CIAP	進歩のための同盟米州委員会（Inter-American Committee on the Alliance for Progress）
DAC	開発援助委員会（Development Assistance Committee）
EAEG	東アジア経済グループ（構想）（East Asia Economic Group）
ECAFE	（国連）アジア極東経済委員会（Economic Commission for Asia and the Far East）
ECOSOC	（国連）経済社会理事会（Economic and Social Council）
EPA	経済連携協定（Economic Partnership Agreement）
ERP	欧州復興計画（European Recovery Program; 通称マーシャル・プラン）
EXCOM	（米国）NSC執行委員会（Executive Committee, NSC）
EX-IM	（米国）輸出入銀行（Export-Import Bank of the United States）
FTA	自由貿易協定（Free Trade Agreement）

略語表

IDA	国際開発協会（International Development Association）
IDB	米州開発銀行（Inter-American Development Bank）
IMF	国際通貨基金（International Monetary Fund）
MACV	駐南ベトナム米軍事援助司令部（＝USMACV; U.S. Military Assistance Command, Vietnam）
MAPHILINDO	マフィリンド（Malaya-Philippines-Indonesia）
NATO	北大西洋条約機構（North Atlantic Treaty Organization）
NEATO	北東アジア条約機構（構想）（North East Asia Treaty Organization）
NLF	（南ベトナム）解放民族戦線（National Liberation Front）
NSC	（米国）国家安全保障会議（National Security Council）
OAEC	アジア経済開発機構（構想）（Organization for Asian Economic Cooperation）
OECD	経済協力開発機構（Organization for Economic Cooperation and Development）
OEEC	欧州経済協力機構（Organization for European Economic Cooperation）
SCO	上海協力機構（Shanghai Cooperation Organization）
SEAARC	東南アジア地域協力連合（構想）（Southeast Asian Association for Regional Cooperation）
SEACOORD	（米国）東南アジア調整委員会（Southeast Asia Coordinating Committee）
SEAMEC	東南アジア文部大臣委員会（Southeast Asian Ministers of Education Council）
SEAMEO	東南アジア文部大臣機構（Southeast Asian Ministers of Education Organization）
SEAMES	東南アジア文部大臣事務局（Southeast Asian Ministers of Education Secretariat）
SEATO	東南アジア条約機構（Southeast Asia Treaty Organization）
SOFA	地位協定（Status of Forces Agreement）
TVA	（米国）テネシー川流域開発公社（Tennessee Valley Authority）
UNCTAD	国連貿易開発会議（United Nations Conference on Trade and Development）
UNESCO	国連教育科学文化機関（United Nations Educational, Scientific and Cultural Organization）
UNSF	国連特別基金（United Nations Special Fund）

目　次

凡　例　i
略語表　iii

序　章　アジア地域主義とアメリカ —————————— 1

第 1 節　1960 年代半ばのアジア地域主義の今日的意義　1
1. 同時代性の中の問題：アジア地域主義の軽視　2
2. 冷戦史の文脈の中の問題：域外要因と域内要因　4

第 2 節　先行研究の一面性　6
1. アメリカ外交からの視点　7
2. 地域イニシアティブからの視点　11

第 3 節　本書の課題と方法　14
1. 相互作用の視点からの多様性の分析　14
2. 分析方法と概念の定義　16
3. 本書の構成　17

第 1 章　ジョンソン政権のアジア地域主義政策 —————————— 21

第 1 節　第 2 次世界大戦後のアジア地域主義とアメリカ　21
1. 戦後アジア地域主義の展開：1960 年代前半までの限定的成果　21
2. アメリカのアジア政策における地域主義的発想　25

第 2 節　ジョンズ・ホプキンス演説　27
1. ジョンソン構想＝アジア地域主義の「産みの親」？　27
2. 大統領演説の背景：ベトナム・ファクター　29
3. 演説案の作成：東南アジア開発問題への言及　33

第 3 節　ジョンソン構想の内実　40
1. 「東南アジア開発連合」設立案：「アジア版進歩のための同盟」　40
2. 軍事・安全保障分野における対応：同盟体制の現状維持　47

第 4 節　ジョンソン構想提唱の意義　51

第2章　ジョンソン構想の展開 ─────── 55

第1節　アメリカの初期戦略　55
1. 政府内支援体制の確立　55
2. 「アジア版進歩のための同盟」が目指したもの　56
3. 「低姿勢」開発外交　62

第2節　アジア側の対応　64
1. 国連との協議：国連によるメコン委員会売り込みの成功　64
2. アジア諸国の反応：具体的な対応の欠如　67
3. ジョンソン構想実現への道筋：二つの枠組みの併用へ　70

第3節　ジョンソン構想の変容　71
1. メコン委員会「公社」化計画の頓挫　71
2. 分野別枠組み育成への方向転換　77

第4節　ジョンソン構想の帰結　82
1. 「アジア版CIAP」の断念　82
2. ジョンソン構想の残したもの　87

第5節　ジョンソン構想の意義　94

第3章　アジア開発銀行 ─────── 96

第1節　アジアにおける地域銀行設立の動き　96
1. 地域銀行設立案の系譜：ECAFEと日本での模索　96
2. 日米の初期対応：日本の積極姿勢，アメリカの消極姿勢　98

第2節　ADB設立とアメリカ外交　104
1. ジョンソン構想の推進手段としてのADB　104
2. ADB設立交渉における主な争点とその帰結　110

第3節　特別基金設立の試み　122
1. 「東南アジア地域開発基金」の頓挫　122
2. 「農業開発基金」の設立　125

第4節　ADB設立の意義　126

第4章　東南アジア開発閣僚会議 ─────── 128

第1節　ジョンソン構想への初期対応　128
1. ジョンソン構想と米政府の日本への働きかけ　128

2．外務省の「アジア版OEEC」案：米大使館シナリオとの類似性　132
　　3．東南アジア開発に対する日米の認識の相違：ベトナム問題　134
　第2節　「アジア版CIAP」案の模索　137
　　1．日米政策企画協議とアメリカの働きかけ：CIAPの勧め　137
　　2．日本政府の対応：イニシアティブ発揮への慎重な態度　139
　　3．メコン委員会とCIAPの間で　141
　第3節　閣僚会議への帰着　144
　　1．閣僚会議開催案の登場：CIAP追求からの方向転換　144
　　2．日米合同委員会での駆け引き：CIAP型 vs. 閣僚会議　147
　　3．閣僚会議開催への道のり：ジョンソン構想との関連の否定　150
　第4節　東南アジア開発閣僚会議設立の意義　157
　　1．日本の対アジア積極外交と米政府の評価　157
　　2．ジョンソン構想と一線を画した日本独自の援助体制構想　160

第5章　アジア太平洋協議会 ——————————————— 163
　第1節　戦後東アジア安全保障体制と韓国外交　163
　　1．「ハブ・アンド・スポーク」の東アジア集団防衛体制　163
　　2．韓国の追求した東アジア反共同盟　164
　第2節　韓国によるアジア外相会議の提唱　166
　　1．韓国政府の初期構想：自国の主導性，幅広い参加国の想定　166
　　2．アジア諸国の反応：「反共同盟」及び日本不参加への疑念　168
　　3．アメリカの対応：傍観から側面支援へ　171
　第3節　ASPAC設立への道のり　176
　　1．第1次予備会談：参加国拡大への切り札　176
　　2．第2次予備会談：日本の参加を求めて　180
　　3．設立会議：定例化を目指して　187
　第4節　ASPAC設立の意義　190
　　1．韓国による東南アジア進出の橋頭堡，日本外交への牽制　190
　　2．アメリカの側面支援：同盟国の危機感・孤立感への対処　196

第6章　東南アジア諸国連合 ——————————————— 199
　第1節　戦後東南アジアにおける域内紛争と地域協力　199
　　1．地域協力の制約要因としての域内紛争　199

2. 域内政治変動と和解の進展　199
第2節　ASEAN設立への道のり　201
　1. 地域機構新設に向けた動き：インドネシアを中心として　201
　2. 設立会議における駆け引き：地域自主性，外国軍基地の問題　203
第3節　アメリカ・ファクター　208
　1. 米政府の関与の自制：域内国の警戒への配慮　208
　2. アメリカのアジア政策における ASEAN 設立の意義　212

終　章　結論と展望　215

第1節　1960年代半ばのアジア地域主義の本質　215
　1. 相対性：相互作用のメカニズム　215
　2. 多様性：様々な利害関係　217
第2節　アジア地域主義の行方　219
　1. ポスト冷戦期の「新しい地域主義」　219
　2. 本書の今日的意義　222

注　225
資料・参考文献　316
あとがき　359
索引（人名・事項）　363

序　章　アジア地域主義とアメリカ

第 1 節　1960 年代半ばのアジア地域主義の今日的意義

　本書は，1960 年代半ばのアジア地域主義の展開を，アメリカ外交との関連に注目しながら歴史的に解明することを目的とする．即ち，地域共通の問題を域内の国々が共同で対処しようとした政府間地域協力機構設立の動きについて，その多様性をアメリカ側とアジア側との相互作用の視点から明らかにしようとするものである．

　冷戦終結後から 21 世紀の今日にかけて，欧州や他の地域と同様，アジアも地域主義の興隆期にある．第 2 次世界大戦後，アジア地域秩序は，ハブ・アンド・スポーク体制 (hub and spokes system) と呼ばれる，アメリカを頂点とする二国間関係を基本として展開されてきただけに，今後のアジア地域主義の行方は，依然としてこの地域に極めて大きな影響力を及ぼし続けているアメリカと，地域問題において積極的な役割を果たそうとするアジア諸国との相互作用にかかっているといえる (Ikenberry 2008: 219-222; Katzenstein 2005: ch. 1)．

　現にアジア太平洋経済協力会議 (APEC) の制度化をめぐる外交交渉のほか，「東アジア」地域単位の協力案として持ち上がった東アジア経済グループ (EAEG) 構想や，1997 年のアジア金融危機をきっかけに注目されたいわゆるアジア通貨基金 (AMF) 構想の行方は，いずれも地域秩序のあり方をめぐる「アジア対アメリカ」といった構図を浮き彫りにした (佐藤 1995; Baker 1998; 山影 1991a: ch. 8; 尹 1998; Higgott and Stubbs 1995; 櫻谷 2003; Rapkin 2001)．更に，21 世紀に入り日本政府が積極的に進めている「東アジア共同体」構想について，アメリカ抜きで設立準備が進められることは「深刻な誤りだ」との元国務省高官による発言は[1)]，同構想に対するアメリカ側の反対意思の表明としてとれなくもない．

アジアのようにアメリカの強い影響下にある地域が地域としてまとまろうとする動きは，アジア諸国，そして国際社会にとってどのような意義を有しているのだろうか．地域協力の更なる拡大・深化が予想されるアジアにおいて，そのあり方をめぐる関係諸国の錯綜する利害関係はどのようなものであり，それはどのように調整され，どのような結果をもたらすのだろうか．その際，アメリカはどのような役割を果たし，その影響力はどの程度のものだろうか．また，それに対し，アジア諸国はどのような対応をするのだろうか．

このような今日的重要課題を考察する上で，今から半世紀近く前の1960年代半ばのアジア地域主義の展開は実に示唆的である．当時アジアでは，アメリカによるベトナム軍事作戦が激しさを増す中で，数多くの政府間機構が設立された (Haas 1989: 11)．この一連の動きは，単に冷戦や欧州統合など国際構造的要因のみに触発された地域主義の現れとして一括りにするにはあまりにも多様な展開をみせていた．当時のアメリカとアジア諸国との関係を改めて見直すことは，21世紀のアメリカとアジアとの関係についての理解を深めることにも繋がっているのである．

こうした重要性にもかかわらず，1960年代半ばのアジア地域主義の多様性及びそのアメリカ合衆国の対外政策との関連はこれまで十分注目されてこなかった．それはなぜなのか，そしてどのような課題が残されているのだろうか．

1. 同時代性の中の問題: アジア地域主義の軽視

1980年代以降，地域主義がグローバルな広がりを見せると，その研究も国際関係論の主要なテーマの一つになった (Hurrell 1995: 331)．従来地域主義の「不毛の地」と思われていたアジアにおいても (Calder and Fukuyama 2008: 1–3; Rozman 2004: 1)，既存の政府間協力機構の拡大と新たな枠組みの設立の動きが盛んである[2]．地域主義の行方については議論が分かれるとしても，現にそれが拡大する一方であることには異論がないだろう．そしてこのような近年の情勢はしばしば，1950年代と1960年代の経験，とりわけ欧州における地域統合に向けた動き及びその理論化の試みと対比して，「新しい地域主義」と呼ばれる (Palmer 1991: ch. 1)．

第1節　1960年代半ばのアジア地域主義の今日的意義　3

しかしながら，欧州における地域主義への関心と期待が高まっていた1960年代には，アジアでも地域主義的な動きが盛んであった．当時，地球上のどの地域よりも速いペースで政府間協力機構が増え続けたのは，ほかならぬアジアであったのである (*International Associations* 24 (March 1972): 175)．特に1965年から67年にかけて，アジア開発銀行 (ADB)，東南アジア文部大臣会議，東南アジア中央銀行総裁会議，東南アジア開発閣僚会議，アジア太平洋協議会 (ASPAC)，ベトナム参戦国会議及び東南アジア諸国連合 (ASEAN) など，多くの政府間組織が設立されていた (Haas 1989: 11)．従来の地域協力の動きに比べると，これらは比較的短期間に相次いで設立され，またその性格においてもADBとベトナム参戦国会議以外の組織がアジア諸国の主導による域内国同士の協力という形をとっていた点で注目に値するものであり，「地域主義の新時代」と称されるほどであった (Johnson 1971: 347)[3]．

しかし，このようなアジアの動きはこれまでの地域主義研究また国際政治研究においてそれほど注目されてこなかった (菅 2001: 13)．当時流行した地域主義研究は，超国家的共同体の出現を意識したいわゆる地域的経済統合に主な関心を向け，そのモデルを欧州に求めていた (大隈 1973: 127)[4]．そして，欧州に比べると，アジアの場合は地域主義が興隆し難いと考えられていた．アジアには地域的多様性，隣国同士の対立の歴史，東西冷戦の強い影響及び強い国民国家志向性など，地域主義の発展に不利な要因が多く存在すると思われたからである (浦野ほか 1982: 49-50)[5]．それゆえ，アジアに出現した上記の諸機構の多くが設立目的の一つに経済協力を掲げていたにもかかわらず，それが純粋な意味での経済統合を志向するものとみなされない限り，地域主義研究の対象として注目されなかったのも不思議ではなかった[6]．そして，地域主義が様々な意味で捉えられるようになった今日でさえ[7]，1960年代半ばのアジアにおける政府間地域協力の事例は依然として「失敗例」または「挿話」といった低い評価しか与えられないことが多い[8]．

国際政治研究においても，冷戦という1960年代の時代性は上記の諸機構に対する否定的評価を決定付けた．戦後アジアでは米ソ両大国による同盟体制が構築され，地域諸国の多くはそのいずれか一方に組み込まれていた (Palmer 1991: 158-161)．それゆえ，たとえ地域諸国同士を組織化する動きが見られた

としても,それは基本的に米ソによるブロック支配との結び付きが強いものとみなされがちであった(山影 2000: 263).つまり,政府間機構の設立によって体制横断的な協力が実現されたわけではなく,そうした地域的自覚に基づかないケースは真の意味での地域協力とは言い難い,というような認識が支配的であったのである.また 60 年代にはベトナム戦争という強い「政治的磁場」が働き,ADB を除く上記の諸機構に参加した国々の中に親西側志向の国が多かったこと,またASPACやベトナム参戦国会議など一部の組織に強いイデオロギー色が見られ,米中和解が進んだ 70 年代にその多くが消滅したことが,このような認識の広まりを助長した(河野 1997: 125).

2. 冷戦史の文脈の中の問題: 域外要因と域内要因

近年,従来の冷戦史研究に対する注目すべき批判が見られるようになった(田中孝彦 2001; 2003; 菅 2001; Gaddis 1997: ch. 10; Westad 2000a; 2000b: 1-63; Hogan 2004).国際政治の説明を主として米ソ関係に収斂させる還元主義的アプローチだけでは,地域的多様性を内包した冷戦の全体像を的確に捉えることはできないとされ,分析対象を水平的かつ垂直的に拡大する必要性が指摘されたのである(田中孝彦 2003: 2).水平的拡大に関しては,従来米ソの二極体制の従属変数として捉えられがちであった同盟内関係の動向や,冷戦体制の周辺とされてきた第三世界などの地域諸国の政策と行動にも分析の光を当て,それが超大国の対外政策や冷戦システム全体の展開にどのような影響を与えたかに注目するという視点転換の重要性が強調された.そしてこのような実証研究の蓄積と,それを今日的意味で総合化する作業を並行させることによって,ポスト冷戦の世界政治を理解するための知的作業としての冷戦史研究の新たな地平を開くことができるとされたのである[9].

もっとも,近年の冷戦史研究に見られるこのような問題提起は全く新しい試みというわけではなく,冷戦期にも一部の研究者によって共有されていた.例えば,戦後アメリカ外交史やアジア国際関係史の研究においては,「狭義の冷戦」,即ち米ソ関係によって定義される冷戦とは視角を異にし,アジア・ファクターにより多くの比重をおいた分析が試みられていた[10].1960 年代半ばのアジア地域主義に関しては,前述の米ソによる冷戦統合戦略の産物という通説

第1節　1960年代半ばのアジア地域主義の今日的意義　5

的な視角に対し，それを利用ないし克服する形での地域勢力による自主的試みとして評価する視角が提示されてきたのである．

　まず，域外要因に注目する通説的視角である．1960年代半ば，アメリカはベトナムへの軍事介入を拡大しながら，その一方では東南アジアを対象にした開発構想(以下「ジョンソン構想」)を提唱し，そのためのアジア諸国同士の地域協力を呼びかけた(菅 1997b: 76–77)[11]．一連の機構がジョンソン構想の提唱から2年4ヵ月の内に相次いで設立されたため，それらの設立の背後にはジョンソン政権による誘導ないし関与が働いていたとみなされ(「アメリカ背後説」)，諸機構はアメリカ主導の共産主義封じ込め戦略の一環として位置付けるべきものであった(Nguyen 1972: 16–21; Harrison 1978: 422–424; ラフィーバー 1987: 154–156; Mahapatra 1990: 69–76; Nguyen 1999: 149–150)．

　しかしながら，この類の説明のほとんどは，ジョンソン政権が推進したとされるアジア地域主義支援政策の中身及び地域機構設立過程における同政権の役割についての実証分析を欠いているため，次のような問題を抱えている．第一に，アメリカのアジア地域主義支援政策の中身が明確にされないまま「ジョンソン構想」の存在だけが独り歩きし，その後に出現した諸機構の「産みの親」として捉えられていること，第二に，当時出現した一連の機構に対する米政府の認識が一律的に規定され，機構毎の違いには注意が払われていないこと，第三に，多国間枠組み設立に対する米政府の当初の政策意図と外交関係の帰結として出現した諸機構の実態との間にあり得る差異が考慮されていないこと，更にはその設立に関わった地域諸国の動機や自主的行動といったアジア・ファクター，つまりアジア地域主義の本質ともいえる部分が捨象され，アメリカとアジア諸国の利害関係が一枚岩的に捉えられていることである．

　他方，上記のような外部決定論ともいうべき通説を，次の二つの視点から問い直そうとする試みも見られた．一つは，アジア諸国のイニシアティブを強調するものである．ADB，東南アジア開発閣僚会議，ASPACなどに関する事例研究のほか，戦後アジア国際関係史研究の一部では，アメリカのアジア政策という要因を全面否定こそしないものの，諸機構設立における日本や韓国など域内国の主導的役割が強調された(鄭敬娥 2001; 2002; 高橋 2004a; 2004b; 2004c; 玉木 2002; 木宮 2001a)．いま一つは，域内国際関係を重視する地域システム論

的アプローチである[12]．これは特に ASEAN 研究において顕著であって，ASEAN 設立の最大要因を冷戦体制ではなく東南アジアの域内国際関係に求める視角がその好例といえる（山影 1981）．

ところが，これらの研究においてはアメリカ・ファクターの本格的分析が取り残されている場合が多い[13]．即ち，仮に諸機構設立過程においてアジア諸国の自主的動きが認められるとするならば，それはアメリカのアジア政策や冷戦体制とどのような関係にあったのかという論点である．具体的には，アジア諸国が地域協力を目指した動機は何であったのか，それはアメリカの冷戦戦略との関係においてどのような意味で自主的であったのか，更に，仮にこうしたアジアの動きがアメリカのアジア政策や地域冷戦体制に何らかの影響を与えたとするならば，それはどのようなものであったのか，などについての具体的説明は乏しいといわざるを得ない．

域外要因ないし域内要因のどちらかに偏った上述の二つの視角は，分析レベルや分析対象が相異なっており，一方が冷戦体制という国際システム・レベルでのアメリカ外交分析であるなら，他方はアジア地域と域内国といったリージョナルまたはナショナル・レベルでの実証研究といえる．それゆえ，アメリカの対アジア政策とアジアのイニシアティブのどちらか一方の単線的な帰結として地域機構設立を捉える傾向が強い．従って，先行研究で残された課題は，アメリカのアジア地域主義支援政策に対する実証分析に加え，アメリカとアジアとの相互作用，即ち両者の認識と行動が影響し合う中で諸地域機構の性格が規定されていくダイナミズムの分析にあるといえよう．

第 2 節　先行研究の一面性

1960 年代半ばにおけるアジア地域主義の展開をアメリカ外交との関連で分析した本格的研究は当時から今日にいたるまで寡少であるといわざるを得ない．これまで関係諸国の外交文書などの一次資料の公開が十分ではなかったという資料上の制約に加え，より根本的な問題として，1960年代の時代性を反映して，冷戦期アジア国際関係は米ソ間のパワー・ポリティクスを中心に捉えられる傾向が強く，同盟内関係はその従属変数とみなされがちであった．それゆ

え，アジア諸国同士の地域協力の制度化が持つ意義が広く認められたとはいい難く，アメリカとアジア諸国との相互作用という視点からの分析に対する動機付けも総じて弱かったのである．更に，アメリカのアジア政策についていえば，ベトナム問題がジョンソン政権期における最大懸案とされたために (McMahon 2002; 福田 1986)，研究の大半が「戦争」の分析に集中し，「開発」や「地域主義」といったテーマには十分な関心が向けられてこなかったのである[14]．以下では先行研究について，まずアメリカ外交の視点に立つものをその争点を中心に検討し，次に地域イニシアティブの視点に立つものを事例毎に紹介する．

1. アメリカ外交からの視点

1960年代半ばのアジア地域主義の興隆を，主としてアメリカ外交の視点から説明する研究のほとんどは，議論の出発点としてジョンソン構想に注目している．そして争点になるのは，同構想が発表された背景，即ち構想に込められた米政府の政策意図にほかならない．

まず，東南アジア開発やアジア地域主義に対するジョンソン政権の意気込みをほとんど評価しない視角がある．ジョンソン構想の提唱された1965年4月は，同年明けから本格化したベトナム軍事作戦拡大への批判がアメリカ内外で高まりつつある時期であった．それだけに同構想を明らかにした大統領演説の大半はベトナム政策に関するものであって，中でも和平交渉のために北ベトナムとの「無条件の話し合い (unconditional discussions)」が表明されたことがとりわけ世間の注目を浴びた．ところが当時のジョンソン政権首脳部は，自国の軍事的優勢が確保されない状況下での和平交渉にはほとんど期待をかけておらず，逆に同演説後間もなくアメリカの軍事的攻勢は強化された (Porter 1975: 47-52)．このような事情からすると，同演説で示された「東南アジア開発」への支援約束を，軍事作戦拡大に当たり経済開発支援という平和的イメージをアピールして戦争一辺倒との批判をかわす目的で考案されたレトリックとみなす視角があっても不思議ではない．実際ベトナム戦争研究の多くはこのような解釈をしている (Kahin 1986: 324-325; VanDeMark 1991: 120-124; Herring 1996: 148-149; Vandiver 1997: 93-97; Moss 1998: 189-190)．そこでは，ジョンソン構

想はベトナム軍事作戦遂行のための一手段，つまり反戦世論対策用として考案されたその場しのぎの臨時的措置とみなされ，同政権のアジア政策を論じる際にも極めて低い評価しか与えられていない．

しかしながら，その後，米政府は同構想の実現に向けて積極的に取り組んだ．そのため，ジョンソン構想の発表に当たってはベトナム政局が考慮されたかもしれないが，同構想の目指す東南アジア開発やアジア地域主義の育成そのものはアメリカ外交の中長期的世界戦略，即ち共産主義封じ込め政策の一環として追求された目標である，との説明がなされるようになった．こうした認識は主として次の三つの視角に代表される．

第一に，ジョンソン構想の政策意図を，日本中心の地域体制の構築に求める視角である．例えば，勢力均衡の概念を用いた，バーナード・ゴードンの「新たなパワー・センター」論である（Gordon 1969）．ゴードンは，ジョンソン政権のアジア地域主義支援政策を，アメリカが戦前から一貫して追求した「多極化」という長期的世界戦略の一環として位置付けた．同政権によって多国間協力枠組みの設立が推進された背景には，日本の参加する地域主義の進展によって期待されるアジアにおける「新たなパワー・センター」の創出という，より根本的な目標があった，と見るのである（Gordon 1969: 60–62）[15]．そしてゴードンは，1960年代半ばのアジア地域主義をもたらした最大の要因はベトナムにおけるアメリカのコミットメントであった，と断言している（Gordon 1969: 87–91）[16]．

第二に，ジョンソン構想を戦後アメリカの歴代政権内部で議論されていた地域的経済統合構想の延長線上に位置付ける見方がある．トルーマン政権下ではアメリカの財政負担を軽減する効率的な地域体制の構築がアジア政策における中長期的目標とされ，その具体案として日本の工業力にアジア諸国の原料と市場を結合する構想が議論されていた（Borden 1984: ch. 3; Schaller 1985: ch. 8; 菅 1988a）．これを踏まえて，李鍾元は，アイゼンハワー政権期にもこのような経済統合案が再三にわたり検討されていたことを明らかにし，1960年代半ばにアジアで誕生した一連の地域機構をこうした経済統合案の部分的実現として位置付けた（李鍾元 1993b: 190–220; 1993a: 34）．そして諸機構設立におけるアジア諸国のイニシアティブを認めつつも，それは基本的にアメリカの冷戦戦略の枠

を超えるものではなかった，と論じた（李鍾元 1993b: 218-220）．李の視角は，終戦直後の経済統合案とジョンソン構想との連続性を強調する点において注目に値するが，それを立証するためには，ジョンソン政権の進めたアジア地域主義支援政策の中身に関する本格的な実証作業が必要である．

　第三に，戦後アメリカ国内で新たに登場した開発援助の理念に注目する視角である．1950年代になると，冷戦は発展途上の同盟国や第三世界を戦場とした「政治経済戦争」の性格が強まった（石井 1982: 101; Browne 1990: 15-20）．アメリカでは共産主義封じ込めや自由主義の拡大といった安全保障問題が南北問題と結び付けて捉えられるようになった（Kaufman 1982: ch. 4）．そして発展途上地域における共産主義の浸透の原因はその前近代的社会体質にあるとし，それら地域を近代社会に編入させるための積極的な対外援助を訴える提言が盛んになされた（Baldwin 1966: ch. 5; Packenham 1966; Rostow 1985: ch. 3; Ruttan 1996: ch. 5）．この路線はケネディ政権下でいわゆる「ロストウ・ドクトリン」として採用され，「国連開発の10年」の提唱，ラテンアメリカにおける「進歩のための同盟」の推進などをもたらした（Rostow 1985: 170-175; Latham 1998; 川口 1980: 59-70）．これらの事実を踏まえて，「ロストウ・ドクトリン」に代表される援助哲学がジョンソン政権のアジア政策に影響し，東南アジア開発構想をもたらした，との見方があり，それによれば，ジョンソン構想は「アジア版進歩のための同盟」にほかならなかった（Pearce 2001: 68-72, 115）．また，アメリカの大統領はじめ政治家や開発事業関係者たちの持つ開発思想に注目し，東南アジア開発への支援を「偉大な社会（The Great Society）」政策の国際版とみなしたり，同構想で言及されたメコン川流域開発を，ニューディール政策の一環として進められたテネシー川流域開発事業の経験と結び付けて説明したりする見方もある（Kearns 1976a: 267; Turner 1985: 119-120; Goodwin 1988: 365-366; Gardner 1995: 191; Ekbladh 2002: 337）．

　このように，既存の研究においてはジョンソン構想の背景が主な争点になっており，関心が払われるべきもう一つの論点，即ち，仮にジョンソン政権がアジアにおける多国間枠組みの設立を本気で進めようとしたとするならば，果たして同政権はその適用分野をどこまで想定していたのか，については十分な考察が欠けている．戦後アメリカの追求したアジア諸国への関わり方は，アジア

各国との二国間同盟関係を束ね,自国をその中心に据える,いわゆるハブ・アンド・スポーク体制を基本としたものであった[17]。従って,ジョンソン政権がアジアにおける多国間枠組みを追求するようになったとするならば,それは既存路線からの転換である。では,新たに採用された地域主義的アプローチはその適用分野としてどこまでを想定していたのだろうか。この点について先行研究では明言されていない場合が多いが,政治・安全保障分野までを想定したか否かを基準に二通りの見方があるといえよう。

第一に,ジョンソン政権の意図した多国間協力枠組みの設立は経済・社会開発分野に限られていたとの見方である。上述した,ジョンソン構想に対する米政府の意気込みを積極的に評価する研究の多くは,近代化によってアジア諸国に共産主義への対抗力をつけさせることがアメリカのアジア政策の目標であり,それを効率的に進める方法として地域主義が推進された,と見る。このような視角に立つと,新たな地域主義的アプローチは政治・安全保障分野における多国間枠組みを意図したものではなかった,と理解される。つまり,新たに打ち出した東南アジア開発プログラムの推進に当たり,アジア諸国同士の地域枠組みを育成・利用する,といったジョンソン政権の言い分をそのまま認める立場である[18]。

第二に,ジョンソン政権が,経済・社会開発のみならず,政治・安全保障分野においても新たな多国間枠組みの設立を意図していたと見るか,少なくともその可能性を否定しない視角である。アメリカのアジア政策に真正面から反対した共産主義諸国や西側同盟諸国内の左翼からの批判がその典型といえる。それによると,ジョンソン構想の狙いは開発そのものではなく,親米アジア諸国による反共体制の組織化にあった(Nguyen 1972: 16–21)。また,これらの地域機構設立の背景にアジアにおける既存の安全保障体制を補完しようとするジョンソン政権の思惑が働いていたと見る研究もある。例えば,東南アジアにおける「対共産主義戦争」を戦える軍事組織へ発展可能な地域機構を目論んだ米政府の密かな誘導と支援を受けてASPACやASEANが設立されたとの主張である(Mahapatra 1990: 69–76)。更にウォルト・ロストウの著作にも,やや曖昧ではあるが,似たような認識が見られる。ロストウによれば,冷戦体制の構造的変化が(Rostow 1972: 16–18),アメリカ外交に従来の二国間ベースでは対応

しきれない問題，即ち政治・安全保障・経済開発分野における「三つのディレンマ」をもたらし，その包括的対応策としてジョンソン政権内部で検討されていたのが世界各地における地域主義の推進であった．そして，こうした認識をアジア政策に取り入れたのがジョンソン構想であった，という (Rostow 1986: 35–42, 203–216 (Appendix D); 1972: 427–428, 687–688 (footnote 22))[19]．つまり，ロストウは，ジョンソン政権によるアジア地域主義支援政策をアメリカの世界戦略の一環として位置付け，その政策意図をアジア諸国同士の相互協力による地域の自主性の育成に求めながら (Rostow 1986: 141)，その一方で米政府の想定した地域主義的アプローチの適用分野に関しては，ジョンソン政権が経済開発のみならず政治や安全保障分野までも想定していたのではないか，と解釈しているように思われる．

これまで検討したように，アメリカの対アジア政策に関する研究のほとんどは専らジョンソン構想提唱の背景に関心を払い，同構想の中身及びその展開過程には注目していない．即ち，ジョンソン政権が同構想を推進するに当たり，どのような具体案で臨んだのか，またそれはどのような外交交渉を経て実現されたのか，更には実際に成立した地域機構はジョンソン構想とどのように関連していたのか，などの問いには答えていない[20]．ジョンソン政権の対アジア外交における地域主義的アプローチの位置を明らかにするためには，これらの問いに対する本格的分析が必要といえよう．

2. 地域イニシアティブからの視点

次に，アジア諸国や地域のイニシアティブを強調する立場をとる研究であるが，そのほとんどは各地域機構設立の事例分析か，日本や韓国など地域諸国の戦後外交史，国際関係史分野における研究である．

まず，ADBの設立に関する先行研究には2種類ある[21]．まず，国連・アジア極東経済委員会 (ECAFE) といった国際組織の役割に注目したものであり，ADB設立に直接携わった人々，また彼らや関連組織に密接な関係を持つ人物による著作である．ADBの初代総裁渡辺武，及び当時 ECAFE 国際貿易部長を務めた R. クリシュナムルティは，ADB 設立過程を ECAFE や関係国の動きを中心に描いた (渡辺 1973; Krishnamurti 1977)．また元世界銀行 (以下「世銀」)

職員，ポウェン・フアンは，戦後アジアでECAFEや一部の地域国を中心に比較的早くから地域金融機関設立への願望が芽生えており，この動きが最終的にADBの設立に帰結したと論じた (Huang 1975)．その一方で，ADB設立に重要な役割を果たした日本政府に焦点を当てた一連の研究がある．従来受動的な姿勢しか示さなかった日本外交が戦後初めて積極的に関わった注目すべき事例としてADB設立を取り上げ，日本の活動と役割を分析したデニス・ヤストモの研究のほか (Yasutomo 1983)，近年公開された外交史料を用いて，同行の本部誘致をめぐる地域諸国同士の交渉の中での日本外交の試みと挫折を描いた鄭敬娥の研究が挙げられる (鄭敬娥 2002)[22]．これらの研究はいずれも，ジョンソン構想に伴うアメリカの政策転換をきっかけにADB設立の動きが大きく前進したことを認めるものの，ADBを誕生させた最大要因をECAFEやアジア諸国といった地域勢力の自主的かつ積極的な活動に求める点において共通している．

ところでADB設立には域外勢力としてアメリカも関与しており，同国の加盟自体がその設立に少なからぬ影響を及ぼしたことは既存研究においても認められている．しかしながら，当初ADB設立に消極的であったジョンソン政権がなぜ態度を改め，参加したのか，仮に同政権がその設立に積極的に関与していたならば，それはどのような政策意図と行動計画によるものであり，アメリカの関与はADB発足にどのような影響を与えたのか，などADB設立に対する米政府の立場や役割については未だに詳細が明らかにされていない[23]．

メコン川流域開発に関しては，当時ジョンソン構想に示された東南アジア開発プロジェクトの有力な候補の一つとして注目されていた (Black 1969b; 1969a: ch. 5; Wheeler 1970; Menon 1971–1972; 安芸 1966; 海外技術協力事業団 1966; 海外技術協力事業団開発調査部 1966; 1967; 1968; 大森 1965; 上原 1965)．しかし，ジョンソン政権の取り組みに関する本格的研究は少ない[24]．そのほか，当時制度化された農業，教育，運輸・通信，金融・通貨などの分野における協力枠組みについても本格的分析は見当たらない[25]．

東南アジア開発閣僚会議は，日本政府が主催した戦後初めての国際会議として日本外交史研究における関心の高い事例といえる．にもかかわらず，資料上の制約などにより本格的な実証研究は意外に少なく，戦後日米関係ないし日本

のアジア外交の文脈でこの会議に言及される程度であった[26]. 比較的詳細な研究として,「アジア太平洋圏構想」との比較分析を行った鄭敬娥の研究が挙げられるが,その分析範囲にアメリカ・ファクターは入っていない(鄭敬娥 2001).

こうした中で最近発表された高橋和宏の論文は,日米両国の外交史料,特に日本側の政府文書を駆使しており,これまでの研究の中では実証面で最も優れている(高橋 2004a; 2004b). 高橋は,東南アジア経済開発とベトナム戦争をめぐる日米関係を,外務省,佐藤栄作首相及びエドウィン・ライシャワー駐日米大使の三者関係を中心に分析し,後に東南アジア開発閣僚会議に帰結する外務省のイニシアティブとジョンソン構想との違いを明らかにすることで,日本外交の自主的側面を強調しようとしている. しかしながら,戦後日本外交における閣僚会議の位置付けを試みるには,その評価を大きく左右するであろうジョンソン政権の対アジア政策との関連性についてアメリカ側の外交史料に基づく更なる分析が必要である[27].

ASPACについては,これを韓国政府の自主外交として位置付ける一連の研究が見られるが[28],一次資料を用いた実証分析は少ない. こうした中で注目されるのは,1960年代韓国外交における,ASPACを含む三つの事例を比較分析した木宮正史の研究である(木宮 2001a). これは朴正熙政権期の外交を三つに類型化することで戦後の韓国外交に対する新しい視座を提示したものであり,韓国側とアメリカ側の外交文書を利用しているため実証面でも優れている. 但し,ASPACに限っていうならば,分析の焦点が当てられているのは,韓国側の視点からみたアジア諸国との外交関係であって,アメリカ・ファクター,即ちASPAC設立におけるジョンソン政権の認識と役割については更なる分析の余地が残されている.

ASEANの設立に関しては,それを反共同盟的な性格の機構として位置付ける見方,いわゆる「ASEAN反共同盟説」がこれまでの多数説であった[29]. そして,ASEAN設立におけるアメリカの役割についても,ジョンソン政権がASEAN誕生の「産婆」役を担っていたとの説が存在する(Mahapatra 1990: 69-76)[30]. その一方で,既に指摘したように,冷戦体制ないし米ソの世界戦略ではなく1960年代半ばにおけるインドネシアの政変やフィリピンの政権交代

といった域内政治変動に ASEAN 結成の最大要因を求める視角が提示され，地域機構設立における地域の自主性が強調された（山影 1981; 1991a; 丁在文 1993; Nuechterlein 1968; Leifer 1978; 1989）．

このように ASEAN 設立におけるアメリカの役割をめぐって異なる視角が競合する中，山影進の論文は冷戦構造下のアジア地域主義の流れの中で当時設立された諸機構を比較分析すると同時に，アメリカが東南アジア諸国に ASEAN 設立を吹き込んだとの主張の根拠の不適切さを指摘することで，ASEAN をアメリカ主導の反共地域主義の一環として位置付けるには無理があると結論付けた（山影 1997）．但し，同機構設立におけるアメリカ・ファクターについては，一次資料による更なる実証分析が待たれるところであるといえよう．

第3節　本書の課題と方法

1. 相互作用の視点からの多様性の分析

以上で整理したように，1960 年代半ばのアジア地域協力機構の「設立ラッシュ」の国際政治上の位置付けに関して，これまでの研究ではアメリカ側ないしアジア側に偏った分析が中心であった．しかも，前者の研究では米政府の意図と役割が強調されているのに対し，後者ではアメリカの役割についてほとんど言及されていない．それゆえ，繰り返しになるが，先行研究は機構設立をアメリカの対アジア外交の成果として捉えるか，逆にアジア諸国のイニシアティブとして捉えるか，という一面的な見方を提供してきた．

実際のところ，1960 年代半ばにアジアが「地域主義の新時代」を迎えたのは，「国連開発の 10 年」と関連した「地域レベルでの開発」志向，欧州統合の成功に触発された「地域協力への期待」など幾つかの共通要因は存在していたものの，具体的・個別的には様々な要因が重なったためであった．そして，この地域に生まれた地域機構も，様々な目的と性格を持っており，アメリカの主導がどの程度のものであったにせよ，地域主義の現れとして一括りにできるものではなかった．

ジョンソン政権は，確かに先行研究が注目しているジョンソン構想によってアジア地域主義を支援する政策を打ち出した．ところが，従来の研究は，ベトナム戦争との関連など構想登場の背景に関心を集中させ，実際にジョンソン政権がそれによって何をやろうとし，何ができて，何ができなかったのか，など米政府がどのように構想実現を目指したのかについては何も語ってこなかった．実際，リンドン・ジョンソン大統領の演説では，額面では多額の資金的裏付けのある構想ではあったが，肝腎のアジア側の呼応が不十分であったため，徐々に構想の中身は変質し，ついに所期の目的を果たすことができなかった．それはなぜなのか．この時代のアメリカが地域機構設立に強い指導力を発揮したとする見方ではそれを十分に説明できない．また，韓国政府が打ち出した反共同盟の性格が強い構想に対して，米政府は当初それを促すどころか消極的に対応し，韓国側が構想を変えるまで支持を控えた．それはなぜか．米政府が反共アジア諸国の団結を目論んでいたとするならば，なぜアジア反共同盟の形成に反対したのか説明できない．これ以外にも，米政府の意向を明らかにするだけでは説明のできない事例があり，総じて，アメリカ側とアジア側との相互作用の中で，ジョンソン構想の成果と限界が明らかになっていく．

　他方，アジア側から出されたアイディアのように見えても，実は米政府の支持と関与とが構想のきっかけであったり構想の実現に必要であった事例や，米政府との緊密な協議がなされる中で設立にこぎ着けた事例もある．ADB がまさに前者の典型例である．しかしベトナム戦費支出などで財政難に苦しんだ米政府はなぜ 2 億ドルの経済的負担をしてまで，ADB に加盟したのか．ベトナム戦争と結び付けるアジア地域主義支援という捉え方では説明が困難である．日本のアジア外交の成果といわれる東南アジア開発閣僚会議も前者の例である．外務省は，当初は明らかにジョンソン構想と結び付けて日本側の構想を立案したものの，米政府との協議の中で構想の性格が変容していった．その意味では，日本側の自主性に関しては，大きな留保が必要である．また，韓国政府のイニシアティブで始まったアジア反共組織の設立構想が ASPAC として実現するまでには，関係アジア諸国との協議はもちろんであるが，何よりも米政府との協議の中で内容が大きく変容していった．

　このように，1960 年代半ばのアジア地域協力機構の設立をめぐっては，既存

研究に基づく理論的枠組みでは説明しきれない重要な課題が山積している．そ
れらは，設立された機構はなぜ多様であったのか，という問題に集約すること
ができよう．そして，その多様性の理由は，米政府の強い影響力だけでもなく
アジア諸国のイニシアティブだけでもなく，両者の相互作用を分析することに
よって，初めて明らかにできるものであろう．

2. 分析方法と概念の定義

　先行研究における対立する見解を検証すると同時に，それらの研究から取り
残された問題領域を埋めるためには，ジョンソン政権の進めたアジア地域主義
支援政策に加え，諸地域機構の設立過程におけるアメリカとアジア諸国との相
互作用に対する実証分析が必要であることは前述の通りである．本書は史料分
析による歴史的方法を用いてこの課題に取り組むことにしたい．その際に指摘
しておくべき関連事項は，次の通りである．

　第一に，比較事例分析についてである．前述のように，本書で取り上げる一
連の地域機構は短期間の内に集中的に形成されており，それに先駆けてジョン
ソン構想が打ち出された．それゆえ，これらの機構は米政府の強い影響力の下
で推進され，親米アジア諸国による共産主義封じ込めを目的としたものであっ
た，とよくみなされてきた．このような設立のタイミングに起因する偏見に陥
らず，個別機構同士の異同を明らかにするため，本書ではそれぞれの提唱から
設立に至る過程を関係諸国の外交関係を中心に記述する方法をとりたい．

　第二に，分析視点及び対象についてである．本書では基本的にアメリカとア
ジア諸国間の相互作用の視点から諸機構の設立をめぐる外交交渉を分析する
が，ジョンソン構想の登場をめぐる米政府内の政策過程の分析に限ってはアメ
リカ外交の視点を取り入れる．いずれにせよ，アメリカの資料のみならず，近
年情報公開が進んでいる日本や韓国の資料も利用して実証分析を行う．

　第三に，外交政策における認識と行動についてである．本書では諸地域機構
の設立過程の分析において，各国政府の政策意図（認識）と外交関係における
関与（行動）を区別して捉える[31]．両者の違いはそれが行われる領域にあり，認
識とは一国の政府の中で行われる政策目標に関する判断・決定であるのに対し
て，行動は他国との外交関係における実行として規定したい（Frankel 1963: 1）．

従って，認識領域で決定された政策目標は，その実行において，その国の能力の限界や環境の制約によって選択・変更・調整され，当初の目標とは違った結果に帰結することもあり得ると理解される (西原 1989: 98).

また，本書で用いる幾つかの概念について定義しておくと，次の通りである．まず，本書の分析対象である「アジア」とは，特に断らない限り，概ね太平洋の西側に位置するアジア諸国を包含する空間を指し，今日的にいうならば，広域の「東アジア」，即ち北東アジアと東南アジアの両方を合わせた領域に近い[32]．このように定義するのは，当時この地域概念が定着していたと判断されるからではなく，結果的にみて本書で取り上げる諸地域機構の主な参加国がこの概念に包含されると思われるからである[33]．

次に，本書では地域主義を「ある分野において政府間地域協力枠組みが出現した状態，またはその設立に向けた動き」と定義したい[34]．従って「アジア地域主義」も，「アジア地域における政府間地域協力枠組みが出現した状態，またはその設立に向けた動き」と定義される．

最後に，政府間協力枠組みと地域機構についてである．本書で取り上げる政府間協力体の形態には，ADBのように協定や条約などで法制化された地域機構がある一方，ベトナム参戦国会議のように事務局などの組織をもたないまま定期的会合によって維持される会議形式のものもある (鈴木 2003: 138)．本書ではこれら全てを包含する上位概念として「政府間協力枠組み」を用いることにしたい．また「地域機構」[35]の表現が使われる場合にも，特に断らない限り，それを緩やかに定義し，政府間協力枠組みとほとんど同じ意味で用いることにする．

3. 本書の構成

本書は序章と終章を含む全8章で構成される．本論にあたる六つの章の主な内容と論旨を簡単にまとめると次のようになる．第1章では，ジョンソン政権のアジア政策における地域主義的アプローチの位置及びそのアジア地域主義への影響力の範囲を明らかにすべく，アメリカ外交の視点からジョンソン構想の登場を扱う．ここではまず，戦後アジア地域主義の展開及びアメリカのアジア政策における地域主義的発想についての予備的検討を行う．次に，ジョンソン

政権のアジア地域主義支援政策の出発点とされるジョンソン構想の登場背景，政策意図と，構想の具体案として企画された「東南アジア開発連合」（いわば「アジア版進歩のための同盟」）設立案を分析する．それから軍事・安全保障分野においては従来のハブ・アンド・スポーク体制が引き継がれたことを明らかにする．これによって，ジョンソン構想の狙いが，ポスト・ベトナムまでを視野に入れた経済・社会開発のための多国間協力枠組みの構築にあったことを論じたい．

　第2章以降では，1960年代半ばに関係諸国によって設立が試みられた主な地域機構（構想）を取り上げ，それぞれの登場背景・政策意図，設立に向けた交渉過程及びその帰結をアメリカとアジア諸国との相互作用の視点から分析する．第2章では，ジョンソン構想の実現を目指して米政府が描いた初期構想と戦略，アメリカの提案に対する国連やアジア諸国の対応，そしてアメリカ側の戦略修正及びその帰結について分析する．この作業を通じて，東南アジア開発の中心的枠組みとしてアメリカが設立を進めた「アジア版進歩のための同盟米州委員会」は，国連やアジア諸国からの呼応が得られず実現しなかったこと，それゆえ米政府は分野毎の開発組織の並列的な育成へと戦略を修正せざるを得なかったこと，その結果，教育，運輸・通信，金融・通貨などの分野で開発関連の地域枠組みが出現したことが明らかにされる．

　第3章では，ECAFE及びアジア諸国によって提唱され，米政府がその設立に深く関与したADBについて，構想の起源から設立までの過程を，地域銀行のあり方に関する主な争点を中心に追う．ここでは特に，当初はADB構想に消極的であったアメリカが積極的支持へ方針転換した背景，ADB設立に対するアメリカの基本的立場，ADB内への特別基金設置という試みに込められた米政府の政策意図とその推進に分析の焦点を当て，ジョンソン構想と密接に関連しながら展開したアジア地域主義の一面を明らかにする．

　第4章では，戦後日本の対アジア積極外交の代表例とされる東南アジア開発閣僚会議を取り上げ，その設立過程を，米政府の働きかけと日本政府の対応という側面に注目しながら，外務省を中心とする日本政府内の動向と，日本とアメリカ及びアジア諸国との外交交渉を中心に分析する．具体的には，ジョンソン構想提案に伴うアメリカの対日要求，その対応としての日本側の具体案とそ

の狙い，それに対するアメリカの反応，会議の性格付けをめぐる日本とアジア諸国との外交交渉を検討することで，日本外交における同会議の位置と日本側の自主性の程度を明らかにしたい．

第5章では，韓国政府が主導したASPACの設立過程を，韓国政府の政策意図及びアジア諸国やアメリカの対応に焦点を当てて分析する．ここでは，韓国政府によるASPAC提唱には，アジア自由主義諸国同士の反共体制の構築という安全保障上の目標のほか，対日国交正常化交渉やベトナム派兵などの利害が合わせて考慮されていたこと，他の参加国が機構の性格についてそれぞれ異なる利害関心を持っていたため，設立交渉は難航し，実際に出現した機構では提唱当時の強い反共同盟的性格が薄められていたことを示す．また，韓国政府のイニシアティブに対して当初は慎重な態度をとった米政府がその支持に回ったのは，新たな反共ないし軍事同盟的組織の設立を意図したからではなく，韓国や台湾などが抱いていた国際的孤立感の緩和という心理的要因を考慮した結果であったことを明らかにする．

第6章では，ASEANの設立を，地域国際関係とアメリカの対応に焦点を当てて分析する．まず，ASEANの性格については，ASEAN設立に込められた加盟諸国の最大の狙いは善隣友好関係の構築にあった点や，ASEANの設立宣言にはイデオロギー的中立性と地域自主性が色濃く現れていた点を検討し，その設立をもたらした主な要因は地域国際関係であって，ASEANが基本的に政治・安全保障面での協力機構であったことを明らかにする．それからASEAN設立に対するアメリカの認識と行動に関しては，当時米政府が，インドネシアを含む新たな軍事同盟的組織の出現には懐疑的であり，また軍事的要素が含まれない地域機構の設立をも楽観視していなかったこと，ASEAN設立に際しアメリカの干渉を警戒する地域諸国の意向に配慮し，自らの関与を控えたこと，などを実証的に示したい．

終章では，本論の分析を踏まえて1960年代アジア地域主義の多様性を総括するとともに，今後のアジア地域主義へのインプリケーションを考察する．

本書で取り上げる地域機構の中には，アメリカが積極的に働きかけたもののアジア諸国の呼応を得られず設立に至らなかったものもあれば，アメリカの意向を受けながら地域諸国が主導的役割を果たして設立されたもの，地域諸国が

提唱したものの設立にはアメリカの支持や支援を必要としたもの，更には地域諸国が自生的に設立したものもある．何がそうした違いを生み出すのかを見極めることは，今後のアジア地域主義の行方を占う上でも極めて重要な意味を持つであろう．本書は地域機構の設立過程に焦点を絞っているが，もとより，地域機構が制度化されたからといって，その存続や有効性が保証されるものではない．しかし，制度化のされ方は機構のその後のあり方を規定するし，実際の諸経験から得られる教訓は大きいといえよう．

第1章 ジョンソン政権のアジア地域主義政策

第1節 第2次世界大戦後のアジア地域主義とアメリカ

1. 戦後アジア地域主義の展開：1960年代前半までの限定的成果

アジアにおいて域内諸国による政府間協力が試みられたのは，事実上，第2次世界大戦後のことであった[1]．「ウェスタン・インパクト」とともに近代国家システムが伝来するまで，東アジアには中国を中心とした朝貢関係による地域秩序があったものの (浜下 1989; 1990; 1997)，そこに見られたのは主権国家同士の地域協力ではなかった．その後，多くの国や地域が欧米や日本の植民地支配下におかれた状況で，アジアはそれぞれの宗主国を頂点とする勢力圏に統合され，世界システムの周辺部を構成した (杉原 2001: ch. 9; 加納 2001: 1–30)．当時のアジアは，日本，中国・香港，インド，東南アジアといった幾つかの地域としてのまとまりをみせながら，独自の国際分業体制を作り出し，欧米との貿易関係のみならず，地域内貿易関係が形成されていた (杉原 1996a)．しかしながら，こうした「貿易圏」は地域自生的なものではなく，列強の経済目的のために動員・再編されたものであった (Vandenbosch and Butwell 1966: 339–340; Tarling 1999: 258–260)．当然ながら主権国家同士の地域協力を語り合える環境が整ったのは，多くの地域諸国が独立を成し遂げた戦後のことだったのである (矢野 1991a: 16–17)．

戦後アジアにおいて，1960年代前半までに見られた政府間協力枠組みは，そのメンバーシップと制度化の程度によって，次のように大別できる[2]．

第一は，ECAFE の傘下で行われた活動である (Fifield 1958: ch. 11; 栗本 1966a: 20–27)．ECAFE は1947年，国連経済社会理事会 (ECOSOC) を補佐する地域経済委員会の一つとして設立され，翌年には本部をバンコクに移して

活動を開始した (Wightman 1963: ch. 2). その機能として, 地域経済開発のための措置の発議・参加, 調査研究の実施, 情報の収集・整理・配布, 計画立案のための助言・勧告などがあった. ECAFE は, 東西対立, 中ソ対立, ベトナム戦争など厳しい政治環境下で, 比較的に中立的な立場から地域開発の中心的役割を果たしていたといえる.

　第二は, 域外大国との連帯強化を図るものであり, 主として経済・社会及び軍事・安全保障分野での協力を目指していた. 経済・社会分野の協力枠組みとしてはコロンボ・プランが挙げられる. 1950 年に英連邦諸国を中心とする国際協力プログラムが発表され, 翌年には英連邦以外の国々にも門戸を開放してコロンボ・プランとして発足した (Fifield 1958: 442-443). 東南アジアからは, マラヤ, シンガポール, 北ボルネオ (サバ), サラワク, ブルネイが, 植民地ながらもイギリスとの連合という形で当初から正式に加盟した. 51 年から 54 年にかけてカンボジア, ラオス, 南ベトナム, ビルマ, インドネシア, フィリピン, タイなど東南アジア諸国が加盟したほか, 1951 年にアメリカ, 54 年に日本が参加した (波多野 1994: 225-232).

　軍事・安全保障分野では, 東南アジア条約機構 (SEATO) が組織された. これは 1954 年に東南アジア防衛を目的に締結された東南アジア集団防衛条約 (マニラ条約) に基づき, 翌年成立したもので, 冷戦体制下におけるアメリカの反共戦略の一環として位置付けることができる (Buszynski 1983: ch. 1). そのほか, 1957 年, マラヤの独立に際して結成された英連邦諸国同士のイギリス・マラヤ防衛協定 (AMDA) がある (Morrison and Suhrke 1978a: 151-156). 冷戦の激化は, 多くのアジア諸国を東西対立に従属させ, 超大国のいずれか一方の利益に奉仕させる体制を作り上げており, ここで挙げた地域機構はその典型といえる (Fawcett 1995: 13; Palmer 1991: 158-161).

　第三は, 域内国同士の枠組みでありながら定例化されなかったものであり, 次の二つがある (油井 2004: 232-233). 一つは, 汎アジアないしアジア・アフリカ主義を掲げた, いわゆる非同盟の流れをくむものである. 1947 年, アジアの 29 の国または地域の代表がニューデリーでアジア関係会議 (Asian Relations Conference) を開催し, 独立問題などを協議した (Fifield 1958: 449-451). 厳密にいうと同会議は民間レベルのものであったが, アジアの指導者たちが一堂に

会し，協力を確認したという点で，その後の非同盟運動の先駆けとして評価できよう（岩本 1974: 129-131）．その後，1955 年にバンドンで，29 ヵ国政府代表によるアジア・アフリカ会議が開かれ，アジア全体に冷戦構造が定着しつつある状況下で，民族自立（反帝国主義・反植民地主義）と国際平和を求めるアジア諸国の団結をアピールした（岡倉 1986; 宮城 2001）．しかしながら，参加国間の国家体制や外交路線の違いは，会議の方向性をめぐる対立を招き，その後，同会議が再び開かれることはなかった[3]．

いま一つは，反共同盟の組織化を目指した試みである．1949 年，強い反共路線をとる韓国，フィリピン，台湾が「北大西洋条約機構（NATO）の太平洋版」として「太平洋同盟」を提唱し，その実現に向けてアメリカに働きかけた（Dobbs 1984; Mabon 1988）．しかし，アメリカの消極的対応と，それに影響されたフィリピンの離脱で，この試みは失敗に終わった．その後も韓国と台湾による反共ブロック設立の模索は続き，1954 年，民間レベルのアジア民族反共連盟（APACL）が結成された（崔永鎬 1991; 1999; 노기영〈ノ・キ・ヨン〉2002）．以後 APACL は国際会議の形で制度化されたものの，当初意図した政府間機構化には失敗した．こうした地域協力の流れは，東西対立の克服を目指した非同盟運動とは対照的に，自らを積極的に冷戦体制の片方に位置付け，その中で反共同盟の組織化を試みたものであった．

第四は，域内国のみで構成され，かつ明確に定例化されたものであり，アジア生産性機構（APO）と東南アジア連合（ASA）がこれにあたる．戦後欧州復興の目的で始まった生産性向上運動の影響とアメリカの支援表明を背景に，日本をはじめとするアジア諸国に生産性本部が設立された．1959 年には，日本のイニシアティブによって 14 ヵ国代表が東京に集まって第 1 回アジア生産性円卓会議を開催し，61 年に政府間協定による国際機構として APO が発足した（Haas 1989: 66）．APO は加盟国が西側寄りの 8 ヵ国のみで，その活動はアメリカの援助に頼っていたため，西側寄りの組織とみなされた（山影 1991a: 23）．また，1961 年にはマラヤ連邦，フィリピン，タイの 3 ヵ国からなる政府間機構として ASA が成立し，地域協力に向けた活動を始めた．しかしながら，マレーシア問題をめぐるマラヤ連邦とフィリピンの対立によって，63 年から ASA は開店休業の状態に陥った（Gordon 1966: ch. 6, ch. 7; 山影 1991a: ch. 1）．

このように，1960年代前半までの間，アジアにおける地域協力は国連や域外大国との連帯を前提にしたものが多く，地域の国々が主導した域内国同士の協力は，その数も少なければ，その制度化も遅れていた．「地域自生の (indigenous)」協力機構と評価された ASA にしても，域内紛争によって活動が制限されたことを考えると (Gordon 1966: 188; 1969: 101)，アジアにおける地域主義の動きは欧州に比べ，出遅れたといってよいだろう．域内で多くの独立国家が誕生したことは直ちに地域協力を保障する条件にはならなかったのである．その理由としては次の要因が指摘できる．

一つは，独立，及びそれに続く域内国同士の国交正常化の遅れである．とりわけ東南アジアにおいては 1950 年代に独立国家の地位を得ていたのは，ビルマ，タイ，インドネシア，フィリピンの 4 ヵ国のみであった (Jorgensen-Dahl 1982: 9)．独立を成し遂げた国々も，その後しばらくは国家建設に手一杯であった．それに加えて，日本の植民地支配を経験した国々と日本との外交関係樹立が遅れたことも，域内協力を妨げる要因となった．

いま一つは，分断国家の出現及びイデオロギー競争，歴史的葛藤要因などによる隣国同士の対立である．1950 年代までには中国，韓国，ベトナムなど，三つの分断国家が出現し，それぞれ東西両陣営に分かれて激しく対立した．アジアに持ち込まれた冷戦によるイデオロギー闘争は，隣国同士の対立を激化させた (浦野ほか 1982: 49-50)．その代案として非同盟運動の動きが生じたものの，それ自体，新たなイデオロギー対立を生み，結果的に地域協力を阻害する側面があったことは否定できない．更に，隣国同士の相互不信や敵対行為に満ちた長い歴史に起因する葛藤が，1960 年代前半の東南アジア地域紛争の主因の一つとして作用した (Gordon 1966: 3)．

最後の一つは，いわゆる地域の「モザイク性」である (浦野ほか 1982: 49-50)．アジアは，地域全体として共有される価値体系に欠けており，少なくとも独立後しばらくの間，新興独立国にとって様々な面で重要だったのは域外大国との同盟・庇護関係であった．例えば，東南アジアにおいては，インドネシアを除けば，近隣諸国よりアメリカやイギリスなど，旧宗主国との安全保障・経済関係が重要視された (Jorgensen-Dahl 1982: 9)．極東においても，韓国や台湾にとって安全保障・経済上の主な協力相手は隣国の日本ではなく太平洋のかなた

のアメリカであって，地域諸国同士の関係改善を求める緊要性は生じていなかった（李庭植 1989: 62）．

このように1960年代前半までは，域内国同士の協力に対するアジア諸国の関心は低く，勢いその成果も限られていたといえる．

2. アメリカのアジア政策における地域主義的発想

以上，戦後アジア諸国の多くが域外大国，とりわけ冷戦体制の西側の頂点に立つアメリカと，安全保障・経済の両面において提携関係にあったことを検討した．では，戦後アメリカの追求したアジア諸国との関わり方はどのようなものであったのだろうか．既に触れたように，それはハブ・アンド・スポーク体制といわれる二国間関係中心のアプローチであった[4]．とはいえ，地域の国々を束ねる多国間枠組みに全く関心がなかったわけではなく，むしろこの時代の歴代米政権のアジア政策をめぐる議論には，安全保障と経済の両面において常に地域主義的発想が含まれていた（李鍾元 1993b; 寺地 2004: ch. 4）．

トルーマン政権期には，安全保障の面では朝鮮戦争勃発をきっかけに，対日講和条約及び日本の再軍備と連動する形で，アジア諸国による反共軍事同盟，いわゆる「太平洋協定」が検討されていた（細谷 1984: ch. 7, ch. 8; 菅 1992: ch. 5; Dobbs 1984; Mabon 1988; Umetsu 2004: 174–178）．結局，英連邦諸国からの反対，また日本の消極姿勢などにより，アンザス（ANZUS）条約（1951年調印，以下同様），米比相互防衛条約（51年），日米安全保障条約（51年）など，ハブ・アンド・スポークの同盟体制が出現した（中西 1994: 97; 李鍾元 1993b: 198–199）．他方，経済の面では，長期的財政負担を回避しながら効率的な冷戦体制を築く方策として，日本の工業力とアジア諸国の原料・市場を結合するいわゆる地域的経済統合案が検討されていた（序章参照）．しかしながら，この構想はアジア諸国の反発と多国間主義への配慮などの理由で実現しなかった．

アイゼンハワー政権期には，インドシナの情勢悪化を背景に地域的枠組みを強化しようとする動きが見られた．安全保障の面では，韓国（1953年），台湾（54年）との相互防衛条約が締結されたほか，インドシナ問題へ対応するために1954年に SEATO が発足した（吉村 1959: 77–80）．そもそも SEATO 設立過程においては，韓国や台湾までを含むより広範囲の国々をメンバーとする案が

国防総省を中心に検討されていたし (Buszynski 1983: 7–8), SEATO 設立後にも「西太平洋集団防衛取り決め」の早期成立が将来的目標として残された[5]. 経済の面では, 1954 年にアジア地域の低開発状態を克服するために「最大限のアジア自由主義諸国を結ぶ経済機構の速やかな設立」が政策課題になり[6], 同年 10 月にいわゆる「アジアの地域的経済機構」構想及びそのための大規模な援助計画が公表された[7]. 同援助計画は, 財政負担拡大への懸念などから実現はしなかったものの (李鍾元 1996: 117–120), その基本的発想は後の政権に引き継がれた. また 1955 年には 2 億ドルの「アジア経済開発のための大統領基金 (President Fund for Asian Economic Development)」構想が発表された (李鍾元 1996: 121–122; Kaufman 1982: 49–57)[8].

1950 年代半ばになると, 冷戦は発展途上地域の経済開発問題をめぐる体制競争, 即ち政治経済戦争としての性格が強まった. それに応じて, 米政府では発展途上地域の開発や援助問題が冷戦戦略の文脈で捉えられるようになり, 対外援助政策の全般的見直しが行われた. その結果, 発展途上地域における共産主義浸透の原因は前近代的社会体質にあるとされ, そうした地域を近代社会に編入させるための積極的な対外援助が勧告された (序章参照). そして援助のための多国間枠組みと地域主義的アプローチが強調されるようになった. しかしながら, 政治的・財政的事情により, 大幅な援助拡大は困難であり, 軍事援助の削減に対する抵抗も強かった. また, 多国間主義による援助拡大の模索, 即ち西側先進諸国による「役割分担」と第三世界の経済開発のための地域枠組みの設立という試みにおいても, ラテンアメリカを中心に活発な動きが見られたのに対して, アジアでは様々な方策が検討されただけで実現しなかった (Kaufman 1982: ch. 9).

冷戦の政治経済戦争化が一段と進んだ 1960 年代, ケネディ政権は, 発展途上地域の開発問題への一層の支援を表明すると同時に, その対応策として地域主義的アプローチを強調した (序章参照). 同政権発足とともに提唱された「新太平洋共同体 (New Pacific Community)」構想は, 経済開発など, アジア各国の抱える共通の問題に地域全体として取り組むための新しい機構の設立を目指すものであった. ところが, ケネディ政権期にはキューバ危機など他の地域問題の処理に追われたほか, オーストラリアや日本などの消極的対応により,

同構想は失敗に終わった (Maga 1990).

このように，1960年代前半までの歴代米政権のアジア政策には一貫して地域主義的発想が見られたものの，そのほとんどは実現には至らなかった（寺地 2004: 100–104）．安全保障分野では集団防衛体制の模索が続いたものの，「太平洋協定」のケースに見られるように，実際のコミットメントにおいては米政府は常に慎重に対処した．1950年代における朝鮮戦争やインドシナ問題をきっかけに二国間相互防衛条約に加え，ANZUS や SEATO などアメリカの主導による多国間枠組みが成立したとはいえ，これは既存の二国間安全保障体制に代替するものではなかった[9]．また経済・社会開発分野においても，多国間枠組みによる対外援助の必要性が強調される一方で，その具体化には至らなかった．ところが後続のジョンソン政権になると，地域主義的アプローチが公式に採択されるだけでなく，まるでその成果であるかのように，アジアで多くの政府間協力機構が出現するのである．

第2節　ジョンズ・ホプキンズ演説

1. ジョンソン構想＝アジア地域主義の「産みの親」？

前章で検討したように，1960年代半ばのアジアにおける地域機構の「設立ラッシュ」に関して，既存研究の多くはその主因をアメリカの対アジア政策に求めている．当時のジョンソン政権は，自らのアジア政策の柱として地域主義への支援を公式に打ち出し，「アジアのイニシアティブ」による地域協力枠組みづくりを強く支持したことから，このアメリカの政策転換こそ，1960年代半ばのアジアにおける地域主義の興隆をもたらした最大要因であった，というものである．そして，この政策転換の出発点とされるのが，1965年4月にジョンソン米大統領によって提示された東南アジア開発支援計画，いわゆる「ジョンソン構想」であり，これは上記の一連の地域機構の「産みの親」とみなされてきた（Nguyen 1972: 16–21; Harrison 1978: 422–424; Mahapatra 1990: 69–76; Gordon 1969: 87–91）．

こうした見方を裏付けるかのように，ジョンソン政権期の政策担当者たち

も，1960年代半ばのアジア地域主義の興隆について次のような認識を示している[10]．

> 東アジアでは地域的相互依存・協力という意識が台頭したが，この展開は歴史的に重要である．その最も顕著な現れは幾つかの地域協力機構の形成である．……
> これらの地域機構はまだ形成期にあるとはいえ，歴史的に見れば，既に具体的な成果を上げており，アジアの非共産主義諸国の連帯強化という共通の目標に向けた多国間主義的な努力の前兆である．……
> 現在，東アジアの原動力の多くはアジア人自らのイニシアティブと創意に起因する．が，同時にアメリカの地域政策によってその生成が促進された面も大きい．我々は，基本的に安全保障と社会・経済開発という二つの分野において支援した．……
> 東アジアにおける地域的経済機構の真の発展は，1965年4月のジョンズ・ホプキンズ大学におけるジョンソン大統領の演説から始まった．（傍点筆者）

ジョンソン政権は，「幾つかの」と断りながらも，自らの外交政策とアジア地域主義との密接な関連性を認め，「東アジアにおける地域的経済機構の真の発展」の出発点を1965年4月の大統領演説に求めるだけでなく，それらの地域機構が非共産主義諸国同士の連帯強化を目的としており，なおかつ米政府が経済・社会開発のみならず安全保障分野においても多国間枠組みの設立を支援したと述べている．アジア地域主義に対するこのような総論的な位置付けは，当時出現した諸地域機構がアメリカ外交の産物であるかのように解釈され得る余地を与えている[11]．

果たして，1960年代半ばに出現したアジア地域機構は一様にアメリカの政策転換に影響され，かつその意向に従う形で設立されたものであったのだろうか．また，それら諸機構は一様に反共連帯といったイデオロギー色の強いものであったのだろうか．更に，それまでアメリカの追求したアジア諸国との関わり方が二国間主義を中心としていたのなら，果たしてジョンソン政権は経済・社会開発のみならず安全保障の分野においても多国間主義的なアプローチを導入しようと目論んでいたのだろうか．これらの問いに答えるために，まずジョンソン構想が登場した背景についての分析から始めたい．

2. 大統領演説の背景: ベトナム・ファクター

　1965年4月7日，ジョンソン大統領はボルティモアのジョンズ・ホプキンズ大学で，「征服なき平和 (Peace without Conquest)」と題してベトナム問題に関する政策演説 (以下「ジョンズ・ホプキンズ演説」) を行い，その中で東南アジアの経済・社会開発に関して次のように述べた (United States, Office of the Federal Register 1966a: 394–399)．

　　これらの東南アジア諸国には貧困に陥った数百万の人々が住んでおり，彼らは毎日夜明けから日暮れまで大地で苦闘する暮らしをしている．彼らは頻繁に病気や飢餓に襲われ，40歳の若さで死を迎える．
　　そのような国では安定と平和は容易には訪れない．独立，また人間の尊厳は，武器だけでは得られない．そのためには平和への努力も共に求められるのである．これまでアメリカはこうした努力を大いに支えてきたが，紛争によって引き裂かれた地域の人々の生活を改善するために，今更なる多大な努力が求められている．
　　最初の一歩は，東南アジア諸国自らが開発のための広範で協調的な努力 (a greatly expanded cooperative effort for development) に加わることである．我々は，できるだけ早い時期に平和的な協力が可能になり，北ベトナムがこの共同の努力に参加することを望む．
　　国連は既に同地域の開発に積極的に関わっている……そして私は今夜，国連事務総長が，可能な限り早急に，地域諸国とともに，更なる開発のための協力計画を開始するため，自らの栄光ある地位と，アジアに対する深い見識を行使することを望む．
　　我が方においては，私は議会に対して，この努力が始まり次第，アメリカによる10億ドルの投資に参加するよう要請するつもりである．
　　そして，ソ連を含む全ての先進諸国が，失望を希望に，またテロを進歩に変える努力に参加することを希望する．……
　　広大なメコン川は，我々のテネシー川流域開発公社 (TVA) をも凌ぐほどの食糧，水資源，電力などの供給が可能である．……
　　これらの目標は，協調的で決然とした努力によって実現可能な範囲内にある．……
　　従って，私は直ちに，これらのプログラムへの我々の参加を開始するため

に，傑出して愛国心に満ちた，優れたアメリカ人からなる特別チーム (a special team of outstanding, patriotic, distinguished Americans) を発足させるつもりである．そして，このチームの指揮は有能な元世銀総裁，ユージン・ブラック氏が取ることになるだろう．

　紛争によって引き裂かれた地域においては，当然ながら開発は容易ではない．最終的に成功するためには平和が不可欠であろう．しかしながら，我々はこの仕事を始めるに当たっては，平和を待つことはできないし，また待ってはならない．（傍点筆者）

　このように，ジョンソン大統領は東南アジアの国々に対して経済発展のための地域協力への一層の自助努力を促すとともに，米政府が今後それを支援していく意向を明らかにした[12]．そしてメコン川流域開発に言及し，国連事務総長に対して開発協力のためのイニシアティブを取るよう促すと同時に，大統領自ら米議会に対して今後「アメリカによる10億ドルの投資」に加わるよう要請し，米政府内にそれを担当する特別チームを発足させると約束したほか，世界各国にも参加を呼びかけた．

　では，ジョンソン政権が東南アジア開発の必要性を指摘し，それへの地域主義的対応を促した背景には何があったのだろうか．同政権の対外政策に深く関わったロストウによると，米政府内で開発途上地域における地域主義への認識が高まったのは，キューバ危機を契機にケネディ政権期に始まった世界情勢の再検討作業においてのことであった (Rostow 1986: 35)．その結果，1965年には国務省政策企画会議による報告書「安全保障政策に関する一考察」がまとめられた[13]．同報告書によると，キューバ危機以降の世界情勢は，ソ連の攻勢が弱まる代わりに，共産主義者による内戦やゲリラ戦の多様化，東西両陣営におけるナショナリズムの高揚といった新しい傾向が強まった．そして，現今のアメリカ外交は，政治・安全保障・経済分野における三つの難問，いわば「三つのディレンマ (triangular dilemma)」[14] を抱えるようになり，従来の二国間関係中心の政策だけではこれに対応しきれない，とされた．

　ロストウによれば，そこで総合的な対応策として政策企画会議が注目したのが，各地域の自主性に配慮した地域主義的アプローチ，即ち世界各地における地域的枠組みの推進であった (Rostow 1986: 36-37)．政策企画会議の分析によ

ると，多くの地域諸国が，現状では依然として政治・安全保障・経済の面でアメリカに大きく依存しながらも，他方では国際関係における一層の自主性を求めていた．それゆえ地域主義はこれらの国々にとって偏狭なナショナリズムに陥ることなく地域協力を可能にすると同時に，大国との関係においても彼らが一層の尊厳を保ち，アメリカの重要な利益が侵害されない範囲内で，アメリカへの過度な依存を軽減できる方法として期待されたのである．また，途上国の開発や援助問題などにおける地域主義的対応は，他の先進諸国からより多くの協力を引き出すことでアメリカの負担を軽減することができるとの利点もあった．そしてこうした世界戦略上の認識変化がジョンソン政権期のアジア政策に取り入れられた結果，ジョンソン構想が提唱されることとなった，とロストウはいう (Rostow 1986: 38-40).

ところが，このようなロストウの説明は，アジア地域主義支援への転換をアメリカの中長期的政策過程の結果と捉えており，それがなぜ1965年4月の時点で，しかも大統領によるベトナム政策演説の中で東南アジア開発構想と一緒に表明されたかについての説明が乏しい．従って，アメリカの世界戦略における地域主義的アプローチの必要性を訴えた政策企画会議のアイディアがこのとき初めてホワイトハウスに注目され，米政府の公式政策として採択された背景は，当時のアジア政策における最大の焦点，即ちベトナム・ファクターとの関連で検討する必要があるだろう．

ジョン・ケネディ大統領暗殺を受けて1963年11月23日に発足したジョンソン政権の東南アジア政策は，基本的に前政権の路線を受け継ぐものであった．1961年1月のケネディ政権発足の際，アメリカの対アジア政策における最大懸案はインドシナ問題であったが，ジョンソン政権発足時においても状況は変わらなかった[15]．ジョンソン政権初期においては「外部の指導・支援による共産主義者の陰謀との戦いに勝つよう南ベトナムの国民と政府を支援することが，南ベトナムにおけるアメリカの中心的な目標」とされ，直接的な軍事介入をしない範囲で，共産主義による侵略に対抗できるよう南ベトナムの政治社会体制を強化する，とのケネディ政権以来のいわゆる「特殊戦争」路線（古田 1991: 19-24）を継承した[16]．この時期には，南ベトナム軍の隠密作戦に対する中央情報局（CIA）の支援，「北ベトナムからの軍事的挑発」に対する米軍機に

よる報復攻撃など，限定的な軍事作戦はあったものの，米地上軍による戦闘行為への直接参加は避けられており，その限りでは前政権の路線が維持されたといえる（McNamara 1995: 119–130）．

ところが，特殊戦争が成果を上げるどころか，南ベトナムの情勢は政治と軍事の両面において悪化の一途を辿った．そのため軍部を中心に北ベトナム空爆（以下「北爆」）と米戦闘部隊投入を含む軍事作戦拡大の要求が一段と強まり，1964年後半にはそれをめぐる議論がベトナム政策の焦点となった（McNamara 1995: 151–156）．そして同年11月の大統領選挙での勝利によって名実ともに自前の政権基盤を固めたジョンソンは，翌年明けから北爆と地上軍投入を含む軍事作戦拡大に関する重要な決定を次々に行い，アメリカのベトナム政策は大きな転換を迎えた．ベトナム戦争における「アメリカ化」の始まりである（McMahon 1999: 112–119）．1965年2月に始まった北爆は3月以降「国連憲章に基づく自衛権の発動」として恒常化した[17]．3月初旬，3500人の米海兵隊が南ベトナムのダナンに上陸したが，これはベトナムにおける最初の地上戦闘部隊の投入であった（Herring 1996: 145）．

こうしたベトナム政策の重要な方針転換に際し，補佐官たちはその趣旨を大統領自らが国民に明らかにするよう再三勧告した．1964年11月，国家安全保障会議（NSC）の中にウィリアム・バンディ極東問題担当国務次官補を座長とし，主要省庁の関係者からなる作業グループが設置され，ベトナム政策の包括的な再検討が行われた．1ヵ月に及ぶ議論の末，同グループから提出された行動方針と，それに続くNSC執行委員会（EXCOM）による政策方針書は，今後軍事作戦拡大が選択される場合，大統領演説または声明を発表することを勧告した[18]．そして1965年2月の北爆開始の際には，マクジョージ・バンディ国家安全保障問題担当大統領特別補佐官がジョンソン大統領に対し同様の進言を行った（Gardner 1995: 183）．ところが，大統領本人は一向にそれに応じなかった．自らのベトナム政策は基本的に歴代政権のそれを継承しているとの表向きの立場を固守し，政策転換と判断されかねない公式声明を嫌ったからである（Gardner 1995: 178; Turner 1985: 118; Vandiver 1997: 100）．

そして和平交渉の筋道が見えないまま軍事介入が深まるにつれ，平和的解決を求める国内外からの圧力は高まった（VanDeMark 1991: 114–120）．2月4日，

シャルル・ド・ゴール仏大統領は米, 英, ソ, 仏, 中の5ヵ国によるベトナム問題会議を提案した(『国際年報』1965-1966年版: 258). 12日にはウ・タント国連事務総長もベトナム戦争解決のための予備会議を提唱した (McNamara 1995: 181). 3月15日, ベオグラードで開催された17ヵ国非同盟諸国会議ではベトナム戦争当事者間の無条件の和平交渉を要求する宣言が採択された[19]. 22日にアメリカがベトナムで毒ガスを使用したとの報道がなされると, 翌日, 訪米中の英外相がこれを批判したほか, 共和党議員6人も批判に加わり, その中止を求めた[20]. そして24日にはミシガン大学で初めてのベトナム討論集会 (Vietnam Teach-in) が開かれた (Gardner 1995: 177, 190). 同日, 民主党のマイク・マンスフィールド議員はジョンソン大統領に対しベトナム戦争介入の縮小を要請した. こうした一連の動きに対して, 米政府はベトナム白書『北からの侵略』を公表し, 南ベトナムの解放民族戦線 (NLF), いわゆるベトコンの背後には北ベトナムと中国があるとし, ベトナム問題を共産主義対自由主義の戦いとして訴えようと試みたものの (United States, Department of State 1965), その効果は乏しかった.

このような苦境に立たされた大統領は, 3月中旬, ようやくベトナム政策に関する声明の作成を了承した. 「東南アジアにおける平和の条件と将来像」に関するアメリカの立場を明らかにするべきであるとの補佐官たちの強い勧告を受け, 大統領はそれを文書の形で用意することを受け入れたのである[21].

3. 演説案の作成: 東南アジア開発問題への言及

注目されるのは, 上記のように米政府でベトナム政策に関する声明・演説文が勧告・作成される中で, その一部として東南アジア開発問題が含まれるようになったことである. 1965年1月に作成された国務省政策企画会議の文書では, 今後のベトナム軍事作戦拡大の際には, アメリカのベトナム政策が「軍事的冒険ではなく, 新しい国際政治・経済・軍事協力に向けた大胆かつ創意的な試みである」ことを大統領自らアピールする必要性が指摘され, 「アジア開発のための経済アクション」の具体案としてメコン川流域開発とアジア経済開発計画が挙げられていた[22]. また, 国務省極東局では, ロバート・バーネット極東経済問題担当国務次官補代理がバンディ国務次官補に対し, 2月の北爆決定

直後と3月の二度にわたり，大統領の記者会見や演説を通じて経済的イニシアティブを発揮することをホワイトハウスに働きかけるよう，促した[23]．更に，3月の極東地域公館長会議においては「東南アジア開発機構のためのアメリカのイニシアティブは，それに関する宣言を一般的な水準を超えて進展させるには多くの困難があるとはいえ，同地域の『平和目標』の具体化において大変有用であろう」との点で参加者たちの意見が一致した[24]．

そして3月中旬になると，このような東南アジア開発及びそのための機構設立というアイディアがホワイトハウスによって注目され，その本格的な検討が始まった[25]．その直接のきっかけは，バンディ大統領補佐官とウォルター・リップマンとの会合であった[26]．ベトナム問題に没頭していたバンディは，3月17日，ベトナム軍事介入に批判的であったオピニオン・リーダーの一人，リップマンと昼食をともにした．リップマンは，「ウィルソンの14ヵ条」を引き合いに出し，ジョンソン大統領も東南アジアに関する画期的なイニシアティブを検討すべきではないか，と提言した[27]．バンディはこのアイディアに注目し，チェスター・クーパーNSC参謀に意見を求めた．クーパーは，それを東南アジア経済開発構想として具体化することを提案した[28]．バンディはそれを受け入れ，国際開発庁（AID）にその具体化を指示すると同時に，同構想をベトナム政策に関する声明と大統領演説文に含める方向で作業を始めた．

3月20日，バンディ補佐官は同日予定された大統領記者会見での冒頭発言の草稿にリップマンの提案を取り入れ，ジョンソンの考慮を促した[29]．そして，国務省からは，東南アジアに関する大統領声明の中で言及すべき文章が寄せられた．そこでは「アメリカは同地域に対するいかなる野望も持っておらず，軍事基地を追求するつもりも，またいずれの国に対しても脅威を与えるつもりもない．我々の目標はただ，独立を維持し，平和に暮らしたいとの地域諸国の念願を支援することである」というアメリカの東南アジア政策の基本路線が表明されたほか，東南アジア地域開発に関する具体的な提案として「既に，メコン川開発公社（Mekong River Development Authority）ともいうべきプロジェクト構想によって，平和と安全の状況下での大きな偉業のための土台が築かれている．同地域が外部からの影響と侵略から守られるなら，地域の人々が一層の自由と幸福を享受できるよう，開発・改良プロジェクトに対するアメリカか

らの持続的かつ実質的な支援が与えられることには疑いの余地がないだろう」との文章が含まれていた[30]．

そして 25 日には，アメリカのベトナム政策を明らかにした大統領声明が出された．その第 5 パラグラフ（後に「ポイント 5（The Point 5）」と称されるもの）には，東南アジア開発に向けた地域協力のあり方について次のような言及が見られた[31]．

　　東南アジアの全ての人々と国々が，テロ，政権転覆及び暗殺から解放され，侵略に対する軍事的支援・援助を必要とせず，ただ平和の中で進歩のための経済・社会協力のみを必要とする日を，アメリカは待ち望んでいる．今でさえ，ベトナム及びその他の地域においては，アメリカの協力と支援を得た大規模の開発プログラムがある．将来的にはアジアの指導者や諮問委員会による一層の広範で大胆なプログラムが期待されるが，我々はそれを手助けしたい．これは我々の将来的な協力として相応しい事業である．（傍点筆者）

翌日の NSC 会議では大統領自らがベトナム問題に関する全般的な政策演説を作成するよう指示した[32]．北爆批判に対処すると同時にベトナムにおける今後の展開を主導するためには大統領演説が必要である，とのバンディ補佐官の再勧告を受け入れたのである．するとバンディは，直ちに演説草案の骨格を提示した[33]．それは，侵略に対しては必要な措置を取るとの決然とした意志を表明すると同時に，東南アジアの平和的将来へのビジョンを提示するものであった．即ち，一方では，アメリカは東南アジアにおける戦争の拡大を望まないが，いかなる侵略行為も緊張緩和の代償として受け入れることはできないとの立場から，南ベトナムの人々と政府に対する侵略行為の中止が紛争解決の前提条件であることを再確認しながら，他方では，「東南アジアの真の将来」に向けた具体案として上記の国務省の文書と「ポイント 5」を下敷きにした地域開発計画を提示する項目を設けることを勧告する内容であった．バンディ補佐官の提出した概要を読んだジョンソン大統領は，それをジャック・ヴァレンティとリチャード・グッドウィン大統領特別補佐官へ送り，演説の形式に書き換えるよう指示した[34]．

グッドウィンらによる作業において，東南アジア開発問題との関連で注目さ

れるのは，メコン川流域開発プロジェクトとアメリカの 10 億ドル資金提供のアイディアである．そもそもメコン川流域開発に関する本格的な議論が始まったのは，メコン川下流域調査における沿岸国同士の調停を図るために 1957 年 ECAFE 傘下にメコン委員会（正式名称はメコン川下流域調査調整委員会 (The Committee for Coordination of Investigations of the Lower Mekong Basin)) が設置されてからのことであった．以後メコン川流域開発には多数の国及び国際組織が関わるようになった．アメリカも 1956 年同開発計画の作成を支援してから 65 年まで，データ収集・調査研究における技術・設備支援に 300 万ドル以上の資金援助を行った[35]．1964 年半ば以降はインドシナ問題解決の一策としてメコン川開発の戦略的価値に注目する報告がホワイトハウスへ送られるようになり，翌年からはジャーナリストや開発専門家など民間レベルでも同様の意見が目立つようになった (Nguyen 1999: 101–103)．こうした議論の主な論調は，東南アジアにおける共産主義の誘惑に対抗する手段として，また北ベトナムを中国の影響から分離させ，征服ではなく経済協力による地域共存に誘導する「政治的なアメ」として，メコン川プロジェクトが有効な選択肢になり得る，というものであった．そして上記の大統領演説の作成が始まった 3 月下旬，民主党のジョージ・マクガヴァン上院議員はジョンソン大統領と会合し，米政府がメコン川流域開発に積極的に取り組むよう促した．それまで政府のベトナム軍事介入を批判し，交渉による政治的解決を主張していたマクガヴァンは，大統領が前日発表した「ポイント 5」を称賛し，それを一層具体化して，例えばウッドロー・ウィルソン大統領の 14 ヵ条やフランクリン・ルーズヴェルト大統領による大西洋憲章のような政策宣言を行うことを提案し，その際には TVA をモデルにしたメコン開発プログラムを検討するよう勧告したのである[36]．

ところで大統領もメコン川流域開発に興味がなかったわけではない．ジョンソンは副大統領として東南アジアを訪問した 1961 年に，メコン川流域開発に言及したことがある．その訪問に同行し，東南アジア開発について「教師役」を務めたのが，ジョンソンの古き友人であり，国連のメコン川流域開発事業に携わっていたアーサー・ゴールドシュミットであった (Gardner 1995: 51–52, 193–195)．大統領演説の作成に当たり，ジョンソンはゴールドシュミットをホ

ワイトハウスに呼び，メコン開発についてグッドウィン，ヴァレンティらと協議させた[37]．その後大統領に提出されたヴァレンティの報告によると，メコン川流域開発の潜在力は極めて大きく，北ベトナムを含む全東南アジア諸国に戦争や破壊活動を中止させるための中心事業になり得る，というものであった[38]．これを読んだ大統領は直ちにディーン・ラスク国務長官，ロバート・マクナマラ国防長官及びブラック前世銀総裁に電話をかけ，そのアイディアについて協議を行った後，作成中の大統領演説にメコン開発計画を取り入れることを決めた(Valenti 1975: 216–217)．こうした経緯からすると，メコン開発計画は以前から米政府内外で広まっていたアイディアでありながら，ベトナム政策演説を控えた大統領が注目したことによって，ジョンズ・ホプキンズ演説の中で東南アジア経済開発の有力事業として言及されるようになったといえよう．

他方，10億ドル資金援助提案の採用には大統領自らの意向が強く作用したと考えられる．グッドウィンによると，彼は「偉大な社会」こそジョンソン政権の最優先目標であり，ベトナム介入は「一時的な逸脱」に過ぎず，いずれ米軍の軍事作戦は交渉による解決に至るだろう，と考えていた(Goodwin 1988: 366)．彼は，自分に渡された演説案の概要が過度に攻撃的で，また度を越してアメリカの国益が主張されていると判断し，それを和らげようとした．そのため，東南アジア開発に関しては，ベトナム食糧問題解決のための米専門家チームの派遣や10億ドルの資金提供などの具体案を演説草稿に取り入れた，という[39]．但し，グッドウィンによる「10億ドル」の選択には，当時米政府内で企画中であった東南アジア開発計画(後述の「東南アジア開発連合」設立案)から影響を受けていたとも考えられる．というのも，演説文の作成過程ではメコン川開発の主管庁であるAIDなど関係省庁より東南アジア開発に関する現状報告が作成者たちの下へ寄せられていたが，その際に開発に必要な財源についても言及されていた可能性は十分あるからである[40]．

ところが国務省，AID及びバンディ補佐官らは東南アジア開発計画を具体化するにはまだ不確実性が高いと判断し，大統領演説の中での言及を一般的なレベルにとどめ，具体的なコミットメント，とりわけ出資額の言明は避けるべきであるとの立場をとった[41]．当時，米政府内では「10億ドル」に関しては，その財源，投入経路及び用途などに関する具体的計画は存在しなかった[42]．そ

のため国務省は，同省がその金額を使う計画は無いとし，グッドウィンの作成した草稿のなかから「10億ドル」を削除してしまった[43]．

ジョンズ・ホプキンス大学での演説は当初4月5日に予定されており，大統領は2日にグッドウィンらの作成した原稿を持ってキャンプ・デーヴィッドに向かった[44]．ところが訪米中のレスター・ピアソン加首相による北爆中止要求の発言が大統領を怒らせたため，演説は7日に延期された[45]．この間，いわゆる「グッドウィンの第2次草案」では消されていた「10億ドル」の表現が，最終案では甦ることになった．これは6日の夜，ヴァレンティが修正したもので，大統領もこの措置に大いに満足した[46]．大統領と演説作成者たちにとって演説の効果を最大化するためには，「10億ドル」という印象的な表現が欲しかったのであろう．

そのほか，演説の中で東南アジア開発のための特別チームの指揮官としてブラックの名前があがったのも，大統領自らの意向によるものであった．後述のように，当時バンディ補佐官の下で企画中であった東南アジア開発計画案では，国連やアジア諸国との調整に当たるアメリカ側の特別代表を設け，アヴェレル・ハリマンを任命することが強く薦められていた．ところが，演説を数時間後に控えた7日の昼，ジョンソン大統領，バンディ及びヴァレンティ補佐官による最終調整が行われる中で，演説に一層の具体性を与えるべきであるとのヴァレンティの意見に対し，ジョンソンは，東南アジア開発を推進するチームの指揮をブラックに取らせたいとの意向を示した．すると，バンディ補佐官もそれに同意し，ブラックの特別代表職が決まった[47]．

大統領と補佐官たちは，演説に含まれる東南アジア開発構想が外部からの圧力によるものである，あるいはベトナム対策の一手段として急造されたものである，との印象を避けるために，それが以前からの大統領の関心事であったと強調した．1961年に副大統領として東南アジアを訪問した際の記録，例えばジョンソンの現地での発言，共同声明及びケネディ大統領宛の報告書などの中から，東南アジアの経済・社会開発に対するアメリカの支援の必要性を訴える文句が探し出された[48]．ジョンソン構想は大統領の古い「援助哲学」に由来するものであるとの理屈であった．ジョンズ・ホプキンス演説の中で大統領自らがその旨言及したほか，演説の後にゴールドシュミットからの古い書簡（61年

の東南アジア訪問の直前にジョンソン宛に送られたもので，メコン川流域開発を紹介する内容）が配布されたことも，こうした試みの一環であった[49]．

バンディ補佐官がジョンズ・ホプキンズ演説を「おそらく貴方［ジョンソン大統領］が行った外交政策演説として最も重要なもの」と位置付けていたことから分かるように[50]，大統領と補佐官たちは演説に大きな意義を見出し，その成功のために多大な力を傾注した．演説に先だち，大統領自らがリップマンなどのジャーナリストや，マンスフィールド，ウィリアム・フルブライト，ゲール・マギー，フランク・チャーチ，マクガヴァンなどの上院議員らと個別に会合したほか，数回にわたる模擬演説をこなす努力を惜しまなかった (Turner 1985: 120, 124–127)．そして演説の直前には，バンディ補佐官，マクナマラ国防長官及びジョージ・ボール国務次官がテレビに出演し，大統領演説のための雰囲気づくりに加わった．

4月7日夜9時，ジョンズ・ホプキンズ大学のシュライヴァー (Shriver) 講堂で行われたジョンソン大統領の演説はテレビ中継され，アメリカだけで6000万人が視聴したといわれる (Turner 1985: 127)．大統領によると，演説の目的は新しいベトナム政策の表明ではなく，「東南アジアに関する米政府の見解を国民と一緒に再考すること」にあった．その中身はおおよそ，ベトナムに対するアメリカのコミットメント，平和的解決に関する米政府の立場，及び東南アジア開発計画の三つの内容より構成された．まず，南ベトナムを共産主義による侵略から守るためにとられた北爆などの措置は歴代政権のコミットメントと矛盾しない，即ち自由かつ独立したインドシナの追求という政策目標は不変であり，それを達成するために必要とされる手段が変わっただけである，としてアメリカのベトナム政策における連続性を強調した．そして，前月17ヵ国が「無条件の和平交渉」を要求したことに関しては，「理性的人間のとるべき唯一の道は平和的解決であり，そのため我々は，これまで50回以上述べてきたように，無条件の話し合い (unconditional discussion) をする用意ができている」と述べた[51]．それから，前述のように，東南アジア開発のための地域協力を呼びかけ，そのための「アメリカによる10億ドルの投資」の意向を明らかにしたのである．ジョンズ・ホプキンズ演説に対するマスコミの初期反応は，アメリカの国内世論を束ね，米政府のベトナム政策への支持を高めるのに

大いに役立ったとして概ね好意的なものであった[52]．

これまでの分析から，ジョンソン構想の登場がベトナム政局と密接に関係していたことが浮き彫りになる．それゆえに，ジョンソン政権にとって東南アジア開発に向けた地域協力の呼びかけは，高まるベトナム軍事作戦批判をかわすためのいわば急場しのぎ的な措置であった，とみなされやすい．その判断はひとまず保留し，以下では東南アジア開発構想の中身とそれに託された米政府の政策意図について検討する．

第3節　ジョンソン構想の内実

1.「東南アジア開発連合」設立案:「アジア版進歩のための同盟」

そもそもジョンズ・ホプキンス演説の中で提案された東南アジア開発構想の拠り所となったのは「東南アジア開発連合」設立案であった．これは大統領演説案とほぼ同時期に別のルートで作成され，1965年4月初めのNSC会議で正式に承認されたものである．前述のように，3月中旬，リップマンから東南アジアに対する画期的なイニシアティブの必要性を指摘されたバンディ補佐官は，NSC参謀の一人，クーパーに意見を求めた．クーパーは，これを東南アジア経済開発構想として具体化することを提案した[53]．つまり，特別チームを設置し，現実性のあるプログラムを創出させようと提言したのである．バンディ補佐官はこれを受け入れ，クーパーを通じてAIDのラザフォード・ポーツ極東部長にその企画を託した[54]．

東南アジア開発構想の具体化に当たり，ポーツらが参考にしたのは，以前，大統領演説の一部としてホワイトハウスへ送られたものの採用されずに眠っていた二つの文書であった．一つは，前述の，大統領演説を勧告した政策企画会議の文書であった[55]．それによると，「アジア開発のための経済アクション」，即ち戦争を終結させ，建設的かつ協力的な政治経済的支援が可能な秩序を作り出すための具体案として，メコン川流域開発と「アジア経済開発計画」の二つが挙げられていた．メコン川流域開発とは，メコン委員会を「メコン川流域経済公社 (Mekong Basin Economic Authority)」に改編し，既存のメンバーに

北ベトナムを準加盟国として加えた閣僚級委員会と，国連事務総長の任命する事務局長を設置し，TVAのように開発を推進するというものであった．アジア経済開発計画とは，開発協力におけるアジア諸国の役割を強化するために「アジア版進歩のための同盟」を作るというもので，ここには更に二つの具体案が含まれていた．一つは，「進歩のための同盟米州委員会（CIAP）」[56]のような機能を持ち，アジア諸国と域外援助国からなる開発委員会を組織することであった．いま一つは，「アジア開発銀行」の設立であった．「アジア版進歩のための同盟」は，北ベトナムの参加やコロンボ・プランを吸収することまで視野に入れ，メコン川沿岸諸国を含むアジア諸国同士の共同市場協定の推進を将来的目標の一つとして想定した．そして，これらの「経済アクション」は必ずしも新たな巨額出費を必要とするものではないとし，その根拠として，直ちに実行可能なプロジェクトが限られていること，従来のアメリカの二国間援助から転用可能であること，他の先進諸国，特に日本からの貢献が考えられること，を挙げていた．

ポーツらが参考にしたいま一つの文書は，1965年3月初旬，検討中の大統領演説の一部として国務省極東局から送られたものであった[57]．そこでは，東南アジアに平和と安全の雰囲気が訪れるなら，アメリカは関係各国や国際機関と協力し，長期的視点から同地域の経済開発に取り組む用意がある，と宣言するよう勧告された．そして，北ベトナムが隣国への侵略及び侵略の意図を断念し，平和的共存の意思を示してくれるなら，アメリカは北ベトナムの参加を排除しない，とされた．具体的な協力分野としては，メコン川流域開発，農業開発及び教育振興などが挙げられた．とりわけメコン川流域開発については，その実現には相当の時間がかかるものの，「国際委員会はじめ，22の国と11の国連機関がその調査研究に関わった実績があり，長期的にはTVAのような潜在力を有する」と言及されていた．

上記の二つの文書を参考に，ポーツらは「東南アジアの平和と進歩の計画」をまとめた[58]．ジョンソン政権の東南アジア開発計画の叩き台となるこのスタッフ・ワークでは，アメリカの対東南アジア政策における最大の課題は東南アジアへの中国の進出防止と定められた．そして，これを達成するために，中国への牽制とその影響からの自立という面でアメリカと利害関係が一致するソ

連，北ベトナム両国との協力も可能であるとの前提が立てられた．今後の目標については，同地域の平和を速やかに取り戻すためには，当面はNLFに対するアメリカの軍事的圧力が強化されるだろうが，その一方で，長期的には中国の東南アジア進出を非軍事的方法で阻止する必要があり，そのためにはソ連や北ベトナムとの協力も考慮に入れ，地域の政治・経済的相互依存と地域的アイデンティティを基盤にする対中国共同戦線を形成し，東南アジアに平和でより安定した秩序を築くことが望ましい，とされた．そして，その具体案として新たな多国間枠組みの設立を提言した．「東南アジア開発連合（Southeast Asia Development Association）」（仮称）と命名されたこの機構は，概ね以下のようなものであった．

　　機能：（ECAFEのように）東南アジアの域内貿易，経済・社会開発計画，及び（CIAPのように）各国の経済政策に対する調整・諮問の機能を併せ持つ専門家会議のほか，調査・報告及び事務局の役割を担当する常設の職員と，多国籍投資によるプロジェクト（例えばメコン川流域開発計画）を実施するための行政機構（世銀，あるいは提案中のADBなどを想定）を設ける．

　　他の機関との関係：域内外の幅広い参加国を含むECAFEが同連合の母体としては望ましい．東南アジア地域向けの世銀及び二国間援助プログラムは，同連合の報告及び調整に従い，遂行し続ける．

　　メンバーシップ：共産中国を除く域内諸国と域外先進諸国．域内加盟国としては，ビルマ，カンボジア，インドネシア，ラオス，マレーシア，フィリピン，タイ，南北ベトナム．域外加盟国としては，ECAFEの域外加盟国，DAC［開発援助委員会］，世銀，IMF［国際通貨基金］の会員国．一国一票，即ち全加盟国は同等の投票権（single vote）を持つ．

　　財源：米政府が先頭に立ち，今後5年間で20億ドル規模の経済援助を打ち出し，他の援助国にも参加を働きかけるべきである．

　　今後のアクション：同計画について，在外米公館，イギリス，日本，タイ，南ベトナムと秘密裏に協議する．ウ・タント国連事務総長やウ・ニュンECAFE事務局長らと極秘に接触し，ウ・タントが同計画を彼自身の提案として受け入れ，それを具体化するためのECAFE特別会議を開催するよう説得する．ウ・タントが受け入れるなら（公式発言によって），米議会の関係委員会と協議し，ジョンソン大統領がウ・タント提案の支持と支援を表明する．DACや

ECAFE など国際会議を積極的に活用する．(傍点筆者)

　ホワイトハウスは，ロストウ政策企画会議議長に上記のようなスタッフ・ワークに対する意見を求めた．ロストウは東南アジア開発機構の設立に賛成し，初期段階でそのイニシアティブをウ・タントに取らせることについても，同機構を米政府の南ベトナム政策から切り離すという最大の利点を持つとして評価した[59]．即ちロストウは，同構想はベトナム政策の文脈で提案されたとはいえ，アジア諸国及び自由世界から広範な支持を得るためにベトナム政策から切り離して運用していくべきであるとの立場であった．また，アメリカの政治目的を最大限達成するには，戦争が終わってから実行するのではなく，戦争が進行中であってもできるだけ早い内に推進すべきであると述べた．その政治目的とは，(1) アジアのリーダーシップを拡大し，またアジアの団結を強化する形でのアジア開発に対する米政府の長期的コミットメントの真剣さをアピールすること，(2) 北ベトナムに対して，アメリカの南ベトナム政策がアジアの政治・経済の主流から孤立していないことを誇示すること，であった．

　ロストウはまた，新たな提案として，東南アジア開発機構の設立を具体化するための議論をECAFEに持ち込む前に，専門家会議での議論を通じて具体化した方が望ましいと勧告した．つまり，ウ・タントまたはウ・ニュンによって任命された少数の権威ある経済人からなる「アジア賢人委員会（Asian Wisemen's Committee)」を組織し，同グループのまとめた具体案をECAFEで議論させた方がより効果的であるとの提言であった．なぜなら，「進歩のための同盟」の経験に鑑みると，国際会議では提案が具体的であればあるほど参加国が反応しやすく，また米政府にとっても自らの具体案を検討する時間が稼げると思われるからであった．そして，ウ・タントがアメリカの提案を受け入れない場合に備えて，タイやフィリピンなどに賢人会議を開催させ，そこで案出されたアイディアをECAFE特別セッションまたは他のアジア国際会議で議論するように誘導する，との代案を示した．

　そのほか，ロストウは国連とECAFEに参加していない北ベトナムの新機構への参加可能性については，北ベトナムが最終的には参加するかもしれないが，援助目当てに直ちに対決姿勢を変更するとは期待しなかった．そのため，

北ベトナムの参加を誘引するために，停戦に際して与えられる直接的で特別な経済補償を用意することを提案した[60]．また新機構の機能については，CIAP のように，加盟国の国内経済政策を検討・調整する機能に一層の重点をおくべきであろう，とした．そして財源については，概略ではあるが，現在の援助金額水準を今後 10 年間 20％アップさせることで確保できる 64 億ドルに，軍事援助の一部と民間投資拡大分を加えると，およそ 80 億ドルが確保できるだろうが，これはスタッフ・ワークの予想した今後 5 年間の 45 億ドルに近接する規模であり，これに加え，世銀，日本，欧州諸国，ADB，民間投資などを活用すれば，必ずしも米政府援助の大幅な増額を前提にしなくてもよいだろう，との見解を示した．

クーパーは，AID によるスタッフ・ワーク，ロストウその他の意見を踏まえ，バンディ補佐官へ次のような内容を提言した[61]．まず「東南アジア開発連合」の目的に関しては，ポーツ案に見られるようなイデオロギー色を薄めた．具体的には，その目的を，東南アジアにおける貧困と不安定の克服，経済・社会開発のための潜在力を最大化するために地域共同で対処できる枠組みを創出することと定め，それを大統領の示した「ポイント 5」の具体案として位置付けた．また，これを単なる「政治的スローガン」で終わらせてはいけない，「共産主義または共産中国の封じ込め」の道具とみなされてはいけない，ベトナム戦争と直接に結び付いたものと認識されてはいけない，と注意を喚起し，そのためには，可能な限りアジアのイニシアティブによるものでなければならない，と強調した．それから，ロストウの提言した，停戦の際に北ベトナムに与えられる特別な補償措置に関しては，それが同連合の本来の地域的目的を歪めるおそれがあるとして，退けた．

「東南アジア開発連合」の機能と組織についてはポーツ案とほとんど変わらなかった．組織の母体としては ECAFE が望ましいとしながらも，メンバーシップは国連非加盟国にも開放するとし，全ての東南アジア諸国，中国を除く域外主要国（米，豪，加，仏，日，ニュージーランド，パキスタン，英，ソ）を想定した．また，新機構は，例えばメコン川流域開発や「ECAFE ハイウェー」（原文ママ——おそらく当時 ECAFE で設立が検討されていた「アジア・ハイウェー調整委員会」のことを指していると思われる）などの開発プロジェクトの企画におい

第 3 節　ジョンソン構想の内実　45

てECAFEと調整を行うとし，その活動におけるECAFEとの連携を一層強調した．

　新機構設立までの手順に関しては，迅速かつ秘密裏にウ・タントと接触し，彼の指名するアジア賢人委員会に 3 ヵ月以内に機構設立のための具体案を作成させるとして，ロストウの意見に同調した．そして，自らの提案として，ハリマンを特別代表に任命し，アメリカ側の対外調整役に当たらせる案を示した[62]．また，ポーツ案で提示された「米政府が先頭に立ち，今後 5 年間で 20 億ドル規模の経済援助を打ち出」すことについては，更なる検討作業及び議会との協議が必要であるとし，初期段階での具体的なコミットメントには慎重に対処するよう促した．そのほか，ADB設立問題を取り上げ，今後，米政府として積極的姿勢で臨むべきであろう，との意見を加えた．

　こうしたクーパーの報告を受けたバンディ補佐官は，ジョンソン大統領に「東南アジア開発連合」案の採択を勧告した[63]．アメリカが東南アジアの地域的開発にリーダーシップを発揮するのは国益の観点から大変有益なことであるとし，「ポイント 5」の具体化に向けた次なるステップを促したのである．バンディは，その際には東南アジア開発計画をベトナム政策から切り離して運用すべきであるとし，両者の関係を明確にした．即ち，来る大統領のベトナム政策演説の中で同計画に言及されるものの，その後はベトナム政策から切り離して推進した方が望ましい，としたのである．そして今後の手順に関しては，ウ・タントに「ボールを取らせる」と同時にアジア側の対応を組織化すること，ウ・タントやアジア諸国との調整役にハリマンを任命することを勧告した．また，地域機構設立への道程が不透明であることを理由に，「議会との事前協議に必要な時間を確保するためにも，アジア諸国からの反応と新機構の骨格が明らかになった後に，4 年前の進歩のための同盟の発足に際して行ったようなアメリカのコミットメントを考慮するよう」（下線原文）進言した．

　4 月初めのNSC会議においてバンディ補佐官は，作成中の大統領演説に触れたほか，「東南アジア開発連合」案について報告した[64]．バンディは，同案は，要するにアジアの経済・社会開発を推進する組織の設立を目指すもので，西側先進国から支援を受けるものの，その発起（sponsorship）はアジア諸国に求められる，とした[65]．また，「これは南ベトナム問題でも，あるいは北ベトナ

ムに対するおとり（bait）でもない．が，アジアにおけるアメリカや西側の立場を強化することになるだろう」と述べた．同案はその場でウィリアム・ゴードAID副長官とラスク国務長官の承認を得て正式に採択され，実行に移されることになった[66]．

ところで，ジョンソン政権が「東南アジア開発連合」の推進を決定したことは，必ずしも同政権がそのような地域機構の出現を楽観視していたことを意味しない．むしろアジア地域主義に対する米政府の期待は総じて低く，当面はそれに向けた積極的な動きは起こり難いとの見方が優勢であった．今後のアメリカの世界戦略として地域主義的アプローチの導入を訴えた前述の政策企画会議の文書は，地域協力に向けたアジア諸国自身によるイニシアティブの模索の兆しに注目し，その将来的発展の可能性に期待を表明しつつも，その具体化には相当の時間が必要であろうと予想した[67]．またバンディ補佐官も，上記の大統領宛報告（注63）において，「東南アジア開発連合」案の実現における多くの困難を予想していた．つまり，ジョンソン政権はアメリカの望むような形での早急な展開は容易ではないとの慎重な立場であったのである．

それゆえ東南アジア開発構想の具体化においては，地域の自主性に最大限の配慮をすることが求められた[68]．地域自生的な動きが見られない状況下でのアメリカによる過度な押し付けは，「新植民地主義」あるいは「帝国主義」といった，共産主義陣営やナショナリズムの強い国々からの批判のみならず親米の地域諸国からの反発をも招くおそれがあったからである．また，東南アジア開発計画の企画が早急に進められたため，大統領演説が行われた段階ではその詳細まで検討する時間的余裕がなかったことも地域のイニシアティブを強調する要因として作用した[69]．実際，ジョンズ・ホプキンズ演説においては，アジア地域主義そのものが強調されたのではなく，東南アジア開発の必要性が力説されてから，それへの対処方法として域内国の主導による地域協力が促された．地域開発への共同対応という提案がアメリカによって示されたものの，その具体化においては国連やアジア側のイニシアティブを促し，それを見極めながらアメリカ側の更なる対応を検討することになったのである[70]．その意味では，「東南アジア開発連合」案はその推進におけるアメリカ側の柔軟な対応を前提にしたものであったといえよう．

2. 軍事・安全保障分野における対応：同盟体制の現状維持

ところでジョンソン構想の採択した地域主義的アプローチは，軍事・安全保障分野にも適用されたのだろうか．結論を先取りすると，ジョンソン政権期のアジア安全保障政策には，従来のハブ・アンド・スポーク体制が引き継がれた．それを克明に示すものが，1965 年 3 月の極東地域公館長会議における合意である．同会議では，アメリカの極東政策一般について，次のような方針が確認された[71]．

> 現存の地域同盟構造におけるいかなる大幅な変化も適切ではない．日本，韓国，台湾との二国間安全保障を北方安全保障枠組みに統括するのは，現在は実現できそうにない．SEATO は，軍事計画の目的以外の機能が失われているとはいえ，依然として政治的に有用である．ANZUS の諮問機構としての拡大可能性，あるいは (おそらくその逆に) フランスやパキスタンの脱退によって SEATO が強固になるのか，については更に議論すべきである．(傍点筆者)

ベトナム軍事作戦の拡大路線が確実になり，またジョンソン構想が本格的に企画され始めようとしていた当時，米政府は，対アジア安全保障政策において既存の地域同盟体制の維持を確認していたことが分かる．歴代政権によって将来的目標として残されていた，極東における「北方安全保障枠組み」，即ち多国間安全保障体制の設立については，現時点では非現実的であるとし，少なくとも当面はその追求が否定された．加盟国の間で機能不全が問題となっていた SEATO については[72]，その軍事的効力は限られているとしながらも，ベトナムにおける軍事介入の法的根拠としての政治的有効性を認め，今後もそれを保持していく方針が示された[73]．フランスやパキスタンの脱退可能性については，それが SEATO の更なる機能低下を招くのか，それともその強化に寄与するのかを見極めながら，前者への対処として ANZUS の諮問機能の強化について更に検討すべきであると勧告されている．

ジョンソン政権期には，ANZUS と関連して，これとアンザム防衛計画取り決め (ANZAM)[74] を統合し，豪・ニュージーランド・米・英による「東南アジアに関する 4 ヵ国協議 (Quadripartite Consultations on Southeast Asia)」

を制度化する案が提案されていた．1965年6月のANZUS理事会の前にオーストラリア政府は，東南アジア防衛におけるオーストラリアの米・英両国へのコミットメントが「完全に統合されてない」とし，両者の間に起こり得る対立を避けることを目的とした4ヵ国間の政策協議の制度化を申し入れた[75]．

　これに対して米政府は，4ヵ国間の協議そのものの有用性は認めたものの，アメリカのコミットメントはANZAMと切り離したANZUSを中心に行うことが緊要であるとし[76]，ANZUSの実質的な拡大・変更には反対した．その理由は二つあった[77]．一つは，ANZUSとANZAMの目的がそれぞれ異なるということであった．いま一つは，近隣アジア諸国への配慮であった．即ち，そのような諮問機構の設置は，例えば，インドネシアにとって「アングロ・サクソン」勢力による包囲網として映りかねず，同機構から排除されるタイ，フィリピン，韓国なども間違いなく反発すると予想されたからであった．それゆえ4ヵ国協議は「最大限の機密」を守りながらSEATO理事会の場を借りて，「非公式の話し合い」として運営されることになった．

　ところがその後，今度は英政府によって4ヵ国協議を共同の軍事企画・指揮機能にまで拡大する案が正式に提案された[78]．この提案は米政府にとって，ANZUS条約締結の際に直面した問題の再来，即ち「白人クラブ（White Man's Club）」に対するフィリピンの反感を呼び起こすことを意味した[79]．しかも同提案の背景には英労働党政権による国防計画見直し，とりわけスエズ以東における防衛力削減計画がある，と理解された[80]．マレーシアやシンガポールからのイギリスの軍事力撤退に備え，米・豪両国にその肩代わりを求めるのではないか，と疑われたのである[81]．その結果，米・豪両国は，東南アジアでの防衛力削減を画するイギリス側の目論みを阻止するために引き続き協力して対処することで一致した．そして豪政府は，東南アジアの安全保障体制に関するいかなる実質的な変更にも反対するとのアメリカ側の立場に一層の理解を示すようになった．その際，豪政府に伝えられたアメリカの立場とは，次の三点のいずれにも反対するというものであった[82]．

(a) 共同企画・指揮を含む取り決めを視野に入れた4ヵ国協議
(b) アジアにおけるあらゆる「白人クラブ」

(c) SEATO や ANZUS など，既存の条約を変更しようとするあらゆる試み
（傍点筆者）

これに対して豪政府は，「現在のところ」(a) と (b) を支持するとした一方，(c) に対しては，それを退けないものの，今のところ，政治的観点から現実的とはいえない，とした．そして，オーストラリアとしては定期的会議または閣僚級会議など，いかなる枠組みの増設も望まない，としたのである[83]．皮肉にも英政府の提案は，イギリスの参加を前提にした ANZUS 拡大という豪政府の対米要請を，豪政府自らが事実上撤回する要因として作用したといえよう．

アジアにおける安全保障体制の現状維持というジョンソン政権の方針は，「白人」同盟国のみならず，アジア諸国に対しても向けられた．1965 年 11 月，金顯哲駐米韓国大使はサミュエル・バーガー極東問題担当国務次官補代理を訪ね，アジアにおける新たな地域防衛機構の設立案に対するアメリカの立場を尋ねた[84]．その際，韓国政府が想定した三つの案は，(a) SEATO の強化，(b) 「北東アジア条約機構 (NEATO)」の設立，(c) 既存の二つの機構 (SEATO と ANZUS) を包含ないし代替する太平洋防衛機構 (an overall Pacific defense organization) の設立であった．

これに対してバーガーは，米政府は大使の述べたようないかなる案も考慮していないことを明言し，その理由を次のように述べた[85]．

　　米政府は地域のほとんどの国と二国間取り決めを持っているほか，SEATO の加盟国として南ベトナムへ支援を与えている．英政府はマレーシアやシンガポールの防衛に実質的なコミットメントをしている．時折，大使の述べたような提案が出されたりするが，米政府はこのような提案が実際的あるいは実現可能 (practical or feasible) であるとは思っていない．……他の地域諸国は更なる地域機構に参加する意向がない．太平洋は，地理的に比較的狭く集中している欧州とは異なって，膨大な地域である．……北東アジアでは日本が最も重要な国であるが，日本はそのような地域条約に参加しようとしない (not prepared to enter)．地域諸国はそれぞれ異なる地域的目標を持っており，現段階で地域条約を作ることは実際的ではない．

ジョンソン政権にとってアジアにおける安全保障の根幹は二国間条約とそれを補完するSEATO（及び東南アジアにおけるイギリスの防衛コミットメント）であったこと，同政権はアジアが地理的にまとまり難く，また地域諸国間で地域的同盟機構に対して異なる認識が存在する現状に鑑み，既存の同盟体制を代替ないし補完しようとする試みは現実的ではないと判断していたことが窺える[86]．

安全保障体制の現状維持という方針はベトナム問題への対処においても貫かれた．ジョンソン政権はベトナム軍事介入が深まるにつれ，自国のベトナム政策に対する自由主義諸国からの支持と支援の確保に奔走するようになったが[87]，前述の極東地域公館長会議においても次のような方針が確認された[88]．

> 南ベトナムに対する第三国の支援は，南ベトナムへの広範な国際的支持の確認と，アメリカの担う役割の分担という二つの意味で，重要である．

但し，このような同盟諸国からの支持・支援の確保に向けた努力は，基本的に二国間外交ルートを通じて行われており，そのために新たな多国間枠組みがジョンソン政権によって追求されたわけではなかった．

当時，米政府の要請に応えて戦闘部隊を派遣した同盟国同士の協力枠組み，いわゆるベトナム参戦国会議の運営においても，こうしたアメリカの立場は際立っていた．同会議の設立には，参戦国間の政策協議のみならず，将来的にSEATOを代替または補完する「準反共同盟」の設立をも視野に入れる韓国，タイ及び南ベトナム政府の思惑が働いていた (Buszynski 1983: 135-140; Yi 2000: 169-172)．ところが，アジアからの提案に対して米政府は当初その必要性を見出せず，消極的に対処した．その後，参戦国会議の政治的効果に期待を込めたジョンソン大統領の意向によってその開催が決まってからも，米政府としては同会議において具体的かつ実質的な軍事プログラムを協議する意向は全くなかった[89]．その設立会議に臨むアメリカの立場は，次のようなものであった．

> 派兵した同盟国に配慮することは当然必要であろうが，それらの政府の利害と，大国としてのわが国の行動の自由を制限するプレッシャーを招く結果を避けようとするわが政府の利害とを，いかに調和させるかについては政府内で合

意に達していない[90].
　米政府は，会議で軍事分野での新たな重要な決定が行われるだろうとの憶測を生まないようにすると同時に，基本的に非軍事的プログラムと平和交渉の展望・目標の検討が中心になると強調することを，最優先に望む[91].

　このように，当時ジョンソン政権が同会議において「平和」イメージのアピールに終始したのは，内外で高まった反戦気運のみを意識した行動ではなかった．そこには，アメリカに対して新たな同盟または条約に基づく軍事的コミットメントを求めようとする一部の参加国の動きを事前に遮断したいとの狙いがあったのである．

　もっともジョンソン政権がアジアにおける軍事・安全保障体制のいかなる実質的変更も拒んだことは，同政権が既存の体制に満足していたことを意味するものではない．ベトナム問題を含むアジアの安全保障に限っては現状の二国間同盟体制で対処した方が最も現実的であると判断しただけであって，その背景には次のような事情があった[92]．まず，国内の法的プロセスにおいて，仮にアジア諸国との間で安全保障枠組み上の何らかの変更や新たなコミットメントへの合意ができたとしても，米議会における批准は困難であるとの認識があった．また，新たなコミットメントに伴うであろう同盟諸国からの要求事項，例えば共同指揮権などによって，アメリカの軍事戦略上の自由な選択が制限され得るため，国防総省など政府内部からの反対が予想された．対外関係においては，反米諸国からの「アメリカ主導の反共ブロック形成」との批判が予想されただけでなく，日本など参加に消極的な同盟国が存在する中，果たしてそのコストを上回る，意味のある協力体制が構築できるかについて疑問が残った．それよりは，既存の地域防衛体制を維持した方がより現実的であるとの戦略的判断が働いたのである．こうした方針は基本的にジョンソン政権期を通して一貫していたといえる．

第4節　ジョンソン構想提唱の意義

　それでは，ジョンソン構想はアメリカの対アジア政策においてどのような位置を占めていたのであろうか．前述のように，従来の研究においては，軍事一

辺倒のイメージを和らげ，ベトナム政策への支持を確保するために展開された平和攻勢の一部としてジョンソン構想を位置付ける視角が多い[93]．またその一方では，米政府がジョンソン構想を打ち出し，アジア諸国による地域機構設立を後押しした背景には，同地域における既存の安全保障体制を補完しようとする狙いがあったとの主張もある（序章参照）．果たしてジョンソン構想はベトナム政局のみを意識した急場しのぎのレトリックに過ぎなかったのだろうか．あるいはそれは軍事・安全保障分野における新たな多国間枠組みの設立を意図したものであったのだろうか．

確かに，1965年3月の時点でのアジア政策の最大の焦点がベトナム問題であっただけに，ジョンズ・ホプキンズ演説の背景にはベトナムをめぐる政治状況に対する危機的認識があった．そしてホワイトハウスが東南アジア開発というアイディアに注目したのもベトナム政策の再検討の文脈においてのことであった．ジョンソン大統領と補佐官たちにとって，東南アジア開発へのイニシアティブは，自らの政権の関心が，単なるベトナムにおける軍事的冒険でなく，同地域全体の社会・福祉問題をも含む総合的な政策にあることを示す機会，ないしは「戦争」に代わる，あるいは並行する「平和」のイメージを打ち出す目玉として期待されていた．

しかしながら，ジョンズ・ホプキンズ演説がベトナム政策をめぐる当時の守勢的状況を変えるための外交的イニシアティブであったということは，必ずしもジョンソン構想そのものが急場しのぎのレトリックであったことを意味するものではない．むしろ，これまでの分析で明らかになったように，米政府内の政策過程は，同政権がポスト・ベトナムまでを視野に入れた中長期的視点から，ベトナム戦争と切り離した形での構想推進を検討していたことを示している．ジョンソン構想をベトナム戦争遂行の一手段として位置付ける見方では，このような米政府の政策意図は捨象されてしまうのである．従って，逆説的ではあるものの，東南アジアでの軍事作戦拡大は，アメリカの対外政策における同地域の重要性を高め，ジョンソン政権をして同地域の開発問題へ本格的に取り組ましめた，とみるべきではないだろうか[94]．その意味では，ジョンソン構想とは，「戦争」がもたらした「開発」プロジェクトであったといえる．

それからジョンソン構想の目指した多国間枠組みは「軍事的」なものではな

く,「経済的」なものであった. 繰り返しになるが, 戦後の歴代米政権のアジア政策における地域主義的発想には常に「封じ込め」という戦略的考慮が働いており, ジョンソン構想もその例外ではなかった. 同構想実現のための具体案であった「東南アジア開発連合」案は, アメリカの東南アジア政策における長期的目標を中国の進出阻止に求めており, 同構想が冷戦戦略の一環であったことを示している[95]. 但し, その方法としてとられたのは, 軍事同盟の構築ではなく, 経済・社会開発のための地域協力であった.「東南アジア地域の政治・経済的相互依存と地域的アイデンティティを基盤にする対中国共同戦線を形成し, 東南アジアに平和でより安定した秩序を築くことが望ましく……」とあるように, 同案は中国の進出を「非軍事的に阻止する」ための方策であったのである. そして, バンディ補佐官が強調したように, 経済・社会開発の成果によってアジアにおけるアメリカはじめ西側陣営の立場の強化が期待されたのである[96].

もっとも, このような「経済的」安全保障という戦略的発想は冷戦とともに始まったものであった. トルーマン政権が1947年から推進したマーシャル・プランは, その正式名称「欧州復興計画 (ERP)」から分かるように, 欧州諸国の経済復興と経済統合の支援を目的としたものであった[97]. またアジアにおいては日本中心の地域的経済統合構想が検討されていた[98]. そして1950年代になると, 先進自由諸国の復興に伴い, 南北問題と結び付いた冷戦の「政治経済戦争」化が進み, アメリカの対外援助の関心が発展途上の同盟国や第三世界の開発問題に移るようになった. 近代化論に基づく開発援助哲学, いわゆる「ロストウ・ドクトリン」の登場であり, それがケネディ政権期の「国連開発の10年」や「進歩のための同盟」をもたらしたことは前述の通りである. ジョンソン構想もこうした流れをくむものと位置付けるべきであろう. ジョンソン政権にとってそれは「アジア版進歩のための同盟」にほかならなかったのである.

このように, 東南アジア開発プログラムはベトナム戦争戦略の一部でもなければ, 新たな同盟体制の構築を目指したものでもなかった. ジョンソン構想によって開発のための地域主義的アプローチが公式に打ち出され, アメリカのみならず地域各国がその実現に向けた様々な外交努力を傾注したことこそ, 当時のアジア国際関係の特徴でもあった. 従って, ジョンズ・ホプキンス演説に始

まる「開発外交」，即ち開発のための多国間枠組みの追求は，ベトナム戦争介入と並んで，ジョンソン政権期のアジア政策の不可欠な要素として評価されるべきであろう (Smith 1991: 83).

第 2 章　ジョンソン構想の展開

第 1 節　アメリカの初期戦略

1. 政府内支援体制の確立

1965 年 4 月初旬の NSC 会議で「東南アジア開発連合」設立案が採択され，またジョンズ・ホプキンズ演説によって東南アジア開発支援へのジョンソン大統領の強い意向が示されると，米政府内にその推進を担うためのアドホックな特別組織が作られた．同演説の翌日，大統領は主要閣僚らとブラックが参加する閣議を開き，東南アジア開発計画について議論した[1]．その結果，ブラックが「東南アジア経済社会開発担当大統領特別顧問（President's Special Advisor on Southeast Asian Economic and Social Development）」に任命され，米政府を代表して対外協議に当たることになった[2]．また AID 所属のトーマス・ニブロックを同顧問の特別補佐官に任命したほか，その活動に必要な事務局機能及び行政上の支援を行うために，AID 極東部に「東南アジア地域開発特別局（Special Office of Southeast Asian Regional Development）」を新設し，ニブロックにその指揮を取らせた[3]．

それから，ジョンズ・ホプキンズ演説で言及された「傑出して愛国心に満ちた，優れたアメリカ人からなる特別チーム」として「東南アジア経済社会開発タスクフォース」が設置された[4]．同タスクフォースの設置に当たり，大統領は，国務省，財務省，農務省，商務省，AID，予算局（Bureau of the Budget）及び輸出入銀行（EX-IM）など関係省庁の長官に対し，各省庁から高官を派遣してタスクフォースに参加させるよう，また各長官ら自身がこの問題に直接の関心を持つよう指示した[5]．このような省庁横断的な特別チームの設置は，東南アジア開発支援のための政策企画を，従来のように AID に委ねるのではな

く，ホワイトハウスに直属させ，その指揮をバンディ補佐官に取らせるための措置であり，その意味では東南アジア開発に対する大統領自らの意気込みの表れであった[6]．

同タスクフォースの任務は，「3月25日の大統領声明及び4月7日のジョンズ・ホプキンズ演説で発表された幅広い政策を支援するため，アメリカのとるべき立場に関する計画と勧告を用意し，大統領とブラック特別顧問に提出する」こととされた．そして，最初の任務として，(1) 東南アジア開発のための最も望ましい地域枠組みの形態を検討すること，(2) 開発のための地域枠組みを通じて有効に利用できる援助の規模と形態，即ちアメリカはじめ先進諸国からの援助及び民間投資の規模と内容を，ベトナム紛争が継続する場合と平和的解決が図られた場合の両状況を前提に，それぞれ予想すること，(3) 地域開発プログラムが整う前に，アメリカによる東南アジア向けの二国間援助の即時拡大が行われる可能性につき，その適切性を検討・評価し，その報告書を4月15日までに提出すること，が定められた[7]．

2.「アジア版進歩のための同盟」が目指したもの

(1) タスクフォースの報告書：二本立ての開発計画

ジョンソン構想の推進に当たり，米政府の初期構想を示したものとして，上述の大統領命令に応じてタスクフォースとAIDがそれぞれまとめた二つの報告書がある[8]．前者は，4月14日大統領に提出されたもので，ジョンソン構想に託した米政府の戦略的意図をはじめその推進に当たってアメリカの描いたシナリオなどが如実に現れていた[9]．但し，時間的制約によって，具体的プロジェクトやそれに必要な援助の規模・形態については，今後の補完作業を予定しており，そのため「予備（preliminary）」報告書になっていた．その後続作業として作成されたのがAIDの報告書であり，そこでは今後選択可能なプロジェクトがリストアップされた上で，それぞれに必要な財源について検討されており，5月11日にブラック顧問から大統領に提出された[10]．この二つの報告書は，ジョンソン構想推進の初期段階における米政府の手引きとなった[11]．

タスクフォースの報告書は，ジョンソン構想と東南アジアにおけるアメリカの政治的目標との関係について，次のような分析を行っている[12]．まず，ジョ

ンソン構想がベトナム戦争に与え得る短期的影響として考慮されたのは，北ベトナムやソ連に対する東南アジア中立化提案としての性格であった．即ち，ベトナム戦争のエスカレーションの回避，またアメリカと中国のどちらの影響力も排除した中立バッファー地域の出現可能性の模索という意味合いである．なお，こうした暗黙のシグナルを効果的に伝えるためには，経済的枠組みの設立及びその活動においてアジアのイニシアティブを最大化すると同時に，その参加国の構成においてはSEATO色の排除が求められる．そのため，カンボジアとビルマの参加はプラス要因とされた反面，フィリピンやマレーシアの参加がマイナス要因として考えられた．次に，長期的な政治目標に関しては，東南アジアの効果的開発は，仮にそれがベトナム軍事作戦へ直接的な効果を及ぼさないにしろ，域内非共産諸国の社会的・政治的連帯を強めるという点でアメリカの利益になる，と考えられた．

そして結論において，大統領の取るべき経済的イニシアティブとして，二国間のアプローチと多国間のアプローチを組み合わせた次の二重の行動が勧告された．まず，アメリカ単独で実行可能な行動として考えられたのは，二国間援助の緩やかな拡大であった．即ち保健，教育，食糧，衣服支援及び技術援助など，地域福祉への支援を拡大することであり，東南アジア開発のための新たな地域機構の出現を待たずに，但しその設立に向けたアジア諸国の努力を邪魔しない範囲内で，米政府が単独で直ちに行える行動であった．二国間ベースの援助拡大が勧告されたのは，東南アジア開発に向けた米政府の関心と努力をすぐにでも示すためであって，また多国間援助が順調に進まない可能性に備えてのことであった．

次に，多国間のアプローチとは，長期的視点から他の援助国と共同で東南アジア開発に取り組むことであって，それを担う中心的勢力となる多国間地域開発機構の設立を早急に進めるよう勧告された．その際，報告書は，そうした機構に効率的な仕組みを持たせることと，アメリカの役割が目立ち過ぎることによる損失とのバランスを考慮する必要があると指摘した．即ち，北ベトナムの将来的な参加も視野に入れてアジア諸国のイニシアティブを確保することと，援助国側に対して効率的な開発推進を保障することが同時に求められたのである．そして，そこに起こり得る衝突を最小化するために，次のような二元構造の

組織が提案された．一つは，援助国側によって構成される諮問グループ（Consultative Group）で，被援助国の経済政策に対する勧告，プロジェクト・レビュー，その資金調達及び実施の監督などの機能を持ち，将来的には，インド，パキスタンのケースのように，援助コンソーシアムに発展することもあり得るとした[13]．いま一つは被援助国側の組織で，次のようなものが望ましいとされた．(1) 国連をスポンサーに据えるものの，その傘下機構ではない（国連と緊密な提携関係を維持するものの，組織・運営面では独立している），(2) 閣僚会議のほか，常設の執行委員会，専門スタッフからなる，(3) 機能面では，究極的に，CIAPのそれに近い[14]．即ち，具体的な開発プロジェクトの企画，国別開発プログラムと経済パフォーマンスのレビュー，国家・地域レベルでの開発計画の調整，経済政策一般に関する議論の場としてのフォーラムの提供，プログラムとプロジェクトのレビュー・資金調達に関する援助国側との交渉における被援助諸国の代表及びそれに必要な適切な多国間プロジェクトの企画・提出，などの機能をもつことが求められた．

多国間枠組みの設立と関連して注目されるのは，以前の「東南アジア開発連合」案に比べ，援助国側と被援助国側からなる二元構造を一層鮮明にし，両者間の役割分担を明確にした点である[15]．被援助国からなる組織には，その最高意思決定機関として閣僚会議を設けながらも，少なくとも初期においては，プロジェクトの資金調達など，資金の流れを直接管轄する機能を持たせないことに注意が喚起された．つまり，同組織への資金の組み入れを否定し，出資における援助国及び国際機関の裁量を最大限確保しようとする立場であった．

また，報告書はメコン委員会について次のような見解を示した[16]．同委員会を上記の開発機構の基盤にすることは，既存の機構が利用でき，また国連の要望に応えられるというメリットがあると評価した．しかしながら，他方では，その活動と関心が水資源開発に限定されており，メンバーシップの拡大が容易ではない点など，回避すべき危険が潜んでいるとした．特に開発資金の割り当てに関して同委員会はダム建設やその他の水資源開発事業など，多額の資金が必要とされるプロジェクトを好む傾向があり，それはアメリカの立場からすると適切ではないとされた．そしてその他のプロジェクト，並びに保健，栄養，教育，青年訓練，地域開発の分野も同様に優先することによって，地域の経済的

ニーズとアメリカの政治的利益をより効果的に達成できるだろう，とされた．

報告書は，地域機構の設立に様々な難関が存在することも指摘した．東南アジアには相互不信と敵対行為に満ちた長い歴史があり，また新設の機構がアメリカの政策に公然と反対する可能性も考えられるとした上で，そのような代価を払わずに機構設立を進めることはできないと提言した．また，米政府は機構の設立に当たり，被援助国に対してアメリカの意向を強制する能力を持っているとはいえ，そうすることがアメリカの国益にはならないとし，その設立と運営においてアジア諸国のイニシアティブを尊重するべきであると勧告した．その理由は次のようなものであった．

> 我々の第一の目標は，地域諸国を結び付ける共同行動の媒介的かつ統合的効果を利用すること，また，この共同事業に対して主要先進諸国から経済的支援のみならず政治的支援を引き出すことにある．「メイド・イン・USA」ベースで突き進むだけでは，膨大な支出による多少の生活水準の向上は得られるだろうが，我々は本当の戦いには負けるのである．（傍点筆者）[17]

タスクフォースは，「アジア版進歩のための同盟」の推進，特にその中心的枠組みとしての「アジア版CIAP」の設立が容易ではなく，また相当の時間と努力が要求されるだろうとし，その前途を楽観視したわけではなかった．にもかかわらず，同報告書は，ジョンソン構想実現のためにはそれをアジア諸国の手によって設立させることが不可欠であるとし，大統領に対してこの難題に取り組むよう勧告したのである．

このように，ジョンソン構想の描いた東南アジア開発計画は，既存の二国間援助の拡大と，開発のための新たな多国間地域機構の設立との二本立てになっていた．そして，ジョンソン政権によるアジア地域主義支援政策とは，地域開発のための多国間協力体制，即ち「アジア版進歩のための同盟」の構築にほかならなかった．

(2) AIDの報告書：状況依存的要素

他方，ジョンソン政権の想定した東南アジア開発プロジェクト及びその財源についてはAIDの報告書の中で詳細に検討されていた[18]．同報告書は，今後

の東南アジア地域開発の展開を左右する二つの要因として，ベトナムやラオスにおける平和回復が実現するか否かと，開発協力のための広範な地域機構が出現するか否かを挙げ，それぞれの状況を仮定した上で，向こう3年間（1966–68年度）を対象に分析を行った．その際，ジョンソン構想の対象地域としては一つに確定せず，概ね三つの可能性が同時に考慮された．即ち第一に，南ベトナム，タイ，ラオス，カンボジアから成るメコン川沿岸地域（Mekong Riparian Region），第二に，これら4ヵ国にビルマとマレーシアを加えた大陸部東南アジア（Mainland Southeast Asia），第三に，更にフィリピンを加えた東南アジア全域（Full Region）である[19]．

最も開発に適した状況，即ち平和回復が進み，なおかつ広範な地域開発体制が整うとの仮定の下では，東南アジア全体（前記7ヵ国）を対象に今後3年間必要とされる開発資金として41億ドルが見込まれた．その内，地域諸国自らの出資を8億ドルと仮定すると，残り33億ドルについては外部からの資金（援助及び投資）が必要とされた．この金額は，単純計算でいうと，現行の年間5億ドルの約2倍に相当するものであり，仮に大統領の提案した10億ドルが全て確保されたとしても，場合によっては他の援助国の援助及び地域諸国の自助努力の拡大も必要になる，とされた．他方，仮にベトナムやラオスにおける紛争が続き，かつ広範な地域枠組みが設立されなかった場合，検討したプロジェクトの多くはその推進が1968年以降に延期されるか，または実行そのものが不可能になるだろう，とされた．しかしながら，その場合でも，ある程度の進展が見込まれるならば開発プログラムを開始することができると考えられた．

このように，米政府はジョンソン構想の提案及び推進に当たり，前もってその具体的な地域範囲，プロジェクト及び財源などを確定せず，取り得る複数の代案を同時に考慮した上で，今後の状況変化に合わせて適切に対応するとの柔軟な立場であった．ジョンソン構想には状況依存的要素が多く含まれていたのである．「東南アジア開発連合」案やAIDの報告書に見られるように，「アメリカによる10億ドルの投資」とは象徴的な意味が強いものであって，前もってその詳細を検討していたわけではなく，議会との事前協議も行われなかった．それゆえ財源確保についても議会に対し東南アジア開発資金の名目で10億ドルの一括支出を求めるのではなく，具体的な必要が生じた場合，その都度

支出を要請する方法がとられた[20](但し，ジョンソン構想発表の後には，前もって使途を規定しない特別基金の設立が試みられたが，これについては第3章を参照)．また，国別出資額についても，報告書は，アメリカと他の先進諸国，また援助国側と被援助国側との間で，厳格な費用分担の基準を適用するのではなく，ケース・バイ・ケースによる柔軟な対処を勧告した．

いま一つ注目されるのは，報告書においては開発プロジェクトが国別，セクター別にリストアップされたほか，特に地域プロジェクトに比重がおかれた点である．マラリア撲滅，ダム建設，運輸・通信のほか，人材開発（教育，保健，栄養）分野がその好例とされ，これらの分野における地域協力に向けた建設的なアジアのイニシアティブを奨励することが東南アジア開発プログラムの重要な目的の一つとされた．要するに，多国間援助の対象として，複数の国が開発の恩恵を共有するプロジェクトが優先されたのである．

そして，タスクフォースの報告書と同様，多国間アプローチの適用における最大の難点として，地域プロジェクトを統括する多国間枠組みの欠如が指摘された．今後の開発プログラムの推進においてはECAFE，メコン委員会などの既存の枠組みまたは提案中のADBなどが重要な役割を果たすだろうとしながらも，その他の新たな制度的枠組みが必要であることは明らかである，とされた．

ジョンソン政権が，多国間協力による東南アジア開発への効率的対応を可能にするための優先的課題として，適切な地域開発機構の設立を挙げた背景には，多くの地域諸国または地域機構によって様々な開発プロジェクトが提案されてはいたものの，事業化調査を行うなどして適切に企画されたプロジェクト，いわば「投資可能なプロジェクト」は意外に少なく，また多岐にわたるプロジェクトについて関係国または地域機構間の調整を行い，その実施を監督するなどの，開発事業の推進に必要な一連の機能を備えた統括的中央機構が存在しないという現状があった[21]．ジョンソン政権にとって「アジア版進歩のための同盟」の成功を左右する最大要因の一つは，その推進を担う適切な制度的枠組みが出現するか否かであるとされたのである．

3. 「低姿勢」開発外交

　ジョンソン構想の具体化に向けた対外交渉，いわゆる開発外交において米政府が重視したのは次の点であった[22]．第一に，地域の自主性の尊重である．ジョンソン政権は，東南アジア開発構想がジョンソン大統領によって提唱されたとはいえ，それはあくまで同地域の国々に対する提案であって，アメリカによって強制ないし主導されるものではない，またその推進においてはアジア諸国の主導的役割を最も重視する，との立場であった．米政府としては，ジョンソン構想が「帝国主義的な侵略意図」の表れであり，アメリカの反共戦略の一環である，との批判を警戒したのであろう．このような地域イニシアティブ重視という立場は，従来アメリカが提案した主な援助構想，例えばマーシャル・プランや「進歩のための同盟」においても同様であった[23]．実際ジョンズ・ホプキンス演説の翌日の閣議でジョンソン大統領は，東南アジア開発問題が「西洋帝国主義」と認識されないよう注意を促し[24]，そのためにはアジアのイニシアティブが不可欠である，と強調した．

　第二に，国連のイニシアティブへの期待とその尊重である[25]．ジョンソン構想の叩き台となった「東南アジア開発連合」案においても同様の配慮が見られ，また1965年4月8日の記者会見でも大統領は，同日ウ・タント国連事務総長からジョンズ・ホプキンス演説に対する回答があったこと，また同事務総長に会って意見を聞くようブラック顧問に既に指示していたことに言及し，その期待を明らかにした[26]．アメリカが国連のイニシアティブを重視した背景には，ジョンソン構想が自国の冷戦戦略の一環とみなされることを回避したいとの思惑があった[27]．ジョンソン構想に先立ち，ウ・タントは中立的な立場からのベトナム和平交渉を公式に提案し，自ら仲裁を申し出ていた．ジョンソン政権にとって全世界的国際機構としての権威を持つ国連と連携し，ウ・タントを自らの開発構想に取り込むことは，ジョンソン構想を推進するに当たって予想される「帝国主義」批判を緩和することを可能にし，できるだけ多くの参加国を確保することに役立つだけでなく，ベトナム軍事政策批判への平和的対応として同構想を位置付けることができる，と考えられた[28]．

　また国連組織の有する実用性も考慮された[29]．国連の下部組織であるECAFE

には多くのアジア諸国が加盟しており，戦後の地域開発の中心的役割を果たした経験があった．当時，米政府がジョンソン構想の主なプロジェクトの一つとしてメコン川流域開発を想定した際にその最大の阻害要因の一つとして想定したのは，アメリカのインドシナ政策を批判し対決姿勢を崩さなかったカンボジアの態度であった．ところがカンボジアはメコン委員会という多国間枠組みに参加しており，同委員会の運営・活動はECAFEの支援の下で行われていた．アメリカにとって国連との連携は，メコン委員会など既存の関連枠組みの活用を可能にし，アメリカと非友好的な関係にある地域諸国の協力を得やすくするという利点があったのである．

第三に，東南アジア開発をベトナム問題と分離・並行して推進するとの立場である．既に触れたように，4月初めのNSCで東南アジア開発計画が採択された際，それはベトナム戦局の行方を問わず推進すべき政策と位置付けられていた．それゆえ戦争終結・平和回復，即ち共産主義勢力（北ベトナムや中国）による侵略行為の中止などを援助提供の前提条件とせず，また開発計画そのものはアメリカ自らの軍事行動に何の制限も与えないものと理解された．国務省の在外公館宛の訓令には，平和回復と関係なく，米政府が開発プログラムに向けた国際協力に参加する意向を表明することが含まれていた[30]．但し，ジョンソン大統領の演説では「我々は，できるだけ早い時期に平和的な協力が可能になり，北ベトナムがこの共同の努力に参加することを望む」とされており，北ベトナムの参加には侵略行為の中止が事実上の前提条件とされたほか，中国の参加は排除されていた．そもそも米政府は，北ベトナムが開発計画に参加するために侵略行為をやめることをほとんど期待しておらず，中国に対しては参加への呼びかけさえ行わず，不参加を当然視していた．

第四に，イデオロギー色の除去と，できるだけ多くの参加国の確保という点である．米政府は，ジョンソン構想が「帝国主義者の賄賂」と非難されるのを回避するために，同構想による援助を享受するためには反共グループへの仲間入りが要求されるのではないか，という非西側諸国の疑念を払拭しようとしていた．また，米政府は世界各国に対し，イデオロギーの異同を問わず，東南アジア開発計画に援助国として参加するよう，呼びかけていた[31]．

以上の点に配慮しつつ，開発外交の効果的な進め方として「低姿勢（low

profile)」アプローチが用いられた．ジョンソン政権としては，実際の開発事業の選定においてはアメリカの意向が反映されるだろうが，少なくとも対外的にはアジア諸国の「集団的努力」を優先させ，米政府の対応をその手助けに限定しておきたい，との思惑があった．そのためアジア諸国に対しては，ジョンソン構想の具体化における開発事業の選定とそれを推進するための枠組みづくりに向けたイニシアティブの発揮が求められた．国務省のワシントン及び在外公館宛の訓令によると，10億ドル支援の実現には，「アジアの国々自身が要求を決め，かつそれに必要な制度を整えることが優先されなければならない」とし，「今後新たな訓令が与えられるまでは，ウ・タントやアジアの指導者たちの役割を強調するよう」指示された[32]．

米政府内でジョンソン構想実現に向けた具体的な検討作業が進み，またその推進に国連の枠組みを利用するとの内部方針が決まってからも，こうしたアメリカ側の「低姿勢」の態度には変わりはなかった．当時東南アジア駐在の米大使らからは，ジョンソン構想に対する地域諸国の関心を引き出し，その議論を活発化させるには，ウ・タントまたはブラック顧問はじめ米政府高官による明白な発言が効果的であるとの見解も寄せられた[33]．しかし，自らの描いた東南アジア開発計画の「早過ぎる公表」によってジョンソン構想の期する効果が薄れることを警戒した本省は，アメリカがアジア諸国の先頭に立っている印象を与えないために，アジア人自らによる地域的枠組みが具体化するまでは，引き続き，開発プロジェクトに対する米政府の選好，米政府内部の管轄組織の編成及び現在検討中の作業内容などへの言及を控えるよう，再三注意を喚起したのである[34]．

第2節　アジア側の対応

1. 国連との協議：国連によるメコン委員会売り込みの成功

米政府内では支援体制が整いつつ，ジョンソン構想の具体化に向けた対外交渉も始まった．その際，国務省が最も重点をおいたのが，国連との協議であった．前述のように，米政府の具体案によると，東南アジア開発プログラムの推

進における被援助国側の中心的枠組み，即ち「東南アジア開発連合」の設立を誘導する手順としては，ウ・タントにイニシアティブを取らせるのが第一の選択肢であった．既に 1965 年 4 月 5 日，米政府はウ・タント及び国連高官と非公式に会合していた．その際ウ・タントは，東南アジア開発に向けたイニシアティブを取れるのかとのアメリカ側の問いに対して，もし今後自分がイニシアティブを取ることになるなら，米政府と事前に協議すると約束した[35]．そして C. V. ナラシムハン国連官房主任兼総会問題担当事務次長（以下「国連事務次長」），ゴールドシュミット国連メコン川流域開発事業担当官など国連関係者からは，東南アジア開発の国際協力のためには ECAFE が最善の枠組みであるとの意見や，新たな開発プログラムはメコン関連の既存の枠組みを基盤に進めた方が望ましいとの意見が出された[36]．

ジョンズ・ホプキンズ演説の翌日（4 月 8 日），ウ・タント国連事務総長は，「特にメコン川流域開発のための非常に広範な協調的努力の提案に感銘を受けた」としてジョンソン構想を高く評価すると同時に，今後，東南アジア開発プログラムにおいてアメリカと積極的に協力していく姿勢を明らかにした[37]．これに対してジョンソン大統領は，同日任命されたばかりのブラック顧問に，ウ・タントに直接会って協議するよう指示した[38]．こうした大統領の意向はアドレー・スティーヴンスン国連米代表によってウ・タントに伝えられた[39]．すると，国連も米政府との協議の意向を明らかにした[40]．

13 日，ブラック顧問によるウ・タント及び国連高官らとの会合において，アメリカ側は東南アジア開発に対する国連の見解を尋ねた[41]．それに対し国連側はジョンソン構想を歓迎しながらも，その推進に当たってはアジアのイニシアティブというイメージを損なわないことが大事であるとの観点から，新たな組織を作るのではなく，既存の組織，即ちメコン委員会を活用することが最良のアプローチであろうとの立場を表明した．国連としては，ジョンズ・ホプキンズ演説にメコン開発事業が含まれていたこともさることながら，仮に国連自らが新組織の設立を提案することになると，それがベトナム問題と結び付いたアメリカの出先機関であると非難され得ることを懸念したからであった[42]．そして，国連側がアメリカ側に具体的な協力案として要請したのが，ラオス領内のナムグム（Nam Ngum）・プロジェクトへの資金援助と ADB 設立への協力で

あった．そのほか，東南アジア開発問題を処理するための特別チームをナラシムハンの指揮下に設置しており，数週間の内にメコン委員会会議を開き，関係国と協議していく意向も表明された．要するに，アメリカの資金を活用して自らの経済プログラムを実現したい，但しその際に米政府のベトナム政策の道具にはなりたくない，というのが国連側の思惑であったといえる．

　国連側の要望が伝えられると，米政府内ではその対応をめぐる協議が行われた．前述のタスクフォースの報告書に見られるように，もともと米政府の目指した東南アジア開発のための多国間協力の核心は，多岐にわたる地域プロジェクトの企画・調整を行う地域機構を国連またはアジア諸国の手で作らせることであった．仮に，ECAFE 関連の既存の多国間枠組み，とりわけメコン委員会を活用することになると，国連からの協力が確保でき，また，既存の組織であるため開発事業に着手しやすいという利点があった．その一方で，同委員会の関心は主として水資源開発に限られ，その参加国もメコン川沿岸 4 ヵ国に限定されている点では，広範な開発計画を立て多くの東南アジア諸国を参加させようとする米政府の思惑を満足させるものではなかった[43]．他方で，この時点では既にジョンソン大統領によってウ・タントのイニシアティブへの期待が公式に表明されており，国連側の意向を真っ向から無視するわけにはいかなかった．以前の具体案で検討されていた他の選択肢，即ち，もしウ・タントがジョンソン構想の具体化において非協力的であるなら地域諸国にそのイニシアティブを取らせる，という代案は選択し難かったのである．

　結局 4 月 17 日の省庁間協議では，国連の要望に沿ってメコン委員会を東南アジア開発の基盤にする，但し，今後その協力分野と参加国を拡大することでその活動と機能を強化する，との案を国連側に示すことが決まった[44]．即ち，現存のメコン委員会を，例えば「メコン川流域経済公社」に拡大改編し，その下部組織として水資源のみならず，運輸，通信，保健，農業，教育などの分野においてもそれぞれ委員会もしくはサブ委員会を設置する．そして水資源以外の分野については沿岸諸国以外にもメンバーシップを開放する，との案であった[45]．そのほか，国連が支援を要請した二つの具体案，即ちナムグム・プロジェクト及び ADB に関しては，前者を前向きに検討するとともに，一定の条件付きながら後者にも参加するとの合意が得られた[46]．

19 日，上記のアメリカ側の立場はブラック顧問によって国連側に伝えられた[47]．ナラシムハン事務次長らは，国連側の要望が基本的に受け入れられたことに満足を示すと同時に，今後のメコン委員会の拡大改編に向けた協力を約束した．そして，来る同委員会特別会議においてアメリカの示した方向に沿ってメコン委員会の改編を協議すること，また改編に伴い現職の事務局長ではなく「大物」にその指揮を取らせる案に対しても理解を示した．そのほか，ADB 設立問題に関しては，米政府から自らの参加条件及びその設立過程に積極的に関与していきたいとの意向が伝えられた[48]．こうした国連との協議を経て，20 日，東南アジア援助政策に関するホワイトハウス発表とブラック顧問による記者会見において，国連やアジア諸国のイニシアティブが強調される一方，メコン委員会を通じてのメコン川流域開発事業を積極的に支援し，また一定の条件が満たされることを前提に ADB に参加するとの米政府の意向が表明された[49]．

このようにして，ジョンソン構想が提唱されてからいち早く，国連は米政府との協議を重ね，開発協力における地域の自主性の重要性を盾に，同構想実現の中心的枠組みとして自らの支援する既存組織を売り込むことに成功したのである．

2. アジア諸国の反応: 具体的な対応の欠如

一方，ジョンズ・ホプキンス演説は世界各国で大きな反響を呼び起こし，ジョンソン構想に対する様々な評価が出された[50]．日本，イギリス，カナダ及びセイロン（現在のスリランカ）など，親米西側諸国からは同構想を歓迎する声明が出された．一方，共産主義諸国及びインドネシアからは激しい非難が寄せられた．中国のメディアは「偽りと欺瞞」に満ちた演説であるとし，ソ連のメディアはベトナム侵略から人々の注意をそらすためのプロパガンダに過ぎないと非難した[51]．また，北ベトナムは「アメリカの侵略を隠すためのトリック」であると厳しく批判したほか[52]，インドネシアも「アジアはいわゆる経済援助と自由を取引しない」としてジョンソン構想を拒否した[53]．そして東南アジアからは，南ベトナム，タイなどが直ちに賛意を表明した反面，ビルマ，ラオス，カンボジアは賛否の態度を明らかにしなかった[54]．

このように，全体的に見ると，親米諸国による一般的レベルでの歓迎はあったものの，国連の対応とは対照的に，米政府の期待したような，域内国の間でアメリカの援助を受け入れるための具体的かつ公式的な動きは生じなかった[55]．その理由として，米政府がジョンズ・ホプキンス演説に先立ってアジア諸国との協議をほとんど行わなかった点に加え[56]，次のような要因が指摘できる．

第一に，ジョンズ・ホプキンス演説で提案された「無条件の話し合い」に関心が集中したことである．世界各国の政府及びマスコミにとって，ベトナム軍事作戦の拡大中に行われた同演説は今後のアメリカのベトナム政策の方針を表明したものとみなされただけに，「無条件の話し合い」に東南アジア諸国はじめ世界各国の関心が集中したのは当然のことであった．アメリカのインドシナ政策から直接の影響を受ける南ベトナム政府は，突然出された「平和攻勢」に当惑しながらも，あえてその衝撃を緩和しようとした[57]．また，タイでは，同演説を歓迎するとの公式声明とは裏腹に，政府首脳部の多くはそれをアメリカの政策転換と受け止め，それが事前協議もなく発表されたことに戸惑っていた[58]．オーストラリアやフィリピンにおいても「和平交渉」への懸念が示された[59]．このようにジョンズ・ホプキンス演説の後，多くの域内国が「無条件の話し合い」の真相把握とその対応に注力したために，東南アジア開発問題には関心が払われ難かったのである．

第二に，ジョンソン構想に潜む政治的意図への疑念である．東南アジア諸国の間ではジョンソン大統領による援助表明を「プロパガンダ・ジェスチャー」として受け止める傾向が強く，域内国による真剣な対応やそれを要求する世論は少なかった[60]．それに，共産主義・中立勢力が10億ドル援助を「賄賂」として非難したことから，アメリカの傀儡と非難される余地を与えないためにも積極的な対応を控える風潮があった．例えば，スカルノ・インドネシア大統領が「世界は帝国主義者の金庫を満たすようには買収されない」と非難したため，ハワード・ジョーンズ駐インドネシア米大使は，インドネシアが東南アジア開発計画に参加することはあり得ないだろうと判断した[61]．またジョンソン構想を歓迎した自由主義諸国の間でも，その後アメリカがベトナムでの軍事作戦を継続したことが当初の歓迎ムードに水をさす要因となった．例えば，日本

第2節　アジア側の対応　69

の場合，ほとんどのマスコミが当初ジョンソン構想を「画期的」と受け止めていたにもかかわらず，空爆が続くにつれ，米政府の対応は対話提案の誠実さを疑わしいものにしているとの批判的な論調が見られるようになった[62]．

　第三に，ジョンソン構想そのものの曖昧さである．繰り返しになるが，国務省は地域のイニシアティブを尊重する立場から，開発プロジェクトや援助の対象地域についての詳しい説明をあえて避けていた[63]．例えば，駐米マレーシア大使はバーネット国務次官補代理を訪ね，ジョンソン構想がベトナム政策の文脈で打ち出され，かつメコン川流域開発プロジェクトに言及していたため，マレーシアがこの構想の対象に含まれるか否かがはっきりせず，対応に困っている，と述べた[64]．これに対して，バーネットは，「米政府の行動は［東南アジア］地域諸国の要求と望みに対応するものでなければならないので，［東南アジア開発計画に関して，ジョンソン］大統領はウ・タントを大変頼りにしている……［マレーシア政府はマレーシアの］参加について国連，またその内に地域諸国と協議すべきであろう……正直なところ，米政府は，アジア諸国がジョンソン大統領によって提案されたプログラムについての答えをアメリカに求めるのではなく，自ら答えを探し出すことを願っており，アメリカとしてはそのような協議の中で導き出されたアジアのプログラムを歓迎する」と述べるにとどまった．ところが地域の自主性を強調するあまり自らの考えを示さない米政府の態度は，アジア諸国がジョンソン構想への具体的な対応を取り難くする要因となった．

　第四に，ジョンソン構想の具体化において国連を重視するという米政府の意向である．ジョンズ・ホプキンズ演説の中でウ・タントのイニシアティブに特別な期待が表明されたがゆえに，多くのアジア諸国にとって今後の東南アジア開発プログラムは国連中心に展開されるだろうと思われていた[65]．そしてこのような米政府の立場は，国連の枠にとらわれないイニシアティブの登場を妨げる要因となった．ジョンズ・ホプキンズ演説の直後，国務省は，国連との協議と並行して，アジア諸国，とりわけ日本に対して「アジアからの自主的対応」を組織化するイニシアティブを発揮するよう強く働きかけた[66]．これをきっかけに外務省が企画したのがいわゆる「アジア平和計画」であり，国連を介さない新しい枠組みの設立と日本政府による大規模な援助提供を内容としたものであった（第4章参照）．ところが外務省案の詳細が国務省に伝えられた時（4月21

日）には，米政府は既に国連との間で東南アジア開発計画の中心的枠組みとして既存のメコン委員会を活用するとの合意に至っていた．それゆえ外務省案が国連のイニシアティブと対立する可能性を懸念した国務省は，日本政府に対し国連と直接協議するよう求めたのである[67]．「アジア平和計画」はその後，政府内の意見調整が難航し，結局は日本政府案としての採択には至らなかったものの，この事例から分かるように，仮にアジア諸国から独自の構想が提唱されたとしても，国連との協力を前提にしたものでない限り，ジョンソン政権の支持を得た枠組みとして発展できたかは疑問であろう．

3. ジョンソン構想実現への道筋：二つの枠組みの併用へ

ところで，国連との協議は米政府の初期構想を修正させる結果となった．東南アジア開発の中心的枠組みとして単一のCIAP型地域機構を新設するという方針は，メコン委員会の活用という方向に軌道修正されたのである．その結果，当初単一の枠組みに求められていた一連の開発関連機能を，プロジェクトの企画・実施と，それらの総合的レビュー・調整に分け，それぞれを別の枠組みに担わせることになった[68]．

> ジョンソン構想へのウ・タント国連事務総長の現段階での対応は，アメリカの支援は，全く新しい制度的措置を講じるのではなく，ADB及びメコン委員会などを足場として利用した形で進められるべきである，というものであり，アメリカはこの意向を最大限尊重する方針である．……
> 　米政府は，国連とアジア諸国による話し合いを通じてメコン委員会が「委員会（Committee）」から「公社（Authority）」に改編され，水資源や水力分野のみならず運輸，通信，農業，保健，教育などの分野においてもおそらくそれぞれの委員会を通じて活動し，これら後者の委員会は非沿岸東南アジア諸国にも参加を開放することを希望する．……
> 　米政府は，東南アジア各国の経済政策をレビューするための援助国側と被援助国側からなる，ラテンアメリカのCIAPに匹敵するものが構築されることを望む．この展開は，(a) ADB設立に関する一連のECAFEの活動，即ちADB設立に関する諮問委員会，同諮問委員会メンバーによる地域レベルでの協議，8月かそれ以後に開催予定の政府代表会議などを通じて，(b) メコン委員会で

の協議との関連で，(c) その他の国連・ECAFE 文脈で，(d) アジアの国による会議の提案によって，始められるだろう．アジア人たちが「賢人会」活動を考慮することも有用であろう．(傍点筆者)

　要するに，ジョンソン政権はメコン委員会の拡大改編によって水資源，運輸，通信，農業，保健，教育などの分野毎の委員会を下部組織とする開発組織を成立させ，各分野のプロジェクトを企画・実施する中心的枠組みとして活用しようとした．その一方で，それらの総合的レビュー・調整を行うための「アジア版 CIAP」の設立も引き続き進められ，それを可能にする動きとして，国連・ECAFE における活動のほか，地域諸国によるイニシアティブといった複数の代案が考えられた．但し，これらの枠組みづくりにおいてはアメリカが先頭に立つのではなく，国連やアジア諸国によるイニシアティブによらなければならないとの立場から，特に多くの地域諸国が参加した国連・ECAFE との協力が重視された．

第3節　ジョンソン構想の変容

1. メコン委員会「公社」化計画の頓挫

(1) メコン委員会をめぐる錯綜した利害関係：カンボジア要因

　4月19日の協議でジョンソン構想の進め方についてアメリカと国連の間で基本合意が得られると，開発外交の重点はメコン委員会の拡大改編問題におかれるようになった．アメリカにとって，ジョンソン構想の主なプロジェクトの一つとされたメコン川流域開発を円滑に進めると同時に，メコン委員会を今後の東南アジア開発の中心的な枠組みとして育成するためには，沿岸諸国の参加と協力を確保する必要があった．そのため，国務省は，それらの国に性急な期待を抱かせない範囲で，同委員会の進めるプロジェクトに対する好意的姿勢を示しながら，他方では ECAFE を動かして自らの望む同委員会の拡大改編を諸国に受け入れさせようとした[69]．

　一方，国連や一部のメコン川沿岸諸国においてはジョンズ・ホプキンス演説をきっかけにメコン・プロジェクトへの援助拡大に対する期待が高まり，その

議論が活発になった．国連では，ナラシムハン事務次長，ウ・ニュン ECAFE 事務局長及びハート・シャーフ・メコン委員会事務局長（正式名称は行政代理人）らを中心に，ジョンソン構想の具体化の第一歩としてメコン委員会の活性化に力を注ぐようになった[70]．バンコクの ECAFE 本部では同事務局とメコン委員会の職員によるメコン・プロジェクトの具体化作業が急がれると同時に[71]，同委員会特別会議の翌月開催に向けた沿岸各国との調整が始まった[72]．ナラシムハンは沿岸4ヵ国代表に加え，ブラック米大統領特別顧問，世銀，国連特別基金（UNSF）代表をオブザーバーとして同会議に招請した[73]．

そもそもメコン委員会は，その正式名称の「メコン川下流域調査調整委員会」から分かるように，1954年ジュネーヴ協定後に活発になったメコン川流域開発に関する国際プロジェクトの推進に当たり，国連の支援の下に沿岸4ヵ国の全権代表からなる調整委員会として57年10月に設立された組織であった（上東 2002: 343; 堀 1996: 98–100; 海外技術協力事業団 1966: 28–45）．ところが当時メコン川開発の方式をめぐっては，アメリカが自国の管理しやすい個別開発方式を選好したのに対して，カンボジアは東西冷戦に巻き込まれるのを憂慮し，アメリカの影響力を制限しやすい多国間の開発枠組みを好んでいた（Nguyen 1999: 130）．結局はカンボジアの主張通り，多国間枠組みとしてメコン委員会が設立されたものの，その後アメリカのインドシナ介入が深まるにつれ，カンボジアがそれを批判し中国寄りの外交路線に傾くようになったため，両国の対立はメコン開発の進展を阻む一因となった（今川 1999: 161–165）．1963年11月，カンボジアはアメリカからの援助を拒否し，その翌月，両国は互いに大使を召還した[74]．64年から65年にかけてジョンソン政権のベトナム軍事介入が拡大すると，ノロドム・シアヌークの不信感は一段と強まり，65年5月，即ちジョンズ・ホプキンズ演説の翌月，両国は国交断絶に至った（Clymer 1999）．

それゆえ開発外交を展開するに当たり，米政府が最も注意を払ったのは沿岸4ヵ国の中でもカンボジアであった[75]．アメリカの立場からすると，メコン委員会をジョンソン構想の中心的枠組みに据えるには，その活動分野及び加盟国を拡大し，また全会一致の意思決定方式を改め[76]，援助国側の意向が反映できる仕組みに立て直す必要があった．しかしながらアメリカの影響力浸透を嫌うカンボジアがそのような条件を容易に受け入れるとは考え難かった．だからと

いって，強硬な姿勢で同委員会の改編を進めようとすると，カンボジアはもとより国連の反発をまねき，結果として，メコン委員会の改編どころか，国連との協力関係そのものを壊してしまうおそれがあった．国務省としては，同委員会へのカンボジアの参加と委員会の制度的改革をどのように両立させるのか，もしそれが困難ならどちらを優先すべきなのかという厳しい対応を迫られたのである．

当時，メコン委員会を重用する国務省の方針に対して在外米大使館の見解は決して楽観的なものではなかった．沿岸各国駐在の米大使らは，メコン委員会の運営方式を変更しようとする試みは間違いなくカンボジアの反発を招くだろうとして，同委員会への過度な期待，またアメリカの直接介入に対して疑問と警戒を呈したのである[77]．こうした現地側の懸念に対し，国務省とAIDは，米政府としてはメコン委員会の活用という「ウ・タントのアプローチ」を支持しており，地域開発プログラムを確実にスタートさせるには，現段階ではカンボジアの参加するメコン委員会が最良の道具である，と強調した[78]．そして，地域開発プログラムを「可能な限り最良な政治的基盤の上でスタート」させることを最も重視しており，メコン委員会のイニシアティブを制限するいかなる措置も望まないとし，委員会に過度の負荷を与えることによって委員会を分裂させたり，カンボジアの参加を困難にする状況を望まない，との方針を示した．カンボジアの参加確保を優先するとの立場を明確にしたのである．

このような国務省の姿勢は，東南アジア開発の枠組みづくりがカンボジアを疎外したり，同国の意向に反したものになってはならないという配慮といえる．それゆえに来るメコン委員会におけるナラシムハンによる拡大改編の試みが，米政府との意見調整によるものであるとの印象を避けようとした[79]．また，メコン川流域開発に対するアメリカの援助の条件とされていた工事期間中の関係者の安全確保問題に関して，それを保障する沿岸諸国同士の協定がカンボジアの意向に反するものにならないよう，他の沿岸3ヵ国に働きかけた[80]．更には，カンボジア領内の開発プロジェクトに対するアメリカの関心を暗に示すことで，同国に資金援助への期待を抱かせようとした[81]．

一方，カンボジアとしては，アメリカからの直接の援助こそ拒否したものの，同国領内の建設プロジェクトに対する国際機関を通じた資金援助は歓迎す

る立場であった．カンボジアがメコン委員会に参加し続けていたこと自体，資金援助への関心を物語るものであった．既に触れたように，カンボジアはジョンソン構想に対して最終的には批判的な立場をとったとはいえ，その初期反応は中国など他の諸国に比べて遅かったし，同構想による援助に対しても条件次第ではそれを受け入れる可能性を残していた[82]．但し同国が，メコン委員会がアメリカに支配されることを非常に警戒していただけに，ECAFE及び関係国の間では今後の同委員会におけるカンボジアの出方については全く予想がつかない状況にあった[83]．

(2) メコン委員会特別会議：国連・ECAFE の消極的対応，カンボジアの揺さぶり

1965年5月，ナラシムハン国連事務次長の出席の下，第28回メコン委員会特別会議 (5/10-11/1965, Bangkok) が開催された．非公開である同会議には国連職員や沿岸4ヵ国代表のほか，アメリカからブラック顧問の代理としてニブロックと世銀代表がオブザーバーとして参加した[84]．会議では，国連からの援助の増大，メコン川下流域内の「アジア・ハイウェー (The Asian Highway)」の建設事業とその委員会の設置問題，ADB との今後の関係などが議論された[85]．

メコン委員会の活動と組織に関して，沿岸4ヵ国代表は，同委員会を通じた協力を続けることが望ましいとし，委員会の基本的性格を現行通りのテクニカルなまま維持することとした．その一方で，現在大きな進展をみせているメコン川流域開発には本流と支流の水資源開発だけでなく，工業，農業開発及び鉱物調査を含むその他多くの開発分野も含まれるとした上で，流域の水資源開発には道路・鉄道輸送，公衆衛生・栄養，教育，社会開発も必要であるとし，今後これらの分野まで委員会の活動を拡大すること，また委員会名を，例えば「メコン川下流域開発委員会 (Committee for the Development of the Lower Mekong Basin)」，略して「メコン開発委員会 (Mekong Development Committee)」に改称することが了解された[86]．そして委員会事務局に対して，こうした議論を反映した定款の改正案を次回会議までに用意するよう要請した．新定款は，特に，政治的ではない技術的問題への関心，政治的条件付きの援助への無関心，いずれの加盟国に対しても各国の望まないいかなるプロジェクトへの関与ない

し参加も勧誘しない意思決定方式，政治体制や国籍に関係なく地域の全ての人々のための活動への決意など，現委員会における慣行の基本的性格が保持されるものでなければならない，とされた[87]．そのほか，沿岸地域以外の道路建設のためにECAFEをスポンサーとし，かつメコン委員会と同格の新たな組織として「アジア・ハイウェー調整委員会」（以下「アジア・ハイウェー委員会」）を設置することがナラシムハンより提案された．

　しかしながらアメリカ側からすると，同会議での成果は決して満足のいくものではなかった[88]．将来的方向としてメコン委員会の活動分野を広げ，また同委員会におけるカンボジアの参加と協力が一応確保できたものの，委員会の運営方式そのものは改善されるどころか現状維持の方針が再確認される結果となり，アメリカとしては委員会の運営におけるカンボジアの非妥協的姿勢を改めて認識させられたからである．全会一致の意思決定方式の維持が確認されたことは，カンボジアに拒否権を与えるものであり，同国がいつその態度を変え，委員会をボイコットするかは全くシアヌークの意思次第であると考えられた．このままではジョンソン構想の推進に当たり同委員会が援助国側の意向を反映した効率のよい多国間枠組みになるのは大変困難であり，かつその役割は当分の間，水資源開発とそれに直接関係する道路，農業などに限定されるであろうことは明らかであった．こうした分析を踏まえて，ニブロックは，中期的視点から東南アジア開発プログラムが効果を上げるためには「他の制度的枠組みが必要であることは明白である」との見解を本国に報告した．そして，メコン委員会の代案として，ADBのほか，同会議でナラシムハンの提案したアジア・ハイウェー委員会などを例に挙げたが，特に後者に関しては，それがカンボジアの協力如何と連動しておらず，その他の分野における協力に対して一つのパターンを提供し得る，として期待を表明した[89]．

　メコン委員会の拡大改編をめぐっては，その後，国連・ECAFEの主導する迅速かつ実質的な進展を望むアメリカ側と，同委員会で合意された手続きを重視する国連・ECAFE側との間で，足並みが乱れるようになった．5月下旬，米国務省とAIDの高官たちは，ナラシムハンと会合し，メコン委員会の役割拡大に関する国連側の対応を尋ねた[90]．ナラシムハンは，メコン委員会は全会一致の原則ゆえにこれまで非政治的組織としてその活動を主に水資源開発と技

術的問題に限定してきたが，今後は少しずつ「建設的役割」を果たしていくだろうとの見解を示した．そして，国連において同委員会名称の変更，及びその主な活動分野として水資源開発に経済・社会開発を加えることを内容とした委員会定款の改定案を作成中であることを再三強調し，今のところアメリカ側の要請，即ちメンバーシップの非沿岸国への開放を前提にした他の開発分野のサブ委員会の設置には反対である，とした．国連としては，アメリカ側の提案を引き続き検討することには同意しながらも，メコン委員会の拡大改編はバンコク会議での合意に基づいて行うべきであるとの立場をとったのである．

　国連が，アメリカの望む速やかな措置に消極的であった理由は，それによってメコン委員会そのものの存続が危ぶまれることを警戒したからにほかならなかった．4月，同委員会の拡大改編を望む米政府の意向が伝えられた際，既に国連内部ではアメリカの関与が同委員会に及ぼす影響を懸念する声が出ており，米政府もそれを察知していた[91]．そしてバンコク特別会議の直後に，フィリップ・ド・セヤンヌ国連経済社会問題担当事務次長は国連米代表部の関係者と会合し，東南アジア開発の枠組みとしてはメコン委員会よりADBの方が良いのでは，との私見を伝えた[92]．これまで同委員会はメコン開発に特化した協力組織として最も有用な機能を有しており，それに過度なプログラムを背負わせては「政治的動機」があまりにもあからさまになり，委員会そのものが崩壊してしまうおそれがあるのではないか，との懸念であった．それに対しアメリカ側が，具体的なプログラムに限定することこそ米政府の望むところであると応えると，同事務次長は，それならプロジェクトの選定によって達成できる，と押し返した．

　国連側の懸念を裏付けるかのように，カンボジアはバンコク会議の直後からメコン委員会の活動・運営に対する不満を表明し始めた．同会議における議論がラオス領内のプロジェクトに集中し過ぎたとし，その「不公平さ」に不満を示したのである[93]．会議の後にECAFE側は，カンボジアの不満を打ち消すべく今後の委員会会議においては同国領内のプロジェクトを積極的に取り上げていく方針を決め，米政府にもその了解を求めた[94]．更にカンボジアはECAFE事務局に対し，メコン委員会本部をバンコクからプノンペンへ移転することを非公式に要請した[95]．これに対し他の沿岸3ヵ国及びECAFE側は，委員会活

動に必要な施設やスタッフの欠如を理由にカンボジアの要請は受け入れられないとしながらも，プノンペンに国連連絡官を新たに配置するという「象徴的措置」によってシアヌークに一定の配慮を示すこととなった[96]．

ECAFE事務局及び関係国に対するこのようなカンボジアの揺さぶりを目の当たりにした現地の米大使館は，国務省に対し，メコン委員会を東南アジア開発の基盤にするとの方針の再考を改めて促した．6月上旬，ECAFE側は駐泰米大使館に対し，国連が，前記のナラシムハンとの会合で出されたアメリカの提案の一つ，即ちアジア・ハイウェー委員会を航空，鉄道，水上運輸などの分野を含む運輸（・通信）委員会へ拡大する案の検討を始めたと知らせた[97]．グラハム・マーティン大使は，国務省宛の報告の中で「メコン委員会のメンバーシップが沿岸諸国に限られ，またカンボジアが参加したままの現行の全会一致による意思決定方式が維持される限り，同委員会をアメリカの推進するアジア開発プログラムの枠組みとして使用することは引き続き困難に直面するだろう」と分析した上で，アジア・ハイウェー委員会をはじめとした幾つかの枠組みを列挙し，それらを東南アジア開発プログラムの制度的基盤にする代案を積極的に検討するよう勧告した[98]．

このように，国連・ECAFE側の消極的対応とカンボジアの非妥協的態度によって，「メコン川流域経済公社」の設立という米政府の目論みは外れることとなった．もちろんその後も同委員会の機能強化に向けた米政府の試みは続くものの，アメリカにとってメコン委員会の位置は，全開発分野を統括する枠組みからメコン・プロジェクトに特化した専門委員会へと変わっていくのである．

2. 分野別枠組み育成への方向転換

5月のメコン委員会特別会議とその後の展開は，同委員会の拡大改編がアメリカ側の思惑通りには進展しそうにないとの予測を強めた．また，米政府の期待した，国連・ECAFEやアジア諸国のイニシアティブによるCIAP型機構設立の動きも具体化しなかった[99]．ちょうどその頃，6月下旬に予定されたECAFE主催のADB設立に関する諮問委員会に臨む米政府の立場を決める必要もあり（ブラック顧問の同会議参加が決まっていた），米政府内ではそれまで

の展開を踏まえた上での東南アジア開発計画全般に関する再検討作業が行われた[100]。

その結果，6月中旬にはそれまでの主な問題点の分析と今後の行動方針が文書としてまとめられた。東南アジア経済社会開発タスクフォースの作成した「東南アジア地域開発プログラム──行動計画」は，基本的には4月の予備報告書の内容を受け継ぎながら，幾つかの修正を加えていた[101]。主な変更点は，複数の開発枠組みの並列的な育成とADBによる総合的レビュー・調整機能代行の二点であった。同行動計画の初期バージョン（5月25日案）の冒頭では，次のような現状分析と今後の展望が提示された[102]。

> 4月7日のジョンソン大統領の提案に対して，広範な開発プログラムの企画・実施のための新しい枠組みの設立に向けたアジア側からの総合的な提案が見られない状況下で，次のような制度的組織を用いて開発プログラムを開始することができる。即ち，開発への関心が高まりつつあるメコン委員会，提案中のADB，提案中のアジア・ハイウェー委員会，または，可能ならば，行政代理人を設けた東南アジア運輸委員会，その他のECAFE機関，拡大された二国間援助プログラム，である。広範なプログラムに関するアジア側の総合的な調整は，究極的には参加地域諸国からなる閣僚級委員会によって提供され得るだろう。（傍点筆者）

ところが，同パラグラフの後半は，その後（6月17日案）次のように変わっていた[103]。

> ……広範なプログラムに関するアジア側の総合的な調整は，究極的にはADBの枠組みの下で提供され得るだろう。（傍点筆者）

東南アジア開発プログラムの制度的枠組みとして複数の組織が列挙される一方，その総合的調整機関としては，閣僚級委員会が姿を消し，ADBに入れ替わったことが分かる。即ち，メコン委員会の拡大改編によって水資源，運輸，通信，保健，農業，教育などの諸分野を統括する開発組織を設立する方針は事実上断念され，各分野毎に開発体制を並列的に育成・支援すること，その際，それらを国連・ECAFEの傘下におくか独立させるかは，分野毎に今後，国連との協議の進展を見ながら決めることになった[104]。その一方で，総合的レ

ビュー・調整といった機能に関しては，アジア諸国による閣僚級会議，即ち「アジア版 CIAP」の設立を待たずに，設立が有望視されていた ADB にそれを肩代わりさせる方向に転換した．

行動計画において最終的に「アジア版 CIAP」の設立が削除されたことには次のような経緯があった．ブラック顧問は，AID の作成した草稿 (5月25日案) をタスクフォース・メンバーに送付し，コメントを要請したが，それによると，CIAP のメカニズムについては次のようになっていた[105]．

> 地域開発計画やプログラムの総合的調整機能を提供する機構として，マーシャル・プランにおける欧州経済協力機構 (OEEC)，進歩のための同盟における CIAP に匹敵し得るものを持つことが望ましいだろう．特に日本は，現存の ECAFE に依存しないそのような調整機構を望んでいるように見える．
> 我々は，日本，もしくはおそらくタイによって，適切な総合的調整機構の設立に向けたイニシアティブが発揮されることを引き続き希望する．（傍点筆者）

ところが寄せられた回答では，その推進をめぐって意見が分かれた．それを支持するものとして，例えば，政策企画会議議長からは，「4月協議 [日米政策企画協議] 及びその後の連絡によると，日本外務省は，今でも CIAP 型調整機構の設立を願望している……いかなる可能性も見落とさないためには，日本，または日本とタイの共同による CIAP 型機構設立提案を誘い出すために，駐日米大使館とともに模索することを提案する」との意見があった[106]．一方，国務省からは，総合的調整のメカニズムそのものの必要性は認めるものの，そのためにアメリカの描いた組織の設立をアジア側に強制することは避けるべきであるとの意見[107]，また，近い将来その実現を期待することは困難であろうとの見解など[108]，慎重な立場が目立った．

結局，行動プランの修正版においては，「独立した新たな総合的企画・調整機構の設立」問題は次のようにまとめられた[109]．

> 地域開発計画やプログラムの総合的調整機能を提供する機構として，マーシャル・プランにおける OEEC，または進歩のための同盟における CIAP に匹敵し得るものを持つことが望ましいだろう．特に日本は，現存の ECAFE に依存しないそのような調整機構を望んでいるように見える．にもかかわらず，

日本はこれまで，ECAFEに替わる案を公式的に提案しようとしない．

ECAFEについては，それが極東の地域開発に関する企画に限られた影響しか及ぼせないし，実施には向いてないこと，また東南アジアに関する限り，管轄領域が広汎である同委員会の効果には限界があることにつき，一般的合意がある．

……そのため，この分野においてはADBが主導役になるのが自然であろう．（傍点筆者）

このように，それまで検討されていた，「アジア版CIAP」の設立をもたらし得るであろう四つの代案の中で，メコン委員会，その他の国連・ECAFE文脈での動き，そしてアジア諸国によるイニシアティブという選択肢がアメリカの思惑通りには進まない現状では，ADBの活用に落ち着いたのである．

ADB活用の根拠は二つあった[110]．一つは，将来ADBが国家開発計画に基づいて融資を決定するであろうゆえに，銀行には国別開発計画に対する高水準の体系的なレビュー機能が具備されるだろうとの期待であった[111]．いま一つは，アメリカの主導でそうした機能を担う別個の独立した組織を作ろうとする際に国連・ECAFEとの間で起こり得る誤解や対立を回避できるという利点であった．ところで米政府はADBを「健全な銀行」として育てることを目指しており（第3章参照），東南アジア開発プログラムとの関連付けによってその方針が妨げられてはならないとの立場であった[112]．そのため，本来の銀行業務である融資機能と調整機能を峻別し，両者を別のプロセスとして処理するという方法が案出され，後者の非融資機能を専管する専門グループの設置を加盟国に働きかけることとなった[113]．とはいえ，独立したCIAP型機構の設立が最も望ましいとの認識には変わりがなく，長期的に，国連や地域諸国の自主性を損なわない範囲で，CIAP型組織の設立を働きかけること自体が否定されたわけではなかった．つまりこの時点でADBの中にCIAP機能を埋め込む戦略をとったのは，今後独立したCIAP型機構が設立されなかった場合に備えての保険的措置としての性格が強かった．

それから出資面においてもADBの活用が模索され，同様の理由で，一般出資金と別に，東南アジア開発プログラムに特化した信託基金（trust fund）を「特別基金（special fund）」として設置する案が勧告された．一般の融資の条件

第3節　ジョンソン構想の変容　81

を満たさないプロジェクトを対象にした，アメリカその他の先進国より提供される低利のローンを設け，援助国と銀行との間で決められた融資条件に基づきADBがその運用に当たるとされた[114]．

　その結果，行動計画の描いた東南アジア開発の制度的枠組みは，4月のタスクフォースの報告書が示した，企画，調整，出資などに関する援助国側と被援助国側からなる二元構造を，メコン・プロジェクトとその他の開発分野に区分して適用するものとなった．まず，ナムグム・プロジェクトはじめメコン開発事業においては，その企画・調整はメコン委員会が行い，その出資と事業の監督は援助国からなる「メコン川流域開発コンソーシアム（Mekong River Basin Regional Development Consortium）」を通じて行うとされた．即ちメコン委員会によって提案される開発プロジェクトに対して，世銀の管理する多国間コンソーシアムを通じて援助国側がその妥当性や出資規模を判断する仕組みであり，アジア側のイニシアティブと援助国の裁量権を同時に保障するものとされた[115]．一方，運輸，通信，保健，農業，教育など，メコン・プロジェクト以外の分野（non-Mekong regional projects）においては，それぞれのプロジェクトの企画・調整は，国連・ECAFE関連の既存の組織または今後育成されるであろう各分野の開発組織を活用し，その総合的調整はADBに担当させるとされた．またその出資においては同銀行の運用する「東南アジア地域開発基金」（仮称）を通じて行うとされた[116]．

　以上の行動計画は，ジョンソン政権の進めた開発外交の基本方針となった．CIAP型組織の設立という当初の目標が次第に薄れていくのに対して，分野別枠組みの育成の方針は維持されていたのである．こうしたアメリカ側の開発戦略は，関係国との協議の中での次のような発言に表れていた．

　　大統領の提案した援助増額が提供されるチャンネルとして出現しつつある制度的枠組みは，メコン委員会，ADB，同銀行傘下の東南アジア地域開発基金，アジア・ハイウェー委員会，そのほか，例えば農業開発のために日本の三木［武夫通産相］が提案したような特化された組織など，ECAFEと協力関係にあるか，もしくはECAFEが後援している組織及び，二国間援助プロジェクト，などの複合体になるだろう……（傍点筆者）[117]

　ブラック氏と外務省をおとずれたニブロック補佐官は……ジョンソン構想

の具体的な進めかたの方向として，(1) ADB が管理する特別開発基金に出資する，(2) メコン川流域開発，(3) 従来の二国間援助の増額——の三点を明らかにした[118]．

全開発分野を統括し，かつ開発プログラムの推進に必要な一連の機能を備えた単一の枠組みの設立という当初の目標はすっかり薄れており，「10億ドル」に関連した多国間出資枠組みとしてはメコン・プロジェクトのための多国間コンソーシアムと「東南アジア開発特別基金」が想定されていたことが分かる．以下では，開発外交のその後の展開を，米政府の開発戦略におけるCIAP型組織の行方と分野別枠組みづくりをめぐる外交交渉とに分けて分析する．

第4節　ジョンソン構想の帰結

1.「アジア版 CIAP」の断念

(1)「アジア版マーシャル・プラン」案の浮上と見送り

1966年2月26日，ジョンソン大統領は，「広範かつ長期的なアジアの地域開発プログラムのために，最高レベルの想像力に満ちた特別チームを組織し，1947-52年の欧州のケースに比肩する，アジアのための大胆かつ新しいイニシアティブを検討する」よう指示した[119]．ジョンソン構想が2年目を迎えようとした時点で，その提唱者である大統領自ら，「アジア版マーシャル・プラン」ともいうべき開発戦略の企画を促した背景には，またもベトナム政局があった．

アメリカの戦闘部隊が本格的に投入された1965年3月以後，南ベトナム駐屯の米軍は増加を続けた．6月，いわゆる「索敵撃滅 (Search and Destroy)」戦略に基づく大規模軍事作戦を前に，ウィリアム・ウェストモーランド駐南ベトナム米軍事援助司令部 (MACV) 司令官は米軍の大規模増派を本国に要請した．ジョンソン大統領はそれを受け入れ，増派決定を行った[120]．ところが北ベトナム側が対抗措置をとったため，同司令官は11月，翌年の更なる大規模増派を求めた (McNamara 1995: 212-213, 221)．大規模な兵力増派に伴い，その経費も急増し，66年1月，ジョンソン大統領は127億ドル余りのベトナム関連の追加予算を米議会に要請した．

こうしたジョンソン政権のベトナム介入拡大路線に対し，アメリカ国内ではその是非をめぐる攻防が激しくなった．とりわけ66年1月中旬から1ヵ月の間，米上院外交委員会においてベトナム問題に関する公開聴聞会が開かれ，政府首脳らが証人出席した中で民主党議員らによる政府批判が強まったことは，政府のベトナム政策に対する議会の超党派的な支持が崩れたことを印象付けた[121]．すると，ジョンソン政権はそれに対抗するかのように，ホノルルでアメリカ，南ベトナム両国首脳による合同会議を開催した[122]．会議では非軍事面での対応，とりわけ開発問題が強調され，南ベトナムの復興・安定に向けた切り札として「革命的開発計画（Revolutionary Development Program）」や「農村建設計画（Rural Construction Program）」が提示された．そして，ジョンソン大統領自らそれを「もう一つの戦争（The Other War）」として位置付け，積極的な支援を約束した（Kearns 1976a: 267; 小倉 1992: 169–174; Herring 1994: ch. 3）．

ベトナム問題をめぐるこのような攻防を背景に米政府内では開発外交が再び注目されるようになった．2月，大統領の対外援助特別教書が発表されたほか，ブラック顧問によるアジア歴訪が決まった[123]．そして「ジョンソン構想Ⅱ」ともいうべき「アジア版マーシャル・プラン」が模索されたのである．

3月2日，国務省は大統領の指示を実現するための行動計画を立案し，大統領の裁可を求めた[124]．同行動計画は，新たなタスクフォースの設置とブラック顧問によるアジア指導者との意見交換の二本柱からなるものであった．前者は，省庁横断的な特別チームにAID傘下の民間人の諮問グループを参加させ，その座長にマックス・ミリカンを任命するというものであった．同タスクフォースに与えられた主な考慮事項は，「自由アジア諸国の自立した成長を可能にする長期的プロジェクトに必要な適切な自助手段及び外部支援の規模と期限を検討する」ことであり，その際，「それに向けたアジア地域機構に特別の関心が払われるべきである」とされた．そして，具体的目標として，(1) 計画に参加したアジア人とブラック顧問との連絡業務を支援すること——彼らに米政府の考えと戦略を密かに伝える可能性を含む——，(2) 上記のプロジェクトに関わるアメリカのコミットメントの性格と規模に関して大統領に報告すること，(3) 適当な時期に公表できる資料，例えば，マーシャル・プランの初期作

業におけるハリマン・クルグ委員会によるレポート（Harriman and Krug Committee reports）のような報告書を作成すること，が挙げられた．

それから，後者のブラック・ミッションの活用とは次のようなものであった[125]．

> 我々は，来るブラック顧問の歴訪に際して，氏を少数のアジア指導者たちと接触させ，果たしてアジア人が大統領の提案に積極的に対応し，長期的なアジア地域開発計画を用意する意向があるかについての彼らの見解を打診するよう，ブラック氏に指示する．我々はその接触相手として，とりわけ，日本の渡辺［武］，タイのプウォイ［・ウンパーコーン］，そのほか，可能ならもう一人のフィリピン人を考えているが，ブラック氏はADBと密接な関係にあるため，自らの異なる代案を持っているかもしれない．我々は，氏が，ADBと適切な関係にあるアジア版CIAPの設立が果たして可能であるかについて，最終的に判断できることを望む．（傍点筆者）

要するに，国務省の行動計画は，米政府内において新たなタスクフォースの立ち上げ，「アジア版マーシャル・プラン」の提唱に向けた具体策を考案させると同時に，対外的にはブラック顧問と著名なアジア人たちとの接触を通じてアジア自らのイニシアティブによるCIAP型機構設立の可能性を打診し，そこで肯定的反応が得られるなら，ジョンソン大統領による援助提案の形で同プランを打ち出す，との構想であった．

以上の国務省の行動計画は，3月5日，ロバート・コーマー国家安全保障問題担当大統領特別副補佐官を通して大統領に提出された[126]．ところがコーマーは，アジアにおける地域的イニシアティブはあまりにも複雑であるので，更なる政府内検討作業が終わるまでには，それを採択しない方が得策であろうとのコメントを付け加えた[127]．コーマーによると，「自分の理解した限りでは，先月の大統領指示の意図したアジア向けのイニシアティブとは，共産中国の脅威に対処するための方向性を示すことによってベトナム防衛に寄与するものであり，大統領の関心は公式宣言などに相応しい表現を探し出すことにも払われていた」のに対して，国務省案の関心は経済面に限定されていた[128]．そのため，コーマーは，エドワード・ハミルトンNSC参謀と同様[129]，「経済開発計画は膨大な費用がかかるばかりでなく，［一度公にされると］取り消しできないも

のである」として，大統領に対し慎重な対処を促したのである．

　結局，「アジア版マーシャル・プラン」案は見送られることとなった．「バンディ補佐官に比べ，ベトナムというより狭い問題に関心が集中していた」コーマーの勧告もさることながら[130]，大統領本人が財政面での困難を意識していたからであろう．この時期ジョンソンは膨らむばかりのベトナム戦費による「偉大な社会」政策への悪影響を懸念し始めていただけに（Kettl 1987: 58–62; Zimmermann 2003: 157–160），「同盟型（Alianza-type）の推進には膨大な費用が必要だろうし，概算するだけで現行の対アジア援助額のおよそ 2 倍と見積もられる」との分析を無視できなかったはずである[131]．ジョンソン構想の提唱者たる大統領自らが 2 年目の節目を迎えたところで，多額の援助には慎重になりつつあったのである．それ以後ジョンソン政権は，巨額投資を必要とする大規模プロジェクトへの新たなコミットメントは控え，持続的地域協力を可能にする分野毎の協力枠組みづくりに重点をおくことになる．

　そして，ジョンソン構想の企画・報告の主管組織も見直されるようになった．1965 年 6 月の「東南アジア地域開発プログラム――行動計画」の作成以来，東南アジア経済社会開発タスクフォースの活動は停滞していたが，同タスクフォースを指揮したバンディ補佐官の辞任と，新たなタスクフォースの設置を勧告した前記の国務省案をきっかけに，その指揮系統と運営が再検討されたのである．その結果，タスクフォースの組織そのものは存続させるものの，その責務については，省庁横断的な「東南アジア経済社会開発諮問グループ（Advisory Group on Southeast Asia Economic and Social Development）」を新設し，それに肩代わりさせることになった[132]．タスクフォースが主要省庁の次官・次官補級の高官らによって構成され，ホワイトハウス直属の組織であったのに対して，諮問グループは次官補代理級の代表で構成され，極東に関する省庁間地域グループ（FE/IRG）の指示に従って活動するとされ，事実上バンディ次官補の指揮・監督を受けることになった[133]．このように，東南アジア開発プログラムは，その企画・報告を担当する組織においても，以前より格下げされたのである．

(2)「行動計画第2版」とその後：東南アジア開発問題の周辺化

1966年3月下旬，東南アジア経済社会開発タスクフォースは，過去1年間のアジアの動きを分析し，東南アジア開発に関する米政府の行動計画に更なる修正を加えた[134]．

> ジョンソン大統領の提案に対するアジア側の対応は，進歩のための同盟［の提唱］の際にラテンアメリカで見られたような積極的かつ統一されたものではなかった．……最近アジアの対応が勢い付き始め，広範で調整された開発プログラムに向けての基礎をなし得る有望な提案やプログラムが多く生まれたことは，励みになっている．……しかしながら，現在推進中または提案中の地域開発活動に対して，その実施はいうまでもなく，調整機能においては，いずれの既存の多国間組織も適していない．……最終的には，資金援助が与えられる東南アジア開発プログラムに対するレビュー・調整機能を持つ多国間機構の設立が検討されるべきであろう．……ADBの設立協定は同銀行にその機能を提供している．そのほか，東南アジア中央銀行総裁たちによる最近のイニシアティブがそれに発展する可能性もある．コロンボ・プランの組織も……（傍点筆者）

要するに，行動計画では，幾つかの個別的枠組みの出現がアジアの対応として評価される一方で，プロジェクトの企画と総合的レビュー・調整機能の強化が依然として東南アジア開発の主な課題として指摘されていた．そして，後者については，CIAP型組織の設立を最終的目標に挙げながら，ADBや東南アジア中央銀行総裁会議，コロンボ・プランなど既存の組織がその機能を担う可能性も期待されていた．

ところが同年9月になると，新たな組織の設立は断念され，総合的調整機能は主としてADBに求められるようになった．

> 制度的側面からすると，今後のアジアにおける地域協力はおそらく，包括的な機構の新設によるのではなく，ECAFEやコロンボ・プランの傘下で最も良い成長を続けるだろう．ECAFEの枠組みの中では，アジア諸国のニーズと希望に応じた機能的でサブ・リージョナル，アドホックなフォーラムが発展したり派生することも可能であろう．アメリカは，リージョナルまたはサブ・リージョナルな協力のための既存の地域的枠組み及びアドホックな取り組みを活

用・支持することによって，アジア開発における進歩に最善の貢献ができるだろう．（傍点筆者）[135]

ADBは，「投資可能なプロジェクト」の決定，多国間出資の調整とコンソーシアムの構成，開発人材の訓練，開発企画におけるリーダーシップの発揮，特別開発基金の運営など，開発努力を先導する勢力として台頭しなければならない．開発計画のレビュー・調整といった特別機能はおそらくADBが受け持つことになるだろうが，それは特別協定によるのではなく，銀行の組織の中で自然かつ徐々に発展する形をとるだろう……（傍点筆者）[136]

東南アジア開発の中心的枠組みとしてCIAP型機構を設立するという目標は，ここにきて最終的かつ明確に否定されるに至ったのである．その背景には，ジョンソン政権の思惑通り，ADBの機能の一部として国家開発計画のレビュー・調整機能を埋め込んだ設立協定が前月正式に発効したという事情があったと考えられる[137]．

ジョンソン構想も2年目に入ると，以上のような多国間協力枠組み設立に向けた対外交渉が行き詰まるとともに，開発プロジェクトに必要な財源確保のための対議会工作にも陰りが見え始めた．前述のように，1966年1月のベトナム聴聞会を境に東南アジア政策に対する米議会の超党派的な支持が失われてからは，行政府の対外援助予算要請に対する議会の態度が厳しくなっていくからである．それゆえにジョンソン政権は東南アジア開発のための大胆な企画や大規模な資金提供へのコミットメントには慎重にならざるを得なくなった[138]．タスクフォースの活動は勢いを失い，この件に関する省庁間協議も少なくなり，その対応は主としてブラック顧問と国務省，AIDのチャンネルを通じて行われることとなった[139]．そしてベトナム政局をめぐる国内対立が一層深まり，ジョンソン政権がその対処に追われる中，東南アジア開発問題は次第にアジア政策の辺境に追いやられていったのである[140]．

2．ジョンソン構想の残したもの

ところで，前述のように，1965年5月のメコン委員会特別会議で同委員会の「公社」化計画が頓挫した後，アメリカの行動計画では，水資源，運輸，通信，保健，農業，教育など，各分野のプロジェクトの企画・調整は，国連・

ECAFE関連の組織または今後育成されるであろう各分野の開発組織を活用することとなっていた．ジョンソン構想が2年目に入ると，このような各分野毎の枠組み育成への志向性は更に強まった．ジョンソン構想提唱に際して国連側から支援が求められた二つのプロジェクト，即ちADB及びナムグム・プロジェクトが安定軌道に乗ったとの判断の下，今後は大型プロジェクト中心の開発より分野毎の開発枠組みの育成に重点をおくとの方針が示されたのである[141]．

そして，その実現のためにジョンソン政権が用いた主な手段は資金援助の約束であった．一方で，持続的かつ効率的な地域協力を可能にするためには「アジア自らのイニシアティブでなければならない」としながらも，他方では「アジアのイニシアティブを最大限促すには財政その他の面でのアメリカの支援が不可欠」との立場から，「10億ドル」を梃子に分野毎の枠組みづくりに向けた地域イニシアティブを促したのである[142]．そして度重なるブラック顧問のアジア歴訪がそれに活用された[143]．以下ではジョンソン構想の具体的成果（ないしその目標）の一部とされた一連の協力枠組みの設立（ないし強化の試み）の経緯を見ることで，アメリカ外交に影響されたアジア地域主義の断面を明らかにする．

(1) メコン委員会（水資源）

メコン委員会の「公社」化計画が事実上頓挫した後も，アメリカ側は国連・ECAFEに対して同委員会の組織強化を要請し続けた．メコン開発に必要なプロジェクトの企画・調整能力を同委員会に養わせるためであった．ところが国連側はその要請には消極的対応で終始した．その理由としては，まずカンボジアの問題があった．1965年5月のバンコク会議以来メコン委員会の運営に対する不満を表出し始めたカンボジアは，その揺さぶりをエスカレートさせ，ついには同委員会を機能停止にまで追い込んだ．国連にとってメコン委員会の強化策を打てる状況ではなかったのである[144]．

その他の理由としては，国連の組織そのものに内在する限界とアメリカの影響力浸透に対する警戒を指摘することができる．1965年9月，アメリカ側はメコン委員会の組織強化について具体案を提示した[145]．メコン委員会の役割

は従来は主に調査・研究に限定されていたが，今は資金調達機能にまで拡大しつつあるというウ・タント国連事務総長の評価に対し，ブラック顧問からは，委員会がそれに寄せられる大きな期待に相応しい役割を十分果たすためにはスタッフの強化が欠かせないことが指摘され，その具体策としてスタッフ及びプログラムに対する根本的見直しを外部の専門家に委託する案が提示された．するとナラシムハン事務次長は，そのような見直しの必要は別として，それを沿岸4ヵ国が受け入れる可能性に対して疑問を呈した．また，アメリカ側からは国連本部におけるメコン事業への支援体制を強化する必要性も指摘された．アーサー・ゴールドバーグ国連米代表とブラック顧問は，援助国と国連との間でメコン事業に関するフォローアップが十分行われていないことを指摘し，国連事務総長及び事務次長に専属のフルタイム・スタッフを設けることを提案した．ところがこれに対してもナラシムハンは，現状でも十分対応できると反論した．

このように米政府と国連・ECAFEとの間ではメコン委員会強化の必要性に対して認識が異なっていた．もっとも，国連側はジョンソン構想に基づく資金提供には期待を寄せたものの，それに伴うアメリカの影響力浸透は憂慮していた[146]．一方，アメリカ側としては，例えばブラック顧問の見解に見られるように，国連側が新たな枠組みの設立のみならず既存組織の改編においても一貫して消極的態度をとっているとの不満をつのらせていた[147]．結局，メコン委員会はアメリカにとってジョンソン構想，とりわけメコン川流域開発のための効率的な枠組みにはならなかったのである．

(2) 東南アジア文部大臣会議（教育・人材開発）

1965年11月，バンコクでは国連教育科学文化機関（UNESCO）主催によるアジア文部大臣会議が開かれたが（11/22–29/1965）[148]，米政府はその前月からこの機会を利用して東南アジア諸国の文部大臣による協力枠組みを立ち上げる工作を進めていた[149]．その結果，同会議の議長を務めたピン・マラクル・タイ文部大臣の協力を得て，該当大臣らによる「会議後会談（post-conference meeting）」を開き，そこにアジア歴訪中のブラック顧問を招待して，教育関連の地域プロジェクトについて協議することとなった．

11月30日,即ちアジア文部大臣会議閉会の翌日,東南アジア6ヵ国の文部大臣ら(ラオス,マレーシア,シンガポール,タイ,南ベトナムの文部大臣及びフィリピンのUNESCO国家委員会委員長)が一堂に会すると,ブラック顧問が訪れた[150]. そしてブラックから,教育関連の健全かつ具体的な地域プロジェクトが提示されるなら,米政府は財政面でそれを支援する用意があることが表明されると,大臣らはそれを受け入れた[151]. またピン大臣から具体的プロジェクトを企画するために暫定的な事務局を設立する案が出され,参加者たちは東南アジア文部大臣事務局(SEAMES)をタイ文部省内に設置することを了承した.

翌年2月,SEAMES関係者は6ヵ国を訪問し,意見交換を行いながらプロジェクトの企画に取り組んだ. ところがSEAMESはその作業に適したスタッフを欠いており,実際にはアメリカの要員がその作成に当たった[152]. 7月,SEAMESは用意したプロジェクト案を各国に送付し[153],国際ワークショップ(7/26–27/1966, Kuala Lumpur)における評価を経て,勧告案をまとめた[154]. この勧告は,10月,6ヵ国の教育担当次官級会議で更に検討され,翌月の文部大臣会議(11/25–28/1966, Manila)に提出された[155].

ところでこの文部大臣会議開催にはブラック顧問が深く関わっていた. 予め同会議出席を前提にアジア歴訪の日程を組み,関係国と事前調整を行った. プロジェクト全般に対するコメントのほか,アメリカの財政支援の条件についてピン大臣と話し合い[156],また主催国のフィリピン政府に対し,既存の6ヵ国に加え,インドネシア,ビルマ及びカンボジアも招請するよう働きかけた[157]. 同時にジョンソン大統領に対し,同会議において米政府による2800万ドル(会議で採択されるであろうプロジェクト群の推進において今後5–7年間必要とされる経費のおよそ半分に相当する金額)の財政援助にコミットする権限を求め,もしその権限が与えられないなら「アジアの地域協力のための我々の努力は甚大な打撃を受けるだろう」とした[158].

ブラックが歴訪出発の後にこのような要請を出したのは,歴訪を通じて会議参加予定国の最大関心がプロジェクトに対する資金援助が本当に得られるかという問題にあることが明らかになり,会議の常設化を図るためにはアメリカによる資金面での確固たるコミットメントが欠かせない,と判断したからであっ

た.

> もし上記の提案が認められないなら,私が思うに,地域経済協力に対するアジアのイニシアティブと支持は今後長らく窒息するだろう.SEAMESプロジェクトはアメリカの専門家たちの支援によって企画されたものであり,ADB設立以来,アジアのイニシアティブによる地域協力の最初の具体的かつ実際的ケースである.SEAMESプロジェクトは地域全体の強力な支持を得ている[159].

紆余曲折の末,ブラック顧問には一定の条件付きながら彼の求めた権限が与えられ,文部大臣会議において,米議会に対し上記の2800万ドルの支出承認を要請するとの米政府の意向が表明された[160].そして同会議では,東南アジア文部大臣委員会(SEAMEC)の設立憲章が採択されたほか,常設事務局の設立も合意された[161].このようにアメリカの働きかけと資金提供の約束を背景に生まれたこの枠組みは,1968年2月,東南アジア文部大臣機構(SEAMEO)として制度化された[162].

(3) 東南アジア運輸・通信高官会議(運輸・通信)

国連は,ジョンソン構想提唱に前後して「アジア・ハイウェー」事業に関する調整委員会の設置を推進し,アメリカの協力を要請した.ECAFEがスポンサーとなる道路建設分野におけるエージェントを設置し,UNSFないしは米政府からの資金援助を受けて活動するという構想で,メコン委員会と同格のものが想定された[163].それに対し,アメリカ側は,道路建設に限定せず,航空,鉄道,水上運輸分野までをカバーするいわば「運輸・通信委員会」の設置を逆提案したが,国連側の反応は消極的なものであった[164].以後,米政府より同様の要請が繰り返し表明されたものの,国連は一向に同調しなかった[165].

1966年9月,米政府は,運輸分野における協力枠組みづくりに本格的に取り組むことになった.上記の要請に対する国連・ECAFEの協力が期待できないなら,マレーシアに「東南アジア運輸大臣会議」のイニシアティブを取らせるという代案であった[166].その具体化のために,来るブラック顧問のアジア歴訪(10/26–11/30/1966)の際,ブラック自らがマレーシアをはじめとする各国の指導者に働きかけるほか,アメリカの専門家を同伴させ,港湾及び運輸分野の

開発のための具体的話し合いを行い，域内貿易と開発の視点から関連プロジェクトに取り組むように働きかける，との案が企画された[167]．

アメリカがマレーシア政府のイニシアティブに期待を寄せたのは，ジョンソン構想への同政府の高い関心を察知してのことである．マレーシア政府にとってジョンソン構想は経済開発のための新たな資金源として期待された．マレーシア政府からはジョンソン構想の援助対象がメコン川流域開発に限定されることへの憂慮とともに，できればその資金援助を同国の経済開発計画の財源として活用したいとの要望が繰り返し伝えられていた[168]．そしてブラック訪問の前に，駐馬米大使館とマレーシア政府との間でマレーシアのイニシアティブによる「東南アジア運輸大臣会議」の具体化が模索されていた[169]．

ブラック顧問のマレーシア滞在中（11/4-8）にアブドル・ラザク副首相兼国家開発相は，マレーシア政府は近い将来に東南アジア諸国の運輸・通信大臣からなる国際会議の開催を提唱したい旨を表明したが，この決定はブラックの説得によるものであった[170]．ブラックはマレーシア政府閣僚たちに対し，過去1年間の東南アジア文部大臣会議の目覚しい成功に言及し，米政府は来る文部大臣会議（11/25-28, Manila）でSEAMESの提出した地域プロジェクトに対する実質的資金提供の意向を表明する方針であると伝えた[171]．そして，運輸分野のプロジェクト（地域プロジェクトはもちろん，それが地域協力プログラムの一環として推進される国家プロジェクトも含めて）に対する多国間援助の展望は明るく，今後この分野をはじめとする地域協力プログラムにはADB内の特別基金を通じて財政援助が与えられるだろう，と述べたのである．ブラックはマレーシア政府のイニシアティブに対する直接の働きかけに加え，その実現に向けた側面からの支援も行った．続くシンガポール（11/8-9），インドネシア（11/9-11）及びフィリピン訪問（11/27-30）の際，各国首脳との会談の中で「最近のラザクによるイニシアティブ」を取り上げ，運輸・通信大臣会議への参加を促していたのである[172]．

1967年9月，ラザクによるイニシアティブは東南アジア運輸・通信高官会議（9/4-7/1967, Kuala Lumpur）に帰結した．同会議では，予備会議の勧告案で示された95のプロジェクトについて援助国及びADBなど国際機関に対する財政支援の要請及び地域運輸の調査実施などを勧告した．ところがこの勧告

は，その後プロジェクトへの財政支援どころか，調査経費を得ることさえできない状況に追い込まれることになった．アメリカ側の約束した財政援助を受けることができなかったからである．そもそも同会議が当初の予定より遅れ，しかも閣僚会議ではなく高官たちによる会議になった理由の一つは，米政府によるADB特別基金の立法化措置が遅れたことにあった（第3章参照）[173]．そして最終的に同基金への希望は完全に消えてしまうのである．結局，東南アジア諸国の運輸・通信大臣たちによる会議が開かれたのは1972年のことであった．

(4) 東南アジア中央銀行総裁会議（金融・通貨）

1965年6月下旬，ECAFE主催のADB設立に関する諮問委員会会議に出席したブラック顧問は，プウォイ・ウンパーコーン・タイ中央銀行総裁と会合した[174]．プウォイは，翌週予定のマレーシア中央銀行高官らと会談においてジョンソン構想に対する東南アジアからの適切な対応としての組織づくりについて議論するつもりであるとした上で，今後，東南アジア諸国の中央銀行総裁らによる組織を作り，それに国別開発計画のレビュー機能を持たせることを考えていると述べた．ブラック顧問にとってプウォイの提案は必ずしも歓迎すべきものではなかったものの[175]，マーティン駐泰米大使はそれを支持し，プウォイと協力しその実現を目指すこととなった[176]．

上記のタイ，マレーシア両国の中央銀行関係者会議を経て[177]，翌年2月，タイ側の主催による東南アジア中央銀行総裁・経済企画者会議（2/2-4/1966, Bangkok）が開かれた[178]．セイロン，ラオス，マレーシア，フィリピン，シンガポール，タイ及び南ベトナムの代表が参加した同会議では，国際金融市場の流動性，域内貿易促進，世銀，IMF，ADBにおける役員選出などの問題のほかに，地域開発計画の企画と調整についても議論された[179]．そして事務局付きの東南アジア中央銀行総裁協議会設立問題の検討及び翌年マニラでの第2回会議開催が合意された．1967年3月の会議（3/8/1967, Baguio）には9ヵ国の中央銀行関係者が参加し，国際金融・通貨政策に対する地域の見解が表明されたほか，地域経済問題としては特にコメ不足問題が議論された．しかし翌年開催についての合意を除き，米政府の期待した会議の常設機構化などに関する公式決定は行われなかった．

このようにプウォイのイニシアティブがアメリカ側の期待通り進展しなかった最大の理由は会議の性格にあったと考えられる．米政府が東南アジアの中央銀行総裁たちによる協力枠組みの制度化を後押ししたのは，マーティン駐泰米大使によると，それを基盤に銀行家及び経済企画者による常設機構，例えば「地域委員会（Regional Council）」または「経済計画（Economic Plans）」を立ち上げ，開発プロジェクトに対する融資機能と企画・調整機能を組み合わせることでCIAP機能を持たせるとともに，可能なら東南アジア文部大臣会議などと連携することによってジョンソン構想実現のための地域機構として育てる，という思惑があったからであった[180]．つまり米政府はCIAP型組織への発展可能性に期待をかけていたのであって，ジョンソン構想の一環として金融・通貨分野に特化した地域枠組みの設立を意図したわけではなかった．ところが地域諸国にとって同会議は基本的には銀行家の集まりとして始まったものであり，それに経済計画の企画・レビュー機能を持たせることに対してプウォイ以外の参加者からは必ずしも理解が得られていなかった．異質な機能を合体させるという難点については当初よりプウォイ自身も気付いており，会議で自らの意図を公然と明らかにすることはなかった．

従って，プウォイのイニシアティブにかけた米政府の期待が外れたという意味では，アメリカにとってこの協力枠組みはジョンソン構想との関連では効用が限られたものであったといえよう．しかしながら，このような経緯を経て制度化された同会議は，その後，地域諸国同士の金融・通貨政策の協議並びに銀行職員研修のための重要な枠組みになっていくのである（Haas 1989: 193–196）．

第5節　ジョンソン構想の意義

これまでの分析によって明らかになったように，米政府の描いた東南アジア開発計画がジョンソン政権の思惑通りには進展しなかった主な原因はアジア側の反応とアメリカの国内政局にあった．米政府はジョンソン構想の推進に当たり，全開発分野を統括し，かつ開発の推進に必要な一連の機能を備えた「アジア版CIAP」の設立を試みたものの，それは実現しなかった．米政府の期待とは異なり，ジョンソン構想への反応は「進歩のための同盟」の提案に対するラ

テンアメリカのそれとは異なっていたからである．地域の実情や域内国の利害に基づかないアメリカ側の構想に対し，国連やアジア諸国が賛同しなかったのである．その後ジョンソン構想の実現を目指す米政府の戦略は試行錯誤と修正を繰り返しながらも，最終的には幾つかの分野別開発関連組織が出現した．

本章で取り上げた分野毎の協力枠組みは，メコン委員会を除き，また程度の差こそあれ，その起源において域内国とアメリカとの協議（アメリカによる働きかけないしは域内国からの支援要請）があり，かつその発足に当たり米政府からの資金その他の支援が約束されていた．従ってこれらはジョンソン構想の具体的成果の一部として位置付けることができよう．アメリカ国内における特別基金法案提出の前に，駐泰米大使館はジョンソン構想の成果について，次のように述べた[181]．

> 東南アジア地域協力における我々の経験は短くかつ先例のないものである．従来の政策と違って，地域協力における我々の試みはアジアのイニシアティブを刺激，激励，そして支持するものでなければならない．我々の成功はアジア人自らの成し遂げたことによってのみ評価されるべきであり，我々の行動が一連の出来事に欠かせない繋ぎを提供するときでさえ，我々のイニシアティブは彼らのそれに従属しなければならない．……
>
> 農業，運輸・通信，水資源，人材開発など各分野において，地域レベルでの活動分野の企画とプロジェクトの開発における相当な進展が見られた．これら及びその他の分野においても未だに多くの課題が残されてはいるが．

そして，ジョンソン構想は，その登場と同様，その最期においても米国内のベトナム政局に大いに影響された．同構想がベトナム政局と密接に関連していたことは，地域開発に対する米政府の意気込みそのものを否定するものではない．しかしながらベトナム政策への高まる批判とともに，ジョンソン政権が東南アジア開発に必要な資金獲得の困難な状況に追い込まれていったのは事実である．この意味では，「偉大な社会」のみならず「アジア版進歩のための同盟」も「ベトナム」の犠牲になったといえよう．

第 3 章　アジア開発銀行

第 1 節　アジアにおける地域銀行設立の動き

1. 地域銀行設立案の系譜：ECAFE と日本での模索

アジアにおける地域金融機関設立の模索は 1950 年代半ばまで遡ることができるが，その中心的役割を果したのは ECAFE であった．1954 年，ECAFE 事務局を中心に地域開発銀行設立の可能性が議論されていた (Black 1969a: 96–97; Haas 1989: 185)．そして 1960 年，第 16 回 ECAFE 総会による「地域経済協力促進のための具体策の検討」の要請を受けた同事務局は，翌年，「アジア地域経済協力 3 人専門家委員会」にその作業を委託したが，同委員会の出した報告書には「アジア経済開発機構（OAEC）」（大庭 2004a: 96–98; 高橋 2003）のほか，開発に必要な資金の不足を補塡するための地域開発銀行の設立が提案されていた[1]．しかし当時は各国の消極的態度もあり，同提案は具体化しなかった．

ECAFE 加盟国の間で地域銀行設立の議論が現実味を持つようになったのは 1963 年のことであった．そのきっかけは，同年 1 月の第 5 回 ECAFE 域内貿易促進会議においてタイ代表による「輸出入資金を供給する地域銀行の設立」の提案が最優先課題の一つとして採択されたことであった[2]．タイ政府の提案は会議に参加していた若手経済人がその場で偶然思いついたアイディアであったというが (Huang 1975: 27–29)，当時は，米州開発銀行（IDB）が 1959 年に設立されていたほか，アフリカ開発銀行（AfDB）設立が 1964 年に見込まれており，ECAFE 事務局やアジア諸国の間でも地域開発銀行への関心が高まっていたことを指摘しておくべきであろう (Haas 1974a: 282)．

その 2 ヵ月後の第 19 回 ECAFE 総会（3/5–18/1963, Manila）では，域内貿易及び産業開発のための経済協力促進案を検討するための高級代表者会議の開催

が決議された (Huang 1975: 29–30). 代表者会議の準備の一環として，ECAFE 事務局長の招致によって8月から約1ヵ月余り専門家会議 (いわゆる7人委員会) が開かれ，「ECAFE 地域における経済協力手段」をまとめた[3]. この報告書は地域開発銀行設立を勧告していた. それによると，同銀行は単なる融資機関ではなく域内貿易の自由化及び各国開発計画の調整機関としての機能を備えるべく，また融資の主な対象が従来の域内貿易への出資から地域開発，即ち「地域産業的性格を持つ工鉱業プロジェクト」への出資に代わっていた[4]. 10月の準備会議では，多くの参加国によって地域開発銀行設立の必要性が認められ，専門家グループによる更なる研究が勧告された[5]. 12月，域内経済協力に関する ECAFE 特別閣僚会議では，準備会議の勧告通り，事務局の支援の下で ADB 設立を含む主要6項目を検討するための特別委員会を早急に開催すべく，また ECAFE 事務局長がその進展状況を検討し，必要な措置を講ずるため，今回の閣僚会議のような会議を随時開催する権限を同事務局長に与えるとの決議が採択された[6]. これは ADB 設立問題が ECAFE の主な事業として正式に選定されたという意味で，大きな一歩であった.

このような ECAFE を中心とする議論に加え，地域銀行設立に関連するもう一つの流れとして，日本国内における動きがあった. 1962年秋，終戦直後から私設の経済研究所を運営していた元ジャーナリスト大橋薫の呼びかけによってスタディ・グループが東京で組織され，翌年には初代大蔵省財務官出身の渡辺武も参加する研究会に発展したが，ここではアジアにおける地域開発を促進する機関の設立が検討されていた (Huang 1975: 19–23; Yasutomo 1983: 30–38). それは公的機関ないし政府関係者の意向によるものではなく，民間レベルで始まった議論であった[7]. 数回にわたる同会合では，地域銀行設立の必要性の是非，及びその性格について議論され，世銀とは別にアジア地域に特化した開発支援機関が必要であり，その際，民間組織ではなく政府間機構にした方が望ましいとの結論に到達し，同年8月には地域銀行設立構想の「私案」がまとめられた (Yasutomo 1983: 35–37; 渡辺 1973: 9–13). 翌9月，ワシントンで開催された世銀・IMF 総会に参加した渡辺は，米代表と接触しアジアの地域銀行設立に関する意見を求めたが，アメリカ側の否定的態度が示されたため，以後しばらく同構想は失速した (Huang 1975: 22–23)[8].

ところが1964年に入り，前年のECAFE閣僚会議で決まった専門家会議の準備作業が始まると，そこに日本人が加わるようになった．同年6月から大蔵省の千野忠男事務官がECAFE事務局にコンサルタントとして派遣され，関連資料並びに設立協定案の作成に当たることになったが，千野は出国の前に渡辺と会い，地域銀行のあり方について助言を受けていた（Yasutomo 1983: 48–49）[9]．また同専門家会議に日本人メンバーとして渡辺本人が派遣され，ECAFEでの作業に参加することになった（Yasutomo 1983: 49–50）．かくして，地域銀行設立を模索する二つの流れはここに来て合流したのである[10]．

10月に開かれたECAFE専門家会議（10/20–31/1964, Bangkok）では，加盟国の範囲，即ち域外国の参加を認めるか否かの問題が最大の争点となり，日本の渡辺代表とウ・ニュンECAFE事務局長やその他の代表らとの間で意見が対立した[11]．十分な資金を集めるために域外諸国にも加盟資格を与えるべきであるとする渡辺に対して，同事務局長らはアジア的要素を強調するため域内国のみに限定すべきであると主張した．その結果，メンバーシップを域外国にも開放する代わりに，出資金の60％をアジアから集めることで「アジア的性格」を確保することになった．そのほか，初期応募資本の総額を10億ドルにし，その半額を払込資本（paid-in capital）として3年間で分割払いし（内半額は金または交換可能な通貨で，残り半額は加盟国通貨で支払う），残りの半額は請求可能資本（callable capital）として債券発行の際の担保などにあてること，理事は域内国7，域外国3の計10名にすること，投票権の基本票比率を5–20％にすることなども合意された．これらが報告書としてまとめられた結果，地域銀行設立に向けた本格的議論を行うための叩き台ができた[12]．

2. 日米の初期対応：日本の積極姿勢，アメリカの消極姿勢

同専門家会議が終わると，ECAFEはADB設立には先進諸国からの協力が不可欠と認識するようになった．そのため，会議の報告書を各国に送付し関心を促すとともに，ウ・ニュン事務局長やクリシュナムルティ国際貿易部長らによる関係国訪問を利用して各国の立場を確認し，協力を要請することになった．その際，最大の出資額が割り当てられていた日米両国には特別な期待が寄せられた[13]．

1963年12月の特別閣僚会議によってECAFEにおけるADB設立の動きが公式化すると、日本政府内でも関心が高まり、64年春から各省庁関係者による前向きな発言が見られるようになった[14]。しかし政府全体としてはADBの目的、組織及び資金調達など多くの点が不確実であるとの理由から慎重な態度がとられていた[15]。ところが同年11月から年末にかけて、ADBに対する日本政府の立場は設立支持へと方向転換することになる[16]。発足直後の佐藤内閣は、先のECAFE専門家会議の成果とECAFEからの要請を踏まえ[17]、ADB設立はもはや避けられないと判断した。また、専門家会議によって日本政府の重要視した二つの条件、即ち域外資金の導入、並びに世銀など既存の国際金融機関との差別化が充足されたと分析した。その上で、ADB設立に前向きに協力するとの内部方針を固めたのである[18]。但し、当時ADB設立に否定的であるとされた米政府の立場に配慮し、翌月の佐藤首相訪米の際にその意向を打診することにした。このような積極姿勢は、12月下旬、佐藤首相による「アジア開発銀行は目下、わが国を中心に設立のため努力中であるが、出来れば四十年末に設立するよう積極的に推進することとしたい。これには米国の協力を得ることも必要であり、日本としては同銀行を通じてアジア諸国への経済協力を一層進めてゆきたい」との発言にも現れていた[19]。

1965年1月の佐藤首相の訪米の際、日米間でADB問題が話し合われた。佐藤首相はラスク国務長官との会談の中で、現在日本では渡辺武が、アメリカの金融機関のような方針の下で運用されるであろうADBを設立することを実質的に検討しているとした上で、アメリカによる公然の参加は望ましくないにしても、米政府はこの計画を支持するのか、と尋ねた[20]。この発言は、日本政府がアメリカの参加を望まないというものではなく、ADB構想に消極的な米政府としては積極的な支持は困難であるだろうが、少なくとも日本の参加には反対しないとの了承を得たいとの思惑によるものであった。それに対し長官は、ADBのアイディアを歓迎するとしながらも、そのような取り組みにおいてアメリカはできる限り「沈黙するパートナー (silent partner)」でありたい、と答えた。つまり、米政府による出資はないだろうが日本の参加を見守りたいとの意向を遠回しに述べたのである[21]。

そして2月には主要先進諸国の立場も明らかになった。各国の財政当局また

は国際金融関係者らの反応を総合すると，欧州諸国は総じて消極的であり，域内国の意向が固まらない現段階での具体的な協力は考慮し得ないというものであった[22]．また米財務省筋は「大いに関心は示し，同銀行の設立の時はしかるべき協力はする」としながらも，アメリカ自らの出資は考慮せず，なお自国が先頭に立って推進するよりも受け身の立場でありたいとの意向であったため，ADB 設立に不可欠な「米国の出資を確保するためにはかなりの働きかけが必要と思われた」[23]．要するに，域外先進諸国はいずれも ADB 構想に対し明白な反対こそ表明しなかったものの，その支持及び参加を取り付けるためには今後域内国が「忍耐力をもって説得していかなければならない」と考えられたのである[24]．こうした情勢を踏まえて，アジア唯一の先進国としての日本のとるべき立場とは，域内国による意見一致を優先しつつ，一方では ADB 設立に積極的な域内国の意向に配慮し，その設立過程に積極的に関与しながら，他方では先進諸国，とりわけ米政府に対し，急がず，非公式の協議を通じてその参加を求めていく，というものであった[25]．

既に触れたように，ADB 設立に対する米政府の初期対応は概して消極的なものであった．1964 年 12 月，ウ・ニュン ECAFE 事務局長は駐泰米大使館に対し，専門家会議の報告書とともにそれまでの主たる動きを説明した上で，翌年は ADB 設立問題が ECAFE の主なテーマになるだろうとして，その詳しい日程を伝えた．と同時に，ADB 設立においては域外先進国，特にアメリカの協力・支援が不可欠であるとの認識を示し，この件に関する米政府の責任ある見解を求めた[26]．ところが米政府は，その翌月訪米したクリシュナムルティ部長に対し，ADB 構想を十分検討することができなかったとして明確な立場を明らかにしなかった[27]．

このように対外的には ADB への消極的態度が目立つアメリカであったが，政府内では結論には至っていなかった[28]．1965 年 1 月，上記のクリシュナムルティ，佐藤及び渡辺の訪米をきっかけに関係省庁の間で ADB 問題に関する議論が始まったものの，米政府の対応をめぐって意見が分かれていたのである．もともと財務省は地域銀行の設立には消極的であり，ADB 構想もその例外ではなかった．地域銀行が政治道具化し，国際金融市場における融資条件と信頼を脅かすおそれに加え (Black 1969a: 96–97)，多額の拠出金という財政的負担，

及びその支出承認を得るために必要とされる対議会工作も，財務省がADBについて消極的な態度をとる要因であった[29]．こうした国際金融・財政政策の観点から新たな地域銀行は不要との立場を堅持する財政当局に対して，政策企画会議，国務省極東局及びAIDは，対アジア地域政策の見地から前向きな検討を求めた．当時，政策企画会議を中心に従来の二国間アプローチの補完策として地域主義の活用が勧告され，またベトナム問題に関する大統領の政策演説が勧告される中で，東南アジア開発のための地域主義的アプローチが注目されていた（第1章参照）．こうした文脈から政策企画会議からは既に65年1月，ADB構想をアジア自らのイニシアティブと位置付け，先進諸国と世銀による出資を検討するに値するとの意見が提示されており，国務省極東局及びAIDもそれに同調した[30]．彼らがADBを支持した理由は，既存の国際金融機関の機能不全に関するものではなく（もっとも国務省もアジア地域の開発援助問題は既存の国際金融機関の活用で対処できるとの立場であった），ADBによってアジア諸国の自主的な開発努力を促し，また従来は主として開発プログラム及び国際組織によって提供されてきた資金協力において日本をはじめ先進諸国からの協力を引き出すことが期待できるという効用にあった[31]．しかしながら財政当局の慎重論を前に，こうした積極論は政府方針としての採択には至らなかった．要するに政府内に拮抗する認識が存在したものの，対外的には4月中旬までADB不参加の立場がとられたのである．

　以上の日米両国のADBに対する態度は，同年3月の第21回ECAFE総会（3/16–29/1965, Wellington）での対応に反映された[32]．40ヵ国から300人の代表及びオブザーバーが参加した同会議においてはADB設立問題が最大イシューとされ，前年10月の専門家会議の報告書を中心に議論が行われた．その中でアメリカの対応を難しくしたのは，自国のADB参加問題にほかならなかった．会議冒頭の一般演説においては日本をはじめタイ，セイロン，ラオス，ビルマ及びフィリピンの代表からADB設立支持の立場が表明された．ところが続く米代表の演説（18日）では，米政府の意向として同銀行設立に際しての技術援助の提供や一部のプロジェクトに対する共同融資（joint financing）の可能性に言及されたものの，加盟そのものは考慮していないと明言された[33]．この発言が関係国間で「アメリカがADBを台無しにした」と解釈され，会議の空気

があまりにも硬直してしまったため，ウォルター・コチニック首席代表はわざわざ記者会見を開き（19日），前日の自らの発言を「拠出拒否」とみなすのは誤解であり，米政府としては現段階では自らが率先して拠出にコミットすべき立場にはなく，そのイニシアティブはあくまで域内国から発するべきであるとの趣旨を述べたものである，と釈明した[34]．更に最終日（29日）の演説において，コチニックはワシントンで発表されたばかりのジョンソン大統領による声明，いわゆる「ポイント5」に格別な注意を喚起し，「平和の中で進歩のための経済・社会協力のみを必要とする日」は遠くないと信じるとした上で，米政府は「アジアの指導者や諮問委員会による一層の広範で大胆なプログラム」を手助けしたいとの意味深長な発言をした[35]．このように米代表は，当初表明した不参加の立場そのものは変えなかったものの，今後再考する余地を十分残した上で，アメリカのより強力なイニシアティブを示唆するにまで至った．その背景には，アジア諸国のADB設立への熱意やアメリカの消極的態度への批判もさることながら，より根本的な要因として，米政府自身の新たなアジア地域政策の検討作業があった．前述のように（第1章），当時ホワイトハウスの指示によりAIDを中心に東南アジア開発のための新たな企画作業が進んでおり（つまりウェリントンでのECAFE会議と併行して米政府内では同企画が進められていたことになる），それが同会議における米代表の対応ぶりに影響を及ぼしたのである[36]．

　一方，同会議におけるADB関連の決議案採択をめぐっては日本政府としても厳しい対応を迫られた．ECAFE事務局は会議の最大の焦点をADB設立問題に定め，「同件に対する域外国の関心を高め，域内国が8月の準備会議を迎えポジティブな決定を早めるためにもECAFEの公式の決議が必要」として，その採択に向けて事前に関係国に協力を要請していた[37]．会議が始まると事務局側は日本代表団に対し，決議案の支持及び共同提案を要請したため，朝海浩一郎代表はその対応につき本省に請訓した[38]．それに対して外務省は，域内国同士の協議が先であり，また少数の途上国及び日本のみがADB設立に積極的であるかのような印象を避けるべきとの方針から，できる限り多くの域内国を共同提案国にする方向で努力し，それが不可能な場合にはオーストラリア，ニュージーランドなど主要域内国が共同提案国となる場合に限って日本も同調

することとするよう，訓令した[39]．ところがオーストラリアとニュージーランドが共同提案国になることを拒んだため，日本も共同提案国を固辞することとなった．その後，紆余曲折を経て最終的には日本も共同提案国に加わったものの，この対応振りによって日本はADB設立に消極的であるかのように印象付けられてしまった[40]．しかし日本政府が消極的であったのはADB設立に向けた関係諸国との協議の進め方について異議があったからであって，同銀行設立そのものに対しては支持の方針が貫かれていた[41]．つまり日本としては「本件に関し，わが国は，銀行の設立には，域外国の協力が不可欠であると同時に，先ず域内国自身が銀行設立に関し，積極的協力を行うことが肝要であるとの態度で［同会議に］のぞんだ」のであり[42]，こうした態度は前述の内部方針，即ちADB設立を支持し，今後その設立過程に積極的に参加していくとの立場に沿うものであったといえよう[43]．

同会議で満場一致で採択された決議案は，新規ないし追加的開発資金の導入及び地域協力の中心的枠組みとしてのADBの役割を認識し，その早期設立を促すものであった．ADB設立に向けた政府間公式協議の開始が正式に合意されたのである．それによると，銀行設立には域内国の支持のみならず，域外先進国の支持も必要であるとされた．そしてECAFE事務局長に対し銀行設立の準備作業を円滑に進めるために域内9ヵ国政府の指名する専門家による諮問委員会を設置し[44]，域内・域外先進国及び関係国際金融機関と協議するとともに銀行の設立協定案作成を進め，その結果を1965年12月（または翌年早々）予定の域内国による閣僚会議に報告することが求められた．その一方で不安要素も改めて露呈した．銀行の性格をめぐっては，銀行設立に対する最も強力な支持国として浮上した日本とインドの間で認識の違いが浮き彫りになった．日本が国際金融市場からの資金導入を前提にした世銀型モデルを目指したのに対して，インドはソフトローンの提供を主とする国際開発協会（IDA）型組織を好んだからである[45]．また，出資においても域内国間でさえ資金的コミットメントは一切行われず[46]，域外先進国，とりわけ多くの国々に影響力を持つアメリカの参加が確保されなかったことは，今後のADB設立へ不安を残す結果となった．

第2節　ADB設立とアメリカ外交

1. ジョンソン構想の推進手段としてのADB

　1965年4月7日のジョンソン米大統領によるジョンズ・ホプキンズ演説によってADB設立の動きに大きな転機が訪れた．それ以後ADBが同演説で示された東南アジア開発の提案，即ちジョンソン構想に対するアジアからの対応として位置付けられ，米政府の支持を得ることができたからである．アメリカの支持は単なる域外国としての出資約束にとどまらず，筆頭株主に相応しい銀行設立への積極関与をも意味するものであった．そして米政府の方向転換を促した要因は，以前からの政府内のADB支持論と国連による協力要請に加え，ジョンソン構想との関連での同銀行の効用であった．

　前述のように，アメリカによるADB支持の前兆は既に3月下旬のECAFE総会における米代表の対応振りに現れていた．しかし，ジョンズ・ホプキンズ演説では東南アジア開発プログラムの一例としてメコン川流域開発が挙げられただけでADBには言及されなかったことから分かるように，同演説が行われた時点で米政府のADB参加が決まっていたわけではなかった．同演説と前後して米政府と国連の間ではジョンソン構想の進め方について協議が行われていたが，そこでの国連側の具体的要望の一つがADB設立への支援であった[47]．これを踏まえ，4月中旬，米政府内では一定の条件付きながらもADB加盟の方針が決められたほか，今後ECAFEにおける設立作業にも積極的に参加していくことが了承された[48]．但しこの時点では米政府の出資形態，ソフトローンの運用方法及び投票権問題などについての詳細は今後の関係省庁間協議による検討課題とされており，この作業が一段落し，ADBに対するアメリカの具体的立場がまとまったのは6月中旬のことであった[49]．

　では，従来消極的態度をとっていた財政当局はじめ政策担当者たちがADB参加へと方針転換した理由，つまりアメリカにとってのADB参加のメリットは何であったのだろうか．それはジョンソン構想の推進における重要な手段の一つとしてのADBの潜在性にほかならなかった．ADB加盟の具体的条件が

第2節　ADB設立とアメリカ外交　105

まとまり，大統領にその裁可を求めた際，米政府にとってのADB設立及びアメリカ参加の必要性は次の四点にあった[50]．

　1．同銀行は地域の経済開発のために，域外からのみならず域内から資金を動員する多国間アプローチである．……
　2．同銀行はアジア自身の地域機構になるだろう．その起源はアジアのイニシアティブにある．……
　3．同銀行は，東南アジアにおける広範な経済・社会開発を刺激し，それを推進するための重要な手段になり得る．大統領は4月7日の演説において東南アジア開発のための協調的努力を広める国連のイニシアティブを呼びかけた．早速ウ・タントはメコン委員会及び提案中のADBの活用を提案した．我々は，ADB設立がこのようなアメリカの目標を促進し得る方法として，次の三点を考えている．即ち，銀行の設立過程においてこうした目標に対する好意的反応を引き出すこと，その設立後は東南アジアへ融資を行うこと，そして東南アジア地域開発基金（Southeast Asia Regional Development Fund）の管理者（administrator）としての役割を果たすことである．これによって域外国のみならずアジア全域の多くの国々を東南アジアの特別な開発努力に取り込むことが期待される．またカンボジアやビルマなど，比較的敏感な中立国に対し東南アジアの協調的な開発努力への参加を奨励するための特に有効な手段になり得るだろう．
　4．同銀行は域内国の開発計画の企画・実行に対して影響を与えることに役立つ．同銀行は，技術・諮問活動，融資機能，他の機関と共同での融資運用における支援などを通じて，リージョナル及びサブ・リージョナル・ベースでの国際的な協力と専門化を促進するだけでなく，国家開発計画とプロジェクトにおける修正を求め，その権限と影響力を発揮することができる．（下線原文，傍点筆者）

上記の1.と2.から分かるように，当時米政府はADB設立にかけたアジア側の期待，即ち地域開発に必要な追加資金の調達とアジアの地域機構としての貢献という効用に注目していた．即ち，新たな地域銀行が調達可能な資金は地域へ導入される資金全体に比すれば小さいものの，ADB設立によって域内国のみならずソ連を含む域外国からの追加調達が可能になり，他の金融機関との共同融資も可能であろうこと，またADBはその起源はもちろん，出資，組織

や運営においてアジア的性格を備えており，域内国同士の地域協力を促進し，彼らに自信を与えることが期待できるであろうことを認識していた．しかしながら，これらの点は以前から指摘されていた以上，米政府の方針転換を説明する決定的な要因にはなり得ない．従って米政府の立場からすると，ADB 設立の最大の効用は上記の3．と4．のメリットにあり，それはジョンソン構想を円滑に推進する手段という効用にほかならなかったというべきであろう．言い換えれば，ジョンソン構想こそ米政府がアジアへの追加資金導入の必要を認め，かつアジア地域主義への関心を高めた要因であったのである．

　米政府にとってのADBの具体的活用方法（上記引用文の傍点部分）は，東南アジア開発の体制づくりに関する検討作業の中で確立したものであった[51]．そもそも4月のジョンソン構想の提案に際し，米政府は東南アジア開発の中心的枠組みとしてCIAP型地域機構の設立を目論んでいた．ところが5月になってもその出現に結び付きそうなアジアからのイニシアティブは見られず，また国連との間で合意されたメコン委員会の活用という代案においてもその拡大改編がアメリカの思惑通りには進展しそうにないとの見込みが高まった．そのため米政府内では5月下旬から6月中旬にかけて東南アジア開発計画全般に関する再検討が集中的に行われた．その結論の中でADBとの関連で注目されるのが，上記の3．と4．で言及されている「東南アジア地域開発基金」の設置と国家開発計画の総合的レビュー・調整機能に関する勧告であったのである（第2章参照）[52]．

　そして米政府の追求すべきADB政策の骨子は次のようなものであった[53]．

　　1．銀行の初期資本は10億ドルにし，アメリカは，議会の承認を条件として，最大その20％である2億ドルを出資する．……
　　2．払込資本は全出資額の75％にし，残りは請求可能資本とするが，……他の国がこれに同意しない場合，少なくとも50％を確保する．……
　　3．払込資本の半分は金または交換可能な通貨で，残る半分は加盟各国の通貨で払い込む．……この資金はアンタイドにするが，但し，その支出を加盟国内に限定することはあり得る．
　　4．出資額に比例した投票権を全投票権の90-95％にする．これによってアメリカ，欧州諸国，日本，オーストラリア，ニュージーランドによって全投票

権の確実な絶対多数 (clear majority) を占めることになる．

5．<u>アメリカは副総裁 1 名及び理事 1 名をアメリカから出すことを希望する</u>．アメリカは総裁，1 名以上の副総裁及び大多数がアジア人から選出されることに同意する．

6．<u>資本金の多くは世銀の融資条件</u>——利子 5.5%，据置期間 6 年，返済期間 30 年——<u>と類似したハードローンに用いられるだろうが，その一部は IDA の融資条件</u>——利子 0.75%，据置期間 10 年，返済期間 50 年——<u>と類似した「ソフト」融資</u>("soft" window) <u>に充てる</u>．……予備計画では払込資本の 15% をソフトローンに当てることが勧告されているが，アメリカとしては，他の諸国の見解を考慮しながら，その 25% までをソフト融資に充てることをも受け入れる体制をとっておく．

7．<u>ブラック氏は「東南アジア地域開発基金」を提案する</u>．この多国間基金はリージョナルないしサブ・リージョナルな性格のプロジェクトに対するソフトローン，ハードローン，贈与のいずれかになるだろう．同基金が適切に設立され，かつ他の援助国も同様の出資をする——但し必ずしも他の国による出資がアメリカと同額になることを要求するものではない——ことを条件に，アメリカは，議会の承認を条件として，<u>同基金への初回出資として最大 1 億ドルを出資する</u>．この資金はソフトローンまたは贈与の形になるだろうが，銀行資本金への出資分と違って，アメリカからの購買にタイドされ得る．（下線原文）

出資条件に関する具体的規定はさておき，上記のようなアメリカの ADB 政策に見られる特徴として指摘できるのは，第一に，「健全な銀行 (sound bank)」の追求である[54]．そもそもアメリカにとって理想的な地域銀行とは健全な運営方針に基づき自力で存続できる銀行であり，それを可能にするために機能と組織の面で次のような工夫がなされた．機能については，(1) 一般融資と特別融資を峻別し，資本金の大半を一般融資に充て，世銀のような商業ベースの融資条件を適用すること，(2) 健全で調和された地域経済開発に効果的に貢献できかつ経済・技術面で健全で早期返済が可能なプロジェクトのみに融資すること，(3) 他の金融機関との共同融資を除き，大規模なインフラ・プロジェクトへの融資は控えること，(4) ECAFE の専門家報告書で認められている域内資本財貿易に対する融資は少なくとも初期は控える，即ち融資は工業，農業，運輸，通信，鉱山などの開発促進に直接につながるプロジェクトに限る

こと，が勧められた．組織の面では，(1) 域内外の西側先進諸国の支配を可能にする絶対多数の投票権を確保すべく，基本票の比率を 5-10% に抑えること (ECAFE の専門家報告書は 5-20% 線を提案していた)，(2) 一般の意思決定は単純過半数で行い，協定の改定，新規加盟の承認，資本金の増額など重要問題はそれ以上（例えば 3/4 ないしは 4/5）の賛成を必要とすること，(3) 特別基金への出資額は比例票に算入しないこと，(4) 理事会ほか各国代表による総務会を設け，これらの意思決定に投票権比率を適用すること，(5) 理事の数は 8-10 名にし，内 1 名は米政府の実質的任命制にし，また可能なら 1 名の副総裁をアメリカ人にすることで，銀行運営におけるアメリカの利益と発言力を確保すること，(6) 銀行は ECAFE や世銀など他の国際組織と密接な協力関係を維持するが，メコン委員会とは一般のビジネス関係以上の関係は持たないこと，などが求められた．

　第二に，ジョンソン構想との関連での特別融資と特別基金の活用，及び CIAP 機能の強調である．上記のようなハードローン中心の融資体制が追求されながら，その一方ではアメリカの目指す「広範な東南アジア開発プログラム」の多くがハードローンを期待できそうにないプロジェクトであったため，これに対して多国間資金援助をどのように行うべきかという問題が残った[55]．コンソーシアム方式による資金導入が決まっているメコン・プロジェクトを除く分野 (non-Mekong regional projects)，即ち運輸，通信，保健，農業，教育などに対して，非商業ベースでの援助体制，いわゆる「ソフト・ウィンドー (soft window)」を確立することが急務とされたわけである．このニーズに応えるためにジョンソン政権が案出したのが特別融資の活用及び ADB 内への特別基金の設置であった．即ちハードローンとソフトローンを峻別し，払込資本の 25% までを後者にあてるほか，東南アジア開発に特化した信託基金を設置することによって，ADB の健全性を損なわずに，非商業ベースでの多国間援助の窓口として活用するという方法であった．特別基金の財源としては米政府自らの出資のほか，他の援助国による出資が想定され，その使途及び形態はそれぞれ援助国と銀行との間で取り決めることにした．更に，CIAP 型機構の設立が遅れた場合に対処すべく，その中心的機能，即ち国家開発計画の総合的レビュー・調整機能を ADB に持たせることとなった．この点については，米政

府内では当初，ADB内部にこの機能を担当する独立組織を設置する案が提示されたものの，アジア側の反発可能性などを意識した結果，銀行活動におけるそうした機能の重要性に加盟国の注意を喚起し，結果として銀行にそれを具備させる方法がとられた（第2章参照）．要するに，アメリカにとって以上の措置はジョンソン構想実現のための多国間援助体制を定着させるための切り札であり，ADBにはそのエージェントとしての役割が求められたわけである．

　第三に，早期設立に対する積極支持の意思表明である．アメリカ側が初期出資金としての2億ドル並びに東南アジア地域開発基金への1億ドルの具体的コミットメントを早い段階で表明し，それによって他の国の参加を引き出すという戦略であった．もっとも出資条件及び特別基金への早期コミットメントに関しては財政当局は慎重な態度をとっていた．関係省庁間では，2億ドルの出資に際してそれをひも付きにしない（untied）ことで了承が得られたものの，財務省はこうした方針の早期公表には反対した．同省が国際収支問題に甘過ぎるとの印象を米議会に与えないために，タイド如何についてはオープンにしておこうとしたからである[56]．それに対しブラック顧問は，アメリカがこの件に曖昧な態度をとることは米政府の出資意図を疑わしいものにするだけでなく，他の参加国のタイド化を誘発するだろうとして，アメリカが率先していかなる出資のタイド化にも反対するとの立場を明言すべきであると主張した．また地域開発基金の出資につき，予算局は同基金の必要性そのものには同意したものの，現段階での具体的コミットメントは時期尚早である（それによってアメリカとADBとの関係を曖昧にし，ADBがアメリカの開発援助の受け皿であるとの誤解を招き，銀行のアジア的性格を損なうおそれがある）との理由で反対した[57]．一方，ブラックは，同基金は「10億ドル」援助の立派な注入経路であり，かつ東南アジアに対する他の先進国からの援助を促進するのに役立つとして，「最大1億ドル」の表明を主張した[58]．これらの問題に対して大統領はいずれも積極論を採用したが，その背景には米政府の早期かつ具体的な出資表明を梃子に他の国々に対しても同様の行動を働きかけようとする思惑があった．そのほか，ADBに対する技術援助（一般の銀行業務，「特別基金」の運用及び開発計画の調整・レビュー機能に対する指導）の必要性が指摘され，それを提供する体制を政府内に整えておくことにした．

米政府は以上の方針に基づき，ADB 設立に向けた ECAFE における準備作業及び関係国との協議に積極的に関わっていくことになる．その最初の舞台は，ADB 設立に関する諮問委員会（以下「ADB 諮問委」）の初回会議であった．5 月初旬，米政府は ECAFE 事務局との間でブラック顧問の参加を前提にした日程調整を終えた[59]．また会議開催までに，今後域内最大の先進国として ADB 設立をリードするであろう日本政府との意見調整も済ませた[60]．諮問委が ADB 設立に大きな役割を果たすだろうと見込まれつつも参加資格が域内国に限られていただけに，ブラック顧問の参加は，域外国でありながら ADB 設立の準備作業に積極的に参加したいとの米政府の願いを実現させるのに大いに貢献したといえる[61]．以下では ADB 設立に際して関係国の間で争点となった主な問題について，米政府の立場及び関わりに注目しながら検討する．

2. ADB 設立交渉における主な争点とその帰結

(1) ADB の設立準備作業から開業に至る経緯

まず，ADB の設立に至る交渉過程を概観しておこう．ECAFE における ADB 設立の準備作業は，ADB 諮問委を中心に進められた．同委員会は，ECAFE 代表団として関係国を歴訪した後，その成果を踏まえながら ADB 設立に関する主要問題を検討し，銀行の設立協定草案及び報告書の作成に当たったほか，後続の各国代表による一連の会議で事実上の補佐・調整役を務めるなど，中心的役割を果たした[62]．同委員会は 6 月下旬から関係諸国歴訪を挟んで 8 月初旬まで，前年の専門家グループによる報告書（及び付属の協定案試案）に含まれた諸問題，即ち授権資本（authorized capital）の規模，財源構成，加盟国の分担金比率，投票権の配分，業務分野及び方法，役員の構成，本部所在地及び総裁選出などについて議論を続けた．その結果，本部所在地を除き，投票権の配分や役員の構成など特に意見が対立した問題についてもとりあえずの勧告を行うことになり，それに基づいた報告書及び協定草案がまとめられ，9 月中に関係各国に配布された．

10 月下旬の政府代表による準備会議（10/21–11/1/1965, Bangkok）には ADB に関心を持つ域内外 21 ヵ国の政府代表が参加し，諮問委の用意した設立協定について逐条審議をした結果，本部所在地（及び総裁）を除く他の問題につい

ては概ね合意に達することができた[63]。11月下旬より開催されたECAFE第2回地域経済協力に関する閣僚会議（11/29-12/1/1965, Manila）では域内18ヵ国閣僚が参加し，協定案を更に検討して承認したほか，本部所在地も決定した[64]。続く12月のADB設立のための全権代表会議（12/2-4/1965, Manila）においては協定案の審議が行われた後，22ヵ国政府代表による調印が行われた[65]。翌66年1月末までに更に9ヵ国が署名を行い，19の域内国と12の域外国，合わせて31ヵ国が署名した[66]。この後ADB設立準備委員会による準備作業を経て[67]，同年11月，設立総会（11/24-26/1966, Tokyo）が開かれ，総裁選出及び理事などの任命を行うことで業務を開始した[68]。

(2) 加盟資格，協定の発効条件[69]

メンバーシップに関しては基本的に，銀行の「アジア的性格」が害されない限り，できるだけ多くの域外先進国の参加を追求するとの専門家グループの勧告が採用された。即ち加盟資格をECAFE及び国連並びにその関連機関の加盟国にし，域外国は先進国に限定する一方で，域内国に関しては独立国ではないECAFE準加盟国（associate member）にも資格を与えることになった。諮問委の協議においては一部代表から域内国と域外国との間に資格上の違いを設けるべきであるとの意見が提示されたものの，投票権行使などにおける差別は設けないことになり，できるだけ多くの域外国の参加を可能にする条件が整った[70]。

協定発効に関しては，当初，専門家報告書は応募資本の65%の払込を条件としていた。これに対しアメリカは域内の途上国と先進国のみならず，域外先進国の強い支持を得ることが重要であるとの立場から一層厳しい条件を求め，ブラック顧問は諮問委初回会議においてこの旨発言をした[71]。即ちECAFE全加盟国を域内途上国と域内外先進国の二つのグループに分け，それぞれに3/4以上の参加及び3/4以上の応募資金の払込を条件とする案であった[72]。その結果，諮問委は，暫定的ながら，授権資本の75%以上を占める12ヵ国以上の批准を条件とする勧告を行った。ところが域外先進国による加盟表明及び出資コミットメントが当初の期待に及ばないことが明らかになると，米政府は次第に立場を変えていった。1965年7月のECAFE使節団との会談においては，ECAFE

の域外加盟国の分は非加盟の先進国が肩代わりできるものとするとしたが[73]，10月の政府代表会議では一転して授権資本の65％以上を占める18ヵ国以上の批准を提案した．これに対してインドから銀行のアジア的性格を維持するために，域内国と域外国に分けた基準が必要であると指摘され，激論の末，初期出資額の65％以上を占める15ヵ国以上とし，その中に10以上の域内国を含むことで合意した[74]．66年8月，協定は規定条件を満たし，発効した[75]．

ADB設立におけるアメリカの役割は，とりわけ参加国拡大及び割当出資金の確保問題において顕著であった．米政府のADB参加の決定自体，他の国々の参加を促進する効果があった．実際，域内国にはアメリカの参加が決まってから具体的コミットメントをした国が少なくなかったし，もともと銀行設立に消極的であったオーストラリアやニュージーランドの加盟決定はアメリカの働きかけによるところが大きかった[76]．また，当初，多くの域外先進国がADB問題に対して極めて関心が低かったという事情からして，これらの国々の説得においてもアメリカの影響力は大きかった[77]．早い段階からADB設立に積極的対応をみせたオランダ[78]とカナダ[79]の両国は，アメリカとの緊密な協力関係を維持していた．また，加盟及び出資額規模の面で消極的態度をとったイギリス[80]，西ドイツ[81]，イタリア[82]などが加盟へと方針転換し，最終的に出資額を増やしたことも，アメリカの影響力によるものであった．更に，加盟の意思表示は遅れたものの，欧州の中小国の一部が設立協定の調印に加わったこともアメリカ外交の成果であった[83]．但しフランスだけはアメリカの説得にもかかわらず最後まで参加を拒んだが，それは同国が，中国やソ連がADBに参加する見込みはないとみて，アジアにおける中立という自らの外交路線とADB参加は両立しないと判断したためであった[84]．なおソ連に対しては米政府は参加を歓迎するとの公式見解を表明しながらも，そのための積極的説得は行わなかった[85]．

(3) 資本・財源の運用

資本応募額の規模及びその割当方法においては，基本的に専門家グループの勧告が採用された．即ち初回の授権資本を10億ドルにし，これを域内国と域外国に6：4の比率で割り当て，その中で払込資本と請求可能資本を半分ずつ

にし，払込資本についてはその半額は金または交換可能な通貨で，残り半額は加盟国通貨で払い込むことになった．但し専門家グループが3年間の分割払いを勧告したのに対し，諮問委ではインド，セイロン，イランなどが5年間の5回均等分割払いを強く主張し，最終的に後者の案が採用された[86]．諮問委会議において日米両国はともに6：4の域内対域外の割当比率を支持した．但し払込資本の比率に関しては，請求可能資本と払込資本との比率を3：1とすることにより，資本金を20億ドルにまで増加させる余地もあると示唆したり（日本），あるいは逆に払込資本を授権資本の75％とすることを提案したりした（アメリカ）．両国の提案はいずれも域内途上国に反対され，結局専門家グループの勧告通り，50％とすることに落ち着き，政府代表会議において了承された[87]．

それから特別資本（ソフトローン）については，専門家グループはその将来的な必要性を認めたものの，少なくとも初期段階においてはその比重を小さくすべく，別途の機構を設ける必要はないとの立場であった．諮問委会議においてはソフトローンを行う余地を残すことには各国とも異議はなかったものの，その財源確保については意見が分かれた．途上国からは発足当初はソフトローンは控えた方が望ましく，またその割合については設立後の運営に委ねるべきである（インド，イラン）との意見が多かった．それに対して，日本が，ソフトローンの割合を予め決めておくべきであり，その比率は払込資本の25％程度までを上限とする案と，銀行設立目的に反しない限り域外国からの信託基金を受け入れる案を提示したところ，後者の信託基金については各国からの異議はなかった．一方アメリカは，信託基金を別途設けることに賛成し，払込資本の15–25％程度をソフトローンに割り当てるほか，銀行発足の後にソフトローンへの出資を希望する国のためその途を規約上に開いておくことを提案した．更にブラック顧問はADBの信託基金として「東南アジア地域開発基金（A Multilateral Southeast Asia Regional Development Fund）」の設立を提案し，米政府は他の先進国による同様の拠出を条件に，1億ドルまで拠出の用意があると表明した．これに対し途上国は先進国からの信託基金の出資には多大な期待を寄せつつも，その他の資金によるソフトローンの運用については極めて慎重な態度を示した．かつてIDA型モデルを選好したインドはじめイラン，マレーシア，セイロンなど域内国が自国の出資した払込資本によるソフトローン

にはそろって消極的態度をとったことは，裏返せば，従来これらの国々が地域銀行に求めていた効用とは域外国からの援助資金の受け皿としての機能にほかならなかったことを物語るものといえよう．

結局，設立協定においては，一般融資より緩和された条件下での融資を行うために特別基金を設け，その財源としては「払込済資本の10％以内」の自己資金と[88]，信託などの形で銀行に管理を任された贈与などの外部資金との両者を認めることになった．そして後者については，その投融資活動は銀行の目的に沿うものでなければならないとしながらも，実際にはその管理を委託する拠出者と銀行との間の合意に基づき，いかなる方法及び条件によっても使用できるとされた．このようにしてADBは健全運営を重視する域内国の立場に配慮しつつ，アメリカの提案通りソフトローンへの自発的追加出資の途が設けられたのであり，これは後の特別基金設置の根拠となった．

(4) 投票権・理事の配分

投票権の配分問題は各国の間で最も紛糾した争点であった．多くの域内国はいわゆるADBの「アジア的性格」[89]を保つためにはその運営が域外国に支配される事態，即ち意思決定において西洋先進諸国が過半数を制する事態を避けなければならないとの意識が強く，それゆえ基本票の比率を高めることで少額出資国に有利な仕組みにしておきたいとの思惑があった．一方，域内外の先進国は当然ながら基本票の比率を低くおさえ，出資額規模に比例した投票権が保障される体制を望んでいた．このギャップが投票権問題における合意を困難にしたのである．実際に専門家グループもこの問題に一致した意見を出すことができず，基本票の比率を5–20％として，広い選択の余地を残した．

諮問委会議においては，少数の西洋先進国が過半数を制する結果を避けるために先進国グループと途上国グループを総票数においてほぼ同等にせよ（イラン），出資率配分においてAfDB方式を採用するなら同方式を投票権にも適用せよ（この場合，基本票が全投票権の半分を占める）（パキスタン），基本票を25％程度とする（タイ，マレーシア），基本票と比例票の比を1：10とする（日本）などに意見が分かれた．このような域内各国の意見に対しブラック顧問は，アメリカとしては世銀方式（基本票10％）を支持する立場から基本票を5–10％と

することを希望しており，仮に25%のような合意に達するならば，米政府はADB参加問題を全面的に再検討せざるを得ない旨述べた．この発言に影響されたのか，その後セイロン，フィリピンなどが基本票を少なくとも20%程度は確保する線を支持し，インド，パキスタン，イランもこれに同調した．ところが日本だけは本国の訓令を理由に20%案には同意し難いとし，最後まで当初の立場に固執したため，全体としての合意に至らなかった．結局，諮問委は，単に委員会の大勢が基本票20%の方式を各国政府に勧告するものであった点を確認し，渡辺代表は委員会のこのような雰囲気を本国政府に伝えることとなった．

同会議の後，日米両国は投票権問題に関して引き続き共同で対処する，具体的には，最終的には20%線まで譲歩することもあり得るだろうが，当面は現行の10%線を堅持し，変更の必要がある場合には事前に連絡することで合意した[90]．今後この件につき途上国から改めて強固な主張が出される可能性を警戒したほか，国内政治上の理由や，他の争点に関する交渉を有利に進めるための材料として残しておきたいとの思惑があったからである[91]．いきおい1965年7月下旬のECAFE使節団との会談においても，米政府は，基本票10%の案でも域内国は60%以上の投票権を占められるとし，10%線を堅持する立場を変えなかった[92]．また8月の諮問委第2回会議においては日本が15%線まで譲歩したものの，その他の国は20%線に固執したため合意に達することはできなかった．その結果，諮問委としては20%を勧告し，日本のみが15%を堅持する旨の留保を行った[93]．

続く政府代表会議も全く諮問委会議の繰り返しのような展開をみせた．最初に各国から様々な主張が出されてから，次第に途上国側の意見が20%線に収斂したのに対し，先進国側はそれに抵抗する立場をとったのである[94]．そうした中にあってシンガポール代表から，途上国にとって15%と20%の案は，実際の投票権においてはその差が微々たるものであるがゆえに先進国側の懸念する国際金融市場における信頼を害するごとき事態にはならないだろうが，域内国にとってはその心理的影響は重要であるとの指摘がなされた．多くの途上国がこれに与したので，最終的には先進国側が譲歩することになった[95]．このようにして設立協定には20%案が採用されることとなったが，結局のところ，投

票権問題においては域内先進国としての日本の存在が大きな意味を持ったといえる．筆頭出資国の日本を自分の方に取り込むことによって，域内国側と先進国側のいずれも自らが投票権の過半数を占めると解釈することができたわけである（つまり域内国対域外国，または途上国対先進国の構図ではない）．

理事会の構成に関しては，専門家グループによる域内7，域外3の計10名にするとの勧告が採用される結果となった．諮問委会議において日本は従来の主張を撤回し，任命理事を一切設けず，全て選挙に委ねる案を支持すると発言し，各国の賛意を得た．但し理事の数については日本が7名（内，域外より2名）を提案したのに対し，途上国からは少な過ぎるとの意見が多かった．一方アメリカは8-10名を提案し，その内1名は米政府の任命する理事（あるいは少なくとも実質的にアメリカ人の選出が確保される体制）とすることを主張した．結局，諮問委は，理事を10名とし，内7名は域内国より，3名は域外国より選出する案を勧告した．政府代表会議や閣僚会議においては，それまで域外国の表明した出資額が少な過ぎるとの理由から，域外国に与えられた3名枠の再検討が要請されたり，理事の数を10名以上にすることで域内国の枠を増やそうとする動きが見られたものの，とりあえず10名体制で出発し，2年後に再検討することになった．

(5) 運営方針

専門家グループ，諮問委及び政府代表会議においては早い段階から健全かつ効率的な銀行運営，高い信頼度の獲得などの方針に合意が得られ，設立協定に「銀行は銀行の業務遂行において健全な金融原則を遵守しなければならない」（第14条xiv）と定められた．またIDBやAfDBのように通常業務（通常融資関連）と特別業務（特別融資関連）を峻別して処理する点でも意見が一致し，協定に定められた（第10条）．

開発計画の評価・調整機能については，専門家グループがその必要性に注意を喚起したほか，諮問委初回会議でもブラック顧問が「銀行は，各国の開発計画・プロジェクトを支援し，かつこれらの計画を国家ないし地域レベルで評価するために整うであろう枠組みと協力する能力を備えるべきであろう」とし，国家開発計画のレビュー・調整機能の重要性を強調した．これに対し各国から

は異議がなく[96]、銀行機能の一部として設立協定に定められた（第2条 iv）．

融資対象に関しては，当初（1963年1月）「輸出入資金を供給する地域銀行」が求められていたのに対して，「7人委員会」の報告書（63年9月）より主な融資対象が「地域産業的性格を持つ工鉱業プロジェクト」に変わったこと，また専門家グループ（64年10月）が，融資機関が整っていない域内資本財貿易に限り貿易融資を認める立場であったことは前述の通りである．諮問委においては，貿易融資についてインドが専門家グループ同様の立場をとったのに対して，日本，オーストラリア，タイ，マレーシア及びIDB代表は消極的姿勢をとった．また大規模なインフラ・プロジェクトに対してはマレーシアが，投資保証に対してはIDB代表が，それぞれ消極的態度をとった．アメリカは，大規模なインフラ・プロジェクト，資本財貿易融資（及び株式投資）を銀行の活動範囲に含めることに反対したほか，少なくとも初期段階においては投資保証を行わないことが望ましいとした．結局，諮問委全体としては，現段階で特定分野を融資対象外としたり，ADBの活動を特定分野に限定したりせず，その判断を発足後の運営に委ねるのが適当であるとの点で合意した．

出資条件と関連してひも付き（タイド）如何については当初，専門家グループは言及していなかった．アメリカはアンタイドにすることを要求したものの，この件は域外国の参加誘引としての意味もあり，諮問委会議，同委員会の歴訪の際の各国との協議及び政府代表会議において様々な意見が出された[97]．結局，ADBからの融資による調達，即ちプロジェクトへの入札は基本的に加盟国のみに限定し，総投票権の2/3以上を占める理事の決定による例外を認めることになった．

(6) 本部所在地・総裁

以上のように，1965年11月下旬の閣僚会議までにはほとんどの争点について関係国の間で基本合意が得られており，総務会での選出が予定されていた総裁問題を除くと，唯一未解決のまま残ったのは本部所在地問題であった．多くの域内国が本部誘致に名乗りを上げ，最後まで激しい外交戦が繰り広げられていただけに，その交渉過程と帰結は注目に値する[98]．アメリカはこれらの問題にどのように対処したのであろうか．結論からいうと，本部所在地の決定まで

は本部及び総裁問題は域内国が決めるべき問題であり，米政府は特定国に肩入れしないとの公式的立場を貫いた．しかし，本部決定後には総裁問題に直接介入し，渡辺候補の選出に向けて外交力を行使した．そして渡辺に対する米政府の態度は，本部決定の前と後では逆転していたことを指摘しておきたい．

1965年6月中旬，本部所在地に対する米政府の立場は次のようなものであった[99]．

> 本件［本部所在地問題］は総裁，及び副総裁の国籍や数に関する選択の釣り合いと関係しており，アメリカは本件決定に関する議論に直接には介入すべきではない．……
>
> アメリカは，もし途上国が受け入れるなら，東京に決まることに反対しない．これ［東京決定］は銀行に対する日本の関心に対応する問題であり，かつ銀行に対する日本の関与と活動を増加させるだろう．東京［決定］は欧州の潜在的出資国及び市場関係者に好印象を与えるだろう．またそこに決まれば［他の候補地に決まった場合に比べて，その運営が］より効率的であろう．
>
> もしそれが適切とされるようになるなら，例えばアジア［諸国同士］の膠着状態を打開するために，アメリカはワシントン［D.C.］が格好の所在地であることを示し得るだろう．しかし重要なのは，銀行がアジアのイニシアティブとみなされなければならないということである．ワシントンに決まるならソ連の参加を実質的に阻止することになるだろう．（傍点筆者）

当時，既に東京のほかバンコクとマニラが本部誘致に名乗りを上げており，間もなくクアラルンプールもそれに加わるだろうと予測されていた．その中で米政府は，途上国の同意に基づく東京決定には反対する理由はなく，むしろ有益であるとみていた．また公式には非関与の立場を表明しつつも，仮にこの件が域内国の間で互いに譲り合うことのできない「袋小路」のような状況に陥るなら，新たな代案としてワシントンを提案することもあり得ると考えていた．本部所在地が総裁問題との関連で捉えられていたことは，米政府が，特定国がその両方を独占することに否定的であったことを意味する．非関与というアメリカの公式的立場はこのような分析に基づくものであった[100]．

ところがその後間もなくして，米政府は本部所在地に対する立場を再検討することになる．それを促したのは日本政府からの協力要請であった．7月初旬，

来日中のブラック顧問に対し，佐藤首相はじめ政府首脳たちはそろってADB本部の東京誘致に強い意欲を示すとともに，アメリカの支持と協力を求めた．特に福田赳夫蔵相は，ジョンソン構想への貢献を迫るブラックに対し，今後の日本の対応は本部誘致が成功するか否かに依存していると示唆し，米政府の協力を促した[101]．このような日本側の強い要望は米政府に伝わった．ブラック顧問は帰国後，日本政府の要請を前向きに検討し，来る第4回日米貿易経済合同委員会 (7/12–14/1965, Washington, 以下「日米合同委」) で東京誘致を支持する立場を表明すべきであると進言した[102]．また駐日大使館からも同様の勧告が国務省に寄せられた[103]．本部の東京誘致は日本に威信を与え，同国の地域開発への関心を刺激し，結果としてADB出資のみならず東南アジア地域開発基金やナムグム・プロジェクトなど東南アジア開発関連事業への一層の貢献を可能にするだろうとの「心理的」効果を理由に，公式には今後も非関与の立場を堅持しつつ，秘密裏に東京支持を関係国に働きかけることを検討してほしいとの提言であった．

その一方で米政府にとって東京支持を表明し難くする要因も加わった．それは6月下旬の諮問委会議以降に浮かび上がった「途上国対日米両国」という対立構図であった．とりわけ最大の争点とされた投票権問題に関しては，日米両国の「頑固な態度 (take-it-or-leave-it)」に対する不満の声が域内国から寄せられた[104]．東京のほか，テヘラン，マニラ，バンコクが本部誘致の競争に合流した状況下でのアメリカの東京支持は「日米による銀行のっとり (ganging up to control the Bank)」とみなされかねず，今後の交渉におけるアメリカの立場を一層困難なものにするだろうと予想された[105]．

以上の状況を踏まえて，ブラック顧問はじめ関係省庁代表らによる協議が行われた結果，現行の基本方針を維持しつつ，日本に対するより具体的な対応が勧められた[106]．それは，日本政府に対し東京誘致への一定の理解を示す代わりに，米政府にとっての緊急課題，即ちメコン・プロジェクト及び東南アジア開発特別基金への積極的な貢献を求めるというものであった．具体的には，東京本部はアメリカにとっても歓迎すべきことではあるものの，来る10月の政府代表会議で投票権問題の決着がついた後ならば東京支持を表明できる余地があるが，現段階での支持表明は今後のADB設立交渉において日米を孤立させか

ねず，従って日本政府は域内国に対する多数派工作を進めると同時に，反対の圧力を和らげるために総裁職に立候補しないとの方針を表明すべきである，との勧告を日本政府に示すことであった．要するに，日本政府は本部と総裁のどちらかに目標を絞るべきであり，もし本部を優先するならば，総裁職は断念すべきである，というのがアメリカ側の認識であった[107]．

一方，日本政府も東京誘致の正式表明に際し[108]，総裁職より本部誘致を優先する方針を固めていた．「本部所在地と総裁の問題は一応別の問題であり，総裁については銀行設立後，総務会（又は理事会）において決定さるべきであるとの立場をとるが，実際問題として，交渉の段階で両者の関連が出てくることが十分に予想されるので，わが国としては本部所在地を最も重視するとの態度を確認するとともに，日本が本店及び総裁の両者とも獲得しようとしているとの印象を与えないよう注意する」との立場より，「日本から進んで総裁を要求しない旨を明らかにする必要はない」としながらも，「ある段階では，本部を日本にすれば総裁は他にゆずるとのバーゲンを行う事態も考えられよう」とされたのである[109]．

ところが，本部誘致問題が話し合いでは決着がつかず投票に持ち込まれる中で，「東京本部が決まるなら日本は総裁職には立候補しない」といった意思は表明されなかった．日本政府が渡辺総裁の途を最後まで残した背景には，それまでの多数派工作により関係国の中で東京本部が大勢を占めているとの現状分析が確かにあった．競争相手国によって反日感情が刺激され，かつ日本に不利である南北問題的視点からの対立構図ができつつあったために最後まで油断できないものの，仮に票決に持ち込まれたとしても，極端に不利な条件さえ阻止できれば，日本が有利な立場にあるとの判断があったのである[110]．

また，渡辺本人の総裁職への執着も総裁職放棄というカードを切り難くした要因であったと思われる[111]．既に触れたように，諮問委初回会議の前に（65年6月）渡辺は大蔵大臣顧問の資格で訪米し，米政府関係者との間でADB設立問題について集中的に議論した[112]．その際ブラック顧問との個別会談で渡辺の手渡したペーパーには，銀行総裁は域内国出身に限るとの条項があり[113]，米政府はその後，域内国が「自らの総裁」を望むならばそれに反対しないとの方針をとることとなった[114]．当時，渡辺との協議においてアメリカ側は，本部所在

地問題についての正式な立場は未定と断りながらも,「総裁と所在地を同一国から選ぶことは域内国等から問題とされる可能性もあるかと思う」と発言した.すると,渡辺は「総裁を誰にするかは選ばれるべき個人のメリットによるべきで,予め出身国を決定してかかるべきではないと思う」と答えていた[115].その後も渡辺は「ブラック顧問の支持」を後ろ盾に総裁職への意欲を隠さなかった.ところがアメリカは特に渡辺など特定人物にこだわったわけではなく,域内国の意思に任せるとの立場であった.当時渡辺の総裁就任を希望したといわれるブラック顧問でさえ,本部誘致競争が激化するにつれ日本人の総裁職就任は控えられるべきであると考えるようになった.それゆえ,このような渡辺の行動は必ずしもアメリカの支持するところではなかった[116].少なくとも8月から11月までの本部誘致キャンペーンの間,アメリカによる渡辺総裁支持説は根拠のないものであったといえよう[117].

以後,本部誘致をめぐる各国間の対立が激化する中,アメリカがあえて第三の候補地を提示したり,特定地を支持することはなかった[118].それどころか,特定国に肩入れしているとの印象を与えないよう細心の注意を払っていた[119].そして12月1日,閣僚会議でマニラが本部所在地に決まった[120].これは多くの国にとって予想外の結果であり,これによって域内国が日本人総裁を受諾しやすくなったはずであった.ところが東京誘致の失敗を理由に渡辺が総裁立候補の意思を撤回してしまった.このことは,域内筆頭の出資国である日本が本部と総裁のいずれも確保できないのではとの憶測を生み,その喪失感ゆえに日本が今後ADBに消極的になるのではないかとの憂慮を各国に与えた[121].米政府がそれまでの「厳正中立」の立場を捨て,総裁職を日本に与えるべく影響力を行使し始めたのは,このような状況下でのことであった[122].米政府は,かねてより渡辺総裁を望んでいた国連・ECAFEと協議して渡辺推薦の方向で合意し,また「マニラ・ショック」から抜け出せず総裁立候補に躊躇していた日本政府に彼の立候補を促した[123].紆余曲折の末,翌66年2月,渡辺が日本政府の説得に応じて立候補を受諾すると,渡辺総裁の擁立に向けたECAFE事務局,日米両国,及び関係国による協調が順調に進み,同年11月の設立総会で渡辺の総裁就任が決まった[124].

このように本部誘致キャンペーンの期間中と本部決定後では,日本人総裁に

対するアメリカの態度と関与は異なっていた．そこには，途上国の反発を警戒して公式には中立・非関与の立場をとりつつも，本部または総裁職の何れかを日本に取らせることで東南アジア開発プログラムに対する日本政府の協力を最大限引き出したいとの思惑が働いていた．ジョンソン構想は，ADB の本部所在地及び総裁問題に対する米政府の態度にも影響を与えていたのである．

第 3 節　特別基金設立の試み

1.「東南アジア地域開発基金」の頓挫

　ADB 設立におけるアメリカの最大の関心は，東南アジアの「敏感な中立国」を含む多くの域内・域外国の参加する地域銀行を早急に設立させ，そのモメンタムをジョンソン構想の推進につなげると同時に，そのための資金導入を担う多国間枠組みとして ADB を活用することにあった．それを可能にすべくジョンソン政権が自らの外交努力を傾注して取り組んだのが，前述の加盟国拡大と割当出資金の確保に加えて，「東南アジア地域開発基金」の設立であった．以下では特別基金設立の試みを分析することで，ADB に対するジョンソン政権の思惑を明らかにする．

　既に触れたように，米政府は ADB 内の特別基金を「10億ドル」の理想的な投入経路と位置付け，同銀行の設立とともにその運用を可能にする仕組みを確立させた．もっとも，特別基金を通さなくても「10億ドル」からの資金援助は可能であった[125]．しかしそれは，支出する必要が生じた際に議会に承認を要請する臨時費（contingency）としての性格を持つものであった．これに対して，事前に使途を特定せずメコン地域より広い地域を対象にしたより柔軟な資金源として追求されたのが特別基金であった．即ち，「東南アジア地域開発基金」を提案し，自らによる 1 億ドル出資の意向を早期に表明したのは，それが「多国間の努力（multilateral efforts）」を促すのに有効な措置と考えられたからであった[126]．ところがアメリカによるこの提案は，他国の参加への呼び水になるどころか，かえって米政府自身の早期出資にも困難をきたすところとなった．

　ジョンソン政権は上記の出資意向の表明とともに各先進国に対して同様の出

資を呼びかけた．中でも域内随一の先進国である日本には最大の期待が寄せられた[127]．1965年7月のブラック顧問の訪日に際して出された対日要請の一つは特別基金への出資であり，アメリカと同額の1億ドルが希望された．しかし日本政府は，厳しい財政状況及びアメリカのベトナム政策と距離をおきたいとの政治的理由から，それに応じなかった[128]．すると翌週の日米合同委に際してはジョンソン大統領本人が，米政府が議会に対して特別基金の出資要請を行うためには他の先進国の出資を確保する必要があるとして日本の積極的対応を強く要請した[129]．しかし，日本政府の消極的な姿勢は変わらなかった[130]．またその他の先進国に対する働きかけも成果に乏しかった．アメリカのベトナム政策との関連で生じる警戒心のほか，設立さえ決まっていない段階でADBの運用する特別基金へコミットすることは困難であり，また援助国の声が反映され難い多国間援助より二国間援助を重視したいとの理由から，いずれの国も消極姿勢をとったからである[131]．結局，同年10月まで特別基金への出資を表明したのは，アメリカ一国だけであった．

このような展開は特別基金の早期実現を目指したブラック顧問はじめ米政府内積極派の立場を弱める結果となり，その予算化は延期されることとなった．前述のように6月，特別基金への出資表明をめぐっては政府内で賛否両論があったものの，積極論が勝り，「暫定的ながら1967年度予算案に組み入れる」ことになっていた．ところが10月，予算化作業の期限が近づくにつれ，上記の展開によって，当初特別基金の早期出資に慎重であった財政当局の主張が通ることとなった[132]．その結果，特別基金の予算化については今後の状況を踏まえながら再検討することとなった[133]．そしてAIDと国務省は現地大使館からの意見を検討し，今後特別基金問題につき，まずADB設立を優先的に進めることにした．また日本や欧州諸国の特別基金への積極的対応を促すために，アメリカが先頭に立って圧力をかけるのではなく，12月の全権会議及びその後の設立準備委員会などADB関連会議の場を利用して，域内途上国自らの意見として特別基金の早期設立を要請することとなった[134]．

1966年10–11月のアジア歴訪に際し，ブラック顧問はアジアによる地域協力のイニシアティブを促すと同時に，ADB特別基金を通じた財政援助その他の支援を約束したが，域内国の間では特に資金援助について高い関心と期待が

寄せられた（第2章参照）[135]．ADB設立関連会議においてもアメリカは改めて同基金の必要性を強調し，先進諸国の参加を呼びかけた[136]．そして日本との協議においては，その翌月に東南アジア農業開発会議が予定されていたこともあり，日本側から農業開発基金の出資などアジアの開発問題に対するより積極的な姿勢が表明された[137]．このような状況を踏まえ，ブラック顧問は大統領に対し，アジアの要請に応えるべく東南アジア地域開発基金の設立問題に積極的に対処するよう強く求めた[138]．それに対し，大統領は，翌67年1月の一般教書で，「ブラック顧問の勧告に従い，他の国がアメリカと一緒に参加するなら，議会に対し，東南アジア地域プログラムのための2億ドルの特別出資承認（special authorization）の要請をするだろう」との意向を明らかにした[139]．

そして同年9月下旬，米政府は2億ドル特別基金出資を要請する法案を議会に提出した[140]．ここでも米政府内では賛否両論があった．ブラック顧問，AID及び国務省は，議会を通過する可能性が微妙であることを認めながらも，アジアとの約束を守るべく早急に議会に提出することを主張した[141]．彼らは，仮に議会承認に失敗しても，大統領はじめ米政府が可能な限りの努力をしたとアピールできる点を重視した．それに対し，法案化作業及び対議会工作を担当する財務省は，現状では議会通過が確信できず，提出を翌年早々にまで遅らせることを主張した[142]．とりわけ他の国々の出資意向が公式に確認されていないことが最大の難点であったほか，審議中の予算関連法案の処理が終了した時点で提出した方が有利であるとの理由であった．賛否両論の拮抗する中で，ロストウ補佐官は最新の動きとして日本政府による1億ドルの出資決定（9/5）に言及し，仮に会期中に法案が通過しなくても棚上げしておくことができるとし，積極論を支持した[143]．このように議会通過が不透明な状況の下で大統領は法案提出に踏み切ったのである．

ところが，同法案は会期中に議会の関連委員会を通過することができなかった．そして翌68年，大統領は再度法案の通過を試みたものの，5月下旬，上院外交委員会で否決が決まった[144]．ジョンソン政権自身が認めたように，増税や予算削減などベトナム政局に影響された結果であった[145]．ジョンソン政権期の最後の2年間は行政府の対外援助要請が議会において大幅に削減されていたが，特別基金もその対象であったのである（Kaufman 1987: 105–106; Packenham

1973: 87).そして特別基金の挫折はアメリカの資金援助に大きな期待をかけていたアジア諸国に衝撃を与えた.とりわけ 2 億ドルの使途として想定されていた農業開発基金,運輸・通信基金,メコン開発基金などの分野別特別基金その他の協力プログラムへの影響は大きかった.

2.「農業開発基金」の設立

ところで上記のアメリカの 2 億ドル出資案の頓挫にもかかわらず,その後設立を見ることのできた特別基金があった.日本政府の出資による農業開発基金である.そもそも同基金は 1965 年 7 月,ブラック顧問との会談の中で三木武夫通産相が提案したものであった[146].当時ブラック顧問がこの提案を非常に高く評価したほか,米政府としても翌週の日米合同委でアジア諸国との協議を通じてその具体化に向けて日本政府がイニシアティブを発揮するよう促した[147].ところが日本政府内で同基金への関心は総じて低く[148],日本側の関心が再び示されるようになったのは翌 66 年の日米合同委においてのことであった.農業開発基金へのアメリカ側の出資意向に刺激された形で,三木通産相と椎名悦三郎外相がそろって途上国にとっての農業開発の重要性を改めて強調したのである[149].そして同年 12 月の東南アジア農業開発会議を控え,日本政府としても農業開発基金に積極的に取り組むようになった[150].その結果,67 年 4 月の第 2 回東南アジア開発閣僚会議及び ADB 理事会と前後して ADB,日本,アメリカ及び域内国など関係機関・諸国の間で同基金の出資条件をめぐる交渉が本格化した.

当初日本政府,特に大蔵省は,農業開発基金への出資は,日本,アメリカ,その他の第三勢力という三者がそれぞれ同額を出資することを条件としていた(いわば「1/3 方式」)[151].しかし,渡辺 ADB 総裁の欧州歴訪で明らかになったように,欧州諸国の特別基金への関心は低く,日本政府が「1/3 方式」にこだわる限り,農業開発基金の実現は難しい状況であった[152].このような日本政府の立場を変えさせたのが,米政府内における 2 億ドル特別基金の立法化過程で出された対日要求であった.

米政府は,域外勢力である欧州に対して域内国の日本と同額を求めるのは現実的でなく,そもそも農業開発基金は日本のイニシアティブによるものであっ

ただけに，日本が「1/3方式」にこだわるのはその出資に消極的との印象を与え，同基金実現を困難にさせるだろうとし，日本は他国の行動を待たずに自らの出資意向を早期に示すべきであるとした[153]．そして駐日米大使館を通じて，米政府は議会に対する特別基金の要請に伴い，他の先進国による出資コミットメントを最大限確保する必要があるとした上で，特に日本政府が早急に出資を決定することを強く希望すると伝えてきたのである[154]．その結果，8月中旬，大蔵省は1/3方式を主張せず，農業開発基金への出資条件を軟化させた[155]．そして9月6日，日本政府は1億ドルを主に農業分野向けの特別基金として出資する，またその初年度分は2000万ドルにする，との決定を公にした[156]．前述のように，ジョンソン大統領をして2億ドル特別基金の対議会要請に踏み切らせた重要な要因の一つである日本政府の1億ドル出資の決定には，このような経緯があったのである．

そして1968年9月，即ちジョンソン政権による特別基金出資の可能性が完全に消滅した後，ADBは設立協定に定められた特別基金関連の規定に関連して，「総合特別基金」を管理する用意がある旨の特別基金規則を採択した(9/17)．日本政府はそれに基づき，自らの定めた条件で運用されるべく農業開発基金として72億円を拠出したが，これは上記の初年度出資分の2000万ドルに相当するものであった[157]．このような外交交渉を経てADBの最初の特別基金として農業開発基金が誕生したのである．

第4節　ADB設立の意義

これまでの分析で明らかになったように，ジョンソン政権のADB設立への関与は国連・ECAFEやアジア諸国の要請に応じたものであり，アメリカはアジアによるイニシアティブの早期実現を手助けしようとしただけに，それ自体ADB設立における地域自主性を否定するものではない．しかしその一方で，米政府はADBをジョンソン構想の一翼を担える組織として位置付け，自らの戦略に基づき銀行設立の過程で影響力を行使し，その意図の多くを実現したことも事実である．域内自生的にうまれたADB構想は，その実現においてアメリカの支持と参加を必要としたのである．

ブラック顧問はジョンソン構想提唱後の1年間の展開を振り返り，アジア地域主義に対するアメリカの貢献につき，次のように評価した[158]．

> ［ジョンソン構想の推進における］我々［米政府］の最大の成果は，ADBの比較的迅速な設立とナムグム・ダムの資金援助であった……両者とも，国連の支援を受けてアジア諸国から提案された，アジアのイニシアティブによるものであったが，我々の速やかな支持決定はそれぞれの成功の決め手になった……これらはともに東南アジアにおける地域協力のランドマークになった……．

米政府は，ジョンソン構想提唱に際して国連から協力を要請された二つの具体案，即ちADB設立とナムグム・プロジェクトがどちらもアジアのイニシアティブによって具体化したことを認めつつ，その速やかな成功には資金と外交面でのアメリカの支援が不可欠であったとし，自らの開発外交における最大の成果として位置付けたのである．

第4章　東南アジア開発閣僚会議

第1節　ジョンソン構想への初期対応

1. ジョンソン構想と米政府の日本への働きかけ

　東南アジア開発閣僚会議提唱の直接のきっかけとなったのは，1965年4月のジョンズ・ホプキンズ演説であった．同演説によってジョンソン構想が提示されると，日本政府は直ちにそれを歓迎する立場を明確にした．同演説の当日，ジョンソン大統領の表明した10億ドル拠出について「日本政府もアジアの平和と安定のためには民生の向上が最も重要であるとの見解を取ってきているので，わが方としても積極的に協力する方針である」との官房長官による談話が発表された[1]．こうした日本政府の立場は国連においても明らかにされたほか[2]，佐藤首相自身の発言にも表れていた[3]．

　ところが，米政府からすると，日本政府及び関係者らによる歓迎だけでは，自らの期待を満足させるのに十分なものではなかった．国務省は，ジョンソン構想に対するアジアの意味のある対応を促すには日本の役割が大変重要であるとの判断から，大統領演説直後から駐日米大使館を通じて，アジアの声を組織化するための具体的なイニシアティブとして，早急な「公式的支持」のみならず，「大統領の提案した国連による東南アジア・プログラムに対する資金面での実質的寄与」を表明するよう，日本政府に働きかけ始めた[4]．主要先進諸国による支持・支援表明をもって，他の国々のジョンソン構想への参加を引き出すための呼び水として活用しようとした米政府としては，とりわけアジア諸国の中で「最も近代化した国としての地位を持つ」日本に対して，その地位に相応しい強力かつ実質的な貢献を期待したのである．

　国務省から日本政府への働きかけを指示された駐日米大使館は，直ちに日本

の取り得るイニシアティブに関する具体案を本省に提案した．ライシャワー大使によると，日本にとってジョンソン構想は，次のように位置付けられた[5]．

> 大統領の提案は，……特に，それは地域において日本がより大きくかつ責任ある役割を果たすようにするために利用され得る．アジアにおける唯一の援助国としての特別な地位にある日本は，大統領の提案に対するアジア諸国からの好意的な反応を促すための特有の役割を果たすことができる．そのような役割は，ちょうど，高まる国家意識並びに一層の国際的役割への願望の具体的な表出を試みる佐藤政権と日本国民が模索中の役割でもある．

つまり，ジョンソン構想はアジアにおける日本の役割拡大を促す機会として捉えられたのである[6]．大使のいう「高まる国家意識」と「一層の国際的役割への願望」とは，1960年代に入り，急速な経済成長と国際的地位の向上によって生じ始めた日本の大国意識を指すものであった（中村 1993: 527–538; 山本 1984a: 32–44）．それを象徴するのが，「昨年［1964年］は IMF 八条国への移行，OECD［経済協力開発機構］への正式加盟等を通じ，国際経済社会において先進工業国としての地位を確立した意味深い年でありました．……この増大した国力と向上した国際的地位を背景として，わが国の自主外交を強力に展開していく所存であります」との椎名外相の発言であった[7]．このように国際社会における存在感を増し続ける日本に対し，より大きな役割と責任を促す米政府からの働きかけは池田政権期にも続いていたが（安原 1984; 菅 1997b: 78–80），1963年11月，ジョンソン政権が成立すると，日本の「地理的役割」が「責務」として公式に表明されるようになった（河野 1997: 122）．ライシャワー大使による「より大きくかつ責任ある役割」への期待も基本的にこうした動きと軌を一にするものであった．更に，大使は上記の電文（1965年4月9日）で，佐藤首相の取り得るイニシアティブとして次の三点を提案した[8]．

　（1）日本政府が東南アジアの平和のために相応しい援助を提案する――それが「10億ドル」単位の言葉で表せるものなら，最も望ましい．
　（2）二重の招請（a dual invitation）をする．援助国として他の援助国の参加を招請すると同時に，アジア国家としてジョンソン構想への積極的な対応へ東南アジア諸国を招請することである．

(3) ブラック顧問の率いるタスクフォースへのカウンターパートとして，アジア諸国指導者によるグループの形成を提案する．同グループは，域外からの援助資金の分配と使用の決定を主な目的とする経済協力・開発のための極東機構を設立する．初期の OEEC のように，域内国に域外援助資金の使用に関する責任が与えられることが最も重要である，と思う．

　ライシャワーからの「創意を凝らした提案 (imaginative proposal)」は直ちにジョンソン大統領に報告された．その際バンディ補佐官は，ジョンソン構想の具体化に向けたイニシアティブを国連に取らせる方針を優先するべきであると断りながら，日本政府からより大きな支持を得ることが重要との判断から大使の提案を承諾するよう促した[9]．その結果，大使には彼の案を日本政府に働きかける権限が与えられた[10]．

　4月12日，ライシャワー大使は佐藤首相を訪問し，大統領の意向を伝えるとともに，日本はジョンソン構想に関して「アジア国家としての唯一の先進国という特殊な地位をどのように活用しようとしているのか」と尋ねた[11]．大使によると，佐藤首相は「概ねかなり積極的でありながらも，多少の疑いとためらいをもっていた」．大統領の提案そのものは歓迎しつつも，そのための日本政府の対応については，次のような理由から消極的であったのである[12]．

　首相に具体的な行動を躊躇させたのは，何よりも，アメリカのベトナム政策における軍事と経済の関係に対する疑問であった．佐藤にとって，ジョンズ・ホプキンス演説で示されたアメリカのアプローチ，即ち一方で「共産主義との断固たる戦い」を表明しながら，他方では「共産主義勢力も含む」経済開発計画を提案する，いわば「アメとムチの併用アプローチ」の真意及び両者関係は曖昧なものであった．それゆえ，アメリカの真意が明確でない内に，仮に日本が経済面だけを強調することになると，それはかえって米政府を困らせる結果になりかねない，と懸念したのである．これに対して，ライシャワー大使は，共産主義勢力による武力攻撃が放棄されれば，より大規模の経済開発計画が可能になるだろうが，「アメとムチの併用アプローチ」自体は矛盾するものではないと答えた．

　次に，日本政府の貢献できる実質的援助額の限界という事情があった．池田政権期の「高度成長」政策とは対照的に，佐藤政権は発足に際し，緊縮財政に

基づく「安定成長」へ経済路線を転換し，1965年初めには低成長率と物価安定を前面に出した「中期経済計画」を採択した（エコノミスト編集部 1999a: 308–327）．佐藤内閣が発足した64年秋には経済が不況の局面に入っており，当初から厳しい編成になっていた65年度の予算は，65年になると一層の税収不足が予想されたため，大蔵省は財政支出の1割節約を公表するに至った（中村 1993: 541–543）．こうした財政難に直面している佐藤としては，現段階で日本政府が新たな援助計画を打ち出すことは困難であり，仮にそれができたとしても，アメリカの「10億ドルとは比べ物にならない（unimpressive）」と判断したのである．

更に，ジョンソン構想そのものに関しては，米政府の態度に見られる国連重視の意向と，米政府の想定するジョンソン構想への参加国範囲の曖昧さも首相のためらいを誘う要因であった．佐藤は，大統領の演説の中でとりわけウ・タント国連事務総長の役割が強調されていたことを気にしていた．また，経済開発プログラムへの参加国に北ベトナムが含まれていた点にも疑問を呈し，北ベトナムを含むいかなる提案も，同国がそれを確実に断るような方法で行われるべきであるとの見解を述べた．ライシャワーは，国連との関係に関しては，アジア諸国による意味のある対応を促すには日本政府のイニシアティブと専門技術は大変重要であるとし，北ベトナムの参加については，現状ではその可能性はほとんどないが，仮に同国が参加することになると，こちらに一層都合の良い状況になるだろう，と答えたが，佐藤は納得しない様子であった．

そのほか，佐藤は，「ブラック委員会」，即ちブラック特別顧問が率いるだろうタスクフォースの機能についても問い合わせた．大使は，それはおそらくアメリカ側の活動になるだろうとし，だからこそ今求められているのは同委員会と協働できるアジア側の対応組織，即ちアジア指導者たちからなる委員会であり，その組織に向けてイニシアティブを取れるのはおそらく日本政府であろう，と説得した．大使はマーシャル・プランを例に挙げ，その成功には欧州からの速やかな対応があったことを指摘し，東南アジア開発計画のモメンタムを失わせないために何よりも肝心なのは「時間」であると述べ，早急な対応を再三促した．

このようなライシャワー大使の懸命な説得が功を奏し，最終的に首相は同席

の安川壯外務省北米局長に対して,日本側の行動計画を外務省案として早急に起案し,大使と協議できるよう,指示した.その際首相は,いかなる日本の行動も日本政府のイニシアティブによるものとされなければならないと念を押した.大使もそれは当然であるとして同意した[13].

2. 外務省の「アジア版 OEEC」案:米大使館シナリオとの類似性

　アメリカからの協力要請と佐藤首相による具体案作成の指示を受けた外務省は,西山昭経済協力局長の下で,経済協力局,アジア局及び経済局の関係三局が共同でその企画に取り掛かった.こうした外務省の動きを察知した駐日米大使館は,4月17日,「外務省が佐藤首相の指示を受け,ジョンソン構想に応じた日本の計画を早速企画中であるのは間違いない」と打電すると同時に,自らの行動計画として,翌週できるだけ早い内に,牛場信彦外務審議官らと会合し,関係事項について全般的に協議するつもりであると報告した[14].大使館は,「日本政府独自のイニシアティブ」に配慮する一方で,「局レベルに対する強力な政治的指示」を確実にすると同時に,実務レベルの関係者に対しては大使館の案に沿って具体的な助言を与えようとしたのである[15].

　ところが,外務省の動きが先行してしまった.外務省は,4月24日に予定されたヘンリー・ロッジ米大統領特使の訪日までには佐藤首相の了承を取り付け,政府案として確定したいとの思惑から,具体案の作成を急いでいた[16].その結果,21日,アジアの平和の基礎を成す経済発展を推進するために,アジア諸国及び域外先進諸国の閣僚級代表からなる国際機関を日本政府のイニシアティブで創設する,という案がまとまった[17].この「アジア平和計画」は次のような点で注目される.

　第一に,上記の外務省案が,東南アジア開発のための国際機関の設立を目標としており,その際,OEEC がベンチマークされたことである.即ち,「アジア平和計画」の目指した国際機関とは,先進諸国からの援助資金の受け入れ機関にほかならなかった.そして,その直接のきっかけはアメリカ側の働きかけに求めることができる.前述のように,佐藤首相との会談の中でライシャワー大使は,ブラックの率いるアメリカ側の組織に対応するアジア側の組織を日本政府のイニシアティブで設立する案を提示しており,その際,前例に挙げたの

がマーシャル・プランであったからである[18]．

　第二に，外務省が目指したのは，組織と運営の面で国連・ECAFEから独立した枠組みであって，その背景にはインドとパキスタンの影響力排除という思惑が働いていたことである．その加盟国として国連・ECAFEの全加盟国を想定したわけではなく，中東諸国及びインドやパキスタンといった南アジア諸国が排除されていた[19]．その理由として，外務省側は，ECAFEがインドとパキスタンによって牛耳られていること，東南アジア諸国はインドとパキスタンを東南アジア国家と考えておらず，ECAFEによって処理されるプログラムには関心が薄いこと，更に日本政府としては，インドとパキスタンに対しては既に別途の国際借款団を通じて相当額の援助をしているため，両国の参加を望まないことを挙げた[20]．外務省としては，地域機構設立に向けたイニシアティブの発揮に当たり，インド，パキスタンなどの影響力を排除することで，自らの意向が作用しやすい新たな援助組織を望んでいたことが窺える[21]．

　第三に，日本政府自身の拠出額として5億ドルを想定した点である[22]．その財源確保の問題が後に外務省案の採用を困難にする要因の一つになるからである．もちろん，同省の関係者たちはこの問題を決して楽観視していたわけではなく，むしろその困難さを認識していたがゆえに，通常の政策決定過程ではなく，首相による政治判断に頼る方法をとった．即ち，後述のように，他省庁との協議を省いたまま，外相自らが直接首相に出向き，その裁可を求めることにしたのである．

　このように，外務省の企画した「アジア平和計画」案は，日本政府による援助表明と新たな援助受け入れ組織の提案という，資金と制度の二つの側面を含んでおり，当初ライシャワー大使の描いたシナリオに極めて近いものであった．参加国の範囲がより具体的かつ狭く定義された点を除けば，大使自らが国務省に示した提案に含まれた3項目を全て含むものであったのである．それゆえ駐日米大使館は，国務省宛の報告の中で「間違いなく外務省は正しい方向にボールを転がしているので，我々としてはしばらくはこれ以上探るつもりはない」として，当分は日本政府の動きを見守る姿勢に転じたのである[23]．

3. 東南アジア開発に対する日米の認識の相違：ベトナム問題

ところが，上記の外務省案に対する国務省の評価は駐日米大使館のそれとは趣旨が異なっていた．国務省が懸念したのは，外務省の目指す組織が「脱国連的」性格を帯びている点であった[24]．この時期，米政府内では，ジョンソン構想の推進において国連・ECAFEのイニシアティブを最大限尊重し，その関連組織，とりわけメコン委員会を東南アジア開発の中心的枠組みとして活用する案が有力視されていた（第2章参照）[25]．それゆえ外務省による「国連と別の機構を作る」構想は，国連による取り組みと競合するか，場合によってはそれを妨害する可能性が潜んでいるとして警戒したのである．

こうした判断に基づき，国務省はライシャワー大使に対し，東南アジア開発のイニシアティブは国連とウ・タントに属さなければならず，目下企画中の外務省案が国連による試みを妨げてはならないと注意を喚起するとともに，大使の裁量によって必要と判断されるなら，外務省側にその旨伝えてもかまわない，と指示した[26]．そして，両者それぞれの試みを調和させるため，日本政府が国連側，とりわけ5月に東京に立ち寄る予定のナラシムハン国連事務次長一行と，東南アジア開発プログラムに必要な制度や財源について直接協議することを日本側に勧告するよう強く望んだのである．

それに対して，駐日米大使館は，国連優先との国務省の方針を外務省側に伝える「裁量」を行使しようとしなかった．ライシャワー大使は，「現段階で米政府が日本政府に対して，計画の細部にわたりアメリカの意向に従うよう直接の圧力をかけることは，日本政府の行動意欲を萎縮させることになり，得策ではない」と答えた[27]．日本のイニシアティブなくして，ジョンソン構想に対するアジアからの好意的な反応がありそうもない現状では，佐藤首相を説得し，東南アジア開発への積極的なイニシアティブを日本政府に取らせることが重要である，と判断したからである．そして，「ロッジ・佐藤会談から分かるように，東南アジア開発のための日本からの大規模な経済支援案は完全に死んだわけではなく，また，外務省案は，アジア経済開発を推進するのに必要な制度的枠組み及び優先順位において，アメリカの方針と必ずしも折り合わないものではないと思われる」とし，外務省案が国務省の方針と必ずしも矛盾するものではな

いとの見解を示した．その一方で，日本政府による国連との直接協議に関しては，それが「有効なアジア・プログラムを協議するための最も望ましい方法」であるとし，本省の方針に同調した．

「アジア平和計画」案はもともと佐藤首相の指示を受けて企画が始まったものであったものの，椎名外相自身もそれをジョンソン構想に対する「アジアの対応」として位置付け，積極的に支持した．外務省は同案を日本政府案としてロッジ特使の訪日の前に発表するか，それとも訪日の際に提示する意向であった．ロッジ来日の前夜，椎名外相は佐藤首相に同案の裁可を促した．ところが，首相は援助額の大きさに驚き，あっさりそれを拒否してしまった[28]．

椎名外相は，佐藤首相へのプレゼンテーションに当たり，首相が5億ドルという巨額にしりごみするのではないかと心配し，できるだけ外務省案のもつ政治的側面を強調した[29]．東南アジアの平和を回復するために早急に求められるのは，ジョンソン大統領の提案に対するアジア側からの熱心な対応であり，ジョンソン構想の推進においてアメリカを孤立させてはならない，としたのである[30]．一方，首相の想定する開発協力とは，例えば東南アジアにおける橋梁，ダム，道路などの建設事業に対する日本の参加表明など，より限定的かつ具体的なものであった．既に決まっているアジア諸国向けの資金援助による財政的負担を懸念していた首相にとって，大規模な資金援助は受け入れ難いものであったのである[31]．

24日午後，来日したロッジ特使は早速佐藤首相との会談に臨んだ[32]．特使一行は東南アジア開発問題に議論を集中させ，日本政府からの協力を最大限引き出すつもりであった[33]．ところが，会談の冒頭，首相からアメリカのベトナム政策に対する強い疑問が呈されたため，その是非をめぐる議論が会談の焦点になり，特使一行の目論みは大きく外れてしまった．会談の大半を占めたのは交渉による平和回復が先か，それとも軍事作戦と併行しての経済開発も可能であるかをめぐる議論であって，ジョンソン構想に対する日本政府の協力についての具体的成果はほとんど得られなかったのである[34]．

この佐藤・ロッジ会談では東南アジア開発のあり方をめぐって，「北爆停止→交渉による平和回復→経済開発」の手順を提示する日本側と，「軍事作戦（北爆持続）と経済開発計画の同時推進」に固執するアメリカ側との間の認識の相

違が露呈した．このことは，佐藤首相が前記の外務省案を拒否した背景には，援助資金の確保という財政上の理由もさることながら，より根本的にはアメリカのベトナム政策そのものに対する疑問があったことを示している[35]．

ジョンズ・ホプキンズ演説によって「無条件の話し合い」が提案されると，日本政府は，世界各国同様，アメリカのベトナム政策の行方とベトナムにおける同国の軍事作戦，とりわけ北爆の緩和・停止可能性を注視していた[36]．こうした日本政府の関心は，武内龍次駐米大使によってラスク国務長官に伝えられていた[37]．ところが，日本政府の期待とは裏腹に，軍事作戦を進める米政府の方針に何の変更もないことが明らかになると，日本の国内世論はアメリカのベトナム政策に非常に批判的になりつつあった[38]．こうした状況は，アメリカのベトナム政策への支持をめぐって日本政府に一層厳しい対応を迫るものであり，東南アジア開発問題においてもアメリカに協力的なイニシアティブを積極的に取ることを困難にする要因であった．ロッジとの会談で表明された佐藤首相の懸念も，基本的にはこうした国内世論を意識したものであったと思われる[39]．

従って，佐藤・ロッジ会談は，対米協調を重視する椎名外相はじめ外務省関係者たち（牛場審議官，武内駐米大使，安川北米局長，西山経済協力局長及び吉野文六参事官ほか）に，ジョンソン構想への協力を阻害する政治的要因を改めて痛感させる契機になったといえる．即ち，ジョンソン政権の真意はどうであれ，東南アジア開発問題が基本的にアメリカのベトナム政策の文脈で認識されている現状では，外務省が自らの協力案を実現するために越えるべきハードルとして，一般国民のみならず政府省庁における反対論，またそれを意識せざるを得ない佐藤首相はじめ政治家たちの消極的な態度が存在したということである．首相個人の説得だけではその根本的な解決にはならず，アメリカのベトナム政策との関連で同省のイニシアティブをいかに正当化できるかが課題とされたわけで，対米協調と日本独自のイニシアティブとの間で，外務省による具体案の模索が始まったのである．

第2節 「アジア版CIAP」案の模索

1. 日米政策企画協議とアメリカの働きかけ：CIAPの勧め

「アジア平和計画」案が，その作成を指示した佐藤首相自身によって退けられた後も，東南アジア開発問題におけるイニシアティブの発揮を模索する外務省の試みは続いた．そして，それを陰で奨励したのは米政府であった．駐日米大使館は，佐藤・ロッジ会談の直前，佐藤首相が外務省案を拒否したと知らされたとき，外務省側に対して，同案を放棄せず，引き続きそれを生かす途を探るように勧告していた[40]．

当時米政府は，東南アジア開発の推進体制として単一のCIAP型地域機構の新設という初期戦略を修正し，メコン委員会の拡大改編による「公社」化と，「アジア版CIAP」設立との2トラック戦略に方向転換していた．そして，後者のCIAP型組織をもたらし得る動きの一つとして，日本政府の主導的役割に期待していた（第2章参照）．但し，CIAP型組織はそもそも国連との緊密な関係を前提にしたものであったため，その設立に向けたアジア諸国によるイニシアティブは国連・ECAFEによる努力と調和するものであることが求められた．

こうした行動方針に基づき，ジョンソン政権は日本に対して，「アジア版CIAP」の出現に向けたイニシアティブの発揮と，その際の国連側との直接協議を働きかけたのである．それゆえ，1965年4月下旬の「アジア平和計画」案の挫折から6月下旬の閣僚会議開催案の登場までの約2ヵ月間，外務省関係者たちが東南アジア開発のための日本の具体的協力案として積極的に検討し続けたのはCIAP型組織の設立であった．

そのために活用されたのが，佐藤・ロッジ会談と並行して開かれた第2回日米政策企画協議であった[41]．東南アジア開発に関するセッションにおいて，日本側はジョンソン構想の目的，対象地域，援助の具体的内容，実施方法及び機構，資金規模，計画開始時期など，米政府の考えを具体的に把握することができ，また，アメリカ側もジョンソン構想に対する日本政府の立場を理解することができた．

会議の中でロストウ政策企画会議議長は，ジョンズ・ホプキンス演説の背景には東南アジアへの短期的関心のみならず，新たな地域協力の支援という長期的視点からの判断があると説明した．そしてその具体的方法として，二国間援助の拡大，メコン川流域開発，ADB 設立などに加え，新たな制度的枠組みとして，既存の数ある地域機構の「理事会」として機能する，いわば「アジア版 CIAP」の設立可能性に言及した．彼は日本政府が目指すべき開発組織として，国別開発計画のレビュー機能を持つ CIAP 方式のアプローチを勧告し，その性格と運営手続きなどについて詳しく紹介した．それに対して，外務省側からは高い関心が寄せられ，両者間で多くの議論が行われた．CIAP の概念はその後，外務省による協力案の企画作業に大きな影響を与えた．

その一方で，東南アジア開発の制度面における日米両国の選好の違いも明らかになった．日本は新たな地域機構設立においてインドとパキスタンの排除を目論み，国連・ECAFE 組織とは別の枠組みを好んでいた[42]．それに対してアメリカ側は，新しい組織の設立にはそれなりの利点があると理解を示しながらも，メコン委員会や ADB のような既存の，あるいは設立が検討されている組織を活用する案にも重要な政治的利点があることを指摘した[43]．即ち，ジョンソン構想の推進に当たり国連の枠組みを最大限活用する方針であった米政府にとって，「東南アジア諸国の経済政策をレビューするための援助国側と被援助国側からなる，ラテンアメリカの CIAP に匹敵する組織」とは[44]，既存の国連・ECAFE 関連枠組みの中に設けられるにしても，独立した組織として新設されるにしても，少なくとも国連側と調和を保つことが求められたのである．

従って，米政府の次なる行動は，日本政府に対して国連側との直接の協議を勧告し，また自らがその手助けをすることであった．これには三つの意味が含まれていた．CIAP 提案に向けた外務省の動きに対する弾み，国連と日本側の「対立するアプローチの調整」，そしてメコン委員会拡大改編がカンボジアによって阻止される場合に備えた布石としての意味である[45]．しかしながら，国連の日程と日本政府の事情によって，メコン委員会特別会議 (5/10–11) と前後した両者間の早期会合は実現しなかった[46]．

2. 日本政府の対応: イニシアティブ発揮への慎重な態度

5月初旬,経済協力局は,来るアジア・太平洋地域公館長会議で東南アジア開発構想の具体化問題に関する「貴見を徴したい」と関係在外公館に打電した[47]. その際,「わが国がヴィエトナム戦争問題と切離して東南アジア開発構想を提案することの是非,計画参加受諾国の範囲……,実施方法」などの論点が示されたほか,特にCIAP型組織の設立に向けた日本政府によるイニシアティブの適切性について現場からの意見が求められた[48].

同会議では,ジョンソン構想の実施方法及び日本の対応について同公館長らから様々な意見が提示された[49]. その中で最終的に最も多かったのは,東南アジア開発構想は,「ヴィエトナムとの絡みあいをかくしえず,時期が悪い,……対象地域を,とりあえずは,メコン河流域4ヵ国に絞る方が現実的である,……実施方法については,メコン委やアジア開銀を活用すべし」との意見であった[50]. つまり,アメリカの望んだCIAP型組織設立のイニシアティブを取るべきとの意見はほとんどなかったのである.

そして他の関係省庁との協議においてもジョンソン構想に対する政府内の消極論を変えることはできなかった. とりわけ浮き彫りになったのは,ジョンソン構想への参加そのものの是非をめぐる通産省と外務省の間の認識の相違であった[51]. 通産省は,アジアに対する国際協力の方法として,当時進行中のADB構想とジョンソン構想の二つを対比させ,前者は長い間ECAFEを中心に関係諸国との協議を経て進められたアジアのイニシアティブであるのに対して,後者は現在ベトナム戦争を戦っているアメリカの主導で始まったものである. 従って,政治体制が異なるアジア諸国の複雑な事情を勘案してアジア諸国全体と貿易や経済関係を広めていくという経済外交の基本姿勢をとる同省としては,日本がジョンソン構想に参加することはアジアでの孤立を深めるおそれがあるため,当分は静観の態度をとるべきである,との立場をとった[52]. そして,両構想いずれにも参加する方向で政府内調整を図ろうとする外務省に対し,通産省はADBのみに参加すべきであるとの姿勢を崩さなかったのである.

ところで,メコン委員会の拡大改編はアメリカの思惑通りには進展しなかっ

た．また国連自らのイニシアティブによる CIAP メカニズムの拡充も望めないことが明らかになった．すると，国連・ECAFE 最重視という米政府の態度が微妙に変化し，CIAP 型組織の設立に向けての日本政府への働きかけが強まった[53]．

　5 月 17 日，ライシャワー大使は椎名外相と会合し，日本政府による CIAP 型組織設立に向けたイニシアティブの発揮を再度要請すると同時に，その際には国連と協議を行うよう勧告した[54]．同日行われたニブロック補佐官一行と外務省関係者との協議においても同様の要請があった[55]．外務省の応えは，同省で CIAP 案の検討作業を続けてはいるものの，現段階で日本政府がそのためのイニシアティブを取ることは「現実的に言って，極めて難しい」というものであった．国内世論及び政府内関係省庁は勿論，外務省内の一部においても，現段階で日本政府が東南アジア開発プログラムに本格的に参加することに対しては慎重論が支配的であり，また仮に，相当規模の援助金額が確保されないまま，制度的側面だけでのイニシアティブを取ることになると，一部の域内国から「米国のマウスピース」と非難されざるを得ないであろうことがその理由であった[56]．

　このように，日米間では CIAP に向けた日本政府のイニシアティブに対する認識の違いがあった．国務省にとって，ジョンソン構想の推進における資金面と制度面での日本政府の貢献は，別々のアプローチとして考えられていた．即ち，援助額が確保されなくても，制度づくりにおける日本政府のイニシアティブは可能であると期待されたのである[57]．それに対して外務省は，相当額の援助資金なくして東南アジア開発の制度づくりに向けた自らのイニシアティブは困難との立場であった．4 月の「アジア平和計画」の挫折以来，外務省が主として資金面より制度的側面から CIAP 型組織の検討に傾斜したことは，関係省庁との資金面での調整の目途が立たない状況下では比較的に着手しやすい制度面から具体案の検討を始めるというものであって，相当額の援助資金確保という目標自体を断念したわけではなかったのである．

　また外務省は，米政府の望む国連との協議についても消極的な態度をとり続けた[58]．5 月下旬，松井明国連大使は，ナラシムハン事務次長を訪問し，東南アジア開発問題について話し合った．しかし議論は主として ADB 問題に限ら

れ，その他の問題には話が及ばず，アメリカの意向に配慮した，両者にとって形だけの顔合わせに過ぎなかった[59]．日本政府と国連はともに相手の影響力を排除した上で自らのリーダーシップが確保された枠組みを望んでおり[60]，そのような状況下では両者間の協力によって CIAP 型組織が出現する余地は少なかった．

結局5月までにはアメリカの望む CIAP 型組織設立に向けた日本政府のイニシアティブは公式化しなかった．外務省経済協力局を中心に検討が続いたものの，実際のイニシアティブの発揮については，同省全体として，また他省庁との意見調整において，広い支持を集めることができなかったからである．こうした膠着状態を前に，米政府は更なる圧力をかけてきた．その際に用いられたのが7月予定の第4回日米合同委であっただけに，日本側としては一層の厳しい対処を迫られることになった．

3. メコン委員会と CIAP の間で

6月初め，ジョンソン大統領は米議会に対し東南アジア開発支援のための8900万ドルの資金を要請したが，それには「アメリカによる10億ドルの投資」の最初の出資が含まれていた[61]．また，ラスク国務長官は「米国は南ベトナムに平和が訪れるまで，東南アジア開発計画の開始を待つわけにはいかない」とし，早急な実施の意向を明らかにした[62]．同じ頃，内閣改造を行った日本政府は[63]，来る日米合同委の準備に着手し，5日には同委員会の議題が内定したが，その中には東南アジア開発問題が含まれていた[64]．それゆえ外務省では経済協力局を中心に，アメリカ側に示すべき具体案の作成が急務とされ[65]，6月一杯まで多くの具体案が企画，検討，修正されつつあった．この一連の作業の中心テーマは，日本が追求すべき開発組織の原型をメコン委員会と CIAP 型機構のどちらに求めるかという問題であった．

6月初旬，経済協力局はそれまでの動きを踏まえた上で，今後アメリカからの圧力が強まるだろうと見越して，それまでの静観の態度を改め，より積極的な協力姿勢に転じるよう勧告した[66]．そこで案出された日本側の協力案が「東南アジア拡大経済社会開発計画」であり[67]，これは資金と制度の二つの面で援助対象をメコン川沿岸4ヵ国及び同委員会に限定したものであった．

制度面での協力は，新たな国際組織の設立ではなく，「当面メコン委員会を活用する」との立場を明確にした．そして，「援助資金の確保およびその効果的活用の観点よりしかるべき補強措置を講じることが望ましい」として，「Advisory Board（諮問委員会）」及び事務局の強化を提案し，今後関係諸国と協議・検討するとした．具体的には，同諮問委員会に「日，米，英，仏，豪等の先進諸国から強力な専門家を派遣」すると同時に，メコン委員会事務局に次長を設けるなど，幾つかの補強措置をとるが，その際，日本人を送り込むとした．

その一方で，協力の将来的方向として対象地域の拡大とCIAP型組織の必要性が指摘された．「対象地域をメコン4ヵ国以上に拡大する場合は現在のメコン委員会では対処し得ないとの問題が生じる．その対策としてはメコン委員会の参加国の範囲を拡大するのも一案であるが，むしろラ米［ラテンアメリカ］におけるCIAPのような協議機構を設け，東南アジアの経済開発にdynamismを与えるよう努める方が実際的かつ効果的とも考えられる」とし，「対象地域を拡大するための条件が整ってきた場合は，CIAP機構の検討を含め，所要の施策につきイニシアティヴをとる」と提案した．

このように，6月中旬の時点では，ジョンソン構想に対し，日本政府の取るべき当面の対応として，メコン委員会の重用・強化に比重がおかれていた．その背景には，米政府の意向に対する配慮のほか[68]，今後東南アジア開発プログラムがADBとメコン委員会を中心に展開するだろうとの見通し[69]，及びCIAP型組織の設立に向けた日本政府自らのイニシアティブに対する政府内の根強い消極論などがあった．

ところがその数日後，外務省の協力案はメコン委員会中心のものから離れ，それまで「将来的」選択肢とされていたCIAP型組織の設立に傾斜した．「アジア経済開発の推進のために日本が当面その確立に努力すべき援助機構」として，開発資金の金融機関としてのADBのほか，途上国の自助努力と援助吸収能力を強化する措置として，その開発計画作成能力を強化・補完するための専門家からなる独立組織，即ち「ラ米の9人委員会ないしCIAPの如き機関」が挙げられるようになったのである[70]．

そして，その設立方法としては，「(i) エカフェまたはコロンボ・プラン会議によるか，(ii) アジア開銀設立と関連せしめるか，または (iii) 独立の国際会議

を開催するか」の三つの方法が考えられるとし，この内，(ii) の ADB 設立と併行して作るのが一番現実的であるとされた[71]．

このように，日本の推進すべき協力案として，メコン委員会に代わって，ADB と組み合わせた CIAP 型組織が急浮上した背景には何があったのだろうか．上記の経済協力局の文書はその理由として，多くのアジア諸国と政治・経済的関係を持たなければならない日本としては，紛争地域であるインドシナ諸国への援助をできるだけ控え，アジア全体を対象にした開発体制の確立を目指すべきである，との認識を示している．しかしながら，前述のように，「長期的方向として対象地域の拡大」は以前から示されていた方針であるだけに，それ自体 CIAP への急激な傾斜に対する説明にはならず，更にはなぜ ADB 設立と併行して作るのが一番現実的であるかについての説明も乏しい．実はそこには，今後 ADB の枠組み内に CIAP のメカニズムを設けたいとの米政府の方針が影響を及ぼしていたと考えられる．

6月11日，ワシントンでは日米の政府関係者の間で ADB 設立に向けた両国間の政策調整が行われていた[72]．その際ロストウ議長は渡辺に対し，「アジア開銀が発足した場合……，かかる観点から羅米［ラテンアメリカ］における場合の CIAP の如き極く少人数の厳選されたメンバーから成る調整グループを設け国別レビューを含むハイレベルの調整活動を行なわせることが重要と思う」と発言した[73]．この情報は外務省，とりわけ経済協力局の事務方に届いていたはずである[74]．そして，同月23日，即ち上記の具体案が作成された日に，外務省と駐日米大使館の関係者の間では東南アジア開発のための日本政府の協力案の現状と見通しについて話し合われた[75]．その際日本側は，外務省では CIAP 型機構の設立に向けて日本がイニシアティブを発揮することが望ましいとの立場からその検討を続けているものの，現段階では大蔵，通産両省の同意と佐藤首相による了承が得られていないとした上で，「ADB の枠組み内に CIAP を設立する案」については，日本政府が ADB の設立を支持しているがゆえに CIAP 設立に対しても他省庁を説得しやすくなるだろうとの見解を示した．

上記のように，ADB 内部に CIAP の中心的機能，即ち開発計画の総合的調整を担う特別グループの設置を目指すとのアメリカ側の意向が伝えられると，

経済協力局はそれに合わせて日本側の協力案の検討作業を行った結果，先のADBとCIAP型組織の設立を中心とした協力案が企画されたと考えられる．その際，大蔵，通産両省を説得するために，外務省は二つの論理を案出した．一つは，アメリカから大規模な援助を引き出すための「呼び水」としてのアジア側の受け入れ体制の必要性である．つまり，アジアに適切な受け入れ体制，即ちCIAP型機構が出現するならば，提案された10億ドルのみならず，今後それを大きく上回る更なるアメリカの援助資金が期待される，との理屈であった[76]．いま一つは，CIAP型機構とジョンソン構想との差別化，同機構の設立及び運営における米政府の影響力の排除などを図る措置である．具体的には，米政府に対して，アメリカが10億ドルの支出に当たり，「東南ア開発諮問委員会」の承諾を必要とし，同委員会の勧告した開発計画に対しては必要資金を無条件かつ速やかに支出するほか，当面の間，アメリカ人の委員を出すことを差し控える，などの了解を得るというものであった[77]．しかし，これらの試案がその後具体化することはなかった[78]．

第3節　閣僚会議への帰着

1. 閣僚会議開催案の登場：CIAP追求からの方向転換

　試行錯誤を繰り返しながら，1965年6月25日，外務省の協力案には新たな試みが加えられた．いわば「東南アジア開発の10年」計画の提唱が企画されたのである．経済協力局の関係者は，「東南アジア諸国が国力をあげて経済社会開発に乗り出すに至れば，各国間の政治的・軍事的対立も緩和の方向を辿り，ひいては急進的な政治路線の浸透を阻止しうる」との観点から東南アジアに経済開発の「ムード作り」を行うことが適当であるとし，その具体案の一つとして「東南アジア諸国経済開発会議」の開催を挙げていた[79]．

　そして30日，椎名外相の参加した外務省幹部会議において，閣僚会議，即ち「東南アジア開発大臣会議」そのものが外務省案として採択された[80]．それは「将来の経済的建設のため，夫々の政治的立場や社会的思想をはなれて語り合う場」であり，「会議というよりは懇談会とでもいうべきもの」との椎名外相

の見解を反映したものであった[81]．当初，東南アジア開発の促進方法の補助的手段として登場した国際会議開催のアイディアは，日米合同委で提示すべき同省の協力案のコアとしての地位を占めるにまで至ったのである．それとは逆に，アメリカの開発戦略と利害が一致するものであったメコン委員会強化案やCIAP型組織設立案への言及は薄れていった．このように，日本政府の追求すべき東南アジア開発の進め方が閣僚会議へ帰結したことは，協力方法における重要な性格変化のみならず，発想そのものにおける日本政府の独自性を意味するものであった[82]．

　外務省がアジア開発の理想的条件として「アジア版CIAP」の出現を挙げ，またその実現に向けてのイニシアティブを試みながらも，結局それを諦め，閣僚会議案に乗り換えざるを得なかった理由は，当初から認識されていた障壁，即ち財政面での困難及びアメリカの冷戦戦略との関連性への批判にほかならなかった[83]．前述のように，CIAPがADBの文脈で語られるようになってからも，その設立に向けた日本政府の主導的役割に対する政府内の消極・反対論の勢いは衰えるどころか，CIAPこそアメリカの「アメとムチ」政策の一環であるとのイメージが定着したかのような状況にあった．更なる出資の可能性を否定する福田蔵相はいうまでもなく[84]，東南アジア開発への積極的貢献を力説する三木通産相でさえ，その方法においては国連・ECAFEの枠組みを活用すべきであって新たな組織を作るべきではないと主張したほか[85]，その他の政府首脳や有力政治家たちも揃って慎重な対応を求める立場に回っていた[86]．つまり，この件に関する限り，椎名外相はじめ外務省関係者は政府内で孤立してしまったのである．そこで外務省はCIAP型組織に見切りをつけ，閣僚会議という新たな代案に乗り換えたのである．こうした決断の具体的な現れが，7月2日の閣僚級打ち合わせで外務省案として提示されるべく，6月30日の外務省幹部会で採択された「東南アジア開発大臣会議」開催案であった．

　ところが閣僚級打ち合わせにおいて大蔵，通産両省はともに閣僚会議構想に対しても慎重な態度を崩さなかった[87]．日本を含む東南アジア諸国同士の閣僚会議を開催し，10億ドルの使途を決めるべきであり，その際，日本から応分の援助を提供するとの外務省の説明に対して[88]，大蔵省は，既に決まったADBへの2億ドル出資に加え，会議の開催によって「更に大きな拠出を迫られる結

果となることを危惧」し，アメリカの構想自体がまだ抽象的なので，アメリカ側の意見をもっと聞くべきであるとの立場をとった．また通産省も「ジョンソン構想と直接の関係をもつものと解される」ことを懸念し，10億ドルの使用方法はECAFEで検討すべきであるとした．その結果，閣僚会議開催案は正式に了承されず，経済協力の進め方については今後事務レベルで協議を続け，合同委前日の11日夜ワシントンにおいて更に閣僚たちによる意見調整を図ることになった[89]．そして，その過程で当初の閣僚会議構想に色濃く残っていたジョンソン構想との関連性が[90]，徐々に薄められるようになった．「上から与えられた援助によって開発を進めるよりも，真に東南アジア諸国が望む形で，これら諸国民のイニシアティブによって，援助を受け入れる体制を作り上げることを目標とすべきである」とし，「アジア独自」のイメージを強調するようになったのである[91]．閣僚会議案の「脱アメリカ色」化である．

こうした外務省の立場は，7月5日の椎名・ブラック会談によく現れていた．東南アジア開発に対する日本政府の協力を取り付けるために来日したブラック顧問に対し，椎名外相は閣僚会議の趣旨を次のように説明した[92]．

> 従来の援助はとかく西欧的合理的にわりきって，こう使えといわれてきたような気がする．しかし上から与えるだけでは効果が薄く，貴下も御指摘のとおり，受入国の意向に即して援助した方が活きた金の使い方ができると思う．そこで，先ず，東南アジア諸国が集って，どうすれば最も有効な開発ができるかということについて自由かつ率直に意見を交換してみようというのがこの提案の趣旨である．……わが国はアジアの国だが，どちらかといえば与える国〔援助国〕の立場からアジア諸国と自由に討議すれば効果があがるのではないかと思う．このような試みは回り道のようだが，かえって早道かも知れない．………東南アジア全体の開発努力をスムーズに引っぱって行くという点からは，あまりメコン河に限定するのは一寸考えた方がよいのではないか．

これに対しブラックは，外相の提案は有用であろうと答えた．しかしながら，地域範囲については，椎名の発言に概ね同意しながらも，国連やECAFEを脱退したインドネシアの招請に疑問を呈したほか，「メコン河流域については種々の調査が行なわれており，……特にメコン河流域に限定する必要がないことは御指摘の通りであるが，10年以上先のことを考えるとメコン河流域は

無限の可能性を蔵しているといえよう」とし，メコン・プロジェクト重視の立場を示した[93]．

会談の後，ブラックは国務省宛の報告において「日本が，自らが唯一の援助国として参加するアジア閣僚会議を熟考していることは明らかである．これは，我々にははっきりしているが，彼らにはおそらく十分に認識されていない様々な理由で，彼らを非常に困難な立場に立たせるだろうし，我々に対する彼らの緊密な協力を一層困難にするだろう」とのコメントを付した[94]．顧問は，外務省の試み，即ち，ジョンソン構想との直接の関連を否定し，かつ東南アジア全域を援助対象にした，他の先進国を排除したまま日本のみが援助国として参加する，そして具体的成果を期さない「意見交換」のための国際会議を主催しようとする試みに対して，表向きの評価とは裏腹に，深い懸念を抱いていたのである．しかも椎名外相がアジアのイニシアティブを強調するアメリカの立場を逆手にとっていただけに，ブラックは外務省構想に潜む問題点に気付きながらも，それを素直に指摘できない窮地に立たされたのである．

この椎名・ブラック会談は，それまでCIAP設立へのイニシアティブの発揮を求めてきたアメリカに対して，日本側から「西欧的合理的」援助方式ではなくアジア的発想に基づく日本独自の援助方式を追求するとの立場が告げられた最初の高位会合であった．かくして，日米合同委に備え，外務省案としての閣僚会議開催案が用意されたのである[95]．

2. 日米合同委員会での駆け引き：CIAP型 vs. 閣僚会議

第4回日米合同委の前に，国務省には，東南アジア開発問題に対する日本政府内の合意は期待できそうにないとの悲観的分析が寄せられていた[96]．訪日したブラック顧問の働きかけにもかかわらず，ADBへの2億ドル拠出を除き，日本政府は東南アジア開発特別基金やナムグム・プロジェクトへの資金援助へ協力する兆しが全くないこと，外務省はアジア援助への主導的役割を担う必要性を認識しているが，大蔵省と佐藤首相が財政的貢献に消極的であり，特に首相の場合は政治的要因も考慮していること，合同委において椎名は自らの東南アジア会議への「激励」を得ようとするだろうが，それに対して三木は農業開発構想を推進しようとするであろうこと，が報告された．従って，合同委にお

ける米政府の目標は,東南アジア援助に対する日本の閣僚たちの支持率を上げさせ,その「雰囲気」が最終的に佐藤首相本人まで伝えられるようにすることとされた[97].

一方,合同委前夜の7月11日,ワシントンでは,日本政府の7閣僚が最後の打ち合わせをし,合同委に臨む日本側の態度を最終的に検討した.東南アジア途上国援助問題については,椎名外相が「経済開発のための東南アジア諸国閣僚会議」構想をアメリカ側に表明するとしたのに対して,藤山愛一郎経済企画庁長官や三木通産相からは「日米合同委の全体会議での日本側の提案としないで,個別会談で話すべきである」との慎重論が出た[98].最後まで政府内意見がまとまらなかったため,閣僚会議開催構想を日本政府案として米政府に提示するとの外務省の目論みは外れ,結局,椎名・ラスク会談において外務省案としてアメリカ側に提示することになった.

合同委の初日,日米の両外相は昼食をともにしながら,ベトナム情勢を中心とするアジア問題について話し合った[99].東南アジア開発に関しては,椎名外相から,ジョンソン大統領の10億ドル援助提案を受けて,「日本政府は東南アジア援助プログラムに関する自らのアイディアを開発した」とし,閣僚会議の説明を始めた.外相は,まず,日本政府としては,経済援助が効果を生むためには「アジアのイニシアティブ」を促しその自主性を確保することが重要であるという点において大統領と見解を共有していると述べた.そして,その具体案として,同年秋東京において,東南アジア開発に関する国際会議に東南アジア8ヵ国代表を招請するという案を立てており,同会議は経済開発に対する閣僚同士の自由かつ率直な意見交換を目的とするフリー・ディスカッションの場であり,何らかの具体的決定を行うためのものではない,と話した.

このような外相の説明に対して,ラスク長官は,公式的なコメントをする前に米政府関係者と協議したいと断りながら,自分としては,それが「建設的展開」であるとの第一印象を受けたと答えた.同会談においてラスク長官は外相からの提案について国務省関係者らと相談し,その他の関連事項と一緒に外相と更に協議したいと希望しており,翌日(第2日)再び個別会談が行われたが,その詳しい内容は不明である[100].

ところで,同日には両国の政策企画実務レベルでの会談が行われ,東南アジ

ア開発問題について集中的に話し合われており，閣僚会議案に対するアメリカ側の立場を窺うことができる[101]．同会談の中でCIAP型メカニズムに話題が移ると，西山局長は，日本としてはそのような計画は難しいと判断したと告げ，その理由の一つとして，国別開発計画のレビューを行うだけの適格な能力を備えたアジア人の専門家が少ない点を挙げた．すると，ロストウ議長は，去る4月の日本政府との話し合いで自分がCIAP概念に言及した際には既にアジア人の専門家がリスト・アップできていたとし，何人かを列挙したほか，CIAPメカニズムについて念入りに説明した．それに対して，西山は，椎名外相が閣僚会議案を主導し，既に東南アジア諸国に打診した結果，反対はビルマだけであったとし，率直に言って，同外相はそのような会議を通じて東南アジア開発へより積極的に参加する雰囲気づくりを希望している，として譲らなかった．つまり，東南アジア開発の制度的枠組みとしてCIAP型機構の出現を望むアメリカ側と，閣僚会議を押す日本側の立場の違いが鮮明になっていたのである．

最終日（第3日）の全体会議，即ち途上国経済協力を議題にした第5セッションにおいては東南アジア開発問題が議論された[102]．外務省によると，その際ラスク長官は閣僚会議に対して好意的な発言をした[103]．しかしながら，米政府の真意は必ずしも同会議に対して積極的な賛意を表するものではなかった．確かに同全体会議において米政府は，東南アジア開発への日本政府の積極的対応を求めた．但しアメリカ側からの具体的かつ積極的な要請はADBと特別基金への出資，農業開発援助などの資金面での寄与に限られており，制度面での具体案，即ち閣僚会議案そのものを積極的に支持したわけではない[104]．米政府としては，東南アジア開発の枠組みに関する日本政府の方針が固まらず，合同委においては椎名の閣僚会議案と三木の国連・ECAFE重視論との相反する路線が提示されるだろうとの分析が寄せられていただけに[105]，その片方に肩入れすることには慎重な態度をとったと思われる[106]．

前述のように，それまでの椎名・ブラック会談（東京），椎名・ラスク国務長官及び西山・ロストウ会談（ワシントン）など，一連の日米会談において，閣僚会議に関する日本の説明に対するアメリカ側の反応は，実のところ概して冷淡なものであった．米政府の東南アジア開発戦略からすると，国務省が外務省に

期待したのはCIAP型組織設立へのイニシアティブであった．ところが提示された閣僚会議案は，その対象や機能において，アメリカの期待からかけ離れたものであった．インドシナに限定されない被援助地域と，援助国として他の先進諸国を排除し日本のみの参加を想定したほか，国連・ECAFEとの連携を前提としないものであった．また具体的開発事業や国別開発計画のレビュー・調整を目的とせず，議題も特定しないままの，意見交換のためのフォーラムに過ぎなかった．それに，日本政府内の意見も統一されておらず，開催の見通しも確かなものとはいえなかった．要するに，東南アジア開発閣僚会議案がジョンソン構想実現のための中心的役割を果たすだろうとは到底期待されなかったのである．

　その結果，合同委以来，米政府は閣僚会議への直接の関与を控えることになる．もちろん日米両国の間ではADB，メコン開発，東南アジア開発特別基金及び農業開発など，東南アジア開発関連の懸案についての協議は続けられ，また閣僚会議の進展状況についても情報を共有していた[107]．しかし，閣僚会議の性格付けにおいて米政府が直接の圧力を行使することはなかったし，それまで試みられていた米政府による働きかけ，即ちCIAP型組織設立のリーダーシップを日本政府に取らせるための積極的な工作は見られなくなった．日米両国は東南アジア開発という同じ目標を追求しながらも，その推進方法においてはそれぞれの途を歩むことになったのである．

3．閣僚会議開催への道のり：ジョンソン構想との関連の否定

(1) 早期開催の難航

　前述のように，7月2日の閣僚級打ち合わせの直後，外務省は駐東南アジア諸国大使館に閣僚会議案を打診するよう指示した[108]．同会議は閣僚級の非公式のもので，特定の議題は設けないが，「東南アジア援助プログラム」について議論を行い，参加を求める8ヵ国の中で6ヵ国以上から肯定的返事が得られるなら10月か11月を目途に開催を目指すというものであった．その際「ジョンソン構想又はその受け入れ機構等は当面の問題とせず，もっぱら会議の成り行きに任せ，米国の資金を受け入れるべしとの意見が多いような場合にのみ」その受け入れのための「小委員会の如きものを設置する」とした．

そして日米合同委の後，外務省は「東南アジア閣僚会議」を予定通り開催する方針を明らかにした[109]．同委員会に際しての日米外相会談で，椎名外相による閣僚会議の説明に対して，ラスク長官から異論がなかったほか，参加を打診した関係8ヵ国の中で，タイ，フィリピン，マレーシア，南ベトナム，ラオスの5ヵ国から参加意思が表明されたとして，全部の国がそろわなくても第1回会議を年内に開催する方向で検討中であるとした[110]．但し，自由主義諸国のみの集まりにならないように，政治的中立の立場から不参加の意向を示したカンボジアとビルマ，それに未だに態度を明らかにしていないインドネシアに対して重ねて参加を呼びかける方針であるとした．閣僚会議とアメリカのベトナム政策との関連性を憂慮するこれらの3ヵ国に対して，同会議はジョンソン米大統領の援助構想をきっかけに生まれたものの，本来は日本の東南アジアへの経済協力の基本姿勢を示すものであり，ジョンソン構想と直接に結び付くものではないと強調し続けることになったのである．

外務省の外交努力は，まだ参加の意向を示していなかったインドネシアの説得に重点をおいていた．同月下旬，椎名外相は記者会見で「東南アジア閣僚会議」を開催するとし，そのためにインドネシアなど関係諸国への打診工作を続けていく方針を明らかにした[111]．参加予定の5ヵ国にインドネシアを合わせ，日本と東南アジア6ヵ国による閣僚会議を年内に開催するとの思惑であった．その切り札として日本政府が選んだのが，インドネシアの独立記念日に招待されている川島正次郎自民党副総裁を通して同国の閣僚会議参加を働きかける方策であった．ところが，この目論みは期待外れに終わった．翌月下旬，スカルノ大統領は川島副総裁との会談の中で，東南アジア閣僚会議はジョンソン大統領が提案した10億ドル援助計画を受け入れようというものであり，またインドネシアはマレーシアが出席する会議には参加できない，との二点を挙げ，参加を断ったからである[112]．

こうした情勢を踏まえて，8月末，外務省は，年内開催という当初の目標を改め，その開催時期及び議題などにおいて柔軟な態度で臨む方針に転換した[113]．多少開催を遅らせても，ビルマ，カンボジア，インドネシアに対して説得を続けることにしたほか，議題も経済開発だけに限らず，医療，教育問題などを含めることにした．そして，ジョンソン構想との関連については，当初

の「米国の資金を受け入れるべしとの意見が多いような場合にのみ」その受け入れのための「小委員会の如きものを設置する」旨を改め，閣僚会議が10億ドル援助の受け入れ機関ではないことを強調することにした．閣僚会議とジョンソン構想との関連性を否定するに至った理由は，いうまでもなく，閣僚会議がジョンソン構想の出先機関であるとの疑いをかけられては，中立・容共諸国の参加はもちろんのこと，国内においても会議開催への意見調整に困難が生じると予想されたからであった．

日本政府が東南アジア開発閣僚会議の開催を正式に決めたのは10月15日の外交関係閣僚協議会でのことであった[114]．その際，「本件会議はジョンソン大統領の構想とは直接関係がない」とされたほか，翌年「1月中旬の2日間」の日程で東京で開催する案で9ヵ国に申し入れるが，被招請国の一部がオブザーバーとして出席したり，不参加の国が出た場合でも予定通り開くことになった[115]．ところが一部の被招請国の事情により翌年1月の日程では開催が困難であることが明らかになったため[116]，再度関係諸国に働きかけに入った結果，12月になってようやく翌年4月6–7日の暫定的日程が決まった[117]．1966年2月11日，会議日程の最終決定とともに，関係9ヵ国に対し近く正式に参加招請を行うことが閣議で了解され[118]，3月下旬，その議題などが正式に決定した[119]．

(2) 参加国拡大を求めて

外務省による閣僚会議参加の打診に対して早い段階から肯定的反応を示したタイ，フィリピン，マレーシア，南ベトナム及びラオスの5ヵ国に限っては，細かい条件をめぐる異見こそ存在したものの，その参加の取り付けは比較的に順調に進んだ[120]．問題は残る「中立または容共」の3ヵ国，即ちインドネシア，カンボジア，ビルマ，そして当初の参加意向を撤回したシンガポールのケースであった．1966年2月11日，日本政府の閣議において会議日程が最終的に決定された時点で，これら4ヵ国はいずれも不参加の立場を表明していた[121]．それゆえ外務省は会議開催直前まで4ヵ国の参加を取り付けるために全力を注ぐことになった．その際の外務省の戦略は，ジョンソン構想との関連性の否定（日本の独自性）と，脱イデオロギー化（経済目的の鮮明化による政治色

の排除）の強調であった[122]．

　まず，シンガポールについてである．外務省は，当初シンガポール政府が閣僚会議に反対しなかったため，同国の参加を見込んでいた[123]．ところが 1965 年末，日本政府からの日程調整の要請に対して，シンガポール政府は，独立早々新国家建設に踏み出した同国としては「特殊のグループに属する如き誤解を与えるおそれがあるので」，ビルマとカンボジアの参加が期待できない現状では，シンガポールも参加できない旨回答してきた[124]．シンガポールの突然の態度変化を受けて外務省は，その翻意を促すべく，閣僚会議は「まったくわが国独自の考え方に発するものである」，また「当面不参加の意向を示している諸国に対しても会議はオープンしており，今後とも会議開催に至るまでわが国は積極的に参加を求め続ける方針である」と力説した[125]．しかし，シンガポールは，上記の理由に加え，「エカフェの如き国際機関もあるので，特に新しい機構を作る必要性も薄く，当面不参加に決定した」と返答した[126]．非同盟中立を標榜する同国としては，ビルマやカンボジアなど中立国が参加しない限り，反共同盟とみなされ得る閣僚会議に参加するわけにはいかないとの立場であったのである．

　ところが，1966 年 2 月，シンガポールの立場に変化の兆しが見られた．日本との経済関係を重視するリム・キム・サン財務大臣が，度重なる上田常光総領事からの再考要請に対して一定の理解を示し，条件次第では参加の可能性もあり得ると発言したのである[127]．そして，リム財務大臣の説得が功を奏し，ようやくシンガポール外務省も，閣僚会議が「何ら政治的意図に出たものでない旨書面で保証を得られるならばシンガポールは参加する」というまでに態度を軟化させた[128]．日本政府は，この要求を承諾した[129]．同月末，椎名外相による閣僚会議への正式招請状とともに，「日本政府の閣僚会議開催決定は椎名氏自らのイニシアチブによるものである．……この会議は如何なる政治的性格の目的も進める意図はない．日本政府は，当会議が政治的グループの形成を目指すだろうとの如何なる誤解も避けるために最善を尽くすつもりである」との内容を盛り込んだ上田総領事によるラジャラトナム外相宛の書簡がシンガポール政府に手渡された[130]．こうしてシンガポールの参加が確保されたが，両国間の外交交渉は，日本政府が閣僚会議とジョンソン構想との関連性を否定し，会議の

非政治的性格を一層鮮明にさせる要因として作用したといえる．

　次は，インドネシアである．同国は，1965 年 7 月，日本政府から閣僚会議への代表派遣を打診されて以来，マレーシアの参加する国際会議には出席しないとの方針から，閣僚会議への不参加の立場を貫いていた[131]．それに対して日本政府は，正式参加が難しいなら在京大使館員のオブザーバー派遣でもかまわないとし，その可能性を打診していた[132]．しかしながら，66 年 3 月初め，斉藤鎮男大使がスバンドリオ外相を訪ね，閣僚会議への招請状を手渡した際にも同国政府の立場には何ら変化もなく，同大使は「イ［インドネシア］政府の現状においてはいかなる形でも参加は極めて困難であると認められる」と報告せざるを得なかった[133]．

　ところが，その後インドネシア政局の急変を受け，同国政府の立場に変化の兆しが見えてきた．1965 年の 9・30 事件後，スカルノ体制が揺るぎ始めたが，1966 年の 3 月中旬，いわゆる 3・11 政変によって，スカルノ大統領からスハルト陸相へ実権が移った（第 6 章参照）．そして，失脚したスバンドリオ外相の後任にアダム・マリクが臨時外相に任命された．その翌日，斉藤大使はマリク外相を訪ね，閣僚会議への代表派遣問題の再考を申し入れた[134]．それに対して外相は，「代表を出したいところだが，従来の関係から一足飛びにそこまで行くわけに行くまいからオブザーバーを出す」とし，「出来れば中央から出したいが時日もないので在京大使館から出すことになるかもしれない」と述べた[135]．そして，外相がインドネシア代表派遣を改めて要請するよう日本政府に求めたため，斉藤大使は再び，日本政府はインドネシアの正式代表の派遣を招請するが，「これが困難な場合にはオブザーバー派遣にても同様にアプリシエイトする」旨の書面を作成し，椎名外相の書簡を添えて，インドネシア政府に手渡した[136]．

　マリク外相はその後，オブザーバー派遣の人選を最優先すると同時に[137]，スカルノ大統領との 2 日間の談判に臨んだ．その際外相は，正式代表の派遣という線で交渉したが，大統領がマレーシア紛争との関係でこれを拒否したので，「かくては何もできないではないかと食い下がり」，結局大統領も折れて駐日大使によるオブザーバー出席について「一晩よく考えて見たい」と答えたという[138]．その結果，会議開催のおよそ 1 週間前にインドネシアのオブザーバー参

加が決まった[139]．これについて斉藤大使は，「マリク大臣の大統領に対する圧力が成功したことの意義は大きく，またマレイシア紛争を口実とする大統領の孤立政策にも転機を与えることになる」と評価した[140]．

　カンボジアも，外交関係のない南ベトナムと国際会議で同席することはできないとし，閣僚会議への不参加の立場を貫いていた．会議開催のおよそ1ヵ月前，田村幸久大使は，同政府に椎名外相の招請状を手渡したが，その際，同会議は「メコン委員会の活動分野よりもはるかに広範囲なものとは言え，政治問題を離れた東南ア開発と言う国家間の経済協力を目的とする点においては同一の性格を有する」と説明した[141]．つまり，カンボジアが参加してきたメコン委員会同様，閣僚会議も経済的会合であることを強調することで，再度同国の代表派遣を促したのである．しかし，カンボジアの立場を変えることはできなかった．

　その後，インドネシアのオブザーバー派遣の決定を受けて，日本政府は，カンボジアの参加を再び要請した．即ち，閣僚会議について「インドネシアのオブザーバー派遣などにより，これを政治会議であるとする誤解も次第に解消しつつある情勢にある」として，田村大使に対して，「この際最期の試みとして，同国からのオブザーバー（本国からの派遣が不可能ならば少くとも在京大使館より）の出席を考慮するよう先方の説得に努められたく」と指示した[142]．これに対してカンボジア政府はそれまでの態度を改め，会議開催の前夜，オブザーバー派遣を申し入れてきた[143]．

　ビルマは，従来何度も閣僚会議への参加を打診されながらも，一貫して不参加の立場を貫いていた．同国の標榜する非同盟中立の外交路線を厳守するため国連以外の国際会議には出席しないとの立場であったのである[144]．閣僚会議のおよそ1ヵ月前，日本政府は高瀬侍郎大使を通じて招請状を手渡し，不参加方針の再考を促した[145]．しかし，ビルマ側は，同国の基本外交政策上，大臣級の参加は勿論，在京の大使がオブザーバーとして出席することもできない，との立場を変えることはなかった．結局，ビルマは，閣僚会議に招請された9ヵ国の中で正式代表とオブザーバーのどちらも派遣しなかった唯一の国となった．

　そのほか，日本政府は当初ウ・ニュンECAFE事務局長のオブザーバー参加を要請していた[146]．ところが閣僚会議の4月初旬開催が決まると，ECAFEの

日程上，同事務局長の参加は困難とされた[147]．外務省は粕谷孝夫駐泰大使を通じて最後まで交渉を続けたものの，結局，その参加は実現できなかった[148]．

ところで，閣僚会議には招請されなかったものの，それに高い関心を持っていた国があった．韓国，台湾のほか，パキスタンである．会議開催まで約1ヵ月を残した時点で，ソウルの吉田健三代理大使は，本省に対して「韓国政府は東南アジア開発閣僚会議に対し韓国主催の外相会議［同国が開催を推進中であったASPAC］との関連もあり深い関心を寄せているところ，最近当地では韓国及び中国［台湾］も招請されるのではないかとの噂も流れており，韓国側事務レベルより説明を求められている」とし，西山局長に見解を求めた[149]．

これに対する経済協力局の答申によると，日本政府は，韓国と台湾を排除した理由として，この2ヵ国と東南アジア諸国との経済発展水準または外部援助体制の確立程度などの差など，経済的要因を挙げているものの，実のところ，反共の砦とされるこの2ヵ国を招請すれば，閣僚会議がアメリカの主導する反共同盟の一環として位置付けられかねず，その結果，中立・容共の3ヵ国の参加を一層困難にするだろうとの政治的要因を考慮していた[150]．このような措置にも，閣僚会議を政治体制の異同を越えた地域機構として育てていこうとする外務省の意向が表れていたのである[151]．

1966年4月6-7日，東京プリンスホテルにて，主催国日本のほか，ラオス，マレーシア，フィリピン，シンガポール，タイ及び南ベトナムの閣僚級代表と，インドネシアとカンボジアの大使級のオブザーバーが参加する東南アジア開発閣僚会議が開かれた[152]．開会式における挨拶の中で佐藤首相が日本の対東南アジア援助を大幅に拡充すると約束したほか，各閣僚はそれぞれの担当分野においてできる限りの援助を行うとし，特に藤山経済企画庁長官，福田蔵相は，できるだけ早く国民所得の1%の援助を実現したいと述べ，今後日本が援助問題へ積極的に取り組んでいく姿勢を示した．それに対して，各国代表による演説が行われたほか，農林水産業，工業化，運輸・通信，医療・教育訓練，先進国及び国際機関からの援助などの問題に関する討議が行われ，共同声明が採択された．また，次回会議の開催が決まり，その後，日本政府の希望通り会議は定例化され，日本の対アジア外交の重要な装置の一つになっていくのである．

第4節　東南アジア開発閣僚会議設立の意義

1. 日本の対アジア積極外交と米政府の評価

　以下，日米両国の政策担当者たちの認識に基づき，両国のアジア外交及び日米関係における東南アジア開発閣僚会議の位置付けをしてみたい．まず，閣僚会議に込められた外務省の政策意図についてである．同会議の閉会に際し，外務省は次のように自己評価していた[153]．

　　東南アジア開発閣僚会議は，戦後初めてわが国独自のイニシアティブにより開催された国際会議である．……経済の分野において，日本の［原文ママ］東南アジアにおける日本の指導権が認められたことを意味する一つの試金石であった．このことにともなって，これら諸国に対する日本の経済協力姿勢は半ば定められたことになり，これまでの商業目的を持った短視野の経済協力の仕方は，今後大きく止揚されることとなろう．

　外務省にとって同会議は，単にアメリカからの援助の「受け皿」を設けて日本の経済利益を確保する以上の意味があったことが分かる[154]．「商業目的を持った短視野の経済協力」の止揚とは，換言すると，経済援助の拡大を梃子にした対アジア積極外交の提言にほかならなかった．その意味で，閣僚会議に込められた外務省の最大の狙いは政治的動機にあったというべきであろう．

　ジョンソン構想提案の翌月，西山経済協力局長はアジア・太平洋地域大使らとの会議において次のように述べ，アジア向け経済援助の拡大及びそのための国内体制づくりの重要性を強調した[155]．

　　今後の経済協力の方針について，特にアジア地域に対する経済協力をアジア外交を進める上の裏付けとして積極的に進める必要を痛感している．……しかし財政資金の不足等によって来年もそう大して期待できないが，経済協力を抜本的に行なうには政治的に大きく問題にする必要があると思う．

　当時外務省では経済協力局を中心に，経済援助を梃子にアジア外交を強化し

ていく必要性が指摘され，その試案が作成されていた[156]．また，関係省庁の間でも対外援助を拡大していく必要性が指摘されていた（高橋 2004c: 101-113）．ジョンソン構想の発表とともにアメリカから寄せられた「実質的な貢献」の圧力は，外務省，とりわけ経済協力局の事務方にとって自らの援助拡大の目論みを実現させるための好材料になり得るという点において，歓迎すべき面もあったことは否定できない[157]．そもそも閣僚会議開催の主な目的が東南アジア開発援助に対する国内の「ムード作り」と定められていたことは意味深長である[158]．その後，外務省の思惑通り，閣僚会議の開催によって「日本の経済協力姿勢は半ば定められた」．即ち，国内外に対し，援助拡大の方針が日本政府の意思として表明され，その結果「東南アジアにおける日本の指導権が認められた」のである．要するに，経済援助を手段として対アジア積極外交を進めようとする外務省にとって同会議は，援助拡大への国内の支持を広げ，その意思を世界に伝え，東南アジア諸国に日本の援助国としての地位を認めてもらうことに活用されるべきものであったといえよう[159]．

そして，日本政府による対アジア積極外交という政治的動機の追求にいち早く気付いていたのはほかならぬアメリカであった．1965年1月，駐日米大使館は，外務省がアジア諸国に対する開発援助の拡大に関心を高めているとの分析に続き[160]，4月には「具体的イニシアティブの段階には至っておらず，外務省で作成中の総合的援助計画は政府レベルでの検討と議論のための準備には入っていない」としながらも，「日本はアジアへの影響力拡大を望んでおり，そのため経済力を利用するに違いない」と報告していた[161]．その直後にジョンソン構想が提唱され，ライシャワー大使より，日本の「より大きくかつ責任ある役割」を促すことを勧告する電文が国務省に届いていたことは前述の通りである．そして，閣僚会議開催後，米政府はそれを次のように評価した[162]．

> この会議は日本と東南アジア諸国の関係におけるターニング・ポイントとなった．東南アジア諸国は日本のリーダーシップを認めたし，日本としては，戦後初めて，アジア諸国の国家建設に対する責任ある関与を受け入れる積極的外交政策を公式に認めたのである．

次に，閣僚会議開催における日米の役割及び両国関係における会議開催の意

第 4 節　東南アジア開発閣僚会議設立の意義　159

味についてである．前記の外務省の自己評価によると，同省としては，会議提唱の直接のきっかけがジョンソン構想であったにもかかわらず，国内勢力並びに会議参加国に対する政治的配慮から同構想との関連性を否定し続けざるを得なかったこと，また会議においては日本の援助に議論が集中したものの，日本が提供できる金額の限界を補うために将来的にアメリカの資金に頼らざるを得ないだろうと見込んでいたことが窺える[163]．とはいえ，日本の取るべきイニシアティブのあり方，そしてその具体的な形は日本自らの発想によるものであり，かつその準備もアメリカ外交に頼らず日本政府が中心となって行われたことには変わりない．次のようなアメリカ側の認識もそのことを物語っている．

> 　東南アジア開発閣僚会議はジョンソン大統領の考えと調和しているが，それへの直接の対応ではない．……アメリカと日本は方向は同じだが，別々の並行した途を追求している[164]．
> 　特に重要なのは，この会議［閣僚会議］においてアメリカ［の影響力］は全く存在しなかったことである．会議のアイディアは，ボルティモア演説での大統領の提案に対する真のアジアからの対応を模索する努力が日本政府内で行われる中で生まれたものであろうが，そのイニシアティブは全く日本によるものであった．日本側は会議の準備に際して我々にその進展を知らせていたが，我々の支援は求められなかった．一層重要なのは，我々が日本政府をせかしてこの行動をさせたのではないことを日本国民自らが了解しているように思われる，ということである．日本の視点からすると，長い間日本が待ち望んできたアメリカからの働きかけが大統領の 4 月 7 日演説には含まれていたという事実を，我々は見逃しがちである．彼らは，ベトナム紛争への軍事的参加を避けるとの決意を持ち続けたにもかかわらず，東南アジア経済開発においては我々と一緒に参加する途を念入りに模索していたのである．（傍点筆者）[165]

このように米政府にとって閣僚会議は「日本自らの援助組織」であったが，それ自体，アメリカの対アジア政策に適したものであった．ライシャワー大使は日本の対外援助政策における自主性の重要性を次のように強調した[166]．

> 　日本の国益の観点から援助拡大のための独自のイニシアティブを取るように励ますことはアメリカの対日外交の基本路線であり，経済的のみならず政治的意味においてそれを効果的に達成するために，そのようなイニシアティブは

本当の意味での日本自身のものであり，日本がアメリカに追従しているような印象を避けなければならない．（傍点筆者）

そしてアジアにおける日米両国の将来的な役割分担について，米政府は次のような分析と政策目標を持っていた[167]．

> 今後，……両国が，自由アジアの平和と進歩に向けた協調的努力の効果的なパターンを築くためには，……(a) 日本は，自由アジアにおける経済援助及び開発のリーダーシップの責任を徐々に増大させていかなければならない．……(d) 日本は，自由アジア太平洋における一層の非軍事的地域協力を成し遂げるために主導的役割を果たさなければならない．アメリカは，アジア太平洋の地域問題における日本のリーダーシップを，最大限尊重しなければならない．

アメリカはアジア政策における自らの負担を軽減することを望んでおり，そのため日本政府の自発的意思による，アジアにおける非軍事面での責任増大を必要としていた．米政府が閣僚会議に対して，当初求めていたジョンソン構想実現のための「アジア版CIAP」設立のイニシアティブとしての期待を持てなくなってからも，依然として同会議を自らのアジア政策に有益なものと評価していたのは，上記のような長期的視点から，それが今後日本のアジア外交の強化につながる材料として位置付けられていたからであった．

2. ジョンソン構想と一線を画した日本独自の援助体制構想

これまでの分析によって，外務省による東南アジア開発のイニシアティブは最終的に東南アジア開発閣僚会議に帰結したものの，その過程は中身の異なる複数の構想と試行錯誤に満ちており，決して平坦で直線的な道程ではなかったことが明らかになった．また，外務省の対応を対米協調かそれとも対米自主かの二者択一の対立構図で捉えることは困難であることが分かった．アメリカの働きかけへの日本の対応という面では明らかに対米協調的な要素を見出すことができるし，閣僚会議にはジョンソン構想とは異なるアジア的発想が働いており，会議開催に向けた外交交渉は日本政府の主導で行われたという点では対米自主的な性格が認められるからである．

確かに東南アジア開発問題に関する佐藤政権の積極的な対応はアメリカの意

向に触発されたものであった．ジョンソン構想へのアジア側の対応を組織化するための具体的イニシアティブの発揮を求められた日本外務省は，「アジア版OEEC」や「アジア版CIAP」というべき地域機構の設立を含む一連の具体案を企画した．当時アメリカはジョンソン構想推進基盤の構築において日本政府に対する働きかけと並行して国連によるイニシアティブに大きな期待を寄せていた．それゆえECAFEやメコン委員会の展開によってアメリカの開発戦略は揺れ動いていたが，このうねりが更に外務省の対応に波及し，少なからぬ影響を与えていた．

とはいえ，外務省の対応は必ずしも対米追従的なものではなかった．上記案はいずれもジョンソン構想との政治的親近性ゆえに日本政府案としての採択には至らず，その代案として日本政府独自の発想によって案出されたのが東南アジア開発閣僚会議であったからである．従って，東南アジア開発問題に対する日本政府のアプローチをジョンソン構想の延長線上に位置付けるのは無理であるといわざるを得ない．

実際に東南アジア開発問題に対する外務省のアプローチにはジョンソン構想とは異なる要素が含まれていた．まず，資金面において，「日本も応分の資金を出す」との方針は，4月の「アジア平和計画」以降，閣僚会議開催まで一貫していた．アジア援助における「アメリカの資金と日本の技術」という従来の態度は止揚され，自らの積極的な資金援助を前提にした開発構想が考えられたのである．一方，制度面においては，当初ジョンソン構想に応えるという性格が強かったOEEC型の「アジア平和計画」と，国家開発計画のレビュー・調整機能に集中するCIAP型協力案が勧告・考案されたものの，これらはいずれもジョンソン構想との政治的親近性ゆえに政府案としての採択には至らなかった．そして閣僚会議の提案に至っては，ジョンソン構想とは一線を画すものとなっていた．

そもそもジョンソン政権が外務省に求めたのは，資金面での寄与もさることながら，制度面での寄与，即ち自らが目論んだ「アジア版CIAP」設立に向けたイニシアティブであった．ところが外務省は対米協調を掲げながらも，「アメリカのマウス・ピース」と非難されることを嫌い，資金面での寄与を伴わない枠組みだけの選択肢は固辞した．その代わり外務省が目指したのは，メコン

地域ではなく東南アジア全体を対象にし，かつインドとパキスタンを除外しながら援助国としては日本のみが参加することで自らの影響力を行使しやすい援助体制であった．

　日本は1960年代に入ると急速な経済成長によって国際社会における存在感を増し続けた．外務省は，拡大した経済力を活用した形での対アジア積極外交を目論んだのであり，ジョンソン構想をきっかけに日本自らの援助組織を作り上げようとした試みの帰結が閣僚会議であったのである．そして，このような政治的動機の追求は，経済利益を優先した従来の外交方式からの脱却を目指すものであったといえよう．

第5章　アジア太平洋協議会

第1節　戦後東アジア安全保障体制と韓国外交

1.「ハブ・アンド・スポーク」の東アジア集団防衛体制

　第2次世界大戦後東アジアにおける西側陣営の安全保障の根幹は，1950年代を通じて徐々に築き上げられたアメリカと地域各国との間での一連の二国間または多国間同盟条約であった．朝鮮戦争の勃発をきっかけに，対日講和条約及び日本の再軍備と連動する形でのいわゆる「太平洋協定」が米政府によって推進されていた (細谷1984: ch. 7, ch. 8; 菅1992: ch. 5; Umetsu 2004)．それは対日講和に際しアメリカの進めた地域的集団防衛構想で，当初，アメリカ，カナダ，オーストラリア，ニュージーランド，フィリピン，日本など太平洋諸国を包括する単一の取り決めを目指すものであった．しかしながら結局のところ，英連邦諸国からの反対，日本の消極姿勢などにより，ANZUS条約 (51年調印，以下同様)，米比相互防衛条約 (51年)，日米安全保障条約 (51年) など，複数の取り決めの締結に帰結した (中西 1994: 97; Mabon 1988: 174; 李鍾元 1993b: 198–199)．その後，韓米相互防衛条約 (53年)，米中 (台湾) 相互防衛条約 (54年) が結ばれたほか，インドシナの情勢悪化を背景にSEATO (54年) が組織された．そもそもSEATO設立過程においては米国防総省を中心に韓国や台湾までを含んだより広範囲の国々をメンバーとする案が検討されていたが，英連邦諸国からの反対と，韓国や台湾の軍事行動に巻き込まれることに対する国務省の憂慮などにより，この構想は実現されなかった (Buszynski 1983: 6–7, 19–20)．

　こうしたハブ・アンド・スポーク体制は，戦後の欧州やラテンアメリカのケース，即ち加盟国間の双務的な多国間条約によって地域全体をカバーする単一体制とは違って，基本的にアメリカと地域各国との二国間同盟関係を中心と

したものであった．即ち，ANZUS，SEATO などアメリカの主導による多国間枠組みが成立したとはいえ，それは二国間関係中心の安全保障体制に代替するものではなかった (Berton 1981: 7–13; Nau 2002: ch. 6; Katzenstein 2005: 50–58)．西太平洋地域における包括的集団防衛枠組みの構築がアメリカの極東政策の将来的行動方針として規定されながらも[1]，米政府はそれに対する自らのコミットメントには常に慎重であったのである[2]．

2. 韓国の追求した東アジア反共同盟

その一方で，韓国などの反共の地域諸国による東アジア集団防衛体制構築の試みも見られた．1949 年 4 月の NATO 調印をきっかけに同年 7 月，韓国，フィリピン，台湾の首脳は「NATO の太平洋版」たる「太平洋同盟」構想を提唱し，アメリカに働きかけた．しかしながら，アジアにおける軍事的コミットメントの恒常化には消極的であったトルーマン政権の冷淡な対応と，それに影響されたフィリピンの途中離脱により，アジア主導による戦後初めての地域主義の動きとも位置付けられる同構想は実現しなかった[3]．韓国や台湾による反共の組織化への模索はその後も続き，朝鮮戦争中の 1951 年 2 月，韓国国会において太平洋同盟締結促進に関する決議案が採択されたほか，52 年と 53 年には韓国政府によって韓国，フィリピン，台湾による太平洋同盟が提案されたものの，進展は見られなかった[4]．また 51 年には米政府による前述の「太平洋協定」設立の動きを察した韓国政府は同協定への参加を試みたが，実現しなかった (崔永鎬 1991: 53–62; 1999: 170–180; 노기영〈ノ・キ・ヨン〉2002: 187–211)．その代わり韓国政府が手にしたのはアメリカとの二国間防衛条約と民間レベルの APACL であった[5]．

このように韓国や台湾の提唱した太平洋同盟案を米政府が拒否した理由としては，「安全保障における包括的コミットメント」への躊躇のほか[6]，次の二つがあった．まず，性急な反共同盟への警戒である．即ち，同案は最初は政治・経済・社会分野での協力機構を標榜しても将来的には反共同盟に発展するだろうが，インド，ビルマ，インドネシアなどにとってそのような反共同盟は受け入れ難く，仮にアメリカがこれらの国々を排除した同盟を推進することになると，それら諸国の防御を放棄したとの印象を与えかねないという点であった[7]．

次に，日本の排除に対する憂慮である．既に触れたように，米政府は1949年の時点で日本を中心とする東アジアの地域的経済統合案を検討しており，安全保障の面でも日本を含めた「太平洋協定」を推進していた．日本経済を復興させ，アジア有数の同盟国へと育てようとしたアメリカにとって，日本の排除ないしは日本との対決を想定した韓国，フィリピン，台湾による上記の構想は受け入れ難いものであったのである[8]．

1959年夏，李承晩大統領の指示により，韓国政府は東アジア反共諸国指導者会議の開催を推進した[9]．韓国外務部の企画した「東アジア諸国機構（Organization of East Asian Nations）」計画では，共産主義や帝国主義からの軍事・経済的侵略に共同で対処すべく政治，軍事，社会・経済，文化面での協力を目的とした地域諸国同士の政府間機構の設立が提案された[10]．同案の背景には，東アジア諸国の多くは植民地時代を経験しており，目下，中国と日本という「二つの帝国勢力」からの軍事・経済的侵略に脆弱であるとの状況を共有している，従ってこれらの国々が国際社会で生き残るためには互いに団結・協力し合う必要がある，との認識があった．同構想は，参加国として韓国，台湾，フィリピンのみならず南ベトナム，ラオス，タイ，マラヤ連邦，ビルマまでを想定したこと，協力分野も政治や軍事だけでなく社会・経済，文化にまで及んだことに特徴があった．しかしながら，反共の組織化と日本の排除という志向性には変わりがなく，関係国からの協力は得られなかった．

1961年1月にはマニラで「アジア4ヵ国外相会議」が開催された．フィリピン政府による自由主義陣営アジア諸国の結束及び反共の組織化への呼びかけに，韓国，台湾，南ベトナムが応えて実現したものであった．フィリピン政府のイニシアティブを促した直接のきっかけは，ラオス危機に際してのケネディ米新政権の対アジア政策に対する不信であった[11]．即ちフィリピン政府としては，フランスやイギリスの消極的な対応によって同危機に対する機能不全が明らかになったSEATOの限界に鑑み，域内国同士の協議体を組織して，懸念されたアメリカの「漸進的撤退」に共同で対処しようとする狙いがあった[12]．当初招請されたSEATO加盟国のタイとパキスタンが出席しなかったためフィリピン政府の目的達成には限界があったものの，韓国政府にとって同会議は「自由アジア諸国の協議機構創始の第一歩」として，また「東南アジア問題に対

する正式な発言権と影響力の確保」という意味で成果が期待された[13]．

1962年5月，APACL臨時総会がソウルで開催され，アジアにおける反共諸国の組織化の必要性が決議された．これを機に韓国外務部は，同年8月，前記の4ヵ国に，タイ，マラヤ連邦及び日本などを加えた「第2次アジア地域外相（首脳）会議」開催を試みたが，参加予定国の協力が得られず，実現しなかった[14]．更に翌年2月には，上記4ヵ国にタイを加えた5ヵ国による「アジア自由諸国外相会議」をサイゴンで開催する案が計画されたものの，不発に終わった[15]．

第2節　韓国によるアジア外相会議の提唱

1. 韓国政府の初期構想：自国の主導性，幅広い参加国の想定

韓国では1963年末，第3共和国が出帆した．61年5月のクーデターによって政治権力を掌握した軍部勢力は，63年10月の大統領選挙に勝利し，同年12月には共和党政権を正式に発足させることに成功したのである．その翌年8月中旬，大統領秘書室は朴正煕大統領に対し「アジア外相会議」の年内開催を強く勧告した[16]．「外交問題に関する公約の中で一番重要できわだった意義をもつのがアジア首脳会談開催提案である」とし，もし首脳会談の年内開催が困難なら，それに向けた「基礎作業」として外相会談などを年内に開催すべきであると促したのである．

同秘書室は，トンキン湾以後の南ベトナム情勢，インドネシア・マラヤ連邦間の紛争，共産主義勢力の膨張問題など最近のアジア情勢が，1961年のアジア外相会議を継承する形でのアジア諸国同士の首脳級ないし外相級会談を開催する必要性を高めたとし，外交当局に対して早急に準備作業に入るよう指示することを勧告した．そして同会談の主な目的として，(1) アジア首脳会談開催のための準備作業，(2) 共産主義による侵略に対するアジア民族の団結した意思表明，(3) アジア諸国間の通商関係の発展，(4) 韓日国交正常化に対するアジア諸国の共通の関心と支持の表明，などが挙げられたほか，「国民の関心を国内問題から対外問題に転換させることが必要であり，こうした意味でも以上の

諸措置は必要である」と記された.

　このような大統領とその側近からの指示を受けて，外務部は早速その準備作業に着手し，数日後には「東南アジア自由諸国外相会議開催」案をまとめた[17]．「今日東南アジア地域における漸増する共産主義による侵略の脅威をはじめ諸般国際情勢を検討し，ひいては東南アジア自由諸国間の結束と反共体制の強化のため」，翌年4月中の3日間，ソウルにおいて，韓国，台湾，南ベトナム，フィリピン，タイ，マレーシア，オーストラリア，ニュージーランドによる外相級の国際会議を開催するというものであった．会議の目的とされたのは，「(1) 共産主義による侵略の脅威に対処するための反共体制の強化，(2) 東南アジア自由諸国の結束強化及び国際的地位の向上，(3) 国際情勢全般に対する検討及び共同対策の樹立，(4) 東南アジア首脳会談の土台の構築，(5) 会議主催国としてのわが国の国威宣揚」であった．またその議題としては「(1) 共産主義勢力の浸透に備えた反共体制の強化，(2) 自由アジア諸国の紐帯と国際的地位の向上，(3) 地域的経済協力の増進と文化交流の促進のための方途」が想定された．

　同案における注目すべき点は，第一に，韓国自らのイニシアティブを明確に打ち出したことである．前述のように，1961年の4ヵ国外相会議以来外務部で検討されてきた外相会議案がその開催国として東南アジア諸国を想定したこともあり，当初はタイまたはフィリピンを開催国とする案もあがっていたが，最終的にはソウル開催案に決まった．

　第二に，参加国の範囲をアジア諸国に限定せず，オーストラリア，ニュージーランドなど一部の太平洋国家まで広げたほか[18]，「被招請国の希望があれば」との条件付きながら日本の参加可能性を残していたことである．当初はラオス，カンボジア及びビルマの3ヵ国をオブザーバーとして招請する案も検討されたが，3ヵ国の対外姿勢によりそれら諸国の参加可能性はほとんどないとの判断から排除された[19]．

　第三に，会談の目的については，従来の会議開催案が主として「自由陣営アジア諸国の結束」を掲げていたのに対して，この会議に際しては，こうした関係諸国共通の目的に加え，韓日会談に対する国民からの支持，韓日国交正常化交渉における韓国の立場への国際的支持・理解の獲得が目指されていた点であ

る[20]．当時，国内の反対世論を押し切って韓日正常化交渉を積極的に進めていた朴政権は，国内政治基盤の強化及び対日外交における発言力増大の手段として同会議を位置付けていた．開催地や参加国拡大の決定にはこうした隠された狙いがあったのである．

2．アジア諸国の反応：「反共同盟」及び日本不参加への疑念

韓国政府は外相会議案に対する関係国の意思の打診に入った．1964年9月7日，李東元外務長官は関係諸国大使らに覚書を手渡したほか，10日には日本を除く被招請国駐在の公館に会議開催の趣旨を伝え，駐在国政府に協力を得べく働きかけるよう指示した[21]．各国の初期反応は次のようなものであった．

台湾は10月初めに会議参加を公式に表明した[22]．但し会議の性格，開催時期及び参加国に関しては韓国政府の構想とはやや違う見解を示していた．台湾としては独自の「5ヵ国外相会議」開催案を推進中であったこともあり[23]，韓国の提案がそれに近いものであるか，あるいはその設立に貢献できるものになることを望んでいたからである．即ち，外相会議の主な目標が「反共体制の再整備・強化」におかれるべく，参加国を台湾，韓国，南ベトナム，タイ，フィリピンに限定し，かつ年内開催を目指すべきとの立場であった[24]．台湾政府は，当初，オーストラリア，ニュージーランドは共産主義勢力からの直接の脅威を受けていないこと，マレーシアはインドネシア非難を展開することでフィリピンにとって攪乱要因となる可能性があることを理由に，これら3ヵ国の参加には否定的であったが，その後，態度を軟化させ，招請に同意した[25]．日本の参加についても最初は反対の意向であったが，後に「最終段階で知らせることで妨害工作を防ぐべく」としてその招請に同意した．

11月中旬には南ベトナム及びタイから会議参加の意向が正式に伝えられた．南ベトナム政府は，他の被招請国が参加するなら自国も参加したいとし，日本の参加にも前向きな態度を示したほか，会議の主な目的は，同年アルジェリアで開催予定の第2回アジア・アフリカ会議，中国の核実験，インドネシアによるマレーシアとの対決政策などへの共同対応におくことを要望した[26]．タイ政府からは日本の参加が重要であること，本会議開催に先立ち，予備会談を設けた方が有益であろうことが主張された[27]．

ところが，その他の国々からは公式の返事が控えられるか，あるいは不参加の意向が伝えられた．フィリピン政府は，韓国の提案した外相会議が「反共同盟」結成を前提にしたものであるならフィリピンの参加は難しいとの態度を示した[28]．フィリピン政府が「反共同盟」ではないかと疑ったのは，9月初め台湾政府が「韓国側の提案」として5ヵ国外相会議案を提示してきたためであり，マフィリンド（MAPHILINDO）加盟国であるフィリピンとしてはインドネシアとの関係を勘案し，反共色の強い同盟への参加は困難であると判断したからであった[29]．その後，韓国から，提案中の会議は1961年の4ヵ国外相会議の延長として「域内国同士の親善強化と経済協力及び文化交流の増進を目的とするもの」であると説明されたにもかかわらず，「国家安全保障会議での検討」を理由に最終的返答を避けていた[30]．4ヵ国外相会議の開催国として「積極的な支持」が見込まれていたフィリピンの消極的な対応ぶりは韓国外交当局をいらだたせるものであった[31]．

オーストラリア政府は外相会議参加への意思がなかったため，韓国側の問い合わせに対して，関係諸国の反応を窺うだけで，自国の参加には直接の言及を控えた[32]．ポール・ハズラック外相は，議題が曖昧であるとしたほか，「日本の参加しない会議は意味がない」とし，消極的な反応に終始した[33]．ニュージーランド政府も外相会議の趣旨は理解できるものの，基本的にオーストラリア政府と歩調を合わせることになるとの意向を示したため，「日本の参加なくしてオーストラリアの参加は困難であり，オーストラリアの参加なくしてニュージーランドの参加も期待できない」との見解が寄せられた[34]．ニュージーランドにとっては，参加を表明した国々が，共産主義陣営側のいう「アメリカの衛星国」ばかりであったため[35]，自国の参加に値するほど重要であるとは考えず，韓国政府の提案が自然消滅することを望んでいたのである[36]．

マレーシアからは，1964年9月下旬，「提案された会議は時期的に適切ではない」とのアブドル・ラーマン首相の意向が伝えられた[37]．韓国政府は，マレーシア政府による不参加決定の背景には「マフィリンドの紛糾及び二つの中国観」，即ちインドネシアと中国への配慮からフィリピンや台湾との同席を嫌う事情があるとの判断から[38]，「反共機構設置」とした当時のマスコミ報道は「誤報」であると説明し，マレーシア政府に再考を促した．しかし，マレーシア

政府からは「インドネシアとの対決，カイロにおける非同盟諸国会議でのマレーシア問題の上程などで，マレーシアとしては非常に重要な時期であり，本国政府は多忙である」との返答しか得られなかった[39]．そして11月下旬にも，「多忙な国内事情」を理由にした不参加の意向が再度表明された[40]．マレーシア政府は，韓国政府がこの会議を通じてある種の「常設の反共機構」の設立を目論んでいるのではとの疑念を捨て切れなかったのである[41]．

韓国外交当局は外相会談の構想段階で，当時悪化した対日国民感情及び日本と正式な国交関係がないことなどを考慮し，日本の招請問題は関係諸国の反応をみてから決定するとの方針であった．ところがその後，オーストラリア，ニュージーランドのみならず，参加表明をしたタイ，南ベトナムまでもが日本の参加を重視していることが明らかになり，佐藤新内閣の誕生とともに日本にも参加を要請することになった[42]．それに対して日本政府は不参加の意向を明らかにしたが，その背景には次のような判断があった[43]．

> 被招請国は大体強度の反共国家であり，また三つの分断国家を含むところからみて，本件会議は本質的に反共的性質のものとなるべく，反共的宣言や反共的な措置を採択する公算が大である．よって，わが国が本件会議に参加することは中共をはじめ共産主義諸国を刺激することはもとより，アジアの中立系諸国，特にカンボディア，ビルマ，インドネシアなどに対するわが国の影響力を弱め，或いはわが国のこれら諸国との関係に影響を及ぼす恐れがある．……また，本件会議の席上，参加国からわが国のとっている政策ないし立場について非難・攻撃を受ける恐れがある．

日本としては，自国も自由主義陣営の一員であるとはいえ，韓国，台湾及び南ベトナムなど強力な反共政策をとる国々とは異なり，柔軟な外交政策を基本としているため，同会議への参加は難しいという立場であったのである[44]．

このようにして，外相会議への参加を正式に表明したのは台湾，南ベトナム，タイに限られ，提案から2ヵ月余りが過ぎた時点で，現状のままでは「8ヵ国による外相級の国際会議」の実現は困難であることが明らかになった．同会議の目的が「反共の組織化」にあるとみなされ，また日本が参加しないことがその主な阻害要因であることもはっきりしてきた．この難局を打開するために韓国政府はタイ政府に協力を要請した．外相会議開催問題の協議のためのタ

ナット・コーマン外相の訪韓を申し入れたのであり,それが11月下旬に実現した[45].

韓・泰外相会談ではタナットから,日本の参加を取り付けることが最大の難問であり,それさえ確保されればその他の国々の参加問題は自然に解決されるであろうことが指摘された[46].そして中国との経済関係を意識し反共色の強い会合には参加したがらない日本政府はじめ一部の諸国を説得するためには,「反共同盟」の言葉を控えること,また,本会議の前に予備会談を設け,十分な準備を行い,かつ消極的な国々の参加を得やすくすることが提案された.これに対して韓国側は,「軍事同盟」や「反共」といった表現を議題からはずすことを約束し,また予備会談開催の必要性にも同意した.それから,政治問題が最重要であろうが,その提示においては共産圏の研究及び情報交換といった刺激的でない表現にする案や,経済・文化問題なども議題に含める案が提示され[47],また日本の参加問題についてはそれが韓日国交正常化交渉に有益であろうとし,前向きな態度を見せるに至った.そのほか,予備会談の場所は暫定的にバンコクにし,できるだけ早い内に開催すること[48],国連総会などの場を利用し,日本をはじめ関係諸国の説得に両国が積極的に取り組むこと,などが両外相の間で合意された.

3. アメリカの対応:傍観から側面支援へ

ところで韓国政府は米政府に対しても外相会議開催に向けての協力を要請していた.同会議開催が外務部案として決まった直後の1964年8月28日,即ち被招請国への打診を開始する10日前,李外務長官は新任のウィンスロップ・ブラウン駐韓米大使を呼び[49],急変する東南アジアの情勢に対応するためにはアジア諸国の協力が必要であり,「アジアの平和と繁栄の維持,共産主義に対する安全保障の強化,経済・文化協力の促進のためのアジア諸国外相会議開催を提案する」と述べ,その旨の覚書及び方針書を手渡し,米政府の協力を要請した[50].その際,李長官は,同会議が韓国の国際的威信の向上だけでなく,韓日国交正常化に向けた国内支持の獲得に役立つこと,韓国政府としては被招請国の多数が希望するなら日本の参加に反対しないこと,開催の時期及び場所は関係国の要望に応じて変更可能であることを付け加えた[51].

米政府の公式見解は，(a) 外相会議開催は韓国政府が関係諸国の意向を極秘裏に打診してから判断すべき問題であり，(b) 関係国に対してその開催をあまり強く推進したり，あるいは肯定的反応が確実に得られる前に公表したりすることは避けるべく，(c) 開催時期と場所は柔軟に対処した方が望ましいだろうというものであった[52]．要するに，米政府としては支持か反対かという明確な意思表明をせず，関係諸国への打診を秘密裏に進めることだけを勧告したのである．ジョンソン政権が積極的な歓迎の意向を示さなかった理由は，(a) 会議目的の曖昧さ，(b) 会議を開催し，またそれを意味のある結果としてまとめるだけの韓国政府の能力への疑念，(c) 被招請国の一部による参加拒否ないし態度不表明の可能性などにつき，「不安」を感じたからであった[53]．

とろろが，11月になると，韓国政府の提案した外相会議は米政府によって見直されるようになった．大統領選挙で圧倒的勝利をおさめたジョンソン政権は，ベトナム問題をはじめアジア政策の再検討を進めており[54]，外相会議案に対しても，それまでの傍観の姿勢を改め，その有用性を前向きに評価するようになったのである．その際，国務省が優先的に考慮したのは，極東における国際情勢の急変と，それに伴って一部の同盟国で高まった安全保障上の危機感と孤立感であった．

1964年のアジアではベトナム問題を焦点にした東西対立が激化の様相を呈し，8月にトンキン湾事件で状況が緊迫したほか，秋になると東側陣営による政治攻勢が強まっていた．10月，ニキータ・フルシチョフの失脚によって登場したアレクセイ・コスイギン首相・レオニード・ブレジネフ第一書記体制は北ベトナムへの積極的支援を約束し，インドシナ問題に対する東側諸国の団結を呼びかけた (菅 1994: 20)．また国際社会における中国の地位向上も著しかった．同年1月，仏政府による中国との外交関係樹立の方針発表のほか，10月には中国の核実験成功のしらせが地域諸国に大きな政治的・心理的インパクトを与えた (『国際年報』1964年版: 594–596)．

こうした国際情勢の急変と共産主義勢力による侵略の脅威に対してとりわけ強い不安を覚えたのは，東アジアにおける「反共の砦」とされた韓国と台湾であった．64年1月の仏政府の発表が中国の発言力拡大につながることを警戒した台湾政府は，極東における自由主義諸国同士の連帯強化を模索することに

なった．その具体案として企画されたのが，アメリカの参加ないしは支持の下で，台湾，韓国，南ベトナムによる二国間または多国間条約によって同盟体制を構築するという試みであった．同年4月ラスク米国務長官の訪台の際，台湾政府はその実現に向けてアメリカの支持を要請したが，そこで強調されたのが「反共諸国人民の士気高揚」の必要であった．しかしながら米政府からの返答は，アメリカは現時点で東アジアにおける条約に基づくコミットメントの拡大を望んでおらず，また南ベトナムをそのような条約体制下におくことにも賛成できないというものであった[55]．台湾政府による反共陣営結束の模索はその後も続き，7月には「5ヵ国外相会談」案を推進し始めたが，米政府はこうした一連の動きが，韓国，台湾，南ベトナムの軍事力とその他の自由主義諸国の経済力の統合によって「統一戦線」を形成し，最終的には「SEATOの再構築」ともいうべき単一の指揮命令権を持つ同盟体制の確立を目指すものであると分析していた[56]．

当時の国際情勢は韓国政府に対しても安全保障上の危機感を与えていた．1964年1月の朴・ラスク会談では，フランスによる中国承認問題や共産主義の脅威のほか，韓国における軍事力削減問題が取り上げられ，朴大統領は次のように発言した[57]．

> 我々は二つの不安による危機意識を抱いているが……その一つは国際的危機意識であり，これは今までの共産主義による侵略の脅威に加え，フランスによる中国承認，日本と台湾との不和問題などによる極東の情勢変動の展望と，最近流布された兵力削減説などによってこのような危機意識は高まっており……これらの問題に対して貴下は帰国する前に十分な言質を与え，わが国民の士気を昂揚させ，また不安を解消してくれるよう望む．

朴政権にとって安全保障上の大きな不安要因の一つは，同盟国アメリカからの防衛コミットメント確保の問題であって，とりわけ懸念されたのがアメリカからの軍事援助削減[58]及び駐韓米軍削減問題であった．特に兵力規模については，米政府内で今後の財政状況及び東南アジアにおける兵力増強の可能性に備え，韓国軍のみならず駐韓米軍をも削減することが議論されていた[59]．上記の会談では，朴大統領から現水準の兵力維持が要望されたのに対して，ラスク長

官は兵力縮小は切迫した問題ではなく，アメリカは今後この問題を韓国政府と協議して処理していく方針であるとし，韓国側の不安を取り除く配慮がなされたものの，米政府内ではその後も議論が続いた[60]．こうした米政府の動きに対して韓国政府は重ねて憂慮を表明していた[61]．

以上のような極東情勢が，1964年11月，ジョンソン政権が韓国政府の提案した外相会議を再検討した際に考慮されていたのである．国務省は駐韓米大使及び駐台米大使に対して次のような電文を送り，意見を求めた[62]．

> 極東外相会議開催に向けた韓国政府の努力を支援することを検討中である．同会議に招請された国々はアメリカまたは英連邦と重要な二国間関係を持っているものの，彼ら同士の関係は弱く，我々の目的はそれを強化することにある．共産中国の核実験や，韓国にも広がる可能性のある中国代表権問題によって，来年は緊張と不安定の時期になるだろう．同外相会議を通じた多国間活動は台湾と韓国の孤立感を緩和し，参加国間の共通利害への認識を高めるのに有用であろう．

それに対して駐台米大使は，台湾政府は同会議に対するアメリカの支持を望んでおり，「我々のバックアップによって適切に組織されるなら，それが具体的結果を生まなくても，台湾の孤立感と無力感を緩和し，地域諸国との連帯意識を増進させるという心理的面で有用であると思われる」と返答した．そして同会議の目的が曖昧であるという問題を指摘し，日本を含む多くの参加国から支持が得られるように会議目的を具体化させるよう韓国政府に働きかけることを勧告した[63]．

駐韓米大使からは，「会議によって具体的な政治・経済プログラムが導出されそうになくても，短期間であれ一緒に腰を据え，極東情勢に対する一般的な議論をすることだけでも相互協力と理解に有益であろう……韓国の立場からすると，会議は特に，同国の国際的地位に対する消沈した民衆の自信を高揚させるのに有益であろう．こうした態度［消沈した民衆の自信］はここのところ統一問題に対する混沌とした議論の噴出をもたらしている」とした[64]．但し，「3，4ヵ国，即ち［現在参加表明をしている］韓国，台湾，南ベトナム，タイのみによる会合では，無益な常套の反共策の焼き直し（sterile reshaping anti-communist formulas) に過ぎないだろう」とし，現段階で考えられる米政府の支援は会議に消極的な国々に対して参加を促すことであり，韓国政府もそれを歓迎するだろうと提言した．

国務省は，両大使の意見に同調し，「韓国など極東諸国の孤立感を克服するために，米政府は，会議が適切に組織され，かつ有用で政治的に実現性のある議題をもつものなら，韓国政府の提案した外相会議を支持する」とした[65]．但し，専ら「反共」に傾斜するのではなく，極東問題一般について議論すべきであるとの立場から，ブラウン大使に対し，会議の準備，議題などについて米政府の関心を表明し，特に議題に関しては必要であるならば，アメリカ側のアイディアを提示するよう訓令した[66]．このように国務省が議題について具体案を提示したのは，多くの参加国を確保するためであった．即ち，韓国政府の当初の提案に見られた議題の曖昧さが関係国の否定的反応を誘う要因の一つになっており，できるだけ多くの参加国を確保するためには全参加国が関心を持って発言できる会議にすることが重要であると判断したからであって，アメリカ自らが新たな反共同盟設立を目論んだり，あるいは自らの進める具体的政治・経済プログラムを実現させるための手段として同会議を位置付けていたからではなかった[67]．

韓国政府は，外相会議の議題や性格などに関するアメリカ側の提案を概ね受け入れた[68]．前月の韓・泰外相会談の合意に沿って，会議を「反共集会ではなく，極東問題全般を議論する機会」として位置付け，共産主義の脅威問題はその一部として処理するつもりであると返答したのである．そして，アメリカの提示した議題のほかにも，翌年2月に非公式の予備会談を開き，参加国の意向を反映した議題を採択すること，日本に対しても今後参加を求めていくことなどを明らかにした．

韓国側からの「建設的」反応を受けた国務省は，12月10日，同会議の開催を積極的に支持・支援していく方針を最終的に確定し，関係国駐在の米大使館にその旨伝えた[69]．その際，米政府としては同会議がアジア諸国の提案・開催・参加によるものであるだけに基本的に地域諸国自身が判断すべきであるとの立場から，その推進に当たりアメリカが前面に出ることは控えるべきであるとした上で，同会議に対する米政府の意向について現地政府からの問い合わせ

があれば，それは有益であろうとのアメリカの関心と支持を示す対処が勧められた．また，駐韓大使館に対しては予備会談を議題設定及び参加国の最大化の機会として活用すべきであることを韓国政府に伝えるよう指示したほか，駐日大使館には日本政府の会議参加を働きかける最良の方法とタイミングについては同大使館の裁量に任せるとし，さらに駐豪大使館及び駐ニュージーランド大使館には，アメリカの圧力によってではなく自らの利益を考慮した結果としての参加決定が得られるように駐在国と協議するよう指示するなど，より具体的な訓令が与えられた[70]．

第3節　ASPAC設立への道のり

1. 第1次予備会談：参加国拡大への切り札

1964年12月12日，韓国外務部は関係する在外公館に対し，外相会議のための予備会談開催に向けて駐在国政府との「新しい交渉」に着手するよう訓令した[71]．韓国政府としては，関係諸国の共通の関心と利害，例えば，中国の脅威に関する研究と情報交換，参加国同士の政治，経済その他の分野における協力拡大などを議論する場として外相会議を位置付けており，各国の意見と提案を包括的に議論に反映させるために，翌年2月バンコクで非公式の予備会談を開く予定であること，各国にとって予備会談への参加が自動的に本会談に対する支持と参加を意味するものではないことを伝え，その参加を促すよう指示した．その際外務部は，外相会議が「アジアにおける新たな反共軍事防衛体制設立に向けた計画」として事前報道されていることが，関係諸国に警戒的態度をとらせ，その実現に「膨大な支障」を招いていると指摘し，交渉に当たっては同会議がいかなる「反共連盟体」の設立をも意図するものではないことを明白にするよう喚起した．

前述のように，国務省が駐豪米大使館に対し，オーストラリア政府の参加に向けて同政府と協議するよう指示してから間もなく，即ち14日，オーストラリア政府は，本会談参加を前提にしない条件での予備会談参加を韓国政府に通告してきた[72]．その1週間後，ワシントンでは，マーシャル・グリーン極東問

題担当国務次官補代理が駐米豪大使を呼び，外相会議について話し合った[73]．グリーンは，オーストラリアの参加を歓迎するとし，「会議開催はフォーマルな組織の設立に帰結する必要はなく，韓国と台湾をアジア自由主義諸国と緊密に接触させることで，両国の孤立感を打破する目的に特に有益である……韓国は日本の支配的な影響下におかれることを恐れており，会議は同国にとって自らが孤立していないことを自覚させ，韓日国交正常化に対する国民の理解を得やすくするだろう」と述べたほか，オーストラリア政府がマレーシアや日本の参加を説得するよう要請した．その3日後，同大使は，オーストラリア政府が予備会談を含む外相会議に参加するであろうこと，また日本とマレーシアの参加に向けて「適切かつ密かな影響力を行使する」ことを国務省に伝えてきた[74]．

ニュージーランドに対しても米政府の影響力が働いた．前述のように，12月初旬，ニュージーランド政府は外相会議不参加の意向を，駐米大使館員を通じて国務省に伝えていた[75]．ニュージーランド側は，提案されている外相会議は1961年の外相会議に参加した「ハードコアの4ヵ国」だけの関心事であり，正直なところ，ニュージーランドはそれに何の価値も見出していないとした[76]．それに対して，アメリカ側は，会議はアジア諸国，特に台湾と韓国の孤立感の緩和に有益だろうし，また，米政府は韓日会談の成功を望んでいるが，会議を通じて韓国の国際的接触を拡大させることは，同国国民による韓国関係正常化の受け入れを獲得しやすくするだろうとした．そして，米政府は目下この件につき検討中であるとし，もうしばらく「否定的行動」を控えるよう要請した．その1週間後，ニュージーランドは，オーストラリア政府の参加決定及びタイ政府による参加要請を考慮し，予備会談参加をしぶしぶ決定したことをアメリカ側に伝えてきた[77]．

フィリピンに対しては，12月以後，駐比韓国大使館を通じて予備会談への参加要請が再三行われたほか，同月下旬の李外務長官による訪比の際にも同様の要請があった[78]．また会議が「アジア自由諸国の地域［連帯の］強化に有益であろう」との米政府の支持意向も伝えられていた[79]．しかしながら，翌年に大統領選挙を控えていたフィリピンでは，外相会議参加に対して批判的な報道が多く見られたほか[80]，フィリピン政府自らが外相会議の「イニシアティブ」を取る機会を窺っていたため[81]，正式の意思表明を遅らせていたが，最終的には予

備会談参加を受諾した[82]．

　マレーシアの説得に当たっても米政府による側面支援があった．12月初旬，韓国外務次官は駐韓馬大使を呼び，反共機構設立が会議の目的ではないことを説明し，マレーシアの予備会談参加を要請した[83]．一方クアラルンプールにおいては駐馬韓国大使が，ガザリ・シャフィー外務次官と会合し，同様の要請をしたほか，本国の訓令に従ってジェームズ・ベル駐馬米大使に対しマレーシア政府の説得を申し入れた[84]．国務省はベル大使に対し，韓国側の努力を間接的に支援するよう指示した[85]．同月下旬，李外務長官はクアラルンプールを訪れ，ラーマン首相兼外相と会談したが，その際，次のような話し合いが行われた[86]．

　　李長官：アジア外相会議の件は5，6ヵ月前に始まったものである．この会議の目的は主にアジア自由諸国同士の経済・文化・社会面での一層の緊密な協調を図るためのものであり，何らかの反共軍事同盟を意図したものではないことを明確にしておく．わが国としてはアメリカとの軍事同盟によって防衛体制は十分であり，またその他の［参加］国もSEATO，ANZUSまたは個別的［二国間］軍事同盟を結んでいるため，新たな軍事同盟の必要はないと思う．
　　ラーマン［首相］：文化的紐帯のことか．
　　李長官：このアジア外相会議をより有効なものにするために予備会談を持ちたい．その場所はバンコクでもクアラルンプールでもかまわない．……
　　李長官：貴国が予備会談に参加することを希望し，……
　　ラーマン［首相］：当方は日本の参加を希望する．
　　李長官：我々は日本が参加するよう努力するつもりである．
　　ラーマン［首相］：*必要なら会議を東京で開催することにしてでも，必ず日本を参加させなければならない*．（傍点筆者）

　このように，韓国政府自らの外交努力と米政府の側面支援によって，日本の参加を条件としたマレーシアの予備会談オブザーバー参加が決まった[87]．

　日本に対する参加説得においては，韓国はじめ参加予定国による外交努力が功を奏する結果となった．12月，外相会議開催の積極支援という国務省の方針が伝えられた際，ライシャワー駐日米大使は，「国交正常化前の日本の参加可能性はゼロに近く」，またアメリカ，タイ，オーストラリア，ニュージーランド

の連携による説得工作も望ましくないとの見解を示し，自らの働きかけは控える態度をとった[88]．会議参加によって日本政府がいわゆる「NEATO」の先駆けに加担したとの批判にさらされることが予想され，それは米政府が優先的に進めてきた韓日国交正常化問題の解決を一層困難にすると考えられたからである．一方，国連総会においてタナット外相が椎名外相に日本の参加を要請したほか[89]，米政府の協力要請を受けたオーストラリアからも同様の働きかけがあり，更に韓国からは本会議への出席を留保してでも予備会談に出席してほしいとの要請が再三伝えられた[90]．その結果，翌年2月初旬，ようやく日本政府は「ノンコミッタルで非公式かつ極秘」を条件とする予備会談参加を韓国側に通告してきた[91]．

予備会談の性格及び議事進行方法をめぐっては，韓国とタイの間で意見の相違があった．タイ側は，本会議参加を表明した国が少ない現状では各国の参加を取り付けることに予備会談の主眼がおかれるべく，議題を事前に設定せず，共通の関心事を見つけるための自由な議論の形式にした方が望ましいとの立場であった．一方，韓国政府は本会議開催を既成事実として，暫定議題を中心に実質的討議をし，その結果をリポートとして残すことを主張した[92]．最終的には，韓国をはじめ各国の用意した議題を総合し，それを中心に議論することになった[93]．

1965年3月11-12日，バンコクのタイ外務省で開かれた予備会談には9ヵ国の駐泰大使・代表が参加し，議長に選ばれたタナット外相を中心に議論が進められた．その結果，まとめられた非公表の議事結論を各国政府に勧告し，それぞれの請訓の結果及び希望する開催時期を後日タイ政府に通報することで合意した[94]．それによると，参加国の範囲には何の制限も設けず，相互接触と協議の機会として定期的に予備会談を開くとの原則が合意された．そして，もし今後合意に達するならば，外相会議が定期的に協議を行う方式の確立につき考慮する旨合意に達し，政治，安全保障，経済・貿易・技術，社会・文化という四つの協力分野が採択された．とりわけ安全保障分野については日本代表から消極的な発言があったのに対して，韓国代表からは議論の対象になるのは軍事的行動に関するものではなく，侵略行為及び破壊活動への対策であると説明されたほか，オーストラリア代表からは「ゲリラ戦」など軍事用語の排除が求め

られた.その結果,「域内各国における浸透活動,破壊活動及び反乱の防止と鎮圧の方法についての資料,研究,情報,技術的知識を交換し照合すること」と決まった.反共や安全保障問題に消極的な国々に対して,台湾,南ベトナム代表から不満が表明されたものの,発言そのものは慎重であった.

会議では,外相会議の開催について日本とマレーシアが終始,消極的な態度を堅持したほか,フィリピンも曖昧な態度をとっていた.韓国代表は,本国宛の会議報告の中で,オーストラリア代表が9ヵ国全部揃わない限り本会議に参加しないと表明した以上,外相会議開催は日本とマレーシアの両国の態度にかかっているとし,次のような対応策を勧告した[95].まず,日本の場合,本会議参加は韓日会談の妥結如何に大きく左右されるほか,特に軍事問題の討議を最も警戒していると思われるので,今後の対日交渉を通じてその憂慮を解消することが必要であろう,とされた.一方,マレーシアについては,インドネシアとの関係上,外相会議によってアジア・アフリカ会議で不利な立場におかれることを懸念しているので,来る4月のラーマン首相の訪韓の際,外相会議とアジア・アフリカ会議の関係を十分納得させると同時に,外相会議の時期をアジア・アフリカ会議の後にした方が望ましい,と提案された.そのほか,曖昧な態度をとっていたフィリピンの立場を確認する必要も指摘された.

2. 第2次予備会談: 日本の参加を求めて

第1次予備会談の閉会とともに,韓国とタイの間では本会議開催時期について,タナット外相の提案通り,1965年9月,国連総会と相前後してその途上ソウルで開くことが最も望ましいと合意された[96].また,フィリピンの説得はタイが,日本の説得は韓国が,マレーシアの説得は両国が共同で行うことで意見が一致した.その翌月には前年李外務長官の訪馬の際に了解を得たラーマン首相の訪韓が予定されており,韓国政府はそれを利用してマレーシアの説得に当たった.ところが,ラーマンは,外相会議に原則的支持を表明したものの,日本の参加が重要であることを重ねて表明し,急がず,情勢を見守りながら進めるべきであると発言したほか,ビルマなど中立国の招請も提案した[97].つまり,マレーシアは日本の参加を条件とした参加を示唆したものの,依然として外相会議の性格については警戒心を捨て切れていなかったのである.

第3節　ASPAC設立への道のり　181

　一方，肝心の日本の参加問題においては進展が見られなかった．韓国政府は自らによる直接説得に加え，アメリカやアジア諸国に対しても日本の説得を要請した．バンコク予備会談と前後してワシントンで開かれた韓米外相会談では，アジア外相会議について話し合われた[98]．同会談の共同声明では「[アジア太平洋]地域の自由諸国が，自由の下での発展と繁栄のための一層の団結と協力を追求しなければならない」との文言が盛り込まれ，間接的ながら，米政府による外相会議支持の立場が表明された[99]．その直後に訪日した李長官は，椎名外相に外相会議の参加を要請したほか，4月のラーマン首相の訪韓に際しては日本の参加に向けて韓国とマレーシアが働きかけていくことが合意された[100]．

　しかし日本政府の態度は消極的で，椎名外相は3月18日衆院外務委員会で，韓国が提唱している「アジア，太平洋八ヵ国外相会議」に日本は参加しない方針であることを明らかにした[101]．日本政府としては，バンコク予備会談には参加したものの，その中での「韓国のいわゆるlike-mindedな[似た者同士の]国につき国府[台湾]およびニュージーランド」の発言や，「ヴィエトナム[南ベトナム]がこの種会議の必要性をきわめて熱心に説明したのが目立った」ことなど[102]，依然としてぬぐい切れない反共的雰囲気に抵抗を感じていたからである．更に，韓日会談においても，同年2月に韓日基本条約が仮調印されたものの，三つの関係懸案，即ち漁業，在日韓国人の法的地位及び請求権問題に関する交渉は続いており，また今後の国会での批准も大きな政治課題になっていた（李元徳1994: 214）．外相会議への参加ないし参加の意向表明は「反共同盟への加担」といった新たな非難材料を野党側に与える結果になりかねないと判断したのである．それゆえ日本政府は韓国側の要請に対し，同会議参加へのコミットメントを避け，「外相会議に反対はしないが，まず韓日条約批准を済ませてから考えたい」との態度をとり続けた[103]．

　ところで，その後，日本政府による外相会議参加への早期コミットメントを一層困難にする要因がもう一つ加わることになった．東南アジア開発閣僚会議の登場である．そもそもこの構想のきっかけは1965年4月に提唱されたアメリカの東南アジア開発計画であったが，7月になると，日本外務省は「東南アジア経済開発大臣会議」を独自のイニシアティブで推進することを決め，関係諸国との協議に入ったのである．韓国政府はこの構想の趣旨が，外相会議の協

力分野の一つと想定されていた経済協力と重複する点に注目し，それが外相会議，特にそれへの日本の参加問題へ与える影響を憂慮した．そして「日本の構想が外相会議と本質的に矛盾するとは思わないが，少なくとも日本が同計画を推進する間は外相会議に積極的に参加しないだろう」と分析した上で，「外相会議開催が日本の参加を前提にする限り，日本の構想の進展状況を見守りながら，適当な時期を待って，本格的な開催交渉を始めることが望ましい」との内部方針を決めた[104]．その一方で，日本政府に対しては，日本の進める会議がその性格及び時期において外相会議と衝突し，支障をきたす可能性を指摘した上で，日本側の見解を打診すると同時に，日本政府が韓日条約批准の日程と切り離して外相会議へ早期参加するよう求めた[105]．これに対して日本政府は，日本が推進中の会議はその性格と趣旨において外相会議のそれとは異なり，東南アジア開発のための意見交換に主眼がおかれているとした上で，韓日条約批准が残っている現段階で日本が政治的色彩の濃厚な外相会議へ参加することは，国会での批准における新たな摩擦を起こす結果になりかねないとして，会議参加への言質を与えなかった[106]．

このようにして，7月下旬になると，他の被招請国の参加意思が整ったのに，日本の参加が得られなかったため，外相会議開催の見通しは立たなかった[107]．韓国，台湾，南ベトナム政府はもとより，タイ政府もこの状況を不満に思うようになった．特にタナット外相は，先の予備会談で自らが9月開催を提案していただけに，日本の消極的な態度でその実現が遠のいていく現状に苛立ちを隠さなかった[108]．そしてタイ政府はついに日本抜きの開催を検討するに至った．「韓日条約批准が遅れ，外相会議の9月中旬開催というタナット外相の提案がその日程では［実現が］難しくなった」とし，タイ政府としては，日本の参加を取り付けるために最大限に努力するが，可及的早期の開催への日本の不参加が明らかになるなら，日本抜きの開催に向けて圧力をかけるつもりであり，タイとしては外相会議を一層強く望むようになったとしたのである[109]．タイ政府が強固な姿勢に転じたことには，タイ国内における当時の反政府共産主義勢力の動向も関係していた．8月7日，タイの東北地域ナコンパノムで，「タイ愛国戦線（Thai Patriotic Front）」の武装闘争が始まったため，自由主義諸国による団結した意思表明の必要を感じていたのである[110]．

ところが，韓国政府は外相会議の早期開催より日本の参加を優先した．韓日条約の批准が終わるまで同会議開催を延期する途を選んだのである．仮に日本が参加しなくなると，マレーシアやオーストラリアの参加も難しくなり，それだけ外相会議の意義は限定されかねないとの判断もさることながら，韓国政府にとって外相会議には反共諸国の結束以上の意味が求められつつあったからである．そして，米国務省も外相会議への日本の参加は欠かせないとし，韓国の対応を擁護した[111]．

日本参加への道が開かれたのは国会で韓日条約批准が終了した12月中旬のことであった（李元徳 1994: 227–228）．18日，韓日諸条約批准書の交換によって両国間の国交が樹立されたが，その際に行われた韓日外相会談の中で椎名外相は，「大体翌年6月中」を目途にした開催と，日本政府の最終決定まで秘密にすることを条件に，外相会議参加に原則的に同意した[112]．

日本政府が外相会議参加へ方針転換したのは，前述のようなマイナスの側面は依然として残っていたものの，次のようなプラスの側面を大いに考慮したからであった[113]．

　　(a) この会議は西太平洋全域にわたる国々をメンバーとしており，またわが国はこの会議で好む好まざるとに拘らず中心的役割を果たすことになる．よってこの会議に参加することはわが国としてアジア外交に積極的にのり出す一つのチャンスとなる．（これまでわが国がこの会議に参加をコミットしなかったため，この会議は開催の運びとならなかった．）
　　(b) さらに，わが国が参加して幅広い基盤で本件会議を成功裏に開催させることは，韓国の国際的地位を大いに高める効果を有し，また，日韓友好関係を増進させる上の一助となる．
　　(c) この会議がもし成果を生み出せばそれだけアジア自由陣営諸国の政治的経済的結束に役立つ．その限りでわが国にとっても利益がある．
　　(d) わが国の参加は会議が有意義な成果を生み出すのに多少とも貢献するであろう．（下線原文）

それゆえ「わが国の本件会議参加には積極面，消極面の双方が存在しているところ，わが国としてこれに参加する以上，できるだけ積極面を大きくし，消極面を小さくするよう工作すべきことは当然である」とし，「会議の時期，議題

などについてわが方の考え方を韓国側に明らかにしておくべきである」との方針であった[114]．外相会議開催時期について，12月の李・椎名会談で「大体翌年6月中」に合意されたのは，日本側の政治日程に配慮した結果であった．1966年4月には日本政府の提唱した東南アジア開発閣僚会議開催が予定されており，これら両会議は韓日両国にとってそれぞれ「わが国の主催する戦後初めての国際会議」であっただけに，日本政府としては閣僚会議を先行させたいとの思惑があったのである．そのため，日本の通常国会が終了する5月以後の線で，両国外相の間で合意が図られたわけである[115]．

　韓日国交正常化という両国関係の進展が日本の参加を可能にした主因であったとするならば，従来消極的ないしは曖昧な態度をとっていたマレーシアとフィリピンの態度をより積極的なものに変えたのは，当時の国際情勢と国内政治変動であった．バンドン会議（1955年）の10周年を記念すべく，1965年6月下旬に予定されていた第2回アジア・アフリカ会議が，開催の直前に開催国アルジェリアで起きたクーデターによって11月に延期された後，11月初めには無期延期となり，流会の可能性も出てきた[116]．韓国の提唱した外相会議に対してマレーシア政府が消極的な姿勢をとっていた主な理由がアジア・アフリカ会議への否定的影響にあっただけに，その無期延期によってマレーシア政府が外相会議へより積極的に参加できる余地が生じたのである[117]．一方，フィリピンでは1965年11月9日の大統領選挙でフェルディナンド・マルコス候補が当選した．ディオスダド・マカパガル前大統領が国家安全保障問題担当補佐官たちの意見を受け入れ，外相会議に対して冷淡な態度で一貫していたのに対して，マルコス新政権は一層鮮明な反共路線を追求し，外相会議についても積極的に参加するだろうと期待された[118]．

　このように11月から年末にかけて，日本，マレーシア，フィリピンという，従来会議開催に消極的であった3ヵ国を説得するための好ましい条件が整うと，韓国政府は早速，関係諸国との調整に着手した．翌年2月の朴大統領の東南アジア歴訪はそのための格好の機会を提供した[119]．韓・馬外相会談では，マレーシア政府から，外相会議を通じて反共機構の組織を企図するならマレーシアは参加できないとの立場が表明された[120]．韓・泰外相会談では，タナット外相から本会議準備のための更なる予備会談開催が提案され，李長官がそれを受

け入れた[121]．その結果，翌年3-4月のバンコクでの開催案で関係諸国と調整することが決まったほか，日本やマレーシアの要望に沿って，その他の国々にも参加を打診する案を検討することになった[122]．その後1966年3月中旬までに9ヵ国全てから6月の本会議参加への同意が得られ[123]，その予備会談を4月中旬に開催することとなった[124]．

4月18-20日にバンコクで開かれた第2次予備会談では，前回の8ヵ国代表に加え，新たにラオス代表がオブザーバーとして参加し，本会議の開催地，時期及び議題について討議された[125]．その焦点となったのは，まず，構成国の拡大問題であった．予備会談に先立って，日本からは，「特定の傾向にある国だけが結集することは域内をさらに小ブロック化し，ブロック間の対立を誘発することになるので……そのほかのアジアの国々が代表ないしオブザーバーを派遣するよう招請する」との方針より[126]，シンガポール，ビルマ，ラオス，カンボジア，インド，パキスタン，セイロンなど7ヵ国の招請要請が出されたほか，マレーシアからも同様の要請があり，タイ政府はそれに一定の理解を示していた．それに対して，韓国と台湾は，仮に招請状を出してもその国々が参加する可能性は低く，参加を拒否したり，中途脱落したりすることが起こると，会議が失敗したとの印象を与えてしまうこと，また中立国の参加によって安全保障面での議論が制限され，全体的にまとまり難くなることを考慮し，参加国拡大には消極的であった[127]．但し，日本とマレーシアの要望に真っ向から反対するより，とりあえず初回会議は現在の構成国のみで会合し，その後門戸を開放するとの立場をとる方針であった．会談では議長のタナット外相から，上記の7ヵ国の意思を打診した結果[128]，ラオスだけがオブザーバー派遣を表明したとの報告が行われたのに対し，参加国から理解が得られ，今後も参加を呼びかけていくことになった．

次に，外相会議の議題に関しては，タイ政府の用意したワーキング・ペーパーでは，前回の予備会談での合意内容に沿って，安全保障，政治，経済・社会，文化の四つの分野からなっていた[129]．会談では日本から安全保障と政治協力を別の表現に変更するよう強く要請されたほか，マレーシア代表も軍事や安全保障は排除し，経済，文化分野を中心にするよう主張した．これに対して，台湾が反共と安全保障を議題に入れるよう主張したほか，南ベトナムも安全保

障と政治協力の重要性を力説した．オーストラリア，ニュージーランド，フィリピンからは特に目立った発言がなく，韓国代表も明確な立場を表明しなかった．結局，日本の主張通り，安全保障と政治協力を「一般協力（General Fields Cooperation）」に統合・変更し，経済・社会，文化分野については，表現そのものは残しながら，特別協力（Specific Fields of Cooperation）」に付属させることとなった[130]．

更に，組織と運営については，参加資格が絡んだ会議の名称と定例化問題で意見の対立が生じた．会議の名称は，会談の初日「アジア太平洋地域外相会議（Foreign Ministers' Conference of Asia and Pacific Region）」にすることで一応合意された[131]．ところがその後マレーシア代表が異議を申し立て，「アジア太平洋協力閣僚会議（Ministerial Meeting for Asian and Pacific Cooperation）」にするよう強く要請したので，「外相の参加を原則にする」との条件で，それに変更された[132]．マレーシアが「閣僚会議」にこだわった背景には，政治的印象を避けたいとの狙いに加え，首相が外相を兼ねる同国の事情があった[133]．運営方法については，多国間協議体制の定例化に反対する日本から，通常の外交経路を用いる情報交換及び相互協力にすることが提案され，マレーシア政府が同調した[134]．これに対して韓国は，定期開催を望んでいたものの，日本との対立が本会議開催に支障をきたすことを憂慮したため，強い主張を控えた[135]．その結果，定例化問題は決着せず，本会議で調整が図られることになった．

会談の結果，「6月14日から2，3日間，ソウルで開催」が決まり[136]，「6月中旬，全9ヵ国によるソウル開催」という韓国政府の希望はかなった[137]．会議において日本代表は，前回の予備会談のときとは違って，初日に本会議参加への積極的な意向を示したほか[138]，フィリピン代表も従来の曖昧な態度とは打って変わり，積極的に発言した．それと対照的に，マレーシア代表は本会議参加問題は予備会談の結果を検討してから決定すると発言したため，同国の本会議参加を確実視していた韓国とタイの代表を緊張させた[139]．最終的にはマレーシア代表も，会談において自らの主張が多く反映されたことに満足し，私見と断りながらも，本会議には外相ではなく他の閣僚が参加することになるだろうとの立場を示すに至った[140]．

3. 設立会議：定例化を目指して

韓国政府は，予備会談終了後，早速本会議準備に着手し，全被招請国からの外相参加，会議における合意形成及び協力の定例化を目指して外交努力を傾注した．名前こそ「閣僚会議」になったものの，中身においては事実上の外相会議にすべく，外相派遣に消極的な態度をとっていたマレーシア，ニュージーランド両政府に対し，外相を派遣するよう説得を続けた．両国はともに首相が外相を兼ねており，いずれも国内政治日程を理由に他の閣僚級代表を送る方針であった[141]．駐馬韓国大使や訪馬したタナット外相による説得の結果，マレーシア政府は会議開会を1日延期するなら首相兼外相の参加も可能との提案を示すに至った．しかし，開会日程の変更は困難との韓国側の返答を受け，キル・ジョハリ文部大臣の派遣が決まった[142]．ニュージーランドに対しても，駐豪韓国大使がキース・ホリオーク首相を訪れ，首相本人の参加を要請したが実らず[143]，ノーマン・シェルトン関税相兼商工副長官が派遣されることになった．第2次予備会談にオブザーバー参加したラオスは，韓国や日本などの説得によって，本会議への正式代表派遣を表明するに至った[144]．当初，韓国政府はスヴァナ・プーマ首相兼外相の派遣を要請したが，同首相の訪ソ日程のため，代わりに企画庁長官を派遣することになった．ところが参加資格に関する招請状内容が問題になり，ラオス政府は正式参加の決定を取り消し，駐日大使によるオブザーバー参加に逆戻りしてしまった[145]．その他の国においては，外相出席の約束を取り付けることができた[146]．

韓国政府は，本会議において全参加国による合意が得られやすくするために事前調整にも力を入れた．二国間の外交経路を通じて，定例化問題，各国からの提案及び韓国が企画中のアジア文化センター設立案などの実質問題に加え，各国代表の基調演説，共同声明作成，ソウルでの連絡官会議（Liaison Group Meeting）設置などの手続き問題に対する被招請国政府の見解を求め，準備作業に反映させた[147]．

韓国政府は外相会議の性格をめぐる参加国同士の対立を最小化しようと尽力した．そのため，外相会議は「反共会議」もしくは「軍事同盟体」でもなければ，「親善機関」でもなく，政治，安全保障，経済，文化の幅広い分野での協力

を討議する「総合的地域協議機構（Regional Consultative Organization）」である，との立場より関係国を説得した[148]．一方で，台湾，南ベトナム，フィリピン政府に対し，自由主義陣営の結束そのものの必要性には十分理解を示しながらも，外相会議を安定的に定着させるべく，一部の諸国からの反発ないし疑いを招きやすい過激な主張・表現を控えるよう説得し[149]，他方では，日本，マレーシア，ニュージーランド政府に対しては，タイ政府とともに再三「反共」を否定しながらも，会議の性格が過度に経済・文化分野の協議に限定されないよう交渉を続けたのである[150]．

本会議が近づくと，韓国政府はその最優先目標を会議の継続性の確保に定め，予備会談において定例化反対の立場を明確にしていた日本の説得に一層の力を入れた[151]．日本政府は，5月に入り，「すでに準備会議［バンコク予備会談］でこの会議が反共的組織を作るものでないことが了解されて」いると分析し[152]，外相会議に臨む対処方針を決めた[153]．と同時に，本会議参加の政府決定を公式化した[154]．しかしながら国内では依然「反共軍事同盟」としての位置付けが主流になっており，こうした世論を前に椎名外相は，外相会議がバンコク予備会談の趣旨と精神に基づいて運営されることを信じており，これが踏みにじられることは絶対にありえず，またそうなってはならない旨を述べた[155]．椎名の発言は，本会議における反共機構設立の可能性がなくなったとしながらも，もし一部の参加国によってそのような動きが見られるなら自ら積極的にそれを防ぐつもりであるとの意志表明であった．そして，韓国政府の問い合わせに対し，上記の内部方針に沿った立場を伝えた．即ち，反共・安全保障問題に関しては，討論そのものには反対しないが，反共の結束強化または軍事同盟などを含む共同声明などは困難であること，定例化問題については，会議の年次開催には反対しないが，特定国における常設の事務局設置は困難であり，日本政府は第2回会議の誘致を望まず，タイなら無難であろう，というものであった[156]．

これに対して，韓国政府は反共組織設立など「日本を困らせるような爆弾発言」は意図していないと配慮する一方，韓国としては地域協力体制の継続を最も重視しているとし，日本の理解と協力を求めた[157]．

　　韓国政府としては当初から軍事同盟，あるいはいかなる同盟組織または反共

ブロック的なもの［を作る考え］を持ったことはないし，また今度の会議で提案する意図もない．……安全保障の問題については東南アジアの諸国で新しい集団的な組織を作っても実際的でないと考えており，正直なところ東南アジア諸国にその点で期待はしていない．韓国の安全保障は米国を中心にして，国連のモラル・サポートに依存しておることはご承知の通りである．……本件会議を今回限りで打ち切ることなく今後継続して開催して行くことに最も重点をおいている．

その結果，韓日両国の間では本会議が開催される前に，会議の性格付けに関わる，全参加国の同意の要る文書には反共同盟云々は盛り込まないことにする一方，定例化問題に関しては年次開催の線で大体の了解が得られるようになった．

6月14日から3日間，オブザーバー資格のラオスを含む10ヵ国の代表がソウルに集まり，「アジア太平洋協力閣僚会議」が開催された．外相会議が提唱されてから1年10ヵ月近くを経てのことであった．会議は，開会式・閉会式を除き，六つの本会議（Plenary Session）全てが非公開で進められ，その議論をまとめた共同声明が全参加国によって採択され，韓国政府の意図した「意味のある成果」を生んで閉幕した[158]．

会議の中で各国の態度は予備会談でのそれとほとんど変わらず，共産主義勢力による侵略，南ベトナム問題，核実験，会議の定例化などの問題については，韓国，台湾，南ベトナム，フィリピンが積極的であったのに対して，日本，マレーシア，ニュージーランドは消極的な態度を見せたほか，タイ，オーストラリアは概ね中立的な立場をとった[159]．にもかかわらず，共同声明作成のための基礎委員会を構成し，アジア太平洋地域での平和・自由・繁栄のための相互協力と団結強化，地域内の核実験反対，外部侵略と転覆活動に対する南ベトナム国民の努力への支持，その他の域内自由主義諸国の参加に向けての努力強化，第2回会議の開催と会議名称の採択，統一・独立・民主韓国の樹立という国連の努力に対する支持，国連憲章に基づく域内紛争の平和的解決への期待，といった合意が得られた[160]．「外部からの侵略の存在」，「南ベトナムに対する外部からの侵略」，「核実験」といった間接的な表現ながら，共産主義勢力による侵略の脅威の存在とアジア太平洋地域の自由主義諸国間の協力の必要を認め

合ったことは，理念面で成果と評価できよう．

　また組織面，即ち定例化・常設化問題については，常設機構化の決定こそ次回会議に持ち越されたものの，会議の名称を「アジア太平洋協議会会議」[161]，即ち「ASPAC」にし，定期開催に向け，第2回会議のバンコクでの開催とそのための現地大使らによる常設委員会の設置が決まった．また，常設委員会において「アジア社会・文化センター」，「経済調整センター」及び「技術調整センター」について具体的検討を続けることになり，韓国政府が最優先した協力体制の継続性確保も達成された．

　その後ASPACは，初回会議に見られた，政治・イデオロギー問題における参加国間の対立要因を抱えながらも，翌年のバンコク会議を経て，1972年のソウル会議まで計7回開かれ，多くの付属機関が設置されるなど，その活動を続けた．しかし，1970年代に入り，米中和解が進み，台湾が国連から追われるなど，国際情勢が急変すると，参加国の間でASPACの存在意義が問われるようになった．ASPACの性格付けを変えることで会議を存続させようとする韓国政府の努力は参加国に支持されず，ASPACは自然消滅の途を辿ることになる[162]．

第4節　ASPAC設立の意義

1. 韓国による東南アジア進出の橋頭堡，日本外交への牽制

　1964年夏，朴政権が外相会議を提唱した背景には，韓国政府が戦後一貫して設立を模索し続けた東アジア集団防衛体制への志向に加え，当時のアジア安全保障情勢の急変及び共産主義の脅威に対する危機意識があったことは前述の通りである．しかしながら反共の組織化は同会議に込められた朴政権の思惑の全てではなかった．安全保障上の脅威と並んで朴政権の危機感を高めたいま一つの要因は，対日交渉の推進中に感じた孤立感であった．経済開発を掲げて登場した軍事政権は日本との関係強化の必要を認識し，対日交渉を積極的に進めた．その結果，62年末には，国交正常化に際して提供される資金の名目には触れず総額のみを定めた「金・大平メモ」によって国交樹立に向けた大きな進展

第4節 ASPAC設立の意義 191

が見られた (李元徳 1994: 135-136). 64年に入ってから韓日両国は同年6月までの妥結方針を固め, 交渉に一層の拍車をかけていた (李元徳 1994: 195).

ところが3月以後に韓国で巻き起こった激しい韓日会談反対のデモは早期妥結の日程を狂わせたばかりか, 6月の戒厳令宣布に至っては朴政権の政治基盤そのものを揺るがしかねない局面が到来した (李鍾元 1994b: 291-292). 韓国政府は, 金・大平メモの白紙化と日本による植民地支配謝罪・賠償などを要求する「対日屈辱外交反対」世論と, 正常化交渉においてそれ以上譲歩しようとしない「タフな」日本との間で板ばさみになってしまった. 韓国政府によってアジア外相会議が提唱されたのはまさにこの時期のことであった. 同政府自らが認めていたように, 中断状態の会談を再開し, その成果を得るために必要とされた, 国交正常化に対する国内と国際社会からの理解と支持獲得の切り札としての期待が外相会議には込められていたのである.

一方, 韓日国交正常化を「アメリカの東アジア政策における最重要かつ長年の目標」と位置付けていた米政府は[163], 韓日交渉中断の長期化を懸念し, 同年夏以後, 両国の交渉再開に向けた「仲裁外交」を一段と強化することになった. しかしながら当時の池田政権に対するジョンソン政権の働きかけの成果は限られていた (李鍾元 1994b: 294-296). いきおい一層重要視された韓国向けの外交努力の具体策として用いられたのが, 極東における韓日関係正常化の重要性と韓国にとっての利益を強調し, またそれによって韓国が被ると憂慮された不利益, 例えば日本への経済的従属, 従来アメリカの与えていたコミットメントの減少などが生じないとの保証を与えるとともに[164], 韓国政府及び国民に国際的自信を持たせることであった[165]. 即ち, 韓国における韓日会談反対の動きが, 一部で言われているような「共産主義者に扇動されたもの」ではなく, 日本に対する根深い反感, 国際的孤立感及び朴政権の権威に対する不満によるものであるだけに, この状況が好転しない限り韓国政府が国交正常化問題の決断に踏み切ることはできないだろうと判断し[166], 朴政権の国内政治基盤強化を目的とした国威宣揚, 国際的孤立感の緩和のための具体策に対して積極的な支援を与えたのである. 要するに, 朴政権による外相会議提唱の背景には安全保障上の危機意識に加え, 対日関係上の孤立感があったのであり, ジョンソン政権が会議支持に転じたのはこうした韓国政府の危機意識への配慮によるもので

あった．

　ところが，外相会議開催の交渉が難航する中，韓日交渉の方が先に進み，両国関係は正常化された．1965年2月に韓日基本条約が仮調印され，6月には同条約の諸協定が正式に署名・調印された．その後，8月には韓国国会で可決され，条約発効に向けて日本側の批准を待つのみになった．当時韓国では1ヵ月間の戒厳令が出されるほど激しい反対運動が起きたものの，朴政権はそれを力で封じ込め，正常化交渉問題を乗り越えることができたのである．すると，韓国政府の関心は韓日交渉から離れ，東南アジア外交，即ちベトナム派兵と，それに伴う国際的支持及び経済利益の確保に移っていった．

　経済開発と自立経済達成のための輸出拡大を積極的に進めた朴政権にとって，「ベトナム特需」はそのための格好の機会を提供するものとして期待された（木宮 2003: 65–66）．韓国の対南ベトナム輸出額は1963年に急増しており，それをもたらしたのは市場開拓その他の自助努力ではなく，アメリカの対南ベトナム援助といわゆる「バイ・アメリカン政策（Buy American Policy）」といった外部環境であった[167]．即ち，62年下半期以降実施されたバイ・アメリカン政策によって不可能になった日本の対南ベトナム輸出の一部を韓国からの輸出が占めるようになり，韓国の対南ベトナム輸出額の90％以上はアメリカの対南ベトナム商品輸入援助に依存していたのである．ところが，63年8月，バイ・アメリカン政策の強化策として商品調達に関する原産地政策が導入され，更に64年からその適用基準が一層厳しくなると，韓国に有利な輸出条件は後退し始めた[168]．それに対処すべく，韓国政府は64年5月以降，駐米大使館を通じてバイ・アメリカン政策の緩和を申し入れたほか，南ベトナム政府との間で輸出価格の引き上げ交渉を開始したものの，いずれもその成果はほとんど得られなかった[169]．

　1965年5月，朴大統領は訪米し，韓米首脳会談に臨んだ．そもそもこの訪米は韓日交渉への支持獲得を狙って企画されたものであったが，訪米の時には既に韓日交渉は妥結の目途がついていた[170]．それに代わって韓米両国間の最大懸案として登場したのは，韓国軍のベトナム派遣問題であった．同会談においてジョンソン大統領が1個師団の戦闘部隊派遣の可能性に言及すると，韓国政府はこの要請に素早く対処した[171]．同月下旬，政府連絡会議では戦闘部隊の

ベトナム派遣が決定され，8月までに国内手続きが終わり，10月には約2万人規模の部隊が南ベトナムに到着した[172]．そして韓国政府がこの派兵と引き換えに手にしたものは，安全保障面でのコミットメントのほか，経済面における援助・協力の約束であった[173]．当時，韓国政府による対米要求には南ベトナムとの貿易拡大のための一連の措置が含まれていたが，これに対し米政府は一定の条件付きながら，「米政府は可能な限り協力する」との約束を与えたのである[174]．

その後，南ベトナムにおける兵力増員に伴い，米政府は再び韓国軍の増派を要請し，66年2月，韓国政府は2万人規模の増派を決定した[175]．この交渉を通じて韓国政府はアメリカから更なる譲歩を引き出すことができた．3月，韓国政府によって公表されたいわゆる「ブラウン覚書」には，軍事援助と並んで経済援助の項目が設けられており，とりわけ後者では，南ベトナムにおける補給物資・用役・装備の発注，建設事業への参加，労働力輸出などで韓国業者に与えられる優遇条件が具体的に示されていた[176]．このように「南ベトナムとの通商拡大及び人力輸出増大のためのアメリカ側の支援・協力」を求める朴政権の対米要求はその後も続くことになる[177]．

韓国政府は「ベトナム特需」を確保するために，上記のような対米交渉のほかに，南ベトナム政府との関係強化にも注力した．1965年9月末，丁一権総理の南ベトナム訪問に際しては，グエン・カオ・キ首相との首脳会談で，両国が政治，軍事，経済，外交など全ての部門で協力していくことで合意したほか[178]，韓国・南ベトナム経済閣僚会議では両国間の軍事的関係のみならず経済的紐帯強化に向けた緊密な協力が謳われ，両国間の貿易増大のため，南ベトナム政府は韓国商品の輸入許可申請に優先的に外貨を割り当てること，両国間の閣僚級貿易会談の開催及び実務レベルでの月例会談の設置などの措置をとることが合意された[179]．11月，キ首相の訪韓の際には，「特に両国間の技術協力及び通商関係を一層強化する方策のための両国代表間の定期的協議会議を開催すること」が合意されたほか[180]，韓国・南ベトナム経済閣僚会議では両国間の経済関係の強化，貿易振興，技術協力，南ベトナム後方地域事業に関する協力，その他の経済問題について協議が行われた[181]．

そして翌年4月の時点で，外相会議の必要性に対する韓国政府の認識は次の

ようなものになっていた[182].

  (1) わが国のベトナム政策の道義的立場に対する支持獲得
  (2) 東南アジア及び太平洋諸国に対する共産主義による侵略の危険性に対する共同運命意識の強調
  (3) わが国の東南アジア経済進出の橋頭堡確保
  (4) 東アジアにおける日本の「ワンマンショー(one-man show)」を防ぐための円卓会議体制の設定
  (5) 安定,繁栄,共産主義浸透の防止,外部勢力[による干渉]排除などの共同目標実現のためのアジア太平洋自由諸国の地域協議体制(年次閣僚会議など)の形成及びその中におけるわが国の発言力強化
  (6) わが国の国際的地位及び威信の向上

　外相会議を反共自由主義諸国の結束及び自国の国際的地位向上に役立てたいとの思惑は一貫しているのに対して,会議提唱に際しての目的の一つとされていた対日交渉への支持獲得といった動機は,韓国の対ベトナム政策への支援獲得,東南アジア経済進出の橋頭堡確保及び東アジアおける日本のリーダーシップに対する牽制などに入れ替わっていることが分かる.

　既に指摘したように,韓国政府はベトナム派兵交渉を通じてアメリカによる防衛コミットメントの強化を求め,その多くを手に入れることができた.その一方で東南アジア諸国を含む新たな多国間同盟体制は実現しそうもなければ,実際的でもないとの認識が強まった.皮肉にも韓国政府は,既存の地域同盟体制を代替・補完する新たな地域枠組みを追求すればするほど,自国の安全保障の要はアメリカとの二国間同盟体制にあることを認識させられたのである[183].そうした中にあって反共自由主義諸国の結束のためのASPACの効用とは新たな軍事同盟結成の手段ではなく,脅威の存在への注意喚起並びにそれに対する共同対処への意志表明の場であったといえる.このような観点に立つと,外相会議開催の外交交渉において韓国自らが反共同盟または軍事同盟云々を必死に否定したことは当然のことであった.

　韓国政府はベトナム派兵によってアメリカの「衛星国」といったイメージが強まり,アジア・アフリカ外交において一層孤立することを懸念した.そのため,外相会議の場で韓国のベトナム政策への「国際的支持」をアピールするこ

とで，南ベトナムにおける韓国軍は「傭兵」ではなく，共産主義による侵略から南ベトナムの自由と独立を守るべく「道義的義務」を遂行しているのだ，と主張しようとした[184]．また，前述のような経済政策上の必要に応じ，南ベトナムをはじめ東南アジア諸国との貿易拡大を図るための「経済進出の橋頭堡確保」という目標が重視されたのである．

更に，韓日国交正常化に伴う両国関係の緊密化を想定し，日本への政治・経済的従属を防ぐべく，東アジアおける日本のリーダーシップを牽制する手段として外相会議を位置付けていた．繰り返しになるが，会議開催の交渉の中でタイ政府から「足を引っ張り続ける (principal stumbling block)」[185] 日本抜きの開催案が出された際，韓国政府はその早期開催を犠牲にしてまでも日本の参加にこだわった．もともと日本の招請には消極的であった韓国政府の態度を変えさせたのは，韓日会談が妥結した以上，日本を取り込みながら，かつ同国に支配されない協力枠組みを確保することが緊要である，との判断であったと思われる．東南アジア開発閣僚会議を提唱し，対アジア積極外交を展開しようとする日本との対話の接点をなくすことは，かえって国際社会での韓国の孤立を招く結果になりかねず，現実的な選択ではないと判断したのであろう．韓国政府が本会議において特定国による主導権掌握を避けるための「互恵平等に基づく円卓会議」にこだわり[186]，その実現に注力したのは，日本の「独走」に対する牽制措置を求めての行動であった[187]．

注目されるのは，日本に対する警戒的態度とは対照的に，韓国政府が外相会議設立によってアメリカとの協力関係強化を目指していたことである．即ち，外相会議は，「東アジアにおける日本の『ワンマンショー』を防ぐための円卓会議体制」とされる一方で，「アジアにおけるアメリカのリーダーシップを排除するための機構設立ではなく，逆にアメリカとの効果的協調体制を整えるため」のものとして位置付けられた[188]．この意味ではASPACはいわゆる「対米自立」を目指すものではなかった．韓国政府にとって地域におけるアメリカのプレゼンスと影響力は排除すべきものではなく，むしろ隣国日本の影響力拡大を牽制するために必要なものとして認識されていたのである．

ASPAC設立過程に見られる韓国外交の態度は，次のような韓国政府自らの評価によく要約されている[189]．

今回の会議を通じてアジア外交における韓国の孤立した印象を払拭したのみならず，先導的役割を果たすことによってわが国の位置を確立し，経済的［面での］東南アジア進出の橋頭堡の確保に大いに寄与した．

　提唱当時の安全保障上の危機意識及び国際的孤立感の克服といった守勢的姿勢から，東南アジア進出の橋頭堡確保や日本外交への牽制といった積極的な態度へ変わり，その追求目標においても政治・安全保障問題を越えた経済利益までを視野に入れた，より広範なものに及ぶに至ったことがわかる．

2. アメリカの側面支援：同盟国の危機感・孤立感への対処

　これまでの分析によって，韓国政府によるASPAC開催成功の背後にアメリカの側面支援があったことが明らかになった．韓国政府の提案した外相会議案が関係諸国からの広い支持を得ることができず，韓国，台湾，南ベトナム，タイといった一部の被招請国のみによる反共大会になるか，あるいは自然消滅するという見込みが強まった状況で，韓国政府の外交努力を側面支援し，全被招請国による会議開催を可能にしたのは，米政府であった．当初不参加の意向であったオーストラリア，ニュージーランド政府を説得し参加に転じさせたほか，フィリピン，マレーシア，日本政府に対しても間接的な裏工作を行い，これらの政府の最終的な参加決定に少なからぬ影響を与えたのは，ジョンソン政権であった．と同時に，韓国政府に対し，従来のような「無益な常套の反共策の焼き直し」を回避すべく，反共同盟的性格をなくすよう誘導し，ASPACの性格付けに一定の影響を与えたのもアメリカであった．

　外相会議開催という韓国政府のイニシアティブに対して当初慎重であった米政府がその支持へと方針転換した理由は，韓国や台湾の抱えた安全保障上の危機意識と国際的孤立感の緩和に同会議が役立つと判断したからにほかならない．当時，両国はインドシナにおける軍事対立の拡大，中国の核実験及び国際社会における同国の影響力拡大など，共産主義の脅威に対して一層の危機意識を募らせていた．台湾は域内反共諸国同士の同盟体制構築に向けた独自の外交に乗り出していたが，新たな多国間同盟体制の構築に反対であったアメリカには，台湾の対米不満を「ガス抜き」する一定の配慮が求められていた．

　一方，韓国は安全保障上の危機感に加え，韓日関係をはじめとして国際社会

における孤立感を深めていた．韓日会談によって窮地に立たされていた韓国政府に対し，米政府内では朴政権が国交正常化の決断に踏み切れるだけの国内外の支持が得られるよう，韓国の国威宣揚・自信獲得のための適切な方法が模索されていた．それゆえ韓国の提唱した外相会議はこのような目的に相応しいものと考えられたのである．

ブラウン駐韓米大使は，ASPAC 開催後の韓国の政治・心理的態度変化について，国際的発言力の拡大によって政治・外交上の自信獲得のみならず対外経済関係においても成功をおさめるようになったと評価した．その上で，将来的に韓国のリーダーシップと責任感を強化し，アメリカとの「臍帯切断」に至らせることは，両国の利益につながるだろうと提言した[190]．

> 今日我々は，韓国が外部世界においてその地位を積極的に主張し，影響力行使を精力的に追求し，大国が同国と協議し，彼らの意見を尊重してくれることを真剣に期待している姿を目撃している．……
>
> おそらく最もドラマティックなのは，韓国政府が，軍事同盟，援助，自国だけの政策ないし関心事への支持などを求めてではなく，アジアの問題をアジア諸国同士で話し合う場としての 10 ヵ国外相会議を提唱し，そのホストを務めたことである．……
>
> 貿易，商業及び金融の世界も韓国の志気と想像力に対して新たな地平を与えている．……
>
> 我々は韓国が他国及び国際機関との間で一層広い接触を持つように励ましてきた．我々は彼らが，今後彼らの自立に役立つ制度的枠組みを開発・設立することを助けた．……

ところで，アメリカが ASPAC 設立を支援したのは，主として上記のような心理的効果を狙っての行動であって，必ずしも米政府が進めた具体的な政治・安全保障ないし経済プログラム実現のための手段として ASPAC を位置付けていたことを意味しない．むしろ，ジョンソン政権は，韓国，台湾，南ベトナムなどによる軍事同盟に向けた動きを警戒し，それを牽制したのであり，反共同盟的組織としての ASPAC 設立を誘導したわけではない[191]．

また，当時の東南アジア開発計画，いわゆるジョンソン構想との関連では，それが発表される直前，即ちジョンズ・ホプキンス演説の当日，国務省は駐米

韓国大使館に演説の趣旨を伝えた．但し，米政府の意図は，演説の中に含まれた「無条件の話し合い」の提案によって同盟国政府が驚かないようにするための配慮にあったのであって，東南アジア開発計画についての協議にあったわけではなかった[192]．米政府にとってASPACは，ジョンソン構想の一環として位置付けられていたわけではなかったのである．

第6章　東南アジア諸国連合

第1節　戦後東南アジアにおける域内紛争と地域協力

1. 地域協力の制約要因としての域内紛争

　アジアにおける地域協力の試みは第2次世界大戦後間もなく始まったものの，その多くは国連や域外大国との連帯を前提にしたものであり，またその制度化においても遅れていたことは前述の通りである（第1章）．そうした中にあって，本来の地域協力，即ち域内国同士による地域問題中心の活動を目指した動きが，1960年代前半に東南アジアでみられた．ASAとマフィリンドがそれである．

　ASAは1959年1月ラーマン・マラヤ連邦首相によって提案され，61年7月，マラヤ連邦，フィリピン及びタイの3ヵ国間で設立された地域機構である（Gordon 1966: ch. 6, ch. 7; 山影1991a: ch. 1)．一方，マフィリンドは63年6月から8月の間，マレーシア統合問題に触発され，マラヤ連邦，フィリピン及びインドネシアの3ヵ国首脳の間で具体化した構想である（山影1991a: ch. 2)．

　ところが1963年9月のマレーシア連邦の成立に際しそれに反対したインドネシアとフィリピンがマレーシアとの外交関係断絶に踏み切ったため（『国際年報』1963–1964年版: 163)，両者はいずれも開店休業の状態になるか，瓦解してしまった．「地域自生の」地域協力の試みは当然ながら域内紛争，即ち地域国際関係から大いに制約を受けていたのである．

2. 域内政治変動と和解の進展

　1965年秋，こうした海洋部東南アジア，即ちインドネシア，フィリピン，マレーシアの3ヵ国間の紛争を和解に向かわせる転機が訪れた．インドネシアに

おけるいわゆる9・30事件であり，この政変によってスカルノ体制の国内政治基盤が揺らぎ始め，対外政策においても「マレーシア粉砕」政策が改められたからである．その動きが具体化したのは66年のいわゆる3・11政変後の新内閣発足以来のことであった．9・30事件以後，共産党勢力を壊滅させ政治権力を手中におさめつつあった軍右翼の主力は，1966年3月11日，スカルノ大統領に圧力をかけ，スハルト陸相への権力委譲を行わせた．そして同月下旬，親陸軍系閣僚らを大勢起用した新内閣が正式に発足した（『国際年報』1965–1966年版：531–543; 1967年版：217–223）．

新内閣にとっての急務は混乱した政治・経済の基礎固めとされ，とりわけ従来の慢性的高インフレに加え，9・30事件以降の政治的・社会的混乱によって悪化した経済危機への対策が急がれた．なかでも旧体制の残した債務返済問題は深刻であって，66年6月の時点で返済総額は利子と合わせ約27億ドルになっており，同年の輸出総額が4億7000万ドル程度に過ぎなかったインドネシアにとってその支払は困難であった．

そこで新内閣が取り組んだのは，国際社会への復帰とマレーシアとの対決政策の中止であった．左傾化した対外姿勢を改めることで欧米諸国との不和要因を無くし，無用な出費を防ごうとしたのである（Crouch 1978: 204）．そのためにインドネシア政府は，マリク外相など政府要人らに先進諸国やソ連などの債権国を訪問させ，旧債務の返済約束をし，債務支払の繰延べや新規借款，経済・技術援助を乞うたほか，マレーシアとの対決の過程で接収した外国企業の返還，外資導入法の導入などの措置を行い，外国からの信頼回復に努めた[1]．

1966年4月初旬，マリク外相は新外交政策を発表し，国連復帰と対米関係改善の意向を表明したほか，従来マレーシア政府との同席不可を理由に不参加の立場を堅持していた東南アジア開発閣僚会議にも，オブザーバーを派遣した（第4章参照）．そして8月中旬にはマレーシアとの国交正常化協定に調印し，対決政策を正式に放棄した[2]．と同時にインドネシア国会で国連復帰案が決議され，9月下旬，国連総会本会議でインドネシアの復帰が全会一致で承認され，国際社会への復帰を果たした．

一方，マレーシア，フィリピン両国の実質的な関係正常化は1964年から進んでいた．前述のように，マカパガル政権はマレーシア連邦成立に際し，イン

ドネシアとの共同歩調でマレーシアとの外交関係を断絶したものの，その後はスカルノ政権の路線とは一線を画し，その翌年からマレーシアとの関係改善に乗り出して，5月には領事関係を回復した（山影1991a: 86–87）．65年末に発足したマルコス政権はマレーシアに対する友好的態度を一層強め，外交関係正常化交渉に乗り出した．66年3月のインドネシア新内閣発足に際しては，インドネシアとマレーシアの関係改善を仲介したほか，6月にはマレーシア政府との間で両国の外交関係復活に合意した（山影1991a: 86–87）．

第2節　ASEAN設立への道のり

1. 地域機構新設に向けた動き：インドネシアを中心として

前述した紛争当事国間の関係改善が進む中，地域協力の動きも生まれた．1966年4月末から5月初めにかけてのインドネシア・フィリピン外相会談（4/30–5/1, Bangkok）ではマレーシア問題の平和的解決が合意されたが（Rahman 1977: 134–135）[3]，同会談ではそのほかにも新地域機構の設立問題が話題になったとの指摘がある（Weinstein 1969: 88 (footnote 332)）．その約1ヵ月後にはインドネシア，フィリピン，マレーシア，タイの4ヵ国外相級会談（5/30–6/4, Bangkok）が開かれ，マレーシア問題の解決について議論されたが（Mackie 1974: 319–321），その際タイとインドネシアの間では新たな地域機構の設立について意見交換があった[4]．タナット外相が，インドネシア・マレーシア間の対決終了後にインドネシアがASAに加盟するよう勧誘したのに対して，マリク外相は，インドネシアは従来長きにわたり，ASAに反対してきた経緯があるとして，むしろ新たな地域機構の設立を提案し，タナット外相もこれに原則的に賛意を表明したと伝えられた[5]．

その後，8月に行われた一連の外相級会談，即ちバンコクにおけるASA加盟3ヵ国外相とマリクとの会談（8/3–5），ジャカルタにおけるとマリク・ラザク会談（8/11）[6]，マリク・ラモス会談（8/19–22），マリク・タナット会談（8/29–31）の結果，インドネシアの加盟する新機構の設立に関する基本合意が得られた（山影1991a: 95, 117 (footnote 37)）．マリク・ラモス会談の共同声明では，「特に

経済・社会・技術・文化部門における東南アジア諸国間の意味のある地域協力の重要性と緊急性」について合意された[7]．またマリク・タナット会談ではその具体化の第一歩として両国政府による草案作成が合意された (Gordon 1969: 114; Morrison and Suhrke 1978b: 269)．

同年12月末，新機構「東南アジア地域協力連合（SEAARC）」の共同宣言案がタイ政府からマレーシア政府へ送られた[8]．ところがマレーシア政府には依然としてインドネシア政府に対する警戒心が残っており，また地域協力においてはASAの活用を優先する立場から新しい地域機構の設立に反対の態度をとった (Gordon 1969: 116–118)．そのため，以後のおよそ半年の間，タイとインドネシア政府によるマレーシア政府の説得が続いたほか，フィリピン，シンガポール及び他の域内国に対しても新機構への加盟ないしはそれへの理解を求めるインドネシア政府の外交努力が行われた．

1967年3月，マリク外相の側近であるアンワル・サニ，スパルジョなどインドネシア高官一行は二度にわたりマレーシア，シンガポール，フィリピン，ビルマ，タイ，カンボジアなど近隣諸国を訪れ，地域機構設立問題を協議した．その際，マレーシア政府は地域協力の原則には賛成したものの，地域機構新設のための具体的な話し合いには応じなかった．当時マレーシア政府がSEAARC案に賛成しなかった背景には，政治・安全保障分野の地域機構は時期尚早であり，当分の間はASAを活用した社会・経済分野の活動に集中すべきである，またインドネシアはスカルノが未だに権力の座に残っており，国内的に不安定であるため，同国を含む地域機構は困難であるとの認識があった[9]．要するに，マレーシアとしては地域機構の新設とインドネシアの参加を急ぐ必要を感じなかったし，何よりもASAを捨てたくなかったのである．

それゆえラーマン首相はマリクとタナットによる新機構設立に向けた多数派工作を牽制した．4月のマリクによるシンガポール及びタイ訪問と前後して，シンガポール政府に対して新機構に参加しないよう圧力をかけたのである．そもそもシンガポール政府はこの機構へ参加する意向であった[10]．ところがラーマン首相はシンガポール政府に対し，ASAの存在を理由に新たな機構の設立に反対するとの立場を伝えてきた[11]．すると，シンガポール政府はインドネシア，マレーシアの両国がこの問題について合意するまで公式的コメントを控

つつ，将来「時が来れば」それらの機構に参加するとの方針をまとめた[12]．新機構設立に対するラーマンの強固な反対に直面したマリクとタナットは，当初4月開催を目標としていた「4ヵ国会談」を8月へ延期する一方，ASAとは別の地域機構の新設との方針を再確認し，両国がマレーシアはじめ関係諸国の説得に一層力を入れていくことで合意した[13]．

ところが5月中旬，マレーシアはSEAARC案に前向きな姿勢をとるようになった．この方針転換はフィリピンとの間での領土問題の再燃を憂慮した結果であった．当時フィリピン政府が密かにサバの転覆を企てているとの報告を受けたラーマンは，フィリピン側の「二重的態度」に強い不信感を覚えた．既に指摘したように，従来サバの領有権やマレーシア連邦の成立をめぐってマレーシアと対立したフィリピンであったが（山影1991a: 58-60），マルコス政権発足以来，両国関係の改善が目立っていただけに，フィリピン政府の出方に対するラーマンの不信感は大きかった．それゆえASAより一回り大きな地域機構，即ちインドネシアの参加するSEAARCにフィリピン政府を取り込むことが領土問題に対するフィリピン政府の発言力を抑えることにつながると判断したのである[14]．

5月下旬，マリク外相は地域機構設立問題を協議するために東南アジア歴訪に出た（『東南アジア要覧』1968: 772）．外相自ら，去る3月のサニ一行による訪問を引き継ぐものと位置付けたこの歴訪の目的は，フィリピン，マレーシア及びタイではSEAARC構想の受諾を，またビルマとカンボジアにおいてはそれへの理解を得ることにあった[15]．その結果，前記3ヵ国との間で地域機構設立のための会議を一応8月に開催するとの内意を得ることができた[16]．

2. 設立会議における駆け引き：地域自主性，外国軍基地の問題

8月5-7日，5ヵ国の外相たちがタイのバンセンに集まり，新機構設立に関する諸事項を協議した．その結果，新機構の設立，機構の目的・活動・組織などを明記した設立宣言文案，機構の名称としてそれまでの「SEAARC」ではなく「ASEAN」にすること，などについて合意が得られた（山影1991a: 96-99）．そして，翌8日，バンコクにて第1回ASEAN外相会議（8/8/1967, Bangkok）が開かれ，外相たちは前日のバンセン会議で合意されたASEAN設立宣言に

署名し，ASEAN は正式に発足した．

ところで ASEAN の設立会議における最大の争点は，共同宣言文案の中での東南アジア安全保障に関する地域自主性，即ち新機構の目的の一部としての地域安全保障に対する共同責任と外国軍基地の暫定性の明記問題であった（山影 1991a: 96-99）．

まず，新機構の目的と関連した地域安全保障の共同責任問題である．マレーシアとフィリピンの両国は当初，ASA と同様，ASEAN の活動を主に経済・社会分野の協力に限定しようとした[17]．それに対して，インドネシアは，「地域の防衛と安全保障の維持を新機構の第一義的な目的とする」ことを主張し，マリク外相は一時，もしマレーシア政府がこれを受け入れないなら設立会議開催の延期も辞さないとほのめかしたが，ガザリ馬外務次官より「かかる問題は会議において関係諸国と議論すべきではないか」との説得を受け，予定通り出席した．

設立会議においては，議論の末，設立宣言の前文に「地域の経済的・社会的安定……基本的責任」とともに「外部からの干渉……決議」を入れることで妥協が図られた．一方，本文においては経済・社会・文化などが協力分野として明記されたのに対して，防衛・安全保障などは含まれなかったため，マレーシア政府としては経済・社会分野の協力を新機構の第一目的とすることに合意が得られたと評価した[18]．但し，当然ながら，これは政治・安全保障問題を会議で協議すること自体を否定するものではなかった[19]．

次に，外国軍基地の暫定性の明記問題である．これはとりわけ領内に米軍基地を抱えるフィリピンにとって敏感な問題であった[20]．2月末から3月初めにかけてインドネシア政府から SEAARC 宣言文が送付された際[21]，フィリピン政府はとりわけ外国軍基地に関する条文は受け入れられないとし，独自案を用意することになった[22]．フィリピン外務省は ASEAN 設立会議までに少なくとも三つの草案を用意したが，7月中旬の案では，地域安全保障と外国軍基地に関する「マフィリンド・スタイル」を省き，ASA と ASPAC の趣旨を混ぜたようなものであった．当時フィリピン政府は，インドネシアを除く他の国が皆外国軍基地を抱えており，外国軍基地条文に関する限りおそらく自国の主張が通るだろうと見込んでいた[23]．

バンセン会議においてフィリピン政府はインドネシアの原案に含まれた外国軍基地の文言は内政干渉に当たるとして反対した．シンガポール政府も外国軍への基地提供を批判する国内左派勢力へ口実を与えるとして反対を表明した．これに対して，タイ，マレーシア両政府は条文は現状に適した解釈ができるとしてインドネシアの立場に同調した[24]．ここでマリクが，フィリピン政府は既に 1962 年のスカルノ・マカパガル宣言，マフィリンドなどによって外国軍基地は暫定的なものであり，将来漸次撤廃するとの方針を明らかにしているので，この問題を「何等かの形で宣言に取り入れなければわれわれの自主政策の後退」を意味することになると説得したため，結局，同条文は設立宣言に入れられることになった[25]．フィリピン政府はインドネシアとタイが作成した当初の原案を曖昧な表現に変えた上で設立宣言の前文に入れることに同意せざるを得なかったのである．

その結果，アメリカに対し「外国軍基地に関する不利な表現を含むいかなるものにもサインしない」と約束していたフィリピン政府は苦境に立たされた[26]．ASEAN 設立翌月の米・比外相会談においてラモス外相は，ASEAN は本質的に ASA と同じものであるとの立場から，ASEAN 参加は米比関係に何の影響も与えないだろう旨を述べた．外相は，インドネシアの自尊心を害さずに参加させるために新しい名称にせざるを得なかったとし，ASEAN はいわば「新しい首輪をした同じ犬 (same dog wearing a new collar)」であるとの認識を再三強調した[27]．それに対して，ラスク国務長官は，フィリピンにおける米軍及び施設の権利に関する両国間の交渉に迅速かつ満足のいく妥結が得られることを希望するとし，暗に外国軍基地に関連した摩擦を望まないとの意向を示した[28]．

一方，領内の空軍基地をアメリカによる北ベトナムと「北からの侵略ルート」の空爆に提供していたタイは[29]，SEATO などの合意に基づき他の国に基地の使用権を提供しているものの，その指揮権はタイ政府にある以上タイ領内には「外国軍基地」が存在しないとの建前をとった[30]．ASEAN 設立の翌日，タナット外相はボルコフ駐泰ソ大使の「外国軍基地」発言に対し，「現在タイには外国の基地は存在しないし，これからもそうである……タイは，外国と結んだ義務に基づき，友好国に基地の使用を提供してはいるものの，全タイ領内に

おいてタイ軍の指揮権が保たれている」と応酬した[31]．

　当時タイは，近隣諸国とのASEAN設立交渉と併行して，アメリカとの間で地位協定（SOFA）交渉を進めていた．1964年末，タイ政府はアメリカに対しSOFA改定を求め，自らの改定案を提示したが，米政府の消極的な対応により交渉は進展しなかった．66年6月のSEATO理事会に際してのラスク・タナット会談ではタナットより，この件につきタイ政府の一層の自主的権利が確保されるべく，アメリカがタイ政府の要請に速やかに対処するよう催促された[32]．その後，1966年11月末のアメリカ側の逆提案を経て，67年にも両国の交渉が続いていた[33]．ASEAN設立後，米政府はタナット外相が前年より再三にわたりSOFA改定を促していたことには「外国軍基地の暫定性」条文に拘束されないための自主性の確保という意味合いが含まれていたことに気付き，ASEAN設立を導いたタナットの外交力と先見の明に敬意を表した[34]．

　タイは，北爆のための基地提供のみならず派兵までしてアメリカのベトナム軍事作戦を積極的に支援したものの，その外交路線は単に「対米従属」と位置付けられるものではなかった．確かに，タノム政権は米政府に対しタイ防衛のコミットメントの強化，ベトナム参戦国会議を通じた協議体制の強化などを要請し[35]，また，例えばSEAMESや東南アジア中央銀行総裁会議設立のイニシアティブを発揮することでジョンソン構想の推進に貢献した（第2章参照）．しかしながら，他方では，ASEAN設立を積極的に進め，その交渉過程においては米政府に対し関与を控えるよう要請しており，これはタイにとってASEAN結成とは域内諸国が外部勢力に対して共同対処するための手段であったことを意味する[36]．従って，タナット外相によるSOFA改定要請は，「外国軍基地の暫定性」条件をみたすための試みでもあったといえよう．

　それから，インドネシアは外国軍基地に関しては現実的なアプローチをとっており，域内駐屯米軍の即時撤退を求めていたわけではなかった．ASEAN設立の後，マリク外相は，西山昭駐インドネシア大使と会合し，仮にASEAN加盟国の間で新たに外国軍基地問題が起こったとしても，それは各国が独自に決定すべき問題であって，ASEANとは直接の関係がないと明言した[37]．更にラスク長官との会談では，インドネシア政府が北ベトナムに対して北爆が中止される場合には和平交渉に応じるよう説得を試みたが，北ベトナムの保証が得ら

れなかったことを明らかにした.そして,「北爆の一方的停止はインドネシアを含む東南アジア地域に危険な状況を招くだろうし,その一方で,北爆が続く限り,交渉開始の余地はない.南ベトナム政府が強化され,その支配力と範囲を増していくことを望む」と述べた[38].

このように,インドネシア政府はベトナム問題に関しては交渉による解決を支持するが,共産主義側の勝利によるアメリカの撤退はかえって地域の脅威になるとの認識をもっていた.当時インドネシア政府が国連総会などでインドシナ問題の平和的解決を主張し,アメリカに対し北爆の中止を求めていたものの,それは北ベトナムが和平交渉に応じることを前提にしたものであり,一方的な北爆停止を要請したわけではなかった[39].インドシナ問題への根本的対策として南ベトナムにおける自主的な政権の育成を提案しつつも[40],インドシナでの軍事対立が続く限り,その共産主義化を防ぐための米軍の存在とそれを支える域内基地の提供がやむを得ないことを認めていたのである.

一方,アメリカにとっても外国軍基地条文は厄介なものであった.ASEAN設立の当日,外国軍基地の暫定性に対する米政府の対応を聞かれると,国務省は,米軍のいかなる海外駐屯も駐屯国政府との同意に基づいて行われており,相互利益に適うものである,との迂回した答弁にとどまった[41].また在外米公館に対して,アメリカは地域諸国との二国間条約を重視しており,ASEANの宣言は東南アジアの米軍基地に照準を合わせたものではないとの立場から,現地における米軍基地またはアメリカの現地基地の使用に関する議論に深入りしないよう訓令した[42].

このようにして,設立会議における上記の二つの争点に関しては,当初のタイ・インドネシア共同案の文章は曖昧な表現に変えられたものの,いずれもその趣旨が次のように設立宣言に含まれ,インドネシアの主張する「マフィリンドの精神」は受け継がれることになった[43].

> 東南アジア諸国は,域内の経済的・社会的安定の強化と諸国の平和的・進歩的発展に主要な責任を有し,いかなる形,あるいは言明であれ,外部からの干渉に対しては,諸国民の理想と希望とに従い,国民的一致を守るため,その安定と安全とを確保すべく決心していることを考慮し,
>
> すべて外国の基地は,暫定的なものであり,関係国の同意表明によってのみ

維持され，域内諸国の国家的独立と自由とを直接又は間接に破壊し，あるいは諸国の秩序ある発展を阻害する目的で使用されるべきではないことを確認し，……

第3節　アメリカ・ファクター

1. 米政府の関与の自制：域内国の警戒への配慮

それでは，アメリカはASEAN設立をどのように認識し，どのような行動をとったのであろうか．米政府は比較的に早い段階から，9・30事件以降の東南アジア情勢の急変に伴う新たな地域機構設立の動きに気付いていた．1966年6月下旬，米・泰外相会談の中では地域協力問題に議論が及んでいた[44]．タナット外相は，ASPACやASAなどアジアのイニシアティブによる地域協力の動きに対してアメリカが慎重に対応すべきであるとの要望を伝えた[45]．また，最近マリク外相がインドネシアのASA参加を希望してきたことを明らかにした上で，インドネシアの政局が一層安定するまでASAの活動は既存の3ヵ国に限ることが望ましいだろうとの見解を示した[46]．前述のように，タナットは同月初めのバンコク4ヵ国外相級会談において，新たな地域機構設立についてマリク外相と合意しており，その情報をアメリカ側に伝えたことになる．但し，タナットは，インドネシアの取り込みを「新たな」地域機構の設立ではなく「ASAへの参加」として，なお当分の間のインドネシアのASA参加猶予をインドネシア政府の意思ではなくタナット自身の判断として伝えたのである．

こうした動きを踏まえて，ジョンソン政権はインドネシアの参加によるASAの拡大及び活動強化の可能性に注目したが，そこにはインドネシアを地域協力に参加させることによって地域安定化を図りたいとの思惑があった[47]．1966年11月のアジア歴訪の際，ブラック顧問はマリク外相と会談し，地域協力への積極的な参加を勧めた．それに対してマリクは，インドネシア政府は既にADBへの加盟，翌月予定の東南アジア農業開発会議への参加を決めており，SEAMESや「最近のラザクのイニシアティブによる東南アジア運輸大臣会議」にも必ず参加したい，と答えた．ところが，ASAやマフィリンドについ

ての見解を尋ねられると,マリクの態度は慎重になった.マリクは,先に言及した地域活動は純粋に経済・社会問題に関するものであるのに対して,ASAまたはマフィリンドについてはインドネシアは様々な政治的理由で留保しなければならない,と明言した.インドネシアによるASA参加は当分はありえないことがはっきりしたのである[48].

ところが,前述のように,1966年末から翌年初めにかけてインドネシアを含む新たな地域機構設立構想が持ち上がった.米政府は当初,タイ政府のSEAARC案を新たな軍事同盟を目指すものとして把握した[49].そして,マレーシア政府が既に反対の返事をしたことに加え,次のような分析に基づきその実現は困難であろうと判断した.まず,駐インドネシア米大使館は,最近の「地域防衛機構」設立の議論に関連してマリク外相が「いかなる軍事協定(any military pact)にも参加しない」と明言したとし,インドネシアは地域協力に高い関心はあるものの,少なくとも国内政局の安定が進むまではこのような機構に加わるとは思わないとの意見を寄せた[50].更に駐比米大使館からは,マルコス政権が自らのイニシアティブによる新たな地域枠組みとして,当時推進中の「アジア・フォーラム(Asian Forum)」のほか,ASAないしはマフィリンドを基盤にした文化・経済機構を設立してインドネシアを参加させる計画を検討中であり,仮にタナットの提案が提示されても,アメリカとの防衛条約を持つフィリピン政府としては,外国軍基地の暫定性を規定する案をそのままでは受け入れないだろう,との分析が届いた[51].要するに,タイ政府の提案に対してマレーシアはもちろんインドネシア,フィリピンがそろって反対するだろうとみたのである.

しかし,次第に,タイ政府の提案はインドネシアの意向を反映したものであること,同案の目指すものは安全保障条約ではなくASAのような一般の地域協力であることが明らかになると[52],米政府はその行方を注意深く見守ることになった[53].そして,3月以降,東南アジア諸国による地域機構設立の動きが活発化すると,現地の米大使館の間ではアメリカの対応をめぐって意見が分かれた.マーティン駐泰大使は,米政府の積極的な関与を勧告した.即ち,提案中の機構の形や性格について地域諸国の間で多くの議論が飛び交いながらもなかなかその合意が得られない現状では,アメリカの立場を明らかにし,新機構

が東南アジアにおけるアメリカの長期的目的と両立するように，またできればSEATOのようなアメリカとの相互安全保障機能を持つか，それを意識する機構になるよう誘導することが望ましいとの意見であった[54]．

これに対し，マーシャル・グリーン駐インドネシア大使は，次のような理由で慎重な対応を主張した[55]．

> インドネシアは確固たる自主外交路線を追求しており，アメリカとの同盟関係に入ることは考慮しておらず，それゆえインドネシアは責任ある非同盟の地域大国として残った方が，両国間の問題を起こしながら無理やりアメリカの同盟国化するより，地域の安定とアメリカの国益の実現により大きな貢献ができるだろう．……インドネシアは地域諸国が一層強固になるまではアメリカによる保護の傘が欠かせないことを熟知している一方で，米政府との安全保障関係の公式化には強く反対するだろう．

要するに，グリーンは，SEATOのようなアメリカとリンクされた安全保障機構の設立に向けた工作は，地域諸国の参加を困難にするばかりか，それによって起こり得る問題を考えると，長期的視点からもアメリカの国益にはならないとした上で，重要なのは自主的な地域協力が定着することであり，現時点でアメリカの果たすべき役割とは，地域協力が定着するまで域外からの脅威に対する「保護膜」になることであるとの立場であった[56]．また，フランシス・ガルブレイス駐シンガポール大使も，地域諸国が受け入れる用意ができていない「メイド・イン USA」同盟を工作するよりは，地域安全保障は域内国自らのアプローチで対処するべきであるとし，グリーンの意見に同調した[57]．

現地大使らによる相異なる勧告に対し国務省は，「新しい地域機構のイニシアティブはアジア人によって担われるべきである」との立場より，大使らに対しインドネシア高官一行の訪問先における裏工作を控えるよう訓令した．その背景には，アジアでは近い将来にSEATOに比肩するか，それを補完する軍事機構が出現する見通しはないとの分析，及び地域自主性を重視するインドネシアへの配慮があった[58]．昨近インドネシア軍事使節の近隣諸国訪問，タイ・ラオス及びタイ・マレーシア間の国境ゲリラ問題についてそれぞれの協力が行われており，今後はサバ・サラワクでのテロ活動に対するインドネシア・マレーシアの協力，密輸に対するインドネシア・フィリピンの協力，国境沿いの反政

府勢力に対するタイ・ビルマの協力もあり得るだろうとし，地域協力の進展に期待を寄せながらも，その一方で域内国同士の公式の多国間組織の出現可能性は小さいとされたのである[59]．

1967年3月から新しい地域機構設立に向けたマリク外交が動き出すと，この展開は米政府にとって「驚くべき態度変化」として受け止められた[60]．当時インドネシア政府は誤解を避けるために自らの行動について事前に米政府に知らせ，その趣旨を説明した[61]．3月の二度にわたる政府高官一行の東南アジア歴訪に際しては，マリク外相がグリーン大使と会合し，一連の訪問の目的が新地域機構設立のための「4ヵ国会議」開催の協議にあることを明らかにした[62]．また5月下旬のマリク自らの東南アジア歴訪に際しても，出発の前日にグリーン大使と会合し，その趣旨を伝えた[63]．当時国務省の把握した地域協力に対するインドネシア政府の立場は次のようなものであった[64]．

> インドネシア政府は，地域協力の進展に関心を表明し，「アジアの問題はアジア諸国によるアジア的やり方によって解決されるべきである」との原則を繰り返し強調している．インドネシアは，東南アジアで占める自国の大きさと潜在力に相応しい影響力を行使できる枠組みに最大の関心がある．インドネシアは，マフィリンドは活動範囲が狭く，また旧政権の支配と結び付いており，その一方でASAは親西側諸国に限定されているとのイメージが強い，と見ている．インドネシア政府は，中立性とインドネシアの主導的役割というニーズが充足されるものとしてのSEARC［原文ママ］概念に関心がある．

このように，国務省はインドネシアにとって地域機構参加の最大誘因が政治的中立性と自らの主導的役割への期待にあることに気付いており，それゆえアメリカの干渉によってインドネシアの地域協力への意欲が挫かれることを警戒したのである．

ところで，米政府の関与を嫌ったのはインドネシア政府だけではなかった．タイ，マレーシア両政府もSEAARCに対する米政府の工作を警戒していた．前記した5月中旬の訪馬の前日，マーティン大使と会合したタナット外相は，その目的がインドネシアを含む「拡大版ASA」への協力要請にあるとした上で，マレーシア政府はこのようなタイの働きかけがアメリカの意向によるものではないかと疑っている，と述べた[65]．すると大使は，それは全くの誤解であ

り，マレーシアに SEAARC を提案した際にアメリカには何の情報も提供しなかったほどタイ政府は「注意深かった」ではないのかと質し，地域協力はアジア諸国同士で処理されるべき問題であるというのが米政府の基本的立場であると釈明した[66]．タナットはこのマーティンとの会談において，前年6月のラスク長官との会談同様，SEAARC を ASA の拡大版として位置付けているが，これは「新設」の形をとると余計にアメリカの干渉を招きやすいと憂慮したからではないかと思われる．

いずれにせよ，皮肉にも，SEAARC 宣言案を最初に米政府に伝えたマレーシア政府自らが，それを主導したタナット外交の背後にアメリカの意向が働いているのではないかと疑っていたことは，地域諸国がどれほどアメリカの関与を警戒していたのかの証といえよう[67]．このように非同盟志向のインドネシアはもちろん，親西側性向のタイ，マレーシアまでがアメリカの干渉を警戒するなか，国務省は引き続き自らの関与を控えることとなった[68]．その際，最大の注意が払われた対象はインドネシアであった．国務省はインドネシア政府が「アメリカの熱心過ぎる関心について疑いを持ち始めている」ことを察知したため，それをも考慮した二重の配慮をするほど，自らの対応が干渉と誤解されないよう細心の注意を払わざるを得なかったのである[69]．

2. アメリカのアジア政策における ASEAN 設立の意義

アメリカはインドネシアを含む地域機構の設立が東南アジアの地域安定に役立つ，つまりアメリカの国益になると判断していたため，1966年後半にはインドネシアを受け入れた ASA の拡大に関心を持っていた．67年に入り，ASA の拡大ではなく新地域機構の設立案が浮上すると，最初はそれを軍事同盟的組織として捉え，その実現可能性は小さいと判断した．その後，地域協力一般を議論する機構が目指されており，特にインドネシアがその設立に積極的な役割を果たしているが，同国の求める地域機構は政治的中立性と同国の指導的役割が保障されるものであり，またその他の参加予定国もアメリカの干渉を警戒していることが明らかになると，それがアメリカの望むものになるよう誘導する秘密工作を行ったりせず，見守る立場に終始した．

米政府は ASEAN 設立会議の直前まで，新しい機構の発足を決して楽観し

ていなかった．各国にとって新機構設立の効用として「インドネシアの地域枠組みへの取り込み，プレステージ及びアジアの協力を願う真のアジアの願望」という「共通分母」が存在する一方，そのあり方については各国があまりにも異なる態度をとっていたからである[70]．即ち，インドネシアの地域機構参加の動機に対する疑心，対決政策の記憶，華僑の役割に対する警戒と嫉妬，政治家同士の反目，中国に対する公式的立場の違い，経済的競争，主導権争い，域外大国との軍事同盟の存在，イギリスの「スエズ以東」政策による問題，ベトナム情勢と派兵への態度，サバ問題のような領土紛争など，多くの対立要因が潜んでいただけに，米政府としては設立会議において結論が出ないこともあり得ると予測していたのである．勢いそれまでの設立過程に自らの関与を控えていたのと同様，設立会議に際しても，米政府自らのいかなる意思表明も慎むよう関係在外公館に指示した．アメリカが反共同盟的な地域機構の設立に関わったという共産主義陣営からの非難もさることながら，新機構参加予定国からの「彼ら自らのイニシアティブとリーダーシップを妨害した」との批判を警戒したからである[71]．

その後，設立会議が参加国の合意を得て無事終了し，ASEANが正式に発足すると，米政府は地域協力に向けたアジア諸国の願望を改めて評価するようになった．それはバンディ国務次官補の次のような認識に集約されていた[72]．

> 全参加国による公式宣言から浮かび上がる最も注目すべきテーマは外部による支配と干渉からの自由への願望である．……ASEAN諸国は，彼らの安全保障を外部勢力，とりわけアメリカに大きく依存している現状を明確に認識しており，近い将来それが続くであろうことも認めている．しかし，彼らは決してこのような依存状態に満足せず，やがて自助努力と行動の自立を求めようとするであろうことを，我々は認識しなければならない．……将来ASEANが我々と利害が異なる立場をとるかどうかは予測できないが，少なくとも現時点では，ASEANは，建設的な地域協力の進展，偏狭なナショナリズムの緩和，地域における共産主義の野望への対抗という点で多くの可能性を潜めている．従って，その設立者たちを動かした精神が，少なくとも現時点では，アメリカの長期的利益と両立可能であるとの仮定の下で，この機構を歓迎すると同時に，内密に激励することは，我々の利益になると思われる．（傍点筆者）

米政府は，ASEAN設立のモメンタムには地域自主性への願望があり，かつそれは政治理念の異同を問わず全ての外部勢力に対してのものであることに注目し，今後自らの対外政策における「低姿勢」外交の必要性に注意を促したのである．

　要するに，米政府はASEAN設立に際して，従来地域秩序の攪乱要因であったインドネシアを地域枠組みに取り込むことにより，海洋部東南アジアの安定化に役立ち，また過激なナショナリズムの勃興を牽制し，ひいては共産主義からの脅威にも対抗できる勢力としての成長可能性に期待をかけていた．そこには，東南アジア諸国とアメリカとの間で公式に同盟化された機構より，非同盟でありながらアメリカの国益に適う組織としての地域機構が現実的かつ望ましいとの判断があった．ジョンソン政権にとってASEANは，SEATOを代替・補完する同盟体制，あるいは自らのベトナム戦争遂行の補助的手段として位置付けられてはいなかったのである．

終　章　結論と展望

第 1 節　1960 年代半ばのアジア地域主義の本質

1. 相対性: 相互作用のメカニズム

　本書の当初の問題設定は，1960 年代のアジア地域主義の展開をアジア諸国とアメリカの相互作用の視点から捉え直すことであった．一方では近年の冷戦史再考の文脈で示された批判に注目し，国際関係を冷戦体制，即ち米ソ間のパワー・ポリティクスないし両国の対外政策に収斂させる還元主義的アプローチだけで果たして多様性に富んだ戦後アジア地域主義の全体像を的確に捉えることができるのだろうか，と問いかけた．他方では，従来地域諸国または域内要因を強調する視角が提示されてきたものの，その射程にはアメリカ・ファクターが含まれていない場合が多く，結果としてアメリカのアジア政策と地域要因の間の相互関係については必ずしも明確に論じられてこなかったという問題を提起した．そして，この両者の接点，即ちアメリカ外交と地域イニシアティブとの相互作用にこそアジア地域主義の本質が隠されているのではないだろうか，という本研究の視角を設定したのである．

　さて，地域機構の設立過程を，その提唱と関係国の間で設立に向けた合意が形成されていく外交交渉とに分けて考えると，各機構設立において主導的役割を果たしたアクターも同様に提唱と交渉過程に分けて把握することができる．まず，米政府がその設立を意図し，その実現に向けて地域勢力に積極的に働きかけたケースとしては，「アジア版 CIAP」があった．地域のイニシアティブに配慮した米政府の注意深さゆえにその存在については従来ほとんど知られていなかったものの，実はジョンソン構想提唱に際してアメリカが設立を目指したのがこれであった．ところがアメリカの期待は外れてしまった．ジョンソン構

想に対するアジアからの反応は，ケネディ政権による「進歩のための同盟」提唱に対するラテンアメリカのそれとは異なっていたからである．アジアの実情と地域諸国の利害を十分に考慮していないアメリカの提案は，国連やアジア諸国の呼応を得られず，失敗に終わったのである．

　次に，提唱こそアメリカの意向に触発されたものの，以後の設立過程においては地域諸国が主導的役割を果たした枠組みがあった．東南アジア開発閣僚会議である．ジョンソン構想に対するアジア側の対応を組織化するための具体的イニシアティブの発揮を求められた日本外務省は，「アジア版OEEC」や「アジア版CIAP」というべき地域機構の設立を含む一連の具体案を企画したものの，これらはいずれもジョンソン構想との親近性ゆえに日本政府案としての採択には至らなかった．そして，その代案として日本政府独自の発想によって案出されたのが東南アジア開発閣僚会議であった．ところが同案は援助国として参加する国に日本のみを想定するなど米政府の当初の希望とは異なるものであったため，ジョンソン政権は同会議の設立には関与を控えることとなった．

　その一方で，アメリカの意向とは関係なく地域諸国の自主的イニシアティブによって提唱されたものの，その設立においてはアメリカ側の支持と支援を必要とした組織もあった．ADBとASPACがこれに当たる．ADB設立構想は1950年代以来のECAFEを中心とした地域協議を通じて生まれたものであった．1963年12月，地域銀行設立問題がECAFE加盟国の間で正式に取り上げられてから，その1年後には日本はじめ多くの地域諸国がその設立に賛成の立場をとるようになった．ところが域外国の中で最大出資額が期待されたアメリカが消極的態度を堅持したため，その参加の確保がADB実現の最大の難関として残った．この局面を打開したのはほかならぬアメリカ自らの政策転換であった．ジョンソン構想の提唱に伴い，ADBが同構想を実現するための重要な手段として位置付けられると，米政府はADBへの出資はもちろんのこと，その設立交渉にも積極的に参加し，大きな影響を与えた．

　1964年8月の韓国政府によるアジア外相会議の提唱は全く韓国のニーズと自主的判断に基づくものであった．ところがこの提案は被招請国からの広い支持を得ることができず，数ヵ国のみによる「反共大会」になるか，あるいは自然消滅するという見込みが強まった．これをすくい上げ，全被招請国による会

議開催を可能にしたのが，米政府による側面支援であった．その際ジョンソン政権は韓国政府に対し，従来のような「無益な常套の反共策の焼き直し」を回避すべく，過度な反共色をなくすよう誘導し，ASPAC の性格付けに一定の影響を与えた．

更には，提唱と交渉過程のいずれにおいても地域諸国が主導した枠組みも存在した．ASEAN の事例である．1960 年代前半の海洋部東南アジアにおける地域紛争が和解に向かう過程で新たな地域協力の動きが生まれた．提唱された SEAARC 案にはインドネシアの意向が強く反映されていたため，イデオロギー的中立性と地域自主性が色濃く現れていた．ASEAN の設立交渉において加盟各国がアメリカの干渉を警戒していたため，米政府はそれに配慮し，自らの関与を控えた．

以上，簡単な類型化ではあるが，ジョンソン政権がその設立を望み，水面下で積極的な外交工作を行った「アジア版 CIAP」が出現しなかった一方で，域内国によって提唱されたり設立交渉が主導された地域機構はいずれも設立に至ったことは大変示唆的である．アメリカの政策意図，即ち提唱に際してのアジア諸国とアメリカとの共感の有無，設立過程へのアメリカの関与の有無は，いずれも地域機構の出現を左右する絶対的な要因ではなかった．換言すると，ジョンソン政権の政策意図（目標）と，諸協力機構設立における同政権の関与の様子（過程）や出現した枠組み像（結果）は互いに比例（一致）せず，このずれをもたらしたのはアジア・ファクターであった．その一方で域内国の提唱した地域主義構想の実現において米政府の関与の有無（及びその様子）が一定の影響を及ぼしたことも事実である．要するに，地域機構設立におけるアメリカのパワーとアジアのイニシアティブはいずれも限定的であったといえよう．このようにアメリカ側とアジア側の利害関係が影響し合う相互作用の中で両者の認識と行動が相対化されていくメカニズムこそ当時のアジア地域主義の特徴であって，これは従来の研究が見過してきた側面でもある．

2. 多様性：様々な利害関係

それでは，アメリカとアジア諸国は地域協力に何を求め，その結果として，何が出現したのだろうか．戦後の歴代米政権のアジア政策と同様，ジョンソン

政権の推進した地域主義支援政策には「封じ込め」の戦略的考慮が働いていた．但し，それは東南アジアの経済・社会開発に共同で取り組むことによってアジアにおけるアメリカはじめ西側陣営の立場を強化し，結果として中国の進出を防ぐという「非軍事的」方策であった．つまり，ジョンソン構想の目指したのは「経済的」安全保障であった．

　一方，軍事的安全保障の面では基本的に従来のハブ・アンド・スポーク体制，即ち，二国間関係中心のアプローチがジョンソン政権期にも引き継がれた．当時ベトナム戦争を戦っていた同政権がこのような方針をとったのは，軍事・安全保障分野では既存の同盟構造におけるいかなる根本的変化も望まなかったからであった．それゆえジョンソン政権は，加盟国の間で機能不全が問題とされていたSEATOを維持させた反面，英連邦諸国の提案した「東南アジアに関する4ヵ国協議」の制度化を拒否したほか，ベトナム参戦国会議の制度化にも消極的に対応し，更には，既に指摘したように，韓国政府の提唱したアジア外相会議に対して過度な反共色や軍事同盟化を避けるよう誘導したのである．米政府がジョンソン構想を打ち出し，アジア諸国による地域機構設立を後押しした背景には，新たな反共ないし軍事同盟的組織を作ろうとする狙いがあったとの主張は事実に反するといわざるを得ない．

　それに対して，アジア諸国の地域協力にかけた期待とその追求方法は必ずしもアメリカの描いた計画と一致するものでもなければ，一様に統一されていたものでもなかった．アメリカの描いた地域主義構想に拘束されず，かつそれぞれの提唱国・参加国のニーズと利害によって多様な協力のあり方が追求されていたのである．ADBや東南アジア開発閣僚会議のように主として経済・社会分野での協力を想定した組織もあれば，ASPACとASEANのケースに見られるように，最終的には軍事同盟的機能こそ否定されたものの，参加国の中で政治・安全保障分野の協力までを視野に入れた活動が望まれていたものもあった．アジア諸国の目指した地域協力は経済・社会開発に限らず，政治・安全保障分野にまで及んでいたのである．

　更に協力の方向性，即ち域外勢力との関係設定においても，ADBが国連や他の国際金融機関との連携ないし協力関係を前提にしたものであった一方，東南アジア開発閣僚会議においては主唱国日本の影響力が行使されやすい援助体

制が目論まれたといえる．またASPACが冷戦体制に依存し，その強化を目指した一方，ASEANにおいては冷戦秩序や域外大国の影響からの自由が追求され，域内の善隣友好関係の構築に主な関心が向けられていた．

このように，必ずしも利害関心が収斂していないアメリカとアジア諸国との間では，地域機構設立をめぐる外交交渉は複雑なものにならざるを得なかった．それは，アメリカの戦略かアジア諸国のイニシアティブかという単一要因に基づいて説明できるものではなく，構想の性格がどのようなもので提唱国・主導国がどこであったのかを踏まえて，個別的に分析する必要のある国際関係であったのである．

第 2 節　アジア地域主義の行方

1. ポスト冷戦期の「新しい地域主義」

既に指摘したように，1980 年代以降地域主義がグローバルな広がりをみせると，アジアにおいても既存の政府間協力機構の拡大と新たな枠組みの設立が盛んに見られた．この「新しい地域主義」（Palmer 1991: ch. 1）によって域内の相互作用は従来にもまして複雑化・多様化したが，とりわけ地域の範囲と協力の内容における変化が著しかった．

まず，地域協力における脱理念化，即ち体制横断化の進展である．多くの旧東側諸国で市場開放が進み，地域主義の波はイデオロギーや体制の異同を越えて波及した．ASEAN の全東南アジア地域大への拡大，中国の APEC, ASEAN 地域フォーラム（ARF），ASEAN＋3，アジア欧州会合（ASEM）及び上海協力機構（SCO）への参加がその好例といえる（Calder 2008: 30–32; Kuik 2008）．

次に，「アジア太平洋」及び「東アジア」概念の台頭と（大庭 2004a; 田中明彦 2003），「地域」範囲の拡大である．「アジア太平洋」概念の定着を決定付けた APEC にしてみても，オセアニア，米州など，アジアの範囲に収まらない国々が含まれるようになった．また，1990 年の EAEG 構想の提唱以来，ASEAN＋3 が制度化していく中で，「アジア太平洋」への対抗概念あるいは補完概念と

して「東アジア」が登場した．そして，21世紀に入り，日本政府による「東アジア共同体」の提唱に及んでは，「東アジア」の範囲は一層広がり，いわば「拡大東アジア」ともいわれるようになった（山影 2003c: 6-7）．

更に，協力内容の多様化である．冷戦の終結，中国の台頭，9・11事件，核の拡散，グローバル化など国際環境の変化に伴う伝統的脅威の中身の変容と非伝統的脅威の出現により，地域主義的対応ないし多国間主義の必要は増大し，それに求められる機能も多様化してきた（赤羽 2007; 白石 2008）．日米同盟の再定義，北朝鮮核問題を議論する6ヵ国協議の開催，多国間安全保障協力・対話の模索，非伝統的安全保障（環境・地球温暖化，資源，麻薬，海賊，テロ，重症急性呼吸器症候群（SARS），国際的な人身取引など）への国際的対応の拡大，ひいては目下の世界的な金融危機への共同の取り組みがそれを物語っている．

ところで，こうした「新しい地域主義」をめぐっては，それをもたらした最大要因を脱冷戦という世界システムの変化に求める視角が一般的のようである．地域主義を復活させた最も劇的かつ確かなきっかけは，戦後世界を二分した冷戦体制の崩壊とそれを特徴付けた対立の緩和であった，というものである（Fawcett 1995: 17-20）．なぜなら，超大国の勢力圏という「かぶせ物」が取り除かれることによって多極化が促され，地域諸国の自由と地域的自覚が向上した，と考えられるからである（Buzan 1991: 207-208）．

しかしながら冷戦の終焉は真に大国間の対立を終息させ，その結果，世界の各地域では自らの地域秩序の構築において相対的自由が保障されるようになったと，はたしてどれほどいえるのであろうか．またそれはアジアに対しても適用可能な命題であろうか．これらの議論に関連して，とりわけアジアの場合には，次の三つが指摘できる．

まず，アジアにおいては米ソ対立の終結により地域自律性が高まった側面がある一方，他方では域外大国，特にアメリカへの依存と域内における同国のプレゼンスが依然として続いている．ヨーロッパの場合と比べれば，アジアでは冷戦終結による劇的な変化は小さかったし，冷戦期に生まれた分断国家や地政学的に敏感な地域の存在といった状況には変わりはない．戦後のアジア地域秩序は，米ソによる二極体制よりも米中ソ三国関係で特徴付けられる性格が強く，中国をはじめとする域内共産主義諸国は，ソ連・東欧諸国とは異なり，政

治体制は崩壊しなかったのである．現在のところ，北朝鮮の核問題，台湾海峡危機，南沙諸島をめぐって繰り返される領有権争い，歴史認識をめぐる対立など，地域紛争の「火種」に対処できる効力のある管理体制は確立されていない（小此木 1994; 李弘杓 1997; 佐藤 2001; Valencia et al. 1996; Yahuda 2004: 272–276; 田中 2007: ch. 6）．このようにアジア太平洋の地域秩序が不安定かつ不透明である限り，安全保障面での中小国の域外大国への継続的依存と外部からの干渉の可能性は依然として大きい（Acharya 1992: 15–19; Yahuda 1996: 259–263）．

次に，上記の論点と関連して，地域協力のあり方をめぐって地域諸国と域外大国，とりわけアメリカとの利害対立が表面化しており，この傾向は今後も続くだろう．アメリカはアジアに対し，従来は「ソトからの管理者」に終始していたとするならば，ポスト冷戦期には「アジア太平洋」の「地域の一員」としての役割を模索しているかに見える（大庭 2000: 23; Katzenstein 2005: 79–81）．果たして今後アメリカがアジアとの地域アイデンティティを深める方向に向かうのかどうかは，現時点で判断するのは難しい．しかしどちらの方向を選んでも，アメリカは戦後のアジア地域秩序の形成・維持に極めて大きな影響力を行使してきただけに，引き続きこの地域の安全保障・経済秩序に深く関わっていくだろう（五十嵐 2005: 19; Buckley 2002: 215; Ikenberry and Mastanduno 2003: 423; Cumings 2008: 55）．そして，一層の積極的な役割を模索するアジア諸国と利害が対立することは十分ありうる．実際に，APEC の制度化，EAEG 構想，AMF 構想，「東アジア共同体」構想の実現をめぐる外交交渉によって，ASEAN 加盟国をはじめとするアジア諸国とアメリカとの対立構図が浮き彫りにされたことは，既に指摘した通りである．

最後に，冷戦の終結が世界諸地域の自律性を高め，地域主義の活性化をもたらしたとの視角は，冷戦期の地域秩序における地域のイニシアティブを過小評価するものである．こうした視角に立つと，冷戦期においてはアジア諸国同士による地域協力の動きは起こり難く，たとえそれが存在したとしても，それは基本的に大国間関係の産物として位置づけられがちである．しかしながら，このような見方はそれ自体，第 2 次大戦後のアジア国際関係に対する権力政治論的解釈に符合するものではあるものの，必ずしもそれが実証されたとは言い難い．むしろ，本書で明らかにしたように，アジア諸国はベトナム戦争期でさえ，

地域協力に向けた様々なイニシアティブを発揮していたという事実は，アジア地域秩序に対するいわば外部決定論の再考を促すものといえよう．

要するに，冷戦期の国際関係と冷戦終結後の国際関係とでは大きな違いを認めつつも，第2次大戦後，アメリカを当事者として包み込むアジア太平洋国際関係のあり方は，アメリカの影響力の大きさと限界やアジア諸国同士の自律的相互関係との錯綜として捉えるべきものであることを示唆している．21世紀のアジアにおける地域主義も，グローバル化や冷戦終結といった国際構造的要因のみに依拠して説明するのではなく，実際の個別的動きに即して分析されるべきであろう．

2. 本書の今日的意義

本書での分析で明らかになったように，1960年代というベトナム戦争期におけるアジアの地域主義の多様な動きは，アメリカの政策意図が一定程度の影響力を持った中で，アジア諸国の意図やアメリカとアジア，更にはアジア諸国同士の相互作用の現れであった．そして，上記のようなポスト冷戦のアジアの現実から考えると，超大国の意図と行動の重要性を踏まえながら，アジアの側の意図や利害の多様性に注目し，関係国の相互作用のあり方を分析するという，地域国際関係に対する本書の捉え方は，今日のアジアにおける複雑な地域主義の動向を見る上でも妥当性を持っている．

9・11事件以降のいわゆる「テロとの戦い」へのブッシュ政権の対応は，アメリカによる単独主義的軍事行動に対する世界各地からの批判を招いた（Carlson and Nelson 2008; Kohut and Wike 2008）．その反省から，世界中に高まった反米意識を和らげ，アメリカの影響力を回復するには，ハード・パワーとソフト・パワーを合わせたいわゆるスマート・パワーをアメリカの対外戦略の基礎とし，地域秩序の運営においても多国間主義を重視すべきであるという提案が注目されるようになった（CSIS Commission on Smart Power 2007; Shaplen and Laney 2007; Ikenberry 2008）．アジアに限っていうならば，経済協力においては，アメリカが今後APECのような既存の地域機構を活用したり，地域諸国と自由貿易協定（FTA）を締結し，更には新たな地域機構へ参加するなど，多国間主義的対応を強化する可能性は十分ありうる．しかし，安全保障分野にお

いては，ARFを強化したり，6ヵ国協議を北東アジアの多国間安全保障協議体へ格上げすることもありうるだろうが，その一方で，当分は日本をはじめとする地域諸国との二国間同盟体制，即ちハブ・アンド・スポーク体制が依然としてアメリカのアジア戦略の要として機能するだろう（Cha 2003; Ikenberry 2004: 46; Fukuyama 2008: 247）．

一方，域内諸国の間でも地域協力の必要性には異論がないものの，そのあり方をめぐっては様々な利害が存在する（毛里 2005; 山影 2005）．冷戦終結後，アジアで存在感が増しつつある中国は（Pollack 2005），1990 年代半ばから東アジア地域協力に積極的になり，ASEAN＋3 を中心とした経済統合を進めながら，安全保障面でも非伝統的分野を中心に多国間協力を模索しつつある．こうした中国の戦略には，アジアからアメリカの影響力を排除するものではなく，むしろ安全保障と経済の分野で一定範囲ながらアメリカの役割を認める姿勢が窺える（高原 2004: 29）．今後中国が「責任ある大国（Responsible Stakeholder）」として日米とともに多国間枠組みを通じてアジアの地域問題に共同で対応することは十分可能だろうし，6ヵ国協議においては既に重要な役割を果たしている（Kuik 2008: 128-133）．

日本は，APEC の創設をオーストラリアとともに主導したほか，1997 年のアジア通貨危機の際には AMF 構想を打ち出し，その後，いわゆるチェンマイ・イニシアティブによってアジア諸国同士の通貨スワップ体制の構築に主導的役割を果たした（大庭 2003）．この過程で注目された「円の国際化」の試みは，円の流通拡大によって地域経済の過度なドル依存を緩和しようとしたという意味で，アメリカ支配の国際通貨・金融体制に対する挑戦ともいえる（Katada 2008）．その一方で，日本は，ARF のような多国間安全保障対話に参加しているものの，アメリカとの二国間同盟を日本の安全保障の軸にすえ，その再編・強化を進めている（Hughes and Fukushima 2004; Samuels 2007）．

また，最近のアジア地域主義の展開と関連しては，日中韓の間での軋轢も指摘できよう（田中 2007: ch. 10）．とりわけ，地域協力の方向性をめぐる日中の主導権争いが激しい．追求すべき地域の範囲及び協力の進め方において，「ASEAN＋3」なのか「東アジア首脳会議」なのか，FTA なのか FTA を含む経済連携協定（EPA）なのか，といったように両国の選好は異なるように見

える (Rozman 2007: 257-267). 他方, ASEAN にしてみれば, 過去 40 年間この地域での協力を先導してきたとの自負もあり, 今後も主導的役割を担おうとするだろうが (Rozman 2007: 256), 東南アジア諸国の選好は必ずしも北東アジア三国のそれと一致するとは限らない. 更には, 韓国, ロシア, オーストラリア, インドなどもそれぞれの地域戦略に基づき, 一層の積極的な役割を模索するだろう.

このように考えると, アジア地域主義は, 経済と政治・安全保障の二つの分野において, 異なる利害とリソースを持つ関係諸国が共通の問題に対応していくダイナミックな相互作用の結果として捉えることができる. 大国間関係とアジア諸国のイニシアティブが交差する二重構造の視座は, 21 世紀の地域秩序を眺めるのに依然として有効であろう. そうである限り, 域外勢力としてのアメリカと域内各国とが地域協力の枠組みをそれぞれの外交政策上にどのように位置付け, またその設立・運営に向けてどのような外交を行ったのかについての 1960 年代の経験を振り返ることは, 今後のアジア地域秩序を議論する上で重要な手がかりを提供するに違いない.

注

序　章

1) 「東アジア共同体に反対．アーミテージ前米国務副長官，米排除，誤り」（『朝日』2005.5.1）．
2) 東南アジア諸国連合（ASEAN）の東南アジア全域への拡大，APEC，ASEAN 地域フォーラム（ARF），「ASEAN＋3」（ASEAN 諸国及び，日本，中国，韓国），アジア欧州会合（ASEM）の設立及び国際経済分野における一連の二国間協定（自由貿易及び通貨スワップ）の協議ないし締結が見られた（山影 2003b; 田中明彦 2003; 森本 2003; 渡辺 2004; Acharya 2001; Hsiung 2001; Ravenhill 2001）．
3) もっとも終戦直後から 1960 年代前半までにアジアで政府レベルの協力枠組みが全くなかったわけではない．しかしながら，後述のように（第 1 章），当時まではアジアにおける域内勢力の主導による地域協力は，総じて，その数も少なければ，その制度化も遅れていた．
4) 1960 年代には欧州の地域統合をモデルにして，ラテンアメリカやアフリカにおいても開発のための幾つかの地域統合機構が作られたが，その多くは当初の目的を達成できず挫折した（山影 1988: 266–269）．
5) そのほか，日本のイニシアティブに対するアジア諸国からの警戒心や，アジア諸国の政治システムの脆弱さやリーダーシップ交代の不安定性といった要因も指摘できよう（山影 2000: 262; Foot 1995: 236–238）．
6) もっとも 1960 年代半ばのアジアの動向に対して全く関心が払われなかったわけではない．当時東南アジアで設立された地域機構を経済統合の視点から分析した試みがあった（Bucklin 1972; Pechkam 1974）．また 1970 年代には欧州型地域統合の視角から離れて地域主義の多様性を認める立場から，アジアの事例に対して積極的な評価をする先駆的研究も現れた．例えば，地域協力におけるアジア的文化と価値の重要性に着目し，「アジアン・ウェイ（Asian Way）」を提示したマイケル・ハースの一連の著作（Haas 1974b; 1974–1985）がある．また，戦後アジアにおける政府間組織の増加を国際的機能主義（international functionalism）の視角から分析したジェームズ・シューベルトによると，60 年代半ばのアジアの動きは，協力分野の拡大と，全会一致による意思決定のような運営原則の定着という意味で，アジア地域主義の大きな進展と位置付けられるものであった（Schubert 1978: 434）．しかしながら，このような積極的な評価が多くの研究者によって共有されたとはいい難い．
7) 言い換えれば，地域統合の意味自体が，国家主権の委譲による超国家的共同体の

出現を意識した経済統合という狭義のものから，それを伴わない国家間協力も含めるような広義のものに変わったといえよう（山影 1983）．

8) ピーター・カッツェンスタインと白石隆によると，戦後の欧州ではアイデンティティの共有を基盤とする「地域主義」が地域統合への政治的意志を意味付けしたのに対して，アジアにおいては，日本が先導するいわゆる雁行型経済発展に伴う市場の拡大によって「地域化」が進んだ（Katzenstein and Shiraishi 1997: 12–22; 白石 2004: ch. 5; Katzenstein 2005: 217–225）．しかし，既に指摘したように，広義の地域主義，即ち地域共通の問題を域内の国々が共同で対処しようとする意志の表れとしての政府間協力機構設立の動きは，1960 年代のアジアにおいて盛んであったのである．ところが，最近の地域主義研究においては 60 年代のアジアの動きについて，政府間協力には注意を払わず民間レベルでの活動のみに注目する視角も少なくない．このような認識は，経済統合ないし経済協力の観点からみて当時のアジアでは政府レベルでの成果が乏しかった，との後知恵的判断に基づくものであり，1980 年代末に登場した APEC の「成功神話」に偏重した視角といえよう．しかしながら「成功」に至る「正史」としての流れから外れたものを単なる「挿話」として片付けてしまっては，多様性に富んだアジア地域主義の全体像を適切に捉えることは困難であろう（大庭 2004a: 5）．

9) このようなアプローチを田中孝彦は「グローバル・ヒストリー」と名付けた（田中 2001: 544）．

10) 渡辺（1992b: 2–7）は，米ソ関係によって定義される冷戦，即ち「狭義の冷戦」概念に対し，冷戦の重要かつ不可欠の構成要素としての第三世界における紛争を度外視した定義は不完全であるとの批判が冷戦期に既に出されていたとし，こうした視角に立つ代表的な研究として永井（1978）と矢野（1986）を挙げた．そして，戦後アジア国際関係史を「狭義の冷戦史」と安易に重ね合わせ，アジアを「米ソの代理戦争を強いられた将棋盤上のマイナーな駒」とみなす受動的理解から抜け出て，地域独自の要因に注目する主体的かつ動的な歴史観を持つ必要性を強調した．また，戦後のアメリカ外交史研究におけるいわゆる修正主義論者（revisionist school）による研究の一部にもアジア・ファクターに分析の光を当てた試みがあった．例えば，ベトナム戦争，朝鮮戦争など地域国際紛争の分析において政治・社会体制，土地改革問題，国境紛争など地域の内的要因を重視したガブリエル・コルコ（Kolko 1985），ブルース・カミングス（Cumings 1981; 1990）の研究を挙げることができる．

11) ジョンソン構想は 1965 年 4 月 7 日に行われたリンドン・ジョンソン大統領の政策演説の中で提唱された（United States, Office of the Federal Register 1966a: 394–399）．

12) 国際政治研究において 1950 年代末以降流行した地域（サブ）システム論（regional (sub) system）は従属体系論（subordinate system）とも呼ばれ，米ソの二極体制

(=支配的システム (dominant system))では説明できない地域国際関係(=地域システム)に注目し、その存在を示すための理論化と実証研究を行おうとするものであったが(丸山1973)、この意味では既存の大国間関係中心の研究傾向に対する批判的要素があった(Berton 1981: 13)。但し、地域システム論者たちの狙いは、「視角の広過ぎる」国際システム論のみならず、「視角の狭過ぎる」国家中心の研究をも意識し、両者間の開き過ぎたギャップを埋めることにあったともいえる(Cantori and Spiegel 1970: 1)。

13) アメリカ・ファクターに言及した研究においても、それを外部環境または与件として扱うケースがほとんどであって、地域機構設立過程における米政府の役割をアジア諸国との相互作用の中で分析したものは少ない。

14) 最近では、例えば、アメリカ外交史学会(SHAFR)の機関誌 *Diplomatic History* 28: 1 (January 2004)、28: 2 (April 2004)に掲載された一連の論文に見られるように、冷戦史再考の動きに触発された形で、冷戦期における地域の開発問題も注目されるようになった。

15) またセリグ・ハリソンも、ジョンソン政権がアジア地域主義を支援した背景には、自国の負担を減らす形で中国を牽制するための、日本を中心とした新たな「パワー・センター」を形成するという思惑があった、と見る(Harrison 1978: 423)。山本吉宣(2005: 36); Ross (2004: 268–269)も参照。

16) そもそもゴードンの研究は「ポスト・ベトナム」を意識した政策提言の観点から行われたものであるとの指摘もある(Palmer 1969: 1211; 矢野 1973: 26; 1986: 207–208)。

17) 戦後のアジアにおけるアメリカの軍事戦略の基本は二国間同盟体制であり、同国の参加したアンザス(ANZUS)、東南アジア条約機構(SEATO)、中央条約機構(CENTO——アメリカはオブザーバーとして参加)などの多国間同盟は前者を補完するものと位置付けられた(Osgood 1968: 92; Berton 1981: 7–13)。当時の米政府の認識については、Memorandum, S/P – W. W. Rostow to the Secretary, "A Foreign Policy for the Johnson Administration," 3/29/65 (Rostow 1986: 221); United States, Congressional Quarterly Inc. (1969)。冷戦期の集団防衛機構に関しては北大西洋条約機構(NATO)型同盟とアジア型同盟がよく対比されており、アメリカは冷戦期はもちろんポスト冷戦期においてもハブ・アンド・スポーク体制をアジアにおける同盟体制の基本に据えてきた(Hemmer and Katzenstein 2002; Katzenstein 2005: 50–58; Nau 2002: ch. 6; 赤木 2004: 121; 島川 1999: 30–37; 川上 1998: 64–65)。また、経済関係においても、アジア諸国に対するアメリカの援助は二国間ベースを中心に運用され、欧州やラテンアメリカなど他の地域と比べると、多国間枠組みを通じた援助は少なかった(Lloyd Black 1968: 110–118)。

18) ユージン・ブラックは、自らが深く関わったジョンソン政権の「開発外交(devel-

opment diplomacy)」，即ち地域開発のための多国間協力枠組みづくりに向けた外交努力を紹介し，戦争介入を主とする既存の政策を改め，開発外交を将来の東南アジア政策の中心に据えていくことを提言した（Eugene Black 1968; 1969a）．

19) ロストウのいう「三つのディレンマ」とは，政治，安全保障，経済開発分野におけるそれぞれの問題，即ち世界各地における過激なナショナリズムの台頭，従来の東西冷戦型反共同盟体制の行き詰まり，福祉分野における共同対応への新たな要求のことである．

20) ジョンソン政権の進めた東南アジア開発計画やアジア地域主義支援政策についてのロストウの著作（Rostow 1986）を通じて，ジョンソン構想提唱までの米政府内政策過程の一部を垣間見ることができるが，同開発計画の全体像を把握するのに決して十分とはいえない．一方，ジョンソン政権のベトナム政策を実証分析したロイド・ガードナーの著作（Gardner 1995）は，この種の研究書としては珍しく東南アジア開発計画にも一つの章を割き（第9章），その政策過程を紹介している．しかしながら著者の問題意識はジョンズ・ホプキンズ演説に東南アジア開発計画が含まれる経緯とその意義をいわゆる「もう一つの戦争」というベトナム政策の文脈で捉えているため，アジア地域主義への影響や同演説以降の開発計画の展開には触れていないという限界がある．更に，米政府の対マスコミ政策という観点からジョンズ・ホプキンズ演説に注目したキャスリーン・ターナーの著作（Turner 1985）にもその作成過程についての記述が見られる．しかし彼女の主たる関心は，レトリックとしての同演説がベトナム政局と世論にどのような影響を与えたかにおかれているために，東南アジア開発及び地域主義政策そのものは注目されていない．

21) そのほか，設立当時のADBの組織・機能などを論じたものとしては，White（1971）; Krasner（1981）; Haas（1974a）．

22) そのほか，日本のADB加盟に関してアメリカ追随外交との当時のジャーナリズムや左派からの批判に対する日本政府関係者の反論が見られるが，本格的分析には至ってない（大来 1966; 栗本 1966b; 渡辺ほか 1967）．

23) ブラックの著作ではジョンソン政権の進めた「開発外交」の一環としてADB設立が取り上げられているものの（Black 1969a: 96–105），その全体像の多くは依然として未解明のままである．

24) 実証分析としては，Nguyen（1999: ch. 3, ch. 4）．このグエン・ティ・ジエウの研究には事実関係の記述及び解釈において幾つかの誤りはあるものの，ジョンソン政権のメコン川流域開発への関わりの全体像を捉えるには参考になる．

25) 差し当たり，ハースの一連の著作が参考になる（Haas 1989; 1974–1985）．また，Black（1969a: ch. 49）にも関連記述が見られる．

26) 戦後日本に対するアメリカの特別な影響力ゆえに対米関係を中心軸に日本の外交路線を構図化する試みがよく見られた（添谷 1992: 80–81）．閣僚会議の主催という

日本政府の外交行為がアメリカの対アジア政策からどれほど自主的なものであったかを軸に既存研究の視角を並べてみると，大体次のようになる．まず，アメリカの要請に対する受動的対応及びベトナム政策の補完としての役割を強調する批判的な視角である（栗本 1966b: 24; 上原 1966）．これに近いものとして，東南アジア開発閣僚会議はアメリカの対外援助構想に触発された外務省がその「受け入れ機関」として構想したものであり，同会議の狙いはアメリカのベトナム政策の補完にあったとの見方がある（山本 1984a: 88–89）．次に，同会議は日本の役割拡大というアメリカの要求への対応であると同時に，独自の対アジア積極外交を進めようとする日本政府の意向も反映したものであり，それによって日本政府はアメリカの働きかけを利用しながら自らの外交目標を追求しようとした，と見る視角である．日米の戦略的協力と日本政府による能動的対応を特徴とする，いわゆる「地域的役割分担」，「経済的肩代わり」論がその典型といえる（波多野 1997: 183–185; 末廣 1995: 247–250; 菅 1997b: 81; 鄭敬娥 2001: 128）．最後に，アメリカのアジア政策とは区別される日本外交の独自性を強調する視角がある．1960 年代に始まる「援助の政治化」（河野 1997: 122），または日本独自の「外交構想」（高橋 2004b: 261–264）に着目した研究は，閣僚会議提唱の直接のきっかけがアメリカの対外援助構想にあったことを認めるものの，それとは根源を異にする外交目標の追求に日本政府の主な狙いがあったと主張する．そのほか，山影（1985: 145–154）; 田所（1999: 132）; 渡辺（1992a: 92–93）; 昇（1999: 92）; Fujimoto（2000: 176–185）; 高橋（2004c: 117–121）にも閣僚会議への言及がみられる．

27) 高橋論文では，当時外務省の検討したジョンソン構想に対する一連の協力案に関する解釈上の問題のほか，アメリカ・ファクターの分析も十分とはいえず，「東南アジア開発をめぐる米国政府の対日認識」，即ちベトナム問題ではなく閣僚会議そのものに対するジョンソン政権の立場と関与の様子が明確にされていない．

28) ASPAC に関する従来の研究の多くはその設立における主唱国韓国のイニシアティブを認める点においては一致しているものの，その設立意図，位置付け及びアメリカ・ファクターについては見解が分かれている．まず，ASPAC 提唱に際しての韓国政府の意図については，その主な狙いは安全保障上の協力枠組みづくり，即ち反共陣営の結束にあったというのがこれまでの大方の見方である（木宮 2001a: 121; 朴준영〈パク・ジュン・ヨン〉1983: 125; 李承憲 1969: 6–7）．それに対して，当時国内の反対を押し切って日本との国交正常化に踏み切った韓国政府にとってASPAC は旧宗主国と新植民地主義的従属関係には入らないとのデモンストレーションであって，その意味では ASPAC の提唱は基本的に安全保障上または経済上の考慮ではなく政治的要因によるものであったとの説がある（Rostow 1986: 23–24）．次に，アメリカの冷戦戦略との関連での ASPAC の位置に関しては，アメリカの反共戦略を支える手先機関，とりわけベトナム戦争を戦うために SEATO 体制を強化

しようとするものであったとの位置付けが従来有力であった（Nguyen 1972: 16–21; Mahapatra 1990: 69–76）．それに対して，アメリカの世界戦略と一定の距離をおいた韓国の自主外交の一例としてASPACを捉える視角が提示されてきた．例えば，韓国政府はASPACによってアメリカとの安全保障上の緊密な関係を離れ，自らを「アジア太平洋共同体」の一部として規定しようとしたとの説（Rostow 1986: 23–24），またASPAC設立には，韓国政府自らの主導した地域協力を進めることで，日本やアメリカに対する相対的自立を確保しようとする志向性が存在したとの説などである（木宮2001a: 119）．更に，その設立に対する米政府の認識と対応については，アメリカの支持ないし関与には直接の言及を避けているもの（Rostow 1986: 23–24; 李承憲 1969: 6–7），アメリカが韓国政府によるASPAC設立を支持したとの説（박준영〈パク・ジュン・ヨン〉1983: 126–127; MacDonald 1992: 140），アメリカは韓国政府のイニシアティブに対してその趣旨に理解を示したものの，機構の性格付けに関しては韓国政府とは考えを異にしており，自らのベトナム戦争遂行に直接貢献する限り賛成との立場をとっていたと見る条件付き支持説（木宮2001a: 123），アメリカ自らが韓国政府のイニシアティブを誘導したかのように描いている説（Nguyen 1972: 16–21; Mahapatra 1990: 69–76）など，多くの場合その詳細についての実証が伴わないまま，相反する主張が混在している．そのほか，崔敬洛（1972）；梁興模（1973）；Pak（1978）；Park（1981a），当時の韓国政府の政策担当者たちの投稿からなる特集号 *Koreana Quarterly* 8: 3（Autumn 1966）; 10: 4（Winter 1968）も参照．

29) 一口に反共同盟説といってもその中身は様々であるが，ASEANが反共の目的で設立され，その後しばらくは反共同盟的であったと主張する点で共通しており，当時はこうした視角が広く共有されていた（Lyon 1968–1969; Pollard 1970; Hagiwara 1973）．最近の例としては，谷口（1996: 312, 319, 353）；川上（1998: 68–69）；Boas and Hveem（2001: 113–114）などが挙げられるが，いずれも反共同盟を前提とした議論になっている．

30) ハリソンの著作にも同様の論旨が見られる（Harrison 1978: 423）．アメリカのアジア政策がASEAN設立に影響を与えたと見る視角としては，「産婆」説のほかに，いわゆる「時間稼ぎ」論がある．ASEANの設立とその後の発展を可能にした要因として，当時のアメリカはじめ同盟国によるインドシナ共産化防止へのコミットメント，いわば時間稼ぎ（buying time）があった，と主張するものである（Warner 1967; Gordon 1969: 87–91; Rostow 1972: 429; 1986: 14, 142–143）．アメリカでは1990年代後半ロバート・マクナマラ元米国防長官による回顧録（McNamara 1995）出版をきっかけにいわゆるベトナム修正主義論争が繰り返されたが（*Diplomatic History* 20 (3)（Summer 1996）: 439–471），その中でベトナム修正主義論者たちは「ベトナムでの戦闘には負けたが，東南アジアでの戦争には勝った」として

戦争を正当化し，その際に彼らが挙げた根拠の一つが「時間稼ぎ」論であった（Rostow 1996; Lefever 1997）．一方，ASEAN がその設立に際し域内外国軍基地の暫定的性格を謳ったことを想起すると，東南アジアにおけるアメリカの軍事的プレゼンスが同機構設立へ何らかの影響を及ぼしたとするならば，それは時間稼ぎ論者のいうようなポジティブなものではなく，むしろネガティブな影響であったはずである，との反論も提示された（McMahon 2000: 197）．

31) 政策決定論の用語法では，政策決定過程（policy-making process）と，その遂行過程（implementation process）に言い換えられるだろう（Frankel 1963: 1; 有賀 1989: 1; 花井 1998: 7–8）．

32) 広域の「東アジア」概念が国際関係研究の分析単位として明白に用いられたのは1960年代末とされるが（Hellmann 1969），当時この概念が政府レベルで定着していたかは定かではない．ジョンソン政権の外交文書には関連する地域概念として「東南アジア（Southeast Asia）」，「北東アジア（Northeast Asia）」，「極東（Far East）」のほか，「東アジア（East Asia）」の表現が見られ，その中で「極東」と「東アジア」はいずれも広狭の二重の意味で使われていたことが分かる．これに関連して1966年11月1日，当該の国務省地域局の名称が「極東局（Bureau of Far Eastern Affairs）」から「東アジア太平洋局（Bureau of East Asian and Pacific Affairs）」に変更されたことが大変興味深い（United States, Federal Register Division, National Archives and Records Service, General Services Administration 1965: 87; 1968: 84）．前者の「極東」は「東アジア（日本，韓国，台湾）」，「東南アジア（ビルマ，カンボジア，ラオス，タイ，ベトナム）」，「南西太平洋（オーストラリア，マレーシア，インドネシア，ニュージーランド，フィリピン，南太平洋諸島）」及び「アジア共産圏（香港，マカオ，中国）」から構成されており，広域の東アジアのみならず，オーストラリア，ニュージーランド及び南太平洋諸島など太平洋地域も包含されていた．ところが，後者の「東アジア太平洋」においては両者を意識的に区分しており，その際の「東アジア」とは前者の「極東」から太平洋諸国を除く地域，即ち広義の東アジアに近いものであったことが窺える．但し，これらは一概に定義できるものではなく，例えば，同政権末期の内部文書の中では「東アジア」が事実上「東アジア太平洋」や「極東」とほとんど同じ概念で用いられるケースもある．Administrative History of Department of State during the Administration of President Lyndon B. Johnson, Volume I, "A. Overview: Asian Trends and U.S. Policy" and "B. East Asian Regionalism," East Asia（Chapter VII of Part VI）, SPECIAL FILES, Administrative Histories, LBJL.

33) 但し，当時のアジアは冷戦の強い影響下にあり，中国，北ベトナム，北朝鮮など，共産主義諸国は本書の取り上げるいずれの地域機構にも参加していない．その意味では，より厳密な定義に従うならば，本書で用いる「アジア」とは「今日の意味で

の広域の東アジアからこれら共産主義諸国を外した地域」といわなければならないだろう．また，ADB, ASPAC, そしてベトナム参戦国会議のような一部の地域機構には中東，南アジア及びオセアニア諸国も参加しており，これら諸国は「東アジア」の地域範囲におさまらず，むしろ「アジア太平洋」の概念が適切だとも思われる．しかし，それらの国々の動向は当該諸機構設立の行方を左右するような主導的なものではなかったとの判断から，あえて「アジア」の概念で通した．「東アジア」と「アジア太平洋」の地域概念については，田中明彦（2003）; 菊池（2001）; Ravenhill（2002）; 大庭（2004a）．

34）アンドリュー・ハレルは地域主義の五つの形態を示し，その多義性を明らかにしている．彼の用語法を借りるならば，「地域的国家間協力」の方が本研究での定義に最も近いものといえる（Hurrell 1995: 336–337）．

35）国際機構（国際組織ないし国際機関とも呼ばれる）とは，一般に，複数の国家を構成員とし，条約など国家間の意志の合致に基づき，一定の目的のために活動する組織体（多くの場合，事務局など常設の機関を有する）のことを指し，その構成員や活動範囲が特定の地域に限られる場合には地域機構と称されるが，実定法上の厳格な定義が存在するわけではない（渡部 1997: 17, 245）．

第 1 章

1）国際社会に地域主義と呼ばれる現象が初めて見られたのは，一般に 1930 年代の排他的地域経済ブロックの形成とされる（浦野ほか 1982: 9; Fawcett 1995: 12）．

2）ブラックは，加盟国の範囲及び制度化の程度によって地域協力枠組みを三つのタイプに分類している．但し，ブラックのいう制度化の程度は事実上，活動目的の広さを基準にしている点で，定期的開催如何を基準とする本書のものとは異なる（Eugene Black 1968: 6）．また山影は戦後東南アジアにかかわる地域主義の形態として主導勢力と追求目標によって五つのタイプを提示した（山影 1991b）．

3）同会議では冷戦を超越した平和共存の立場をとるインドと，反共の集団防衛体制を正当化しようとするパキスタンが対立したが，中国による調整が功を奏し，「世界平和と協力の促進」（平和 10 原則）と題する共同宣言を採択することができた．しかしその後，二度の中印国境紛争による中国とインドの対立，及び中ソ対立の影響などで第 2 回会議の開催が困難となった．結局，1965 年，開催予定地アルジェリアでクーデターが起こり，会議は無期延期となった．「第 2 回アジア・アフリカ会議」の詳細については，中近東アフリカ局アフリカ課（外務省）「国際情勢及び主要外交案件（第 7 回在アフリカ公館長会議資料）」11/24/65.

4）序章の注 17 参照．

5）Draft, "Statement of Policy by the National Security Council on Current U.S. Policy in the Far East," attached to NSC 5429/5, "Current U.S. Policy

Toward the Far East," 12/22/54, FRUS 1952–1954 Vol. XII, East Asia and Pacific, Part 1: 1063–1068.

6) Draft, "Statement of Policy Proposed by the National Security Council on Review of U.S. Policy in the Far East," attached to NSC 5429, "Review of U.S. Policy in the Far East," 8/4/54, *ibid.*, 698–703.

7) Charles. F. Baldwin, "The Rise and Fall of the 'Baldwin Plan'" (Rostow 1985: 232–244 (Appendix C)).

8) 同構想発表の翌月（1955年5月），アジア諸国はインドのシムラ（Shimla）で会合し，大統領基金に関しては新たな地域機構の設立などアメリカの期待した地域主義的アプローチを拒否し，従来の二国間の経済援助の拡大を要望する，との立場を表明した（Fifield 1958: 460）。シムラ会議については，Shimizu（2001: 98–101）; Singh（1966: 9–11）; Huang（1975: 14–16, 52–53）。日本代表団の参加報告は，農林大臣官房総務課国際協力班編（1955）。

9) 序章の注17参照。

10) Administrative History of Department of State during the Administration of President Lyndon B. Johnson, Volume I, "A. Overview: Asian Trends and U.S. Policy" and "B. East Asian Regionalism," East Asia (Chapter VII of Part VI), SPECIAL FILES, Administrative Histories, LBJL. 一般に，'Administrative History'シリーズは歴代政権末期に各省庁によって作成された，当該政権の政策全般に対する自己評価書といわれる。

11) 但し，その一方で同文書は，各地域機構の各論的説明になると，ASEANなどの一部に限ってはその設立における地域の自主性も認めている。

12) 東南アジア経済・社会開発プログラム，いわゆるジョンソン構想は，大統領演説の中で「開発のための広範で協調的な努力」と謳われたため，以後，米政府内ではしばしば「広範な開発プログラム（expanded development program）」と称されるようになる．この表現から分かるように，ジョンソン政権の意図はそれが「アメリカのプログラム」ではなく「多国による開発努力」であること，即ち「断然たるマルチラテラル（decidedly multilateral）」な性格を強調し，できるだけ多くの国々の参加を確保することにあった．Talking Notes, "Secretary Rusk's Talking Notes for Discussion of the Expanded Southeast Asia Development Program, 4th Meeting of US-Japan Joint Committee on Trade and Economic Affairs, Washington, July 12–14, 1965," CF, 2525, RG59, NA.

13) Memo, Policy Planning Council, "Some Reflections on National Security Policy, April 1965"（Rostow 1986: 203–216）。

14) 「三つのディレンマ」について少し敷衍しておこう．米ソ両国によるパワーの独占という戦後の冷戦体制は1950年代後半から両陣営で生じた「パワーの拡散」によっ

て構造的変化を遂げた（Rostow 1972: 16–18）．これを背景に世界各地では過激なナショナリズムを掲げる政権，例えば東南アジアではインドネシアのスカルノ政権が登場し，結果的に地域秩序ひいては世界秩序を乱す要因となった．また，アジアにおいては従来の東西冷戦型反共同盟が行き詰まりを見せていた．域外からの侵略を前提にした SEATO 体制は，非間接的攻撃，即ち域内からの非正規のゲリラ戦にはもはや有効でないことが明らかになったのである．更に，経済・社会開発への共同の対応も必要とされた．こうした外交関係における三つの問題に加え，アメリカ国内で過度な対外コミットメントを警戒する孤立主義の徴候が見られたことも，米政府が地域主義的アプローチに注目する背景となった．

15) ジョンソン大統領による就任後の最初の外交行動は，1963年11月24日のベトナム問題に対する補佐官たちとの会議であり，その場で大統領は，「ベトナムにおける勝利」という意志を補佐官たちに伝えた．Memorandum for the Record of a Meeting, Executive Office Building, "South Vietnam Situation," 11/24/63, FRUS 1961–1963 Vol. IV, Vietnam, August–December 1963: 635–637.

16) National Security Action Memorandum No. 273, 11/26/63, *ibid.*, 637–640.

17) この一連の決定が行われた第 545 回（2/6–7/1965），第 546 回（2/7），第 549 回（2/18）の国家安全保障会議（NSC）会議については，FRUS 1964–1968 Vol. II, Vietnam, January–June 1965: 155–164, 166–172, 325–327.

18) この一連の文書は，FRUS 1964–1968 Vol. I, Vietnam, 1964: 916–929, 969–978.

19) Memo, Benjamin H. Read, Executive Secretary for Mr. McGeorge Bundy, The White House, 4/1/65, S&N, POL 27 VIETS, RG59, NA.

20) Memo, Bundy to the President, "Your Meeting with Foreign Secretary Michael Stewart of Great Britain, Tuesday, March 23, 11:23 A.M.," 3/22/65, NSF, Memos to the President, box 3, no. 75d, LBJL; Memo, Bundy to the President, "What We Now Know on Gas," 3/23/65, *ibid.*, no. 73; Letter, Members of Congress to the President, 3/23/65, *ibid.*, no. 68a; FRUS 1964–1968 Vol. II, Vietnam, January–June 1965: 481–482.

21) Memo, "For Discussion, Tuesday," 3/16/65, *ibid.*, 446–449.

22) Memo, Rostow to Secretary, "Vietnam," 1/9/65, S/P, Vietnam 1965 Jan.–July, box 308, RG59, NA.

23) PERSONAL PAPERS, Papers of William P. Bundy, ch. 23, pp. 27–28, LBJL.

24) Memo, William P. Bundy to McGeorge Bundy, "Highlight Conclusions of the Far East Missions Chiefs' Conference（Baguio, 3/9–11/65），" 3/23/65, NSF, Country File, Vietnam, box 15（1 of 2），no. 182, LBJL.

25) PERSONAL PAPERS, Papers of William P. Bundy, *op. cit.*

26) そもそも同会合自体，マスコミの動向に大きな関心を持っていた大統領自らの意向によるものであったとの指摘もある (Steel 1980: 561; Bird 1998: 314–315).
27) Memo, Bundy to the President, "Walter Lippmann and Foreign Policy," 3/15/65, NSF, Memos to the President, box 3, no. 92, LBJL; Memo, Bundy to the President, "Press Contacts, Week of March 15," 3/20/65, *ibid.*, no. 81.
28) Memo, Chester L. Cooper to Bundy, "Development Projects for Asia," 3/18/65, NSF, Agency File, AID, Vol. II, box 1, no. 52b, LBJL.
29) Memo, Bundy to the President, "Press Contacts, Week of March 15," 3/20/65.
30) Draft, William P. Bundy to McGeorge Bundy, "Points for Possible Presidential Statement on Southeast Asia," 3/19/65, NSF, Country File, Vietnam, box 15 (1 of 2), no. 171b, LBJL.
31) Press release, "The White House, Statement by the President," 3/25/65, NSF, Country File, Vietnam, Southeast Asia Development Program, Vol. I, 1965, box 200, no. 49, LBJL.
32) Summary Notes of the 550th Meeting of National Security Council, 3/26/65, NSF, National Security Council Meetings File, Vol. III, Tab 32, no. 2, LBJL; FRUS 1964–1968 Vol. II, Vietnam, January–June 1965: 482–486. ジョンズ・ホプキンズ演説の最終的仕上げに参加したジャック・ヴァレンティ大統領特別補佐官はその作成過程をメモに残しているが，それによると，大統領が演説の作成を指示したのは演説の2週間前，即ち3月24日頃であった．Note, "Mr. Valenti's Notes on the Johns Hopkins Speech," (no date) SPECIAL FILES, Statements of Lyndon B. Johnson, box 143, LBJL. 同演説の作成過程については，Turner (1985: 111–133); Gardner (1995: 177–200).
33) Memo, Bundy to Rusk, "Draft Statement on Vietnam," 3/26/65, NSF, Country File, Vietnam, box 15 (1 of 2), no. 164, LBJL.
34) Note, "Mr. Valenti's Notes on the Johns Hopkins Speech."
35) Memo, Poats to Valenti, "Lower Mekong Basin Development Scheme," 3/26/65, NSF, Country File, Vietnam, box 15 (1 of 2), no. 165a, LBJL.
36) Statement, Senator George McGovern to President Johnson, "Private Conversation at the White House," 3/26/65, *ibid.*, box 16 (1 of 2), no. 249a, LBJL.
37) Note, "Mr. Valenti's Notes on the Johns Hopkins Speech."
38) Report, Jack Valenti to President, "Lower Mekong Basin," 3/29/65 (Valenti 1975: 215–216 からの再引用).
39) Note, "Mr. Valenti's Notes on the Johns Hopkins Speech."

40) Memo, Poats to Valenti, "Lower Mekong Basin Development Scheme," 3/26/65; Memo, Poats, "Draft Outline of a Southeast Asia Peace and Progress Plan," 3/26/65, NSF, Country File, Vietnam, Southeast Asia Development Program, Vol. I, 1965, box 200, no. 48a, LBJL.
41) Memo, Bundy to the President, 3/30/65, NSF, Files of McGeorge Bundy, box 17, no. 5, LBJL; Memo, Bundy to the President, "Southeast Asia Development Planning," 4/1/65, NSF, Memos to the President, box 3, no. 36d, LBJL; FRUS 1964–1968 Vol. XXVII, Mainland Southeast Asia; Regional Affairs: 149–150.
42) Memo (AID for the President), "The Uses of $1 Billion: Talking Points for Backgrounder," 4/7/65, NSF, Country File, Vietnam, Southeast Asia Development Program, Vol. I, 1965, box 200, no. 44, LBJL.
43) Memo, Benjamin H. Read to McGeorge Bundy, 4/5/65, NSF, Speech File, President's Speech at Johns Hopkins University 4/7/65, box 3, no. 10, no. 10a, LBJL.
44) Memo, Bundy to the President, "Announcement of Your Speech for 4 P.M. This Afternoon," 4/5/65, NSF, Memos to the President, McGeorge Bundy, box 3, no. 35, LBJL.
45) Note, "Mr. Valenti's Notes on the Johns Hopkins Speech."
46) Memo, Bundy to the President, "Announcement of Your Speech for 4 P.M. This Afternoon," 4/5/65; Cooper (1970: 330–331).
47) Note, "Mr. Valenti's Notes on the Johns Hopkins Speech." Huang (1975: 54–55) も参照.
48) Memo, Horace Busby to the President, "Your Statements in Vietnam," 4/1/65, NSF, Country File, Vietnam, President's Record on Southeast Asian Development, box 201, no. 1, LBJL.
49) Letter (copy) from Arthur Goldschmidt, Director of Special Fund Activities, Department of Economic and Social Affairs (UN) to L. B. Johnson, Vice President of U.S., "Dear Lyndon," 5/4/61, ibid., box 201, no. 2a.
50) Memo, Bundy to President, "Statement on Vietnam," 3/28/65, NSF, Country File, Vietnam, box 15 (1 of 2), no. 160, LBJL.
51) 演説の翌日, 17ヵ国の提案に対する米政府の回答が公表され, ユーゴスラヴィアなどの4ヵ国の代表に渡された. Press release, White House, "Text of the Reply to the 17 Nations Declaration of Mrach 15," 4/8/65, NSF, Files of McGeorge Bundy, Negotiation and UN Track, box 17, no. 2, LBJL; Outgoing telegram Circular (1922), 4/8/65, S&N, POL 1 ASIA SE-US, RG59, NA.

52) Memo, "Johns Hopkins Speech Reactions," NSF, Country File, Vietnam, Southeast Asia Development Program, Vol. I, 1965, box 200, no. 5, no. 6, LBJL.
53) Memo, Chester L. Cooper to Bundy, "Development Projects for Asia," 3/18/65.
54) Note, Chester L. Cooper to Bundy, "Southeast Asia Planning," 3/22/65, NSF, Country File, Vietnam, Southeast Asia Development Program, Vol. I, 1965, box 200, no. 50, LBJL.
55) Memo, Rostow to Secretary, "Vietnam," 1/9/65, S/P, Vietnam 1965 Jan.–July, box 308, RG59, NA.
56) 1961年3月のケネディ大統領の提唱を受けて，同年8月，ラテンアメリカの22ヵ国とアメリカによって同地域の民主的な政治体制の維持と経済・社会開発のための多国間枠組みとして「進歩のための同盟」が設立された．そして63年11月，その推進に必要とされる援助国側と被援助国側との間での資金調達に関する交渉，及び被援助諸国の経済政策と開発計画のレビュー・調整などを担うCIAPが設置された（Rostow 1985: ch. 11）．ジョンソン政権が企画した「東南アジア開発連合」案がこれらに似た組織の設立を想定していたため，当時，米政府内では同案が「アジア版進歩のための同盟」ないし「アジア版CIAP」の名で呼ばれた．CIAPについては，差し当たり，Saez (1968: 260–269); Thorn (1968: 126–128); メイソン (1965: ch. 4); 吾郷 (1971)．
57) Memo, "Presidential Statement on the Economic Development of Southeast Asia," 3/4/65, NSF, Country File, Vietnam, Southeast Asia Development Program, Vol. I, 1965, box 200, no. 50a, LBJL.
58) Memo, Poats, "Draft Outline of a Southeast Asia Peace and Progress Plan," 3/26/65.
59) Memo, Rostow to Bundy, "Southeast Asian Development Scenario," 3/30/65, NSF, Country File, Vietnam, Southeast Asia Development Program, Vol. I, 1965, box 200, no. 48, LBJL; FRUS 1964–1968 Vol. XXVII, Mainland Southeast Asia; Regional Affairs: 143–145.
60) *Ibid*.
61) Talking Paper, Cooper to Bundy, "A Regional Development Proposal for Southeast Asia," 4/1/65, NSF, Files of McGeorge Bundy, box 17, no. 2, no. 3a, LBJL; FRUS 1964–1968 Vol. XXVII, Mainland Southeast Asia; Regional Affairs: 146–148.
62) ハリマンが推薦された理由は，彼の国際的名声や自由主義志向に加え，マーシャル・プランの推進者としての経歴にあった．ハリマンはトルーマン政権の商務長官

としてマーシャル・プランの推進に当たりアメリカ側の委員会を指揮した (Barbezat 1997: 34). なおクーパーはかつてハリマンの諮問役を務めていた (Cooper 1970: 13–14).

63) Memo, Bundy to the President, 3/30/65, NSF, Files of McGeorge Bundy, box 17, no. 5, LBJL; Memo, Bundy to the President, "Southeast Asia Development Planning," 4/1/65.

64) Memo, Bundy to the President, "National Security Council Agenda, April 2, 1965-1 P.M. Situation in South Vietnam," 4/2/65, NSF, Memos to the President, box 3, no. 36b, LBJL.

65) Memorandum for the Record of the 551st Meeting of the National Security Council, 4/2/65, FRUS 1964–1968 Vol. II, Vietnam, January–June 1965: 517–519.

66) Summary Notes of the 551st Meeting of the National Security Council, 4/2/65, NSF, National Security Council Meetings File, Vol. III, Tab 33, no. 2, LBJL; FRUS 1964–1968 Vol. II, Vietnam, January–June 1965: 514–516.

67) Memo, Policy Planning Council, "Some Reflections on National Security Policy, April 1965."

68) *Ibid*.

69) Memo, Rostow to Bundy, "Southeast Asian Development Scenario," 3/30/65.

70) ジョンズ・ホプキンズ演説の翌日に行われた大統領の記者会見では，米政府が先に東南アジア開発の具体案を提示するのではなく，ウ・タント国連事務総長やアジア諸国によって具体的計画が提示されるのが先で，米政府の支援はその後になるだろう，との大統領の認識が示された．Press release, "Press Conference no. 41 of the President of the U.S.," 4/8/65, NSF, Country File, Vietnam, Southeast Asia Development Program, Vol. I, 1965, box 200, no. 43a, LBJL.

71) Memo, William P. Bundy to McGeorge Bundy, "Highlight Conclusions of the Far East Missions Chiefs' Conference (Baguio, 3/9–11/65)," 3/23/65.

72) 1965年に入るとフランスのド・ゴール政権は，一方では共産主義諸国との関係改善・強化を進めながら，他方では米英との同盟関係におけるコミットメントを弱めることで，自主路線を一層鮮明にした．前者の動きとしては，1月の中国承認，4月のモンゴルとの外交関係樹立発表，5月のソ連との原子力平和利用協定署名などが注目される．後者としては，2月の北爆開始に反対し，東南アジア問題のための新たなジュネーヴ会議を提案するなどアメリカの東南アジア政策との距離を明確にしたほか，4月にはSEATO脱退に向けて正式な手続きに入り，6月には在韓国連軍司令部から代表を引き上げさせた．鳥潟 (2003) を参照．

73) 1961年のラオス危機を機に露出したSEATOの限界は，アメリカに，南ベトナ

ムなど地域諸国との二国間条約を設けることでアメリカによる単独軍事行動の自由を最大限確保することを追求させた．つまり，アメリカにとってSEATOの価値は，東南アジアにおける自国の軍事介入の法的根拠という政治的な側面に比重が移ったのである（Buszynski 1983: 83–85）．その法的根拠とは，SEATO 条約（South-East Asia Collective Defence Treaty; Manila Pact）第 4 条 1 項，即ち条約で指定された地域（Treaty Area）への武力攻撃に対する共同対応を定めたものであり，条約地域としてはカンボジア，ラオス及びベトナムが条約議定書によって指定された．Background Paper, "SEATO Relationship to U.S. Actions in Viet Nam United States Position," SEATO Council Meeting, Washington, April 18–20, 1967, CF, 171, RG59, NA; Note, "South-East Asia Collective Defence Treaty (Manila Pact)," SEATO Council Meeting, Washington, April 18–20, 1967, CF, 173, RG59, NA.

74) ANZAM については，木畑（1996: 233–238）; McIntyre（1995: ch. 7）．

75) Scope paper prepared for the ANZUS Council Meeting, 6/22/65, FRUS 1964–1968 Vol. XXVII, Mainland Southeast Asia; Regional Affairs: 6–8; Paper Prepared by the Bureau of East Asian Affairs, "Quadripartite Consultations in Southeast Asia," 6/24/65, *ibid*., 8–9.

76) 戦後米政府は，マラヤ地域の防衛は，英，豪，ニュージーランドなど英連邦諸国の責任であるとの立場から，自らのコミットメントに消極的であり，ジョンソン政権もその例外ではなかった（永野 2003: 97）．

77) Scope paper prepared for the ANZUS Council Meeting, 6/22/65.

78) Memorandum of Conversation, "Quadripartite Discussions," 4/11/66, FRUS 1964–1968 Vol. XXVII, Mainland Southeast Asia; Regional Affairs: 22–27. 1965 年 9 月イギリスの呼びかけで，ロンドンで東南アジア防衛に関する英・米・豪・ニュージーランドの 4 ヵ国代表による秘密協議が行われた（永野 2003: 88–89）．翌年 1 月，デニス・ヒーレー英国防相が米・豪を訪問し会談を行い，オーストラリアにおいては 4 ヵ国協定（Quadripartite Arrangement）に言及した（Subritzky 2000: 181–183）．

79) Memorandum of Conversation, "Quadripartite Discussions," 4/11/66. 同様の見解は，以下の会議におけるマクナマラ国防長官，ラスク国務長官の発言にも見られる．Memorandum for the Record, "McNamara-Hasluck Conversation, 16[:]30–17[:]15, 12 April 1966," 4/18/66, FRUS 1964–1968 Vol. XXVII, Mainland Southeast Asia; Regional Affairs: 28–30; Memorandum of Conversation, "Quadripartite Discussions between the United States, United Kingdom, Australia and New Zealand," 6/30/66, *ibid*., 36–43.

80) イギリスのスエズ以東撤退問題については，永野（2001）; Goldsworhty（2002:

ch. 8);『国際年報』1967 年版：386–392.
81) Memorandum of Conversation, "Quadripartite Discussions," 4/11/66.
82) *Ibid.*
83) *Ibid.*
84) Memorandum of Conversation, "ROK Inquiry concerning U.S. Position on Pacific Defense Pacts," 11/22/65, S&N, DEF ASIA, RG59, NA.
85) *Ibid.*
86) この話し合いの中で，中国の脅威を指摘し，周辺国にとっての「広域の共同防衛条約（a broad joint defense pact）」の必要性をアピールする金大使に対し，バーガーはその代案として政治・経済・文化面での交流を通じた地域協力を提示したほか，米政府の考えている地域協力の具体案として ADB や東南アジア開発基金などを挙げた．*Ibid.*
87) ジョンソン政権が自らのベトナム政策に対する支持・支援の獲得を重要視していた具体例としては，1964 年 4 月に始まった「自由世界による南ベトナム支援」キャンペーン（'Free World Assistance to SV' campaign），いわゆる「モア・フラッグス・プログラム（More Flags Program）」がよく知られている．ジョンソン政権にとってこのキャンペーンの最大の効用は，当初は米国のベトナム政策に対する国際的支持獲得にあったが，米地上軍の本格的投入路線が具体化する 64 年末頃になると実質的な軍事力派遣の確保へ変わった（Blackburn 1994: 13, 22–30）．
88) Memo, William P. Bundy to McGeorge Bundy, "Highlight Conclusions of the Far East Missions Chiefs' Conference（Baguio, 3/9–11/65）," 3/23/65.
89) 米政府が参戦国会議に消極的であったのは，軍事面でその必要性が認められなかったことに加え，会議開催による次のようなデメリットが懸念されたからであった．即ち，南ベトナムの不安定な政情，また北ベトナムとの和平交渉をめぐる参戦国間の意見相違の露呈，ベトナム政策に対する関係諸国間の協議体制の出現による米政府の裁量の制限，間もなく行われるアメリカの中間選挙を意識した政治的キャンペーンであるとの批判，などの可能性が考慮されたのである．それゆえ同会議開催問題の最終的決断はジョンソン大統領自らに委ねられた．後に開催の方針が決まってからも，ホワイトハウスが最も懸念していたのは参加国間の意見相違が取りざたされることであった．そのため，米政府は，各国における言論報道をできるだけ控え，ワシントンがそれを取り仕切れるよう注力すると同時に，各国政府に対しても，諸国間の一致団結の必要性とアメリカのベトナム政策上の一貫性（マニラ会議による政策変更はなく，またアメリカの和平交渉の立場はこれまでと変わらないこと）が強調された．E-3, E-4, E-5 in "Presidential Decisions: The Seven-Nation Manila Conference and the President's Asian Trip, October 17–November 2, 1966," 11/1/68, NSF, National Security Council Histories, box 45, LBJL.

90) B-6, *ibid.*
91) アジア地域公館長宛のジョンソン大統領からの電文（9/30/66, E-1, *ibid.*）．同様の認識はバンディ次官補（9/21/66, C-2, C-3, *ibid.*）及びロストウ特別補佐官（9/22/66, C-4, *ibid.*）による電文にも見られる．
92) E-6, *ibid.* カッツェンスタインによると，戦後アメリカが多国間主義を用いた欧州とは対照的にアジアでは二国間関係を好んだ背景には，冷戦戦略における両地域の位置，パワー，政治制度，歴史，文化，人種などの面での親近感の相違があった（Katzenstein 2005: 50–58）．
93) ジョンソン構想に対する低い評価は，ジョンズ・ホプキンス演説で同時に提案された「無条件の話し合い」の否定的イメージに影響された側面もある．当時ジョンソン政権は，自国の軍事的優勢が確保されない状況下での和平交渉にはほとんど期待をかけていなかったし，逆に演説後間もなく大規模な兵力投入を進めたのである．にもかかわらず，ジョンソン大統領が「無条件の話し合い」を提案したのは，国内世論を意識したからにほかならなかった（Porter 1975: 47–52; Thomson 1969: 204–205）．こうした「無条件の話し合い」に対する米政府の二重の態度は，東南アジア開発構想に対する同政権の真意をも疑わしいものにさせる一因になったといえる．つまり，二つの提案はいずれも軍事面でのエスカレーションに対してバランスをとろうとする試みであった，とよくみなされるのである（Herring 1996: 148–149）．
94) 1965年2月中旬，ロストウ議長はラスク長官に「危機は，通常の政策に見られる惰性（inertia）を減じることによって，それが阻害してきた建設的な外交政策を推進する機会を提供し得る」との見解を寄せた．そしてジョンソン大統領がベトナム政策演説を行おうとするならば，地域的経済協力を通じた福祉増進への関心を強調する長期的地域政策の文脈に最近のベトナム政策を関連付けることが有益であろうとした上で，その具体案として「アジア版CIAP」を勧告した．Memo, Rostow to Rusk, "Crisis Exploitation in Asia," 2/17/65, S/P, Asia 1965, box 312, RG59, NA.
95) Memo, Poats, "Draft Outline of a Southeast Asia Peace and Progress Plan," 3/26/65.
96) Memorandum for the Record of the 551st Meeting of the National Security Council, 4/2/65.
97) マーシャル・プランはいわゆるトルーマン・ドクトリンで示された反ソ・反共路線を前提としており，1949年のNATO設立以後は軍事援助の性格が強まったという特徴はあるものの，その核心は経済プログラムにあった（Leffler 1988: 305）．樋口（1997）も参照．
98) 前述のように（序章），先行研究の中にはジョンソン構想の政策意図を日本中心の

地域的経済統合論に求める視角がある．しかしながら，ジョンソン政権にとって日本は，ジョンソン構想がもたらすだろう経済的成果の享受者というより，同構想の円滑な推進を手伝う協力者としての役割が求められており，もはやアメリカが様々な優遇措置を講じて経済復興を手助けしなければならない存在ではなくなっていた．従って，ジョンソン構想は冷戦初期の日本中心的地域的経済統合案の延長線上に位置付けるより，1950年代に登場した開発援助哲学の文脈で捉えた方がより適切であろう．

第2章

1) Memo, Bundy to the President, "Your 5 O'Clock Meeting with Eugene Black," 4/8/65, NSF, Memos to the President, McGeorge Bundy Vol. 9, box 3, no. 22, LBJL; Memorandum, FE‒Robert W. Barnett to Mr. Francis Bator, "Southeast Asia Development Scheme," 4/9/65, EA/P, SEA Regional Development and ADB, E5215 box 2, RG59, NA.

2) Telegram to Bangkok (Joint State/AID Message, 1786), 4/23/65, S&N, AID (US)-ASIA SE, RG59, NA.

3) *Ibid.*

4) NSAM 329, "Task Force on Southeast Asian Economic and Social Development," 4/9/65, NSF, Country File, Vietnam, Southeast Asia Development Program, Vol. I, 1965, box 200, no. 41, LBJL; FRUS 1964–1968 Vol. XXVII, Mainland Southeast Asia; Regional Affairs: 158-159.

5) *Ibid.* 国務省からはトーマス・マン経済問題担当国務次官とその補佐役のアンソニー・ソロモン，バーネット極東経済問題担当国務次官補代理らがタスクフォースに任命された．Memo, to Mr. McGeorge Bundy, White House, "Designation of State Department Official to Serve on the Task Force on Southeast Asian Economic and Social Development," 4/13/65, S&N, E 5 SEARP, RG59, NA.

6) ジョンズ・ホプキンズ演説においては特別チームの指揮をブラックに取らせると表明されたため，公式的にはブラック顧問がタスクフォースの座長を務めることになった．但し，実際にはその運用上の指揮はバンディ大統領補佐官が取り，その作業結果をブラック顧問と大統領に報告・勧告することになった．

7) NSAM 329．

8) ジョンズ・ホプキンズ演説の翌日の閣議用としてAIDが作成した文書には，4月2日のNSC会議で政府案として承認された「東南アジア開発連合」設立案の概要が示されている．Note, drafted by Poats, "Talking Notes: Southeast Asia Development Scheme," 4/8/65, attached to Memorandum, the Administrator of the Agency for International Development (David E. Bell) and Under Secretary

of State for Economic Affairs (Thomas C. Mann) to the President, FRUS 1964–1968 Vol. XXVII, Mainland Southeast Asia; Regional Affairs: 152–157.

9) Preliminary Report, Task Force on Southeast Asian Economic and Social Development, "The President's Southeast Asia Economic Initiative," 4/14/65, NSF, Country File, Vietnam, Southeast Asia Development Program, Vol. I, 1965, box 200, no. 40, LBJL.

10) Memo, Black to the President, "U.S. Initiatives in Southeast Asian Development," 5/11/65, NSF, Memos to the President, McGeorge Bundy Vol. 10, box 3, no. 39a, LBJL; Report of AID, "Illustrative Program for Accelerated Economic and Social Development in Southeast Asia," 5/11/65, NSF, Country File, Vietnam, Memo for the President – U.S. Initiatives in South East Asian Development, box 222, no. 3, LBJL.

11) 特にAIDの報告書は在外米公館に配布されたほか，ブラック顧問，またその代理人としてニブロックが国連や関係諸国との交渉に当たる際，主な資料として用いられた．Outgoing airgram Circular (Joint State/AID Message, XA-1193), "Task Force on SEA Economic and Social Development," 5/27/65, NSF, Country File, Vietnam, Southeast Asia Development Program, Vol. I, 1965, box 200, no. 11, LBJL.

12) Preliminary Report, Task Force on Southeast Asian Economic and Social Development, "The President's Southeast Asia Economic Initiative," 4/14/65.

13) コンソーシアム方式の援助については，Rosenstein-Rodan (1968: 227–230).

14) ジョンソン構想推進の際，タスクフォースをはじめ米政府の政策担当者たちが目指したアジア諸国からなる多国間枠組みは，マーシャル・プランにおける欧州経済協力機構 (OEEC) や「進歩のための同盟」におけるCIAPをベンチマークしたものであった．但し，資金分配の権限の面からすると，どちらかといえば，CIAPに近いものであった (Saez 1968: 266–267)．OEECについては，Barbezat (1997); OECD (1996: 15–29, 48–52).

15) これは，当時のマサチューセッツ工科大学の国際問題研究所 (CENIS) 所属の経済学者，ポール・ローゼンシュタイン・ローダンの指摘する，経済開発援助における「プログラム作成と出資機能の分離」という発想である．彼によると，出資部門においても全ての関連機能を備えた単一の多国間組織が理想的形態であるものの，国家間の政治的駆け引きのためにその実現は困難であり，従って，その次善策は「多国間枠組みの中での二国間援助」の制度化にある，という (Rosenstein-Rodan 1968: 223–226).

16) 同報告書において特にメコン委員会が言及されたのは，以前の「東南アジア開発連合」案でも同委員会に言及されたこと，また，後述のように，同報告書が提出さ

れた時点では米政府と国連との間で東南アジア開発について協議が既に始まっており，国連側からその中心的枠組みとして ECAFE 関連の既存組織を活用した方が望ましいとの立場が伝えられていたこと，などによるものと思われる．

17) この点に関しては，既に指摘したように，ジョンソン政権は自らの東南アジア経済・社会開発プログラムを「広範な開発計画」と名付けていたことが改めて注目される．

18) Report of AID, "Illustrative Program for Accelerated Economic and Social Development in Southeast Asia," 6/11/65.

19) 米政府はこの時点ではジョンソン構想の対象地域を確定はしていなかったものの，メコン川沿岸諸国を優先しており，北ベトナムとインドネシアに関してはジョンソン構想への参加可能性は当面は低いと判断していた．その後，6月中旬になると，開発援助の対象地域として，非沿岸諸国，即ちマレーシア，ビルマ，フィリピンを参加させることが最終的に確認された．なお北ベトナムとインドネシアの参加は，以後の状況次第とされた．Draft, AID, "Southeast Asia Regional Development Program – Plan of Action," 6/17/65, EA/P, SEA Regional Development and ADB, E5215 box 2, RG59, NA.

20) *Ibid.* ジョンソン政権期には10億ドルの新規援助予算が要請されなかったとし，同政権の不誠実さを批判する視角があるが，そもそもジョンソン構想には議会に対してまとまった10億ドルの要請をする計画は存在しなかった．Memo (AID for the President), "The Uses of $1 Billion: Talking Points for Backgrounder," 4/7/65, NSF, Country File, Vietnam, Southeast Asia Development Program, Vol. I, 1965, box 200, no. 44, LBJL. 筆者の調べた限り，ジョンソン構想関連の対議会出資要請は少なくとも次の三つあった．(1) 1965年6月要請された66年度 AID 予算の追加資金 8900 万ドル，(2) ADB 加盟（1966年1月ジョンソン大統領対議会 ADB 法案批准要請，2月下院通過，3月上院通過及び大統領署名）に伴う出資金2億ドル（内払込資本1億ドルについては毎年1回ずつの5回分割支出），(3) 1967年9月要請された ADB 向けの特別基金である「東南アジア地域開発基金」2億ドルである．但し，(2) は性格上10億ドルの枠外の出資とされ，(3) は10億ドルの枠内のものとして単独の立法措置がとられたものの，議会の拒否で実現しなかった（第3章参照）．要するに，10億ドルの枠内で予算化に成功したのは，(1) のみであった．その内訳としては，多国間援助としてのナムグム (Nam Ngum)・プロジェクト向けの援助 1900 万ドルのほか，対南ベトナム援助 5650 万ドル（内軍事援助関連 4500 万ドル，経済援助プログラム関連 1150 万ドル），対ラオス・タイ援助 1350 万ドル（内治安強化関連援助 450 万ドル，医療・農業開発など援助 900 万ドル）など二国間援助であり，ジョンソン政権によってジョンズ・ホプキンス演説の「フォローアップ」と位置付けられたのは，計 3950 万ドルに過ぎなかった．Memo,

McGeorge Bundy for the President, "Rebuttal of Congressional Attack on $89 Million for Southeast Asia," 6/8/65, *ibid.*, no. 27; Draft, AID, "Southeast Asia Regional Development Program – Plan of Action," 6/17/65.

21) このような認識は，国務省極東局，AID 及び政策企画会議などの政策担当者だけでなく，ブラック顧問をはじめ国際開発機関の関係者たちにも広く共有されていた．東南アジア開発計画の議論において OEEC や CIAP などの前例が援用されたのも，まさにこうした認識に基づくものであった．Draft, AID, "Southeast Asia Regional Development Program – Plan of Action," 6/17/65. 国際開発援助という文脈でのこの問題については，Millikan (1968: 10-14).

22) 前記のタスクフォース及び AID による報告書のほかに，国務省が在外公館に出した訓令．Outgoing telegram Circular (1934), 4/10/65, S&N, POL 1 ASIA SE-US, RG59, NA.

23) Telegram to Tokyo (2699), 4/21/65, *ibid.*; Barbezat (1997: 34).

24) また，AID が用意した関係資料にも「この計画［東南アジア開発計画］が西洋帝国主義による新たな試みであるとの疑いは，それ［計画］を破綻させるだろう」とされていた．Note, drafted by Poats, "Talking Notes: Southeast Asia Development Scheme," 4/8/65.

25) 国務省は，ジョンソン構想の推進において「ワシントンによるウ・タント及び真のアジアのイニシアティブの尊重は『便利な選択肢』ではなく，必要不可欠なもの」である，と位置付けた．Telegram to Tokyo (2699), 4/21/65, S&N, POL 1 ASIA SE-US, RG59, NA.

26) Memo, Bundy to the President, "Your 5 O'Clock Meeting with Eugene Black," 4/8/65. 東南アジア開発のためのタスクフォース設置を指示した NSAM 329 には，タスクフォースが東南アジア開発の計画及び勧告を作成する際に，アジアからの提案への対応というアメリカの立場と，「国連事務総長によるリーダーシップとイニシアティブに最大の機会を与える」ことが大統領自身の意向であると明記された．NSAM 329.

27) Memorandum of Conversation, "Netherlands Interest in Aid to Southeast Asia," 5/25/65, S&N, E 5 SEARP, RG59, NA.

28) Telegram from USUN (4003, 4004), "Re: Vietnam," 4/9/65, S&N, POL 27 VIETS, RG59, NA.

29) Preliminary Report, Task Force on Southeast Asian Economic and Social Development, "The President's Southeast Asia Economic Initiative," 4/14/65.

30) Outgoing telegram Circular (1934), 4/10/65. 4 月 20 日，ホワイトハウスでの記者会見の中で，ブラック顧問はジョンソン構想の具体化に向けた次なるステップとしてメコン川流域開発及び ADB 設立への協力を挙げ，それがインドシナの停戦

を前提とするものではないことを明確にした．Press release, White House, "News Conference, at the White House with George Reed, and Mr. Black, 2:55 PM EST April 20, 1965 Tuesday," 4/20/65, NSF, Country File, Vietnam, Southeast Asia Development Program, Vol. I, 1965, box 200, no. 34, LBJL.

31) ジョンソン大統領はソ連に対しても東南アジア開発への参加を呼びかけていた．それに対しソ連は，戦争が終わらない内にアメリカが開発計画を進めるつもりなら北ベトナムの参加は困難であるとし，反対した．Outgoing telegram Circular (1920), 4/8/65, S&N, POL 1 ASIA SE-US, RG59, NA.

32) Outgoing telegram Circular (1934), 4/10/65.

33) アレクシス・ジョンソン駐南ベトナム次席大使，グラハム・マーティン駐泰大使，ウィリアム・サリヴァン駐ラオス大使及びジェームズ・ベル駐馬大使らの見解，Telegram from Saigon (3461), 4/21/65, S&N, E 5 SEARP, RG59, NA; Telegram from Kuala Lumpur (1298), 4/22/65, *ibid.* 対照的に，ハワード・ジョーンズ駐インドネシア大使は，アメリカによるアジア諸国指導者への接近は，米政府に教唆されたとの非難を回避するために，極めて慎重でなければならないとし，ワシントンにおける開発計画の詳細及び制度的枠組みの公表には反対するとの意見であった．Telegram from Djakarta (2340), 4/27/65, *ibid.*

34) Telegram to Bangkok (1786), Vientiane (933), Saigon (2409), Phnom Penh (450), 4/23/65, S&N, AID (US)-ASIA SE, RG59, NA.

35) Telegram from USUN (3936), "For Cleveland from Plimpton. Regional Development in Southeast Asia: Discussion with UN SYG," 4/5/65, S&N, POL 27 VIETS, RG59, NA; FRUS 1964–1968 Vol. XXVII, Mainland Southeast Asia; Regional Affairs: 150–151.

36) *Ibid.*

37) Letter, U Thant to the President, 4/8/65, NSF, Memos to the President, McGeorge Bundy Vol. 9, box 3, no. 19b, LBJL; Letter, U Thant to the President, Telegram from USUN (3984), 4/8/65, S&N, USUN, RG59, NA.

38) Memo, Bundy to the President, "Your 5 O'Clock Meeting with Eugene Black," 4/8/65; Note, drafted by Poats, "Talking Notes: Southeast Asia Development Scheme," 4/8/65.

39) Telegram to USUN (2429), "For Governor Stevenson," 4/8/65, S&N, E 5 SEARP, RG59, NA; Telegram from USUN (4004), 4/9/65, *ibid.*

40) Telegram from USUN (3983), "Statement by UN Spokesman re President's Speech," 4/8/65, S&N, POL 27 VIETS, RG59, NA; Telegram from USUN (4000), "Cooperation in SEA," 4/9/65, S&N, POL 1 ASIA SE-UN, RG59, NA.

41) Telegram from USUN (4052), "SYS-Black Meeting," 4/13/65, S&N, E 5 SE ASIA, RG59, NA. 国連側の対応については, Huang (1975: 56–57); Krishnamurti (1977: 23–24) も参照.
42) Incoming cablegram, "U Thant's Views on President Johnson's Aid-to-Asia Program," 4/22/65, NSF, Country File, United Nations, Mekong Development, box 293, LBJL.
43) Preliminary Report, Task Force on Southeast Asian Economic and Social Development, "The President's Southeast Asia Economic Initiative," 4/14/65.
44) Memo, Poats to Task Force, "Southeast Asia Development Plan," 4/21/65, NSF, Country File, Vietnam, Southeast Asia Development Program, Vol. I, 1965, box 200, no. 32a, LBJL.
45) 既に指摘したように, そもそもメコン委員会拡大強化案は1965年1月に提案された政策企画会議の「経済アクション」の一部に含まれていた. Memo, Rostow to Secretary, "Vietnam," 1/9/65, S/P, Vietnam 1965 Jan.–July, box 308, RG59, NA.
46) Memo, David E. Bell to McGeorge Bundy, "U.S. Position on the Asian Development Bank," 4/20/65, NSF, Country File, Vietnam, Southeast Asia Development Program, Vol. I, 1965, box 200, no. 54, LBJL.
47) Memo, Poats to Task Force, "Southeast Asia Development Plan," 4/21/65; Outgoing telegram Circular (2003), "Southeast Asian Development Bank (ADB)," 4/20/65, S&N, AID (ASIAN DB) 9, RG59, NA.
48) Outgoing telegram Circular (2002, 2003), 4/20/65, *ibid*.
49) Press release, White House, "President's Statement after Meeting with Eugene Black, April 20, 1965," 4/20/65, NSF, Country File, Vietnam, Southeast Asia Development Program, Vol. I, 1965, box 200, no. 33, LBJL; Press release, White House, "News Conference, At the White House with George Reed, and Mr. Black, 2:55 PM EST April 20, 1965 Tuesday," 4/20/65.
50) ジョンズ・ホプキンス演説に対する世界の世論ないし各国政府の初期反応については, Report, Foreign Broadcast Information Service, "Foreign Radio and Press Reaction to President Johnson's Speech 7 April at Johns Hopkins University," 4/12/65, NSF, Country File, Vietnam, Johns Hopkins Speech Reactions, box 194, no. 5, LBJL; Memo, for Mr. Bundy, "Summary of Governmental Reactions to President Johnson's Baltimore Speech of April 7," *ibid*., no. 6.
51) Telegram from Moscow (3035), 4/12/65, S&N, POL 1 ASIA SE-US, RG59, NA.

52) 北ベトナム労働党機関紙 *Nhan Dan*. Telegram from Saigon (3371), 4/14/65, S&N, POL 1 ASIA SE-US, RG59, NA.
53) *Indonesian Herald*（4月13日付）. Telegram from Djakarta (2213), 4/14/65, S&N, POL 1 ASIA SE-US, RG59, NA; idem (2220), 4/15/65, *ibid*.
54) Telegram from Rangoon (550), 4/12/65, S&N, POL 1 ASIA SE-US, RG59, NA; Telegram to Phnom Penh (432), 4/15/65, *ibid*.; Telegram from Phnom Penh (617), 4/17/65, *ibid*.
55) ジョンソン構想の提唱から2週間後にサイゴンで開かれた東南アジア調整委員会（SEACOORD）において，ジョンソン駐南ベトナム次席大使，マーティン駐泰大使，サリヴァン駐ラオス大使など，現地の米大使らは「ジョンソン構想によって東南アジア開発に対するアジア諸国の関心を触発させることはできなかった」との認識で一致したほか，ベル駐馬大使も概ねこれに同調した．Telegram from Saigon (3461), 4/21/65, S&N, DEF 1 ASIA SE-US, RG59, NA; Telegram from Kuala Lumpur (1298), 4/22/65, S&N, E 5 SEARP, RG59, NA.
56) 事前漏洩を避けるため，米政府は同盟諸国にもジョンズ・ホプキンス演説の実施及びその内容について演説の直前まで知らせなかった．Telegram to Saigon (2217), 4/6/65, S&N, POL 27 VIETS, RG59, NA; Outgoing telegram Circular (1903), "Briefing on President's Speech on Southeast Asia," 4/7/65, *ibid*.; Memorandum of Conversation, "President's Speech on Southeast Asia," 4/7/65, *ibid*.
57) Telegram from Embassy Saigon (3304), "PRIMIN Quat's Comments," (Section 1/2), and "Deputy PRIMIN/FONMIN Do's Comments," (Section 2/2), 4/9/65, S&N, POL 1 ASIA SE-US, RG59, NA.
58) Telegram from Bangkok (1574), 4/16/65, *ibid*.
59) Telegram from Manila (1980), 4/22/65, *ibid*.
60) Telegram from Saigon (3461), 4/21/65, S&N, E 5 SEARP, RG59, NA.
61) Telegram from Djakarta (2340), 4/27/65, *ibid*.
62) Telegram from Tokyo (3295), 4/15/65, S&N, POL 1 ASIA SE-US, RG59, NA.
63) 共産主義諸国がジョンソン構想は「ドルという餌を使った帝国主義的策略」であると非難しただけに，米政府は具体的なプロジェクトの選定や制度的枠組み（メンバーシップ，行政手続き，運営など）に関するアメリカの選考が露出すれば，一層の批判を招き，アジア域内に克服し難い敵対的な雰囲気を作ってしまうであろうことを懸念していた．Telegram to Tokyo (2699), 4/21/65, *ibid*.
64) Outgoing telegram Circular (1977), 4/15/65, *ibid*.; Memorandum of conversation, "Malaysian Government Reaction to President's Proposal of April 7,"

4/13/65, S&N, AID US-ASIA SE, RG59, NA.
65) Telegram from USUN (3979), "JAP Mission Response to President's Speech," 4/8/65, S&N, POL 27 VIETS, RG59, NA.
66) Telegram to Tokyo (2630), 4/14/65, S&N, POL JAPAN-US, RG59, NA.
67) Idem (2699), 4/21/65, S&N, POL 1 ASIA SE-US, RG59, NA.
68) *Ibid.*
69) Telegram to Vientiane (918), Bangkok (1751), Saigon (2364), Phnom Penh (438), USUN (2484), 4/19/65, S&N, E 11-2 Mekong, RG59, NA.
70) 前述のように，ジョンソン構想が提案されると国連では東南アジア開発問題を担当するタスクフォースが設置された．とりわけウ・タント事務総長が厚い信頼を寄せていたナラシムハン事務次長は，ウ・タントに代わり，東南アジア開発問題を管掌することになり，米政府との主な対話窓口になった．ナラシムハンはかつてECAFE 事務局長としてメコン委員会設立に関わった経歴があった．
71) メコン委員会設立協定によると，ECAFE 事務局は委員会の活動（1–2 条），報告と招請などに関する手続き（6–8 条）に協力する，となっていた（上東 2002: 343）．
72) Telegram from Bangkok (1616), 4/22/65, S&N, AID US-ASIA SE, RG59, NA.
73) Outgoing cablegram Circular (Joint State/AID Message, X1277), 5/4/65, S&N, E 11-2 Mekong, RG59, NA.
74) Administrative History of Department of State during the Administration of President Lyndon B. Johnson, Volume I, "I. Cambodia," East Asia (Chapter VII of Part VI), SPECIAL FILES, Administrative Histories, LBJL.
75) Telegram to Tokyo (2699), 4/21/65.
76) メコン委員会の設立協定第 5 条には，委員会の決定は 4 ヵ国それぞれの政府によって任命される 4 名の委員による全会一致による，と規定されていた（上東 2002: 343）．
77) Telegram from Bangkok (1664), 4/28/65, S&N, E 11-2 Mekong, RG59, NA; idem (1709), 5/5/65, *ibid.*; Telegram from Phnom Penh (650), "Nam Ngum," 4/29/65, *ibid.*
78) Outgoing cablegram Circular (Joint State/AID Message, X1301), "Mekong Meeting," 5/8/65, *ibid.*
79) Telegram to Bangkok (1786), Vientiane (933), Saigon (2409), Phnom Penh (450), 4/23/65.
80) Outgoing cablegram Circular (Joint State/AID Message, X1239), "Nam Ngum," 4/27/65, S&N, E 11-2 Mekong, RG59, NA; Outgoing cablegram Circular (Joint State/AID Message, X1278), "Nam Ngum," 5/4/65, *ibid.*; Cable-

gram from Vientiane (Joint Embassy/AID Message, 1436), "Nam Ngum Dam," 4/28/65, *ibid.*
81) Outgoing cablegram Circular (Joint State/AID Message, X1301).
82) Airgram from Phnom Penh (A-229), "Hostile Cambodian Editorial Reaction to Economic Aspects of President Johnson's April 7 Speech," 4/30/65, S&N, E 5 SEARP, RG59, NA.
83) カンボジアのメコン委員会参加問題に関しては，現地の米大使館からも異なる報告が寄せられた．Telegram from Bangkok (1664), 4/28/65; Telegram from Phnom Penh (650), "Nam Ngum," 4/29/65.
84) 国連からは，ナラシムハン事務次長のほか，ウ・ニュン ECAFE 事務局長，シャーフ・メコン委員会事務局長，UNSF 地域代表，また国連本部事務局，国連貿易開発会議（UNCTAD），ECAFE 事務局，メコン委員会事務局などの幹部が参加した．"Communique – UN, ECAFE, Committee for Coordination of Investments of the Lower Mekong Basin, 28th Session (Special), 10–11 May 1965, Bangkok, Thailand," attached to Airgram from Bangkok (A-883), 5/24/65, S&N, E 11-2 Mekong, RG59, NA.
85) Telegram from Bangkok (1757, 1759), "From Niblock, Pass to White House for Black," 5/11/65, *ibid.*
86) "Communique – UN, ECAFE, Committee for Coordination of Investments of the Lower Mekong Basin, 28th Session (Special), 10–11 May 1965, Bangkok, Thailand"; Telegram from Bangkok (1759), "From Niblock, Pass to White House for Black," 5/11/65.
87) *Ibid.* 定款の改正案は，次回の委員会に提出され，その後 4 ヵ国政府に批准を求める，とされた．
88) Telegram from Bangkok (1757), "From Niblock, Pass to White House for Black," 5/11/65.
89) *Ibid.*
90) Outgoing cablegram Circular (Joint State/AID Message, X1379), "Southeast Asia Development Program – Meeting with Narasimhan, May 24," 5/25/65, S&N, E 11-2 Mekong, RG59, NA.
91) Incoming cablegram, "U Thant's Views on President Johnson's Aid-to-Asia Program," 4/22/65, NSF, Country File, United Nations, Mekong Development, box 293, LBJL.
92) Telegram from USUN (4467), "Southeast Asian Development Plan," 5/12/65, S&N, E 5 SEARP, RG59, NA.
93) Telegram from Bangkok (880), 11/2/65, S&N, E 11-2 Mekong, RG59, NA.

94) Outgoing cablegram Circular (Joint State/AID Message, X1379).
95) Telegram to Bangkok (1956), 5/19/65, S&N, E 11-2 Mekong, RG59, NA; Telegram from Bangkok (1839), 5/21/65, *ibid*.
96) *Ibid*.
97) Telegram from Bangkok (1951), "ECAFE – Mekong Development," 6/3/65, S&N, E 11-2 Mekong, RG59, NA.
98) *Ibid*.
99) Telegram from Tokyo (3782), 4/18/65, S&N, E 5 SEARP, RG59, NA.
100) 混乱を避けるために前もって敷衍しておくと,当時米政府におけるジョンソン構想絡みの省庁間協議として次の二つが並行した.一つは,ここで扱う東南アジア開発計画全般に関するもので,タスクフォースを中心に議論が行われた.いま一つは,ADB 設立問題に対するアメリカの方針を議論するもので,主に AID,国務省,財務省,予算局及びホワイトハウスの間で協議が行われた(第3章参照).両者ともそのまとめ役は AID が担当し,必要な場合にはブラック顧問とホワイトハウスを通してジョンソン大統領に報告・勧告され,最終裁可が求められた.両者は緊密な関係にありながらそれぞれ別の政策過程として処理されていた.これは,例えば6月3日午前中に東南アジア開発タスクフォース会議が開かれ,同午後には ADB に関する関係省庁会議が開かれていた(両方ともブラック顧問が主催した)事実からも窺うことができる.
101) 同文書の作成にあたっては,5月25日,AID 極東局の作成した最初のドラフトが,ブラック顧問によって主要省庁のタスクフォース・メンバーに送付され,それぞれ意見が求められた.その後6月3日のタスクフォース会議での議論及び更なる省庁間調整を経て,17日に修正版がまとめられ,ホワイトハウスに提出された. Draft, AID, "Southeast Asia Regional Development Program – Plan of Action," attached to Memo, Eugene R. Black to White House, "Southeast Asia Development Program," 5/25/65, EA/P, SEA Regional Development and ADB, E5215 box 2, RG59, NA; Idem, attached to Memo, David E. Bell, Administrator, AID to Mr. McGeorge Bundy, Special Assistant to the President for National Security Affairs, "Southeast Asia Regional Development Program – Plan of Action," 6/17/65, *ibid*.
102) Draft, AID, "Southeast Asia Regional Development Program – Plan of Action," 5/25/65.
103) Idem, 6/17/65.
104) 行動計画で想定された開発枠組みの全体的構図は,大体次のようなものであった.まず水資源開発においては拡大したメコン委員会を用いるが,従来,同委員会の機構が諮問・調査に限られている現状に鑑みて,大規模のプロジェクトの企画・推進

が適切に遂行できるよう，スタッフの強化などを促す．次に，運輸・通信分野においては，地域プロジェクトの企画・調整を担当する枠組みとして，できればアジア・ハイウェー委員会を拡大させたアジア運輸（・通信）委員会の設立をECAFEとの協力の下で推進する．以上の両委員会は，行政代理人と小規模のテクニカル・スタッフを設け，ECAFE傘下である程度自立性を持つものが望ましい．それから，保健，農業，教育分野では研究・研修目的の地域機関を設立し，バンコクに工学大学院とアジア経済開発機関を，フィリピンには稲研究機関を設置する案を検討する．人材開発（保健，教育・研修）分野の地域プロジェクトの企画を促進・調整する責任を持つ新しい地域機関と社会開発プロジェクトをそれぞれ独立して設立するか，それとも国連・ECAFEの傘下に作るかは，今後国連側との話し合いを通じて決める，というものであった．

105) Draft, AID, "Southeast Asia Regional Development Program – Plan of Action," 5/25/65.

106) Memo, W. W. Rostow to Mr. Eugene R. Black, "Southeast Asian Regional Development Program: Plan of Action," 6/2/65, S/P, Southeast Asia 1965–68, box 316, RG59, NA.

107) Memo, SPA – Robert J. Morris to FE – Mr. Barnett, "Comments on SEA 'Action Program'," 5/29/65, attached to Memo, Robert W. Barnett to AID – Mr. Poats, EA/P, SEA Regional Development and ADB, E5215 box 2, RG59, NA.

108) Memo, SEA – William C. Trueheart to FE – Mr. Barnett, "Draft Paper: Southeast Asian Regional Development Program – Plan of Action," 6/1/65, *ibid*.

109) Draft, AID, "Southeast Asia Regional Development Program – Plan of Action," 6/17/65.

110) *Ibid*.

111) 1950年代末から60年代初めにかけて国際開発援助関係者の間では国別経済開発計画の重要性への認識が高まり，そのレビュー機能が国際援助機関や国際銀行の主な機能の一部として定着するようになった（Millikan 1968: 10–11）．

112) 6月3日のADB設立に関する関係省庁間会議に提出されたワーキング・グループ報告書（U.S. Inter-agency Working Group's report）は，非融資関連活動（non-lending activities）の重要性を認めながらも，それは銀行の健全性を損なわない範囲で行われることが条件とされ，この方針は同会議で了承された．Draft, AID, "Southeast Asia Regional Development Program – Plan of Action," 6/17/65.

113) *Ibid*. そもそもADBに総合的調整機能を持たせるというアイディアは政策企画会議から提示されたものであった．政策企画会議が早くからADBとCIAP型組織の

両方の実現に積極的であったことは前述の通りであるが、この両者を抱き合わせる案が浮上したのは65年6月に入ってからのことであった。ADBに関する関係省庁間会議の直後、ロストウ議長はADBにCIAP機能の一部を持たせる案を提示し、ブラック顧問、国務省の関係者及び渡辺武など日本政府関係者を説得した。その結果、ADB設立交渉過程においてCIAP機能の必要性を関係国に呼びかけ、ADBにそうした機能を具備させる方針をとるようになった。Memo, W. W. Rostow to Mr. Eugene Black, "A CIAP Connected with the Asian Development Bank," 6/5/65, S/P, Asia 1965, box 312, RG59, NA; Memo, SPA – Robert J. Morris to FE – Mr. Barnett, "Comments on SEA 'Action Program'," 5/29/65; 武内駐米大使発外務大臣宛（1573号）「アジア開銀問題について」6/11/65『アジア開発銀行設立関係』B'0148（B'6,3,0,41-1）, FN 964–967.

114) Draft, AID, "Southeast Asia Regional Development Program – Plan of Action," 6/17/65.
115) *Ibid.*
116) *Ibid.*
117) Telegram from Kuala Lumpur (228), 8/23/65, S&N, E 5 SEARP, RG59, NA.
118) 『産経』1965.7.6（3）.
119) Memo, Dean Rusk to the President, "Asian Development Task Force," 3/2/66, WHCF, Confidential File, FG600, Task Force on Asian Development, box 35, LBJL.
120) ジョンソン大統領は65年7月27日、5万人の即時増派、年末までの5万人、更に翌年の10万人の増派という方針を決めたが、通常、この決定がベトナム戦争のエスカレーションないし「アメリカ化」を決定付けたとされる（Fifield 1973: 288; Williams et al. 1985: 248–253; McNamara 1995: 203–206; Herring 1996: 155）.
121) United States, Congress, Senate, Committee on Foreign Relations (1966); Fulbright (1966: ch. 2); Oberdorfer (2003: ch. 10); Gibbons (1995: 222–230, 239–251); FRUS 1964–1968 Vol. IV, Vietnam, 1966: 204–205;『国際年報』1965–1966年版: 641–645.
122) 2月7・8日、アメリカ側からはジョンソン大統領をはじめとしてマクナマラ国防長官、ラスク国務長官、ヘンリー・ロッジ大使、ウェストモーランドMACV司令官以下、軍政首脳16人、南ベトナム側からはグエン・ヴァン・チュー国家指導委議長、グエン・カオ・キ首相ら12人が出席し、南ベトナムの状況を再検討し、その対応策を模索した。Editorial Note, FRUS 1964–1968 Vol. IV, Vietnam, 1966: 215–216; Paper Prepared by Secretary of Defense McNamara and the Assistant Secretary of Defense for International Security Affairs (McNaughton),

Washington, "1966 Program to Increase the Effectiveness of Military Operations and Anticipated Results Thereof," 2/10/66, *ibid*., 216–218.

123) Press release, White House, Press Conference No. 56 of the President of the United States, 2/26/66, NSF, Country File, Vietnam, Southeast Asia Development Program, Vol. II (1 of 2), 1966, box 200, no. 23, LBJL; Memo, the President Lyndon B. Johnson for Eugene Black, "Dear Gene," 4/22/65, *ibid*., no. 14; Outgoing telegram Circular (1757), 3/12/66, S&N, POL 7 US/BLACK, RG59, NA.

124) Memo, Rusk to the President, "Asian Development Task Force," 3/2/66, WHCF, Confidential File, FG600, Task Force on Asian Development, box 35, LBJL.

125) *Ibid*.

126) 同年2月限りでバンディ補佐官が辞任したため、後任が決まる3月31日までコーマーがその職務を代行した。Press release, White House, Press Conference No. 56 of the President of the United States, 2/26/66. 4月1日、国務省顧問兼政策企画会議議長であったロストウがバンディの後任に就任した。

127) Memo, R. W. Komer to the President, "Asian Development Task Force," 3/5/66, WHCF, Confidential File, FG600, Task Force on Asian Development, box 35, LBJL.

128) *Ibid*.

129) Memo, Ed Hamilton to Komer, 3/5/66, NSF, Files of Robert W. Komer, Memos to the President, March–June 1966 (folder 1), LBJL.

130) Memorandum, S/S Benjamin H. Read to the Secretary, "Black Trip to Far East – Briefing Memorandum," 4/13/66, S&N, E 5 SEARP, RG59, NA.

131) Memo, R. W. Komer to the President, "Asian Development Task Force," 3/5/66.

132) Memo, William P. Bundy to FE/IRG, "Advisory Group on Southeast Asia Economic and Social Development," (no date), NSF, Agency File, Department of State, Interdepartmental Regional Group (IRG) (2 of 2), box 63, no. 47, LBJL.

133) Memorandum, James C. Thomson, Jr. for Bromley Smith, "Interim Report on the FE/IRG," 5/20/66, *ibid*., no. 37a.

134) Report, "SEA Regional Development Program, Plan of Action, Revision Number I and First-Year Evaluation," 3/21/66, NSF, Country File, Vietnam, Southeast Asia Development Program, Vol. II (1 of 2), 1966, box 200, no. 19b, LBJL. 同報告書は大統領に対し前年の東南アジア開発計画の進展と問題点、

及び今後の勧告を行ったものであり，タスクフォースの草案をもとにAIDで作成され，ブラック顧問による前書きが添えられた．

135) Reference Paper, Thomas C. Niblock, "Institutional Framework for Asian Economic Cooperation," 9/9/66, *ibid*., no. 9c.

136) Memo, "Review of SEA Development Activities," 9/9/66, *ibid*., no. 9–no. 9h.

137) 1965年12月に調印されたADB設立協定は，翌年8月22日には16ヵ国（域内10，域外6）の批准書が寄託され，発効した（第3章参照）．

138) ジョンソン政権のベトナム政策に対する国内外の批判に伴い，対外援助政策に対する米議会の態度も厳しくなっていった．特に1967年以後，行政府の対外援助支出要請は議会において大幅に削減されることとなった（Kaufman 1987: 97–103）．

139) 筆者の調べた限り，1966年3月の「行動計画第2版」の作成以後，東南アジア経済社会開発タスクフォースの開催は，66年9月初旬の一度しか確認されなかった．67年5月，タスクフォースの再編が試みられたものの，それが実現した形跡はなく，同年11月，その解散が正式に決まり，2年7ヵ月余りの活動を終えた．Draft NSAM, "Task Force on SEA Economic and Social Development," NSF, Country File, Vietnam, Southeast Asia Development Program, Vol. III (2 of 2), 1967–1968, box 200, no. 43, no. 43a, LBJL; Memo, Rostow to Holders of NSAM 329, "Task Force on Southeast Asian Economic and Social Development," 11/17/67, NSF, National Security Action Memorandums, box 6, no. 2, LBJL.

140) ジョンソン政権の最後まで活動を続けたブラック顧問の役割も，タスクフォース解散の後は政治目的によって変質し，本来の「開発外交」から逸脱していた．例えば，最後のブラック・ミッションの場合，国務省の主な関心はカンボジアとの政治懸案の解決にあった（FRUS 1964–1968 Vol. XXVII, Mainland Southeast Asia; Regional Affairs: 539–546）．

141) Report, "SEA Regional Development Program, Plan of Action, Revision Number I and First-Year Evaluation," 3/21/66.

142) Outgoing telegram Circular (Joint State/AID Message, 58926), "Black Trip Part II of IV – US Strategy and Objectives in Southeast Asia," 10/3/66, S&N, POL 7 US/BLACK, RG59, NA; Telegram from Bangkok (4821), "Black Visit," 10/14/66, *ibid*.

143) 特に1966年秋の5週間にわたるアジア12ヵ国歴訪（10/26–11/30/1966）は文字通り「開発外交」に相応しいものであった．Outgoing telegram Circular (Joint State/AID Message, 58926). 前年の二度にわたるブラックのアジア歴訪ではADB設立及びナムグム事業の経費確保に重点がおかれていたのに対し，この歴訪でのアジア指導者たちとの会談では経済・社会開発のための体制作りが中心テーマ

144) Telegram from USUN (2263), "Southeast Asian Development," 11/25/65, S&N, E 5 SEARP, RG59, NA.
145) ウ・タント事務総長，ナラシムハン事務次長，アーサー・ゴールドバーグ国連米代表，ブラック顧問のほか，両方の実務関係者が同席した．Telegram from USUN (902), 9/23/65, "Ambassador Goldberg's and Eugene Black's Lunch with U Thant, Tuesday, Sept. 7," S&N, E 5 SEARP, RG59, NA.
146) ジョンソン構想推進のための大統領特別顧問としてブラックが任命された際，国連側はブラックが「物事をあまりにも早く動かす性格の持ち主ではないか」と心配したという．Incoming cablegram, "U Thant's Views on President Johnson's Aid-to-Asia Program," 4/22/65.
147) ブラックはその理由として冷戦要因，官僚組織としての国連の属性，及びアジアのイニシアティブへの執着などを挙げた．Report, "SEA Regional Development Program, Plan of Action, Revision Number I and First-Year Evaluation," 3/21/66.
148) 同会議の開催は1957年のUNESCO主催による文部大臣及び経済企画担当大臣会議の際に決まったものであった（Haas 1989: 150）．
149) Telegram from Bangkok (744), "Proposed Visit by Eugene Black," 10/18/65, S&N, EDU 9 ASIA SE, RG59, NA.
150) 公式には文部大臣たちがブラック顧問を招待したことになっているが，舞台裏ではアメリカ側の国務省，AID及び駐泰米大使館，タイ側の外務省と文部省及びECAFE事務局などが関わった．
151) Telegram from Bangkok (1097), 11/30/65, S&N, EDU 9 ASIA, RG59, NA; Airgram from Bangkok (A-584), "Meeting of Eugene R. Black with South East Asian Ministers of Education November 30, 1965, Bangkok, Thailand," 1/7/66, S&N, EDU 9 ASIA SE, RG59, NA; Memo, S/P – Robert H. Johnson to AID/FE/RD – Mr. Niblock, "Asian Regional Educational Activities," 12/1/65, S/P, Asia 1965, box 312, RG59, NA.
152) Airgram from Bangkok (A-815), "Southeast Asian Ministers of Education Secretariat," 4/4/66, S&N, EDU 9 ASIA SE, RG59, NA; idem (A-820), "Southeast [Asian] Regional Program," 4/4/66, *ibid*.
153) Southeast Asian Ministers of Education, "Draft Proposals for Regional Co-operation in Education, April 1966," attached to Airgram from Bangkok (A-13), "Documents Distributed to Member Nations," 7/6/66, S&N, EDU 3 SEAMES, RG59, NA.
154) 同ワークショップには6ヵ国の教育関係者のほか，UNESCO，AID，関係国際

基金などからオブザーバーが参加した．Telegram from Bangkok (313), "SEAMES Technical Workshop," 7/28/66, *ibid*.

155) Airgram from Bangkok (A-381), "Meeting of Select Committee on SEAMES Office, October 17–21, 1966 (Under Secretaries of Education)," 11/16/66, *ibid*.

156) Telegram from Bangkok (5830), "Southeast Asia Education Program," 11/3/66, *ibid*.

157) Idem (6192), "Visit of Eugene Black," 11/11/66, S&N, POL 7 US/BLACK, RG59, NA. インドネシア政府に対しては，米大使館を通じて正式参加が勧告された．Telegram from Djakarta (1925), "Black Visit," 10/21/66, *ibid*. 実際の会議には，既存の6ヵ国の中でラオスが欠席し，インドネシアが新たに参加した．

158) Telegram from Tokyo (3866), "From Eugene Black for the President," 11/23/66, *ibid*.

159) Idem (3888), "For Secretary Rusk and W. W. Rostow from Eugene Black – SEA Regional Education Program," 11/25/66, *ibid*.

160) その条件とは，資金援助への米政府のコミットメントは会議の非公開セッションで，できれば個人的話し合いを通じて伝えるべきであり，またそれはあくまで米政府側の態度であってその最終決定には議会承認が必要であり，その承認を得るためには翌年1月の議会との協議まで秘密が守られるべく，かつ他の先進国による同様の参加が強く求められるなどの点を明確に伝えることであった．Telegram to Tokyo (91632), "For Eugene Black from the Secretary," 11/25/66, *ibid*.

161) Telegram from Manila (5848), "SEA Ministers of Education Conference," 11/29/66, S&N, EDU 3 SEAMES, RG59, NA.

162) 第3回東南アジア文部大臣会議 (2/6–8/1968, Singapore) において6ヵ国の文部大臣たちは常設機構の設立に合意し，憲章を採択した．Telegram from Singapore (1415), "SEAMES SEAMEC Conference," 2/10/68, *ibid*.

163) Telegram from Bangkok (1757, 1759), "From Niblock, Pass to White House for Black," 5/11/65.

164) Outgoing cablegram Circular (Joint State/AID Message, X1379), "Southeast Asia Development Program – Meeting with Narasimhan, May 24," 5/25/65.

165) Incoming telegram from Tokyo (44), "Plans for Expanded Transportation Committee," 7/4/65, S&N, E 5 SEARP, RG59, NA; Telegram from USUN (2263), "Southeast Asian Development," 11/25/65, *ibid*.

166) Paper, "Summary of Plans for Cooperative Development Activities in Southeast Asia," 9/8/66, NSF, Country File, Vietnam, Southeast Asia Development Program, Vol. II (1 of 2), 1966, box 200, no. 9b, LBJL.

167) *Ibid.*; Outgoing telegram Circular (58925), "Black Trip Part I of IV – Objec-

tives and Arrangements," 10/3/66, S&N, POL 7 US/BLACK, RG59, NA.
168) Telegram from Kuala Lumpur (228), 8/23/65, S&N, E 5 SEARP, RG59, NA. なお1965年暮れのブラック顧問のアジア歴訪の際にブラックとアブドル・ラザク馬副首相の間では，運輸・通信分野の地域協力について話し合いが行われたとの指摘がある（Black 1969a: 106; Haas 1989: 102–103）．
169) Telegram from Kuala Lumpur (1232), "SEA Regional Transportation," 10/6/66, S&N, POL 7 US/BLACK, RG59, NA.
170) Telegram from Saigon (10747), "Black Mission Visit to Malaysia," 11/12/66, *ibid*.
171) *Ibid*.
172) ブラック顧問によるリー・クァンユー・シンガポール首相，アダム・マリク・インドネシア外相，フェルディナンド・マルコス比大統領との個別会談．Telegram from Djakarta (2262), "Black Party Visit to Djakarta," 11/11/66, S&N, POL 7 US/BLACK, RG59, NA; Telegram from Saigon (10849), "Black Mission Visit to Singapore," 11/14/66, *ibid*.; Telegram from Manila (5868), "From Black," 11/30/66, *ibid*.; Telegram from Bangkok (7090), "Meeting with President Marcos, From Black," 12/1/66, *ibid*.
173) 1967年2月，米政府はマレーシア政府の懸念を緩和するため，同年中に特別基金の立法措置をとる予定であり，同基金の対象にマレーシア政府の推進する運輸・通信プロジェクトを優先的に含めるとの保証を与えた（2月11日付のブラック顧問のラザク宛書簡）ほか，米政府内における特別基金法案の提出時期の決定に際しても「ラザクのイニシアティブ」に配慮した．同年8月，ラザクは米政府に対し特別基金の立法措置が遅れることに懸念を表明し，翌月予定の運輸・通信会議の開催そのものに疑問を感じ始めていた．それに対し，米政府は法案の翌月提出意向を伝え，会議開催を予定通り進めるよう勧告した．Telegram from Manila (292), "Regional Transportation/Communications," 7/12/67, S&N, AID (ASIAN DB) 9, RG59, NA; Telegram to Manila for USADB (23754), "Legislative Proposal for ADB Special Funds," 8/19/67, *ibid*.; Telegram from Kuala Lumpur (625), "Legislative Proposal for ADB Special Funds," 8/22/67, *ibid*.
174) Telegram from Bangkok (2159), "From Black," 6/30/65, S&N, E 5 SEARP, RG59, NA.
175) ブラック顧問は同諮問委員会会議にて，ADB内にCIAP機能を設けるよう勧告したばかりであり，プウォイの提案が「適時かつ現実的であるかは疑わしい」と判断したゆえに，プウォイに対し，CIAPのレビュー機能に限定せず，より広範なイニシアティブを模索するよう勧告した．*Ibid*.
176) Telegram from Bangkok (2), 7/1/65, S&N, E 5 SEARP, RG59, NA.

177) Idem（125），7/20/65, S&N, AID（ASIAN DB）9, RG59, NA.
178) 東南アジア中央銀行総裁会議の成り立ちに関しては，当時制度化されていた「東南アジア・オーストラリア・ニュージーランド中央銀行総裁会議」の「東南アジア版」とみなす視角がある（Haas 1974–1985（1974 年版）: 1136; 1989: 193）．両会議での参加者が重複し，また活動も似ていたため，このような解釈がなされたと思われる．しかし，プウォイのイニシアティブにはジョンソン構想への対応としての性格があったことを指摘しておきたい．
179) Telegram from Bangkok（1709），"Southeast Asian Bankers and Planners 'Council'," 2/19/66, S&N, E 5 SEARP, RG59, NA. ビルマ，カンボジア，インドネシアは不参加であった．
180) Idem（1529），"SEA Regional Organization and President Johnson's Program," 2/1/66, *ibid*.
181) Airgram from Bangkok（A-241），"MYSP for SEA Regional Program," 9/6/67, *ibid*.

第 3 章

1) 外務省経済協力局政策課（以下「経協政」）「アジア開発銀行設立構想の経緯と問題点」7/22/64『アジア開発銀行設立関係』FN 733–741; 同「アジア開発銀行設立構想の経緯と問題点」10/9/64, *ibid*., FN 827–843.
2) *Ibid*.
3) ECAFE アジア地域協力に関する専門家会議（8/5–9/13/1963, Bangkok）. Krishnamurti（1977: 2–4）.
4) 経協政「地域開発銀行の設立に関する 7 人委員会の報告の概要」『アジア開発銀行設立関係』FN 841–842.
5) ECAFE 高級代表者会議準備会議（ECAFE Preparatory Meeting of the Special Conference on Asian Economic Cooperation, 10/21/1963, Bangkok）. Krishnamurti（1977: 4–5）.
6) ECAFE 第 1 回アジア経済協力閣僚会議（12/3–6/1963, Manila）. UN ECAFE, "Report of the Ministerial Conference on Asian Economic Cooperation, 1963.12.3–6, Manila,"『アジア開発銀行設立関係』FN 1454–1558; 経協政「アジア開発銀行設立構想の経緯と問題点」10/9/64.
7) Yasutomo（1983: 30）. 日本におけるアジア地域の開発機関または金融機関の設立構想は 1950 年代にも検討されていた．例えば日本銀行による地域金融機関設立案が検討されていたし（日本銀行「アジア開発銀行試案，於日銀」7/22/55『アジア開発銀行関係雑件』B'0148（B'6,3,0,41），FN 517–527），岸首相の「東南アジア開発基金」構想も広く知られている．そして大橋研究会には民間経済人のほか，大蔵省

や日銀の関係者が参加していたがゆえに，そこでのADBに関する議論は従来の構想の流れをくむものとして位置付けされることが多い（Huang 1975: 19; 鄭敬娥 2002: 67）．しかし，大橋研究会での議論は公的機関の意向によって始まったものではなかったことに注意されたい．当初，大蔵省の干渉を防ぐために民間ベースの銀行にする案も議論されており，それに対して政府ベースの銀行を好んだ渡辺武が重視したのが大蔵省との繋がりではなく世銀での経験であったこと，また政府首脳がADB設立構想を知らされたのは同研究会での議論が「私案」としてまとめられた後のことであったこと，更に50年代の構想が主としてアメリカの資金に依存していたならば，大橋研究会の私案では日米両国が平等に資金を出し合う形態が想定されていたこと，などが指摘できるからである（Yasutomo 1983: 30–40）．

8）もっとも渡辺本人はこの際のアメリカ側との接触説を否認している（Yasutomo 1983: 43（footnote 53））．

9）同事務官の認識と活動については，在エカフェ大蔵事務官千野忠男「アジア開発銀行構想について」8/20/64『アジア開発銀行設立関係』FN 756–771.

10）もっともECAFEにおけるADB設立の準備作業に対する大橋グループの「私案」の影響，また千野と渡辺の役割については，既存の研究で見解が一致しているわけではない（Huang 1975: 38–43; Krishnamurti 1977: 11–15; Yasutomo 1983: 47–55）．しかしながら，ECAFEによるADB設立協定作成作業への千野の貢献度及び10月の専門家会議における渡辺の「私案」そのものの公開如何は別として，渡辺が同会議で重要な役割を果たし，かつ彼の考えが「私案」に沿うものであったという事実には変わりがなく（後に採択された設立協定は「私案」に極めて近いものであった），従って，結果的には大橋グループでの議論がECAFEの作業に反映され，ADBの性格付けに影響を与えたといえよう．

11）Airgram from Tokyo (A-877), "Proposed Asian Development Bank," 12/29/65, S&N, AID (ASIA), RG59, NA. Yasutomo (1983: 52–55); 渡辺 (1973: 14–16) も参照．

12）海外経済協力基金調査部「アジア開発銀行に関する専門家グループの報告書」『アジア開発銀行設立関係』FN 1725–1768; 韓國産業銀行調査部 (1964)．

13）専門家会議の報告書では域内国の中では日本に最大額が割り当てられた．一方，域外国に関しては総額4億ドルが想定されただけであったが，アメリカの参加と出資が域外国全体の出資を大きく左右すると考えられていた．

14）当時，ADBについて次のように報道された．1964年5月，福田一通産相が東南アジア開発銀行構想を提案し（『朝日』1964.5.19 (1)），10月，大蔵省は省議にてADBへの「前向き」の方針を決め（『朝日』1964.10.7 (2)），同月，外務省ではADB設立構想への積極参加の方針と総理大臣基金の新設案を含む開発途上国援助案が固まった（『朝日』1964.10.18 夕 (1)）．なお同年10月，ECAFE専門家会議の前に渡

辺には池田勇人首相より ADB 設立支援の言質が与えられていたとの指摘がある (Huang 1975: 38–39).
15) 経協政「アジア開発銀行設立構想の経緯と問題点」10/9/64. ヤストモによると, 1964 年秋頃まで大蔵省は ADB に対して否定的立場をとっていた. 即ち当時大蔵省が ADB 設立について域外先進国の参加, 慎重な融資及び健全な銀行運営を強調することで関心を表明するに至ったのは, 同省がその設立を望んでいたからではなく, むしろこうした注文を付けることで日本だけの巨額出資という事態を回避しようとする狙いがあったからであった (Yasutomo 1983: 51).
16) 先行研究では日本政府による ADB 参加決定の時期に関して複数の説明が存在する. まず, 内部方針が決まった時期については, 公式表明こそ控えられたものの, 1964 年 10 月, 即ち池田内閣の時に既に政府方針が決まっていたとする説 (Huang 1975: 38–39), 65 年 3 月 (第 21 回 ECAFE 総会) になっても未だ ADB 参加に躊躇していたとの説 (Yasutomo 1983: 57) がある. 次に, 最初の公式的参加意思表明の時期については, 65 年 2 月 16 日の佐藤首相による ADB 支持表明に求める説 (Krishnamurti 1977: 20–21), 同年 3 月の ECAFE 総会に際してのことと見る説 (鄭敬娥 2002: 68) に分かれている.
17) 日本政府は 11 月, ECAFE 事務局から送られた ADB 設立構想に関する質問書に対し, 暫定的立場と断りながら, それまでの関係省庁の立場に基づき, 域外資金の導入及び世銀など既存の国際金融機関と競合しない分野への融資の重視などを強調する内容の回答を ECAFE 側に伝えた. 椎名大臣発粕谷駐泰大使宛 (637 号)「アジア地域協力専門家会議 (アジア開発銀行関係) について」11/13/65『アジア開発銀行設立関係』FN 1830; 外務省「アジア開発銀行設立構想に関するエカフェ事務局の質問書に対する回答の骨子」11/26/65, ibid., FN 1835–1838.
18) 大蔵省「アジア開発銀行設立構想について」12/24/65, ibid., FN 844–845.
19) 12 月 25 日, 佐藤首相による発言 (『朝日』1964.12.25 夕 (1)).
20) Memorandum of Conversation, "U.S.-Japan Relations and Related World Problems," 1/13/65, S&N, POL JAPAN-US, RG59, NA.
21) 当時行われた日米首脳会談の中でも, 日本政府は ADB を支持するとの佐藤首相の発言に対して, ジョンソン大統領はアメリカとしては関与しない方針であると答えたとの指摘がある (Huang 1975: 45–46).
22) 外務大臣発粕谷駐泰大使宛 (133 号)「アジア開発銀行 (域外国の態度)」2/18/65『アジア開発銀行設立関係』FN 861.
23) *Ibid.*
24) *Ibid.*
25) 椎名大臣発武内駐米大使宛 (314 号)「アジア開発銀行設立問題に関するわが方態度」2/19/65『アジア開発銀行設立関係』FN 863–864.

26) Airgram from Bangkok（A-480）, "ECAFE – Asian Development Bank (ADB)," 12/30/64, S&N, E 3 ECAFE, RG59, NA.
27) Telegram to Bangkok（1090）, 1/26/65, "Asian Regional Development Bank," *ibid*.
28) ORAL HISTORY COLLECTION, Rostow, Walt W., Interview I, pp. 28–29, LBJL.
29) 財務省の消極姿勢の背景には国際収支上の理由のほか,「銀行資金による機材調達市場として日本が格段に有利な立場にある」こと, 域内国の態勢が未だ固まっていないことなどがあった. 近藤駐ニュージーランド大使発椎名大臣宛（98号）「ECAFE第21回総会」3/24/65『アジア開発銀行設立関係』FN 1861–1862.
30) Memo, Rostow to Secretary, "Vietnam," 1/9/65, S/P, Vietnam 1965 Jan.–July, box 308, RG59, NA（またはMemo, "Proposed Presidential Speech," 1/9/65, NSF, Country File, Vietnam, Southeast Asia Development Program, Vol. I, 1965, box 200, no. 50c, LBJL）; Memo, Rostow to Rusk, "Crisis Exploitation in Asia," 2/17/65, S/P, Asia 1965, box 312, RG59, NA; Memo, S/P – Robert H. Johnson to A/AID – Mr. Bell, "Asian Development Bank," 3/11/65, *ibid*.; Memo, William P. Bundy to McGeorge Bundy, "Highlight Conclusions of the Far East Missions Chiefs' Conference（Baguio, 3/9–11/65）," 3/23/65, NSF, Country File, Vietnam, box 15（1 of 2）, no. 182, LBJL.
31) Memo, Rostow to Rusk, "Crisis Exploitation in Asia," 2/17/65.
32) 同会議については, Report, by Walter M. Kotschnig, Chairman of United States Delegation, "21st Session of the Economic Commission for Asia and the Far East, Wellington, New Zealand, March 16–29, 1965," attached to Airgram from Walter M. Kotschnig（A-461）, 3/30/65, S&N, ECIN 3 ECAFE, RG59, NA. 外務省の記録としては, 国連局経済課（以下「国経」）「エカフェ第21回総会におけるハイライト」4/5/65『アジア開発銀行設立関係』FN 1865–1867; 近藤駐ニュージーランド大使発椎名大臣宛（174号）「アジア開発銀行に関するエカフェ第21回総会の討議について（朝海代表より）」3/27/65, *ibid*., FN 1870–1877.
33) Principal Statement of U.S. Representative, by Walter M. Kotschnig, "The Economic Situation in Asia（Item 4）," attached to Airgram from Walter M. Kotschnig（A-461）, 3/30/65. 米政府は代表団の派遣に際しADB加盟に関して省庁間合意に達しておらず, 具体的コミットメントを避けるとの方針がとられた. 即ち今回は加盟表明はしないものの, 後に加盟を検討する余地を残すものであった. ところがウォルター・コチニック首席代表の演説直前,「米政府は現時点で出資の計画がないことを明確にするよう」訓令が届いたため, 演説のトーンは否定的なものに一変してしまった. ADB加盟に強く反対する財務省を前に, 国務省はADB支持

という方針を断念したのである．Report, by Walter M. Kotschnig, Chairman of United States Delegation; Memo, AA/FE, "Supplementary Statement by the U.S. Representative to the ECAFE Commission in Wellington," 3/4/65, NSF, Country File, Vietnam, Southeast Asia Development Program, Vol. I, 1965, box 200, no. 50b, LBJL; ORAL HISTORY COLLECTION, Rostow, Walt W., Interview I, *op. cit.*

34) Report, by Walter M. Kotschnig, Chairman of United States Delegation.
35) 同発言はラスク長官からの訓令によるものであった．*Ibid.*
36) 米政府は3月25日，後のジョンソン構想の先駆けとも言うべき大統領声明，いわゆる「ポイント5」を発表した．またその翌日にはAIDによる東南アジア経済開発の具体案ができ上がったが，それにはADBに対する前向きな検討が含まれていた．これらはホワイトハウスの指示によって3月中旬から始まった東南アジア開発プログラムの企画作業の一環であり，後にジョンソン構想として結実した（第1章参照）．
37) 粕谷駐泰大使発外務大臣宛（206号）「アジア開発銀行について」3/8/65『アジア開発銀行設立関係』FN 865–867.
38) 近藤駐ニュージーランド大使発椎名大臣宛（78号）「エカフェ21回総会について」3/20/65, *ibid.*, FN 1848–1849.
39) 椎名大臣発近藤駐ニュージーランド大使宛「第21回エカフェ総会（アジア開銀）朝海代表へ」3/22/65, *ibid.*, FN 1855.
40) 近藤駐ニュージーランド大使発椎名大臣宛（174号）「アジア開発銀行に関するエカフェ第21回総会の討議について（朝海代表より）」3/27/65.
41) 既存研究では日本政府が決議案の共同提案国になることに消極的態度をとったことを根拠に，日本が最初からADB設立に消極的態度を持って同会議に臨んだかのように描いている（Huang 1975: 48; Yasutomo 1983: 57）．しかし，同会議においては多くの域内国が最初からADBに積極的であったわけではなく，むしろ当初その多くは無関心な態度を示していた（これこそ当時，日本政府が「少数の低開発国及び日本のみ」がADB設立に積極的であるとの印象を避けようとした所以でもあった）．その中にあって日本は会議冒頭の一般演説においてADB設立支持の立場を表明したことは前述の通りであり，こうした日本の積極対応についても注目すべきであろう．もちろん，日本政府が関係国との協議の進め方として域内国同士の協議を優先した点や，最終的に共同提案国に加わった点に関しては，米政府の立場への配慮があったことは否定できない．しかし仮に同会議での日本側の対応に先進諸国，とりわけアメリカへの配慮があったとしても，これは既存の政府内方針と合致するものであり，これをもって日本が当時ADB設立に消極的であったと解釈することは適切とはいえないだろう．
42) 国経「エカフェ第21回総会におけるハイライト」4/5/65．

43) 椎名大臣発武内駐米大使宛（314号）「アジア開発銀行設立問題に関するわが方態度」2/19/65.

44) 同諮問委員会の構成国は，決議案の共同提案国になった日本，インド，パキスタン，イラン，フィリピン，タイ，マレーシア，セイロン，南ベトナム，韓国及びネパールの11ヵ国の中で韓国とネパールを除く9ヵ国であり，内日本を除く8ヵ国はいずれも発展途上国であった．

45) Report, by Walter M. Kotschnig, Chairman of United States Delegation. 同会議における域内国同士の意見対立，特に日本とインドの競争関係は日本代表にも意識されていた．近藤駐ニュージーランド大使発椎名大臣宛（174号）「アジア開発銀行に関するエカフェ第21回総会の討議について（朝海代表より）」3/27/65, FN 1870–1877.

46) *Ibid.*

47) 4月13日，ブラック顧問と国連高官らとの会合（第2章参照）．

48) 4月17日，米政府内では国連の要望について議論されたが，その際ADBについてはAID，国務省，財務省，予算局及びホワイトハウスの間で，「1．最近のECAFE会議での議論に基づいてADBが設立されるなら，米政府は，(a) アメリカの分担額を総額の20%，即ちECAFE域外国拠出額の半額とすること，(b) この出資は，来る準備会議によって決まるであろうその組織，構造，考え方を米政府が受け入れること，を条件に同銀行への加盟を考慮する．米政府の関心は，その設立に適切な運営と合理的投票手続きが伴うことにあり，またその他の出資国の参加を前提にしている．2．米政府はADB設立の準備過程において適切な方法で積極的に参加する機会を歓迎する」（傍点筆者）との方針がまとまった．Memo, Bell to McGeorge Bundy, "U.S. Position on the Asian Development Bank," 4/20/65, NSF, Country File, Vietnam, Southeast Asia Development Program, Vol. I, 1965, box 200, no. 54, LBJL.

49) 米政府は同年6月のECAFE諮問委員会会議までADBについての方針を決めておく必要があった．各省庁実務レベルでの検討作業を踏まえ，6月3日のブラック顧問主催の省庁間協議，14日の関係省庁首脳会議を経て，21日には政府の統一見解がまとめられ，ジョンソン大統領に報告され，最終決済を得た．Memo, William S. Gaud to Henry H. Fowler, Thomas C. Mann, Charles L. Schultze and McGeorge Bundy, "Asian Development Bank," 6/18/65, *ibid.*, no. 25. 当時，米政府内では東南アジア開発計画（ジョンソン構想）を担当する省庁横断的タスクフォースの設置など支援体制が整っていたが，ADB問題はそれとは別の過程で処理された．即ちAID，国務省，財務省，予算局及びホワイトハウスの間での協議を通じて進められた（第2章の注100参照）．

50) Memo, AID, "United States Recommendations on the Asian Development

Bank," 6/21/65, NSF, Country File, Vietnam, Southeast Asia Development Program, Vol. I, 1965, box 200, no. 53d, no. 53e, LBJL.

51) もちろんジョンソン構想との関連でのADBへの関心は既に4月のADB加盟決定の際にも存在した．但しこの時点では，ADBは国連の要請した協力事項の一つであり，ジョンソン構想に対するアジアの反応を組織するのに役立つだろう，との一般的認識に過ぎなかった．Memo, FE: SPA – Robert J. Morris, "Asian Development Bank," 4/27/65, EA/P, ADB, E5215 box 2, RG59, NA.

52) Draft, AID, "Southeast Asia Regional Development Program – Plan of Action," 6/17/65.

53) Memo, David Bell for the President, 6/21/65, NSF, Country File, Vietnam, Southeast Asia Development Program, Vol. I, 1965, box 200, no. 53c, LBJL. この文書はADB加盟に対する米政府の立場をまとめた上記の文書（Memo, AID, "United States Recommendations on the Asian Development Bank," 6/21/65）を要約したもので，デヴィッド・ベルAID長官のほか，ヘンリー・ファウラー財務長官，トーマス・マン経済問題担当国務次官，チャールズ・シュルツ予算局長官及びバンディ大統領補佐官による同意を得て，ジョンソン大統領に提出された．

54) Memo, AID, "United States Recommendations on the Asian Development Bank," 6/21/65.

55) Draft, AID, "Southeast Asia Regional Development Program – Plan of Action," 6/17/65.

56) Memo, Francis M. Bator, White House for the President, "Instructions to Gene Black for Meeting on Asian Development Bank," 6/21/65, NSF, Country File, Vietnam, Southeast Asia Development Program, Vol. I, 1965, box 200, no. 53a, LBJL.

57) Memo, Charles L. Schultze, Director Bureau of the Budget for AID Administrator Bell, 6/21/65, *ibid.*, no. 53g.

58) Memo, Francis M. Bator, White House for the President, "Instructions to Gene Black for Meeting on Asian Development Bank," 6/21/65.

59) Memo, Eugene R. Black for the President, "U.S. Initiatives in Southeast Asian Development," 5/11/65, NSF, Country File, Vietnam, Southeast Asia Development Program, Vol. I, 1965, box 200, no. 31a, LBJL; Letter, U Nyun, Executive Secretary, United Nations Economic Commission for Asia and the Far East to the Minister for Foreign Affaris Ministry of Foreign Affairs Tokyo, Japan, "Sir, Consultative Committee on Asian Development Bank, 18 May 1965,"『アジア開発銀行設立関係』FN 2063-2064.

60) 日米両国はADB設立過程において終始緊密な協力関係を維持した．まず諮問委

初回会議を挟んでADBのあり方について意見調整が行われた．6月10日前後に渡辺武は，大蔵大臣顧問の資格でアメリカを訪れ，国務，財務，AID関係高官（ポーツ，バーネット，ニブロックなど）のほか，ブラック顧問やロストウと会談し，ADB問題を集中的に議論した．また諮問委会議の直後にはブラック顧問が来日し，佐藤首相はじめ主要閣僚及び政治家たちと会談したが，ADBやナムグム・プロジェクトなどジョンソン構想への協力問題がその主な内容であった（第4章の注86参照）．なおその後の政府間協議，例えば65年10月の政府代表会議（バンコク）や12月の全権代表会議（マニラ）などに際しても日米両国は緊密な連絡を取っていた．

61) 諮問委初回会議に続き，米政府の立場を効果的に伝えたいま一つの機会は，7月下旬のECAFE代表団の訪米であった．諮問委の主要メンバー及びウ・ニュン事務局長やクリシュナムルティ国際貿易部長などECAFE高官らは同月23日，AID，国務省，財務省及び政策企画会議の実務者と，26日，その高官ら（ゴードAID副長官，ポーツAID極東部長，ジョセフ・バー財務次官，バーネット国務次官補及びその他の関係者）とそれぞれ会合し，ADB設立問題を集中的に議論したほか，27日にはブラック顧問の主催した昼食会において協議を続けた．なお米政府による関係各国との協議は二国間の外交チャンネルのほか，7月のブラック顧問による欧州諸国歴訪及び，9月下旬のIMF・世銀年次総会（9/27–30, Washington）に際しての各国政府代表との一連の個別会談（アメリカ側からはバー財務次官が参加）を通じて行われた．

62) 同諮問委会議は6月下旬から12月初めまで計4回開催された．初回会議はECAFE事務局が事前に作成配布したワーキング・ペーパー（Background Paper, United Nations Economic Commission for Asia and the Far East, "Subjects for Consultations with Governments and Institutions Concerned,"『アジア開発銀行設立関係』FN 2063–2064）に基づきADB設立に関する諸問題について協議したが，会議終盤にはブラック顧問も参加した．その後，諮問委は二つのグループに分かれ，ECAFE代表団として域内諸国を歴訪（6月末より8月初）し，協議を重ねた．それを踏まえ，8月初旬の第2回会議においては10月の政府代表会議に提出する報告書の取りまとめと設立協定の起草作業を行ったが，時間切れで押し切られたため全ての問題に対する結論には至らず，また設立協定の起草作業はECAFEの法律顧問に一任する方法がとられた．国経「アジア開発銀行諮問委員会第2回会合」8/17/65, ibid., FN 2510–2531．8月末に諮問委の報告書及び協定草案ができ上がり，9月中に関係諸国に配布された．ECAFE, "Report of the Consultative Committee on the Asian Development Bank," 8/31/65 and Annex A, Draft Agreement Establishing the Asian Development Bank, ibid., FN 2540–2638. なお第3回及び第4回会議はそれぞれ政府代表会議，閣僚会議・全権会議と並行して開かれ，事実上その補佐・調整役を務めたため，独自の報告は行わなかった．Huang

注(第3章) 267

(1975: 59–89) も参照.

63) ECAFE, "Report of the Preparatory Committee on the Asian Development Bank, Bangkok, 21 October–1 November 1965,"『アジア開発銀行関係　設立関係　準備会議関係』B'0149 (B'6,3,0,41-1-1), FN 311–398.

64) ECAFE, "Report of the Second Ministerial Conference on Asian Economic Co-operation, Manila, 29 November–2 December 1965,"『アジア開発銀行関係　設立関係　閣僚級会議関係』B'0149 (B'6,3,0,41-1-2), FN 730–787.

65) 竹内駐比大使発外務大臣宛 (電484号)「アジア開銀閣僚会議について (藤山代表より)」12/3/65, *ibid.*, FN 644–645; 同 (電485号)「アジア開銀閣僚会議について」12/3/65, *ibid.*, FN 645–647.

66) 全権代表会議の後に約2ヵ月ほどの署名期間を設けたのは，できるだけ多くの国々の参加を得るための措置であり，実際にその間，新たに9ヵ国が原加盟国に加わった．但しイランは寄託期限の9月末まで批准書寄託ができず，最終的には原加盟国は30ヵ国となった．外務省経済協力局国際協力課「アジア開発銀行について」4/25/67『アジア開発銀行設立関係』FN 561–576.

67) 全権代表会議は，既存の諮問委に域内3と域外2の計5ヵ国 (アメリカを含む) を加えた14ヵ国代表からなるADB設立準備委員会を設置し，発足までの準備作業に当たるよう要請した．準備委員会は，1966年1月より11月までバンコク，マニラ及び東京において5回開催され，設立総会における総務会の議題作成 (銀行の諸規則など)，銀行事務所の設営 (ADBとフィリピン政府の間の本部協定の作成など) などに当たった．*Ibid.*

68) 設立総会は当初1966年10月テヘランで開催される予定であったが，第4回準備委員会 (8/29–9/1/1966, Manila) においてイラン政府がADB不参加の方針を伝えたため，同年11月の東京開催に変更された．同会議においてインドネシアの新規加盟 (加盟申請は同年6月26日) が承認されたほか，スイスが加盟申請を行った．その翌月，マニラ近郊の仮事務所でADB開業式 (12/19/1966, Manila) が行われた．*Ibid.*

69) 以下，専門家グループ会議 (64年10月報告書)，諮問委会議 (65年8月報告書)，政府代表会議 (同10月)，閣僚会議 (同11月) 及び全権会議 (同12月4日署名の設立協定) のように略記するが，別記しない限り，それぞれの出典は上記の注62–68に相当する.

70) 域外国に対する差別的規定を設けない方針は，とりわけ日米両国の強い要請を反映した結果であった．U.S. Government, "Asian Development Bank: Refinements of U.S. Positions as of July 26, 1965," EA/P, ADB, E5215 box 2, RG59, NA; 国経「アジア開発銀行に関する専門家諮問委員会に対する対処方針案」6/17/65『アジア開発銀行設立関係』FN 2113–2115.

71) Airgram from Bangkok (A-49), "Visit of Eugene R. Black and Party to Bangkok," 7/19/65, S&N, E5 SEARP, RG59, NA; Memo, "Statement by Mr. Eugene Black to the Meeting of the Consultative Committee of Experts on the Asian Development Bank, Bangkok, June 28, 1965," 6/28/65『アジア開発銀行設立関係』FN 2212–2218.
72) Memo, AID, "United States Recommendations on the Asian Development Bank," 6/21/65. 米政府は，先進国の中でソ連とフランスが参加しなくても，残る6ヵ国（域内の日本，オーストラリア，ニュージーランド，域外のアメリカ，イギリス，オランダ）の参加，また途上国では国連を脱退したインドネシアを除く17ヵ国の内13以上の国の参加を確保できるとみていた．
73) U.S. Government, "Asian Development Bank: Refinements of U.S. Positions as of July 26, 1965."
74) 粕谷駐泰大使発外務大臣宛（電1049号）「アジア開銀について（牛場より）」10/28/65『アジア開発銀行関係　設立関係　準備会議関係』FN 245–250; ECAFE, "Report of the Preparatory Committee on the Asian Development Bank, Bangkok, 21 October–1 November 1965," FN 321.
75) 外務省経済協力局国際協力課「アジア開発銀行について」4/25/67『アジア開発銀行関係雑件』FN 561–576.
76) Memorandum of Conversation, "Asian Development Bank," 9/27/65, EA/P, ADB, E5215 box 2, RG59, NA.
77) 米政府は通常の外交ルートのほか，首脳会談，DAC会議やIMF・世銀総会などの場を用いて域外先進国に働きかけた．Paper, FE/R. W. Barnett, "Visit of Prime Minister Wilson, December 15–19, 1965, Asian Development Bank," *ibid.*; Paper, EUR/GER – Edwin D. Crowley, "Visit of German Chancellor Erhart, December 19–21, 1965, AID, Including Southeast Asia and Pakistan Consortium," 12/3/65, *ibid.*;「東南アジアに関するDAC非公式会議の報告」『アジア開発銀行設立関係』FN 2399–2416; Memo, E. Jay Finkel, U.S. Treasury Department, "Memoranda of Conversation/ADB," 10/12/65, EA/P, ADB, E5215 box 2, RG59, NA.
78) Memorandum of Conversation, "Netherlands Interest in Southeast Asia Economic Development," 7/26/65, S&N, E5 SEARP, RG59, NA; Memorandum of Conversation, "Asian Development Bank," 9/30/65, EA/P, ADB, E5215 box 2, RG59, NA; Telegram from USUN (1521), "Dutch Contribution Southeast Asian Development," 10/22/65, S&N, E5 SEARP, RG59, NA.
79) Memorandum of Conversation, "Discussion with Canadian about Asian Development Bank," 9/23/65, EA/P, ADB, E5215 box 2, RG59, NA.

80) Memorandum of Conversation, "Discussion with British about Asian Development Bank," 9/23/65, *ibid.*; Telegram from London (1773), "U.K. Contribution to ADB," 10/20/65, S&N, AID (ASIAN DB) 9, RG59, NA; Memo, Joseph W. Barr, Under Secretary of the Treasury for Mr. McGeorge Bundy, The White House, "The British and the Asian Development Bank," 10/8/65, NSF, Country File, Vietnam, Southeast Asia Development Program, Vol. I, 1965, box 200, no. 51, LBJL; Telegram from Rome (1122), "Pass Treasury for Barr from Trued," 11/5/65, S&N, AID (ASIAN DB) 9, RG59, NA; Paper, FE/R. W. Barnett, "Visit of Prime Minister Wilson, December 15–19, 1965, Asian Development Bank."

81) Telegram from Bonn (218), "Visit of Eugene Black," 7/22/65, S&N, E5 SEARP, RG59, NA; Outgoing cablegram Circular (Joint State/AID Message, X161), "Asian Development Bank," 8/4/65, S&N, AID (ASIAN DB) 9, RG59, NA; Telegram from Bonn (695), 9/10/65, *ibid.*; Cablegram to Bonn (Joint State/AID Message, 20), "Black Visit," 9/20/65, *ibid.*; Memorandum of Conversation, "Asian Development Bank," 9/30/65, EA/P, ADB, E5215 box 2, RG59, NA; Paper, "Visit of German Chancellor Erhart, December 19–21, 1965, AID, Including Southeast Asia and Pakistan Consortium," 12/3/65.

82) 国経「アジア開発銀行について」2/2/65『アジア開発銀行設立関係』FN 1298–1309; Letter, ECAFE to the Minister for Foreign Affairs of Japan, "Initial Subscriptions to the Authorized Capital Stock of the Asian Development Bank in Accordance with Annex A to the Agreement Establishing the Asian Development Bank as of 31 January 1966," 3/16/66.

83) ベルギーは米政府の協力要請に応じ，全権会議で設立協定に署名し，500 万ドルを出資した．Memorandum of Conversation, "Discussion with Belgian about Asian Development Bank," 9/23/65, EA/P, ADB, E5215 box 2, RG59, NA. 更に全権会議では署名しなかった欧州 5 ヵ国――デンマーク，フィンランド，ノルウェー（以上 66 年 1 月 28 日署名），オーストリア及びスウェーデン（同 31 日）――がそろって 500 万ドルずつの出資を約束し，署名に加わったことも，米政府の働きかけによる成果であった．

84) Telegram from Paris (335), 7/19/65, S&N, E11-2 Mekong, RG59, NA; Telegram from Bangkok, "ADB Consultative Committee," 8/8/65, S&N, AID (ASIAN DB) 9, RG59, NA; 武内駐米大使発外務大臣宛「フランス，アジア開銀への出資を拒否（新聞報道）」8/3/65『アジア開発銀行設立関係』FN 1062–1064.

85) Memorandum of Conversation between Ching-Yu Chen, Minister of Finance of Republic of China and Joseph W. Barr, Undersecretary of the Treasury of

United States, "Asian Development Bank," 9/29/65, EA/P, ADB, E5215 box 2, RG59, NA; Telegram from Rome (1122), "Pass Treasury for Barr from Trued," 11/5/65, *ibid*.; 駐ソ須之部量三代理大使発外務大臣宛 (1129号)「ウ・ニュンの訪ソ (アジア開銀に関連) について」8/13/65『アジア開発銀行設立関係』FN 1070.

86) 米政府は7月下旬のECAFE使節団の訪米の際、5回分割払い案を基本的に了承した. U.S. Government, "Asian Development Bank: Refinements of U.S. Positions as of July 26, 1965."

87) 日本側の案に対しては、払込資本の比率をあまりにも低く押さえると、かえって将来域内国の立場を弱める結果となるおそれがある (イラン)、時期尚早である (インド) などの反対意見が出され、結局、請求可能資本の増額による将来の増資の途を規約上開いておくこととなった.

88) 具体的には、銀行は払込済資本の10%以内の金額を限度として、総務会の特別決議により1または2以上の特別基金を設定するため留保した財源を持って、より緩和された条件下での援助を行うことができる、とされた.

89) 「アジア的性格」に関しては、国経「アジア開発銀行諮問委員会第2回会合」8/17/65『アジア開発銀行設立関係』FN 2510–2531.

90) Telegram from Tokyo (55), "Meeting with Japanese Finance Minister Fukuda," 7/6/65, S&N, E 5 SEARP, RG59, NA.

91) 米政府が基本票の10%線に固執したのは、議会の批准を得やすくする条件の一つとして財務省がそれを求めていたからであった. 国務省としては、交渉の場では当面10%線を固守する姿勢を貫いていくものの、最終的には20%線まで譲歩することもあり得るとの妥協案を胸中に秘めていた. Memo, FE: SPA – Robert J. Morris to FE – Mr. Barnett, "Asian Development Bank Voting Rights," 7/1/65, EA/P, ADB, E5215 box 2, RG59, NA; Telegram from Bangkok (2159), "From Black," 6/30/65, S&N, E 5 SEARP, RG59, NA. 一方、日本政府も投票権問題を、本部誘致を有利に運ぶための交渉材料の一つとして認識していた.

92) Memorandum of Meeting, "Meeting with the Visiting Consultative Committee of Experts on the Asian Development Bank, July 26, 1965," EA/P, ADB, E5215 box 2, RG59, NA.

93) 国経「アジア開発銀行諮問委員会第2回会合」8/17/65.

94) 粕谷駐泰大使発外務大臣宛 (電1040号)「アジア開銀について (牛場代表より)」10/27/65『アジア開発銀行関係 設立関係 準備会議関係』FN 217–218; 同 (電1051号)「アジア開銀について (鈴木代表より)」10/29/65, *ibid*., FN 252–253; ECAFE, "Report of the Preparatory Committee on the Asian Development Bank, Bangkok, 21 October–1 November 1965," *ibid*., FN 319.

95) *Ibid.*
96) 但し技術援助の財源と規模をめぐっては各国の間で意見が分かれた（Krishnamurti 1977: 136–137）.
97) 米政府は先進国による出資の全額は交換可能な通貨で支払われ、かつタイドにすべきではないとしながらも、通常融資による調達は加盟国に限るとの立場であった. U.S. Government, "Asian Development Bank: Refinements of U.S. Positions as of July 26, 1965." ADB 設立交渉におけるタイド問題については、Krishnamurti (1977: 133–136).
98) 日本外交の視点から本部所在地決定過程を分析した研究としては、鄭敬娥（2002）; Yasutomo (1983: ch. 4).
99) Memo, AID, "United States Recommendations on the Asian Development Bank," 6/21/65. 本部所在地に対するアメリカの公式的立場が決まったのはこの文書においてである.
100) 6月末の諮問委初回会議でブラック顧問は、専門家グループ報告書の提示した本部所在地の選定基準に対し賛成の意を示したものの、アメリカとしてはその具体的決定には積極的役割を控えたいとし、この件は基本的に域内国同士が決めるべき問題であるとの立場を表明した. その後も米政府は同様の公式見解を繰り返し表明した.
101) 福田は、財政難のためブラック顧問の要請に全て応えることはできないと断りながらも、「東京誘致は経済開発に対する日本国民の関心を高める上で重要な心理的影響を与えるだろう. その他の関連事項に対する日本の態度は本部所在地問題とリンクするだろう」と述べた. Telegram from Tokyo (55), "Meeting with Japanese Finance Minister Fukuda," 7/6/65. また佐藤首相も福田同様の認識を示した. 経済協力局「総理大臣とブラック米大統領特別顧問との会談の概要」7/6/65『アジア開発銀行設立関係』FN 1998–2001. これに対しブラック顧問は、米政府は東京誘致に反対しないが、これはアジア人自らが決めるべきアジアの問題であるとし、中立と不干渉の立場を明確にした. ただし国務省宛報告においては、本部誘致ができないと、少なくとも福田は、他の東南アジア開発プログラムにも積極的にならないだろうとの印象を受けた、とコメントした. *Ibid.*
102) Memo, Robert S. Smith, AA/PC, "Action Memorandum for the Administrator," 7/10/65, EA/P, ADB, E5215 box 2, RG59, NA.
103) Telegram from Tokyo (105), "Asian Development Bank," 7/8/65, S&N, E 5 SEARP, RG59, NA.
104) Airgram from Teheran (A-22), 7/7/65, *ibid.*
105) Memo, Robert S. Smith, AA/PC, "Action Memorandum for the Administrator," 7/10/65.

106) Memo, David E. Bell for the Secretary of State, "Location of the Headquarter of the Asian Development Bank," 7/13/65, CF, 2527, RG59, NA.
107) 日米合同委においてこのようなアメリカ側の立場が日本政府に伝わったかは定かではない．合同委の財務関係個別会議においては福田蔵相よりくだんの要請が出されたのに対し，ファウラー財務長官は，米政府としては東京本部に反対しないとしながらも，その具体対応についてはラスク長官に委ねたいとの立場を表明した．Memorandum of Conversation, "U.S.-Japan Financial Relationships," 7/12/65, CF, 2526, RG59, NA. なお合同委全体会議での本部問題への発言は見当たらず，また椎名・ラスク個別会談においてもそれへの直接言及は確認されなかった．
108) 8月6日，粕谷孝夫駐泰大使は ECAFE 事務局長に対し本部の東京誘致という日本政府の意向を文書で正式に申し入れたほか，渡辺代表も諮問委第2回会議において東京誘致の意思を正式に表明した．粕谷駐泰大使発外務大臣宛（1353号）8/6/65.
109) 外務省「アジア開発銀行本店東京招致対策（案）」7/29/65.
110) 本部所在地の決定方法に関しては，ECAFE 側は「アジア的方法」として話し合いによる解決を優先する一方で，8月の諮問委第2回会議では，もしそれが不可能なら最終的には投票によって決着を図るとの提案をし，委員会の了承を得た．11月の ECAFE 閣僚会議に際し日本政府は，仮に本部決定が票決に持ち込まれた場合には，できるだけ1回限りの投票による単純多数決方式の採用を図るとの戦略で臨んだが，これは「現状ではわが国の多数派工作がもっともすすんでいる」との分析に基づくものであった．椎名大臣発板垣駐印大使宛（電434号）11/22/65; 藤山愛一郎宛の訓令（第38号）11/26/65.
111) 日本政府の中ではとりわけ渡辺総裁への大蔵省の期待は大きく，本部優先の政府方針が決まった後にも同省は渡辺の強い意欲に配慮し，総裁職放棄を言い出せなかったという（Yasutomo 1983: 84–85）.
112) 5月下旬，ADB 諮問委の日本代表であった渡辺は大蔵大臣顧問に任命されたが（5/28/1965），その直後の内閣改造（6/3）によって大蔵大臣が田中角栄から福田赳夫に代わった．
113) Paper, Proposal for Asian Development Bank presented to Mr. Eugene Black on June 9 by Mr. Watanabe, Advisor to Minister of Finance, Japan, "Outline of the Proposed Asian Development Bank," attached to Memorandum of Conversation, "Asian Development Bank," 6/9/65, S/P, Japan 1965–67, box 305, RG59, NA. そもそも前述の大橋スタディ・グループが作成したとされる「私案」には総裁の国籍制限条項はなかった（Yasutomo 1983: 35–37; 渡辺 1973: 9–13）．渡辺がブラック顧問に手渡したペーパーの中に同条項が入ったのは大蔵省の立場によるものか，それとも渡辺個人の意思によるものかは定かではないが，少なくともこの条項は日本側が米政府に持ちかけたものであり，その後，米政府もそれに反対

しないとの立場をとるようになった．なお1964年の専門家グループの報告書に添付された協定案（ECAFE事務局作成）には「域内加盟国の市民」との制限が設けられていたが，渡辺本人は同協定案の採択に反対した経緯がある．

114) Memo, AID, "United States Recommendations on the Asian Development Bank," 6/21/65.
115) 武内駐米大使発外務大臣宛（1573号）「アジア開銀問題について」6/11/65.
116) 8月，渡辺と会合し，彼の総裁職への強い意欲を察知した駐日米大使館職員は，渡辺にとっての総裁職のインセンティブとしては威信，自己満足のほか，給与面でのメリットが考慮されているようであるが，その一方で日本政府首脳は既に本部誘致を最優先し，そのために必要であれば渡辺の総裁職放棄もあり得るとの方針を固めていると報告した．そして，もちろん渡辺は「すぐれた資質を持っている（capable president）」に違いないが，日本が本部と総裁の両方をとることはあり得ないと思われる以上，アメリカとしては微妙な立場におかれることとなったとし，来る訪米に際し「渡辺は［総裁のための］個人的キャンペーンを続けるだろうが，ご存知の通り，彼の立候補と我々［の意向］をできるだけ一致させることが渡辺の望むところである」との分析を寄せた．Cable, Laurence C. Vass (Minister-Council for Economic and Commercial Affairs, American Embassy, Tokyo Japan) to Robert W. Barnett, "Dear Bob," 8/13/65, EA/P, ADB, E5215 box 2, RG59, NA.
117) 既存研究によると，アメリカは健全な銀行運営には何よりも有能な経営陣が不可欠との立場から渡辺のADB総裁就任を希望したため，日本政府に対し渡辺の総裁職確保を優先するよう勧める一方，本部所在地に関しては日本からの支持要請を「きっぱり断ってきた」（鄭敬娥 2002: 71–72）とか，あるいは内心マニラ本部を支持した（Yasutomo 1983: 69, 78），とされる．また渡辺本人もアメリカ側が当初から彼を総裁に仕立てていたかのように述べている（渡辺 1973: 24–25）．しかし，当時米政府は本部最優先との日本政府の立場に理解を示し，そのためには渡辺総裁は断念するべきであるとの立場であったのである．一方，渡辺総裁に最もこだわったのは渡辺本人と国連側であった．Telegram from USUN (1477), "Southeast Asia," 10/21/65, S&N, E 5 SEARP, RG59, NA; idem (2263), "Southeast Asian Development," 11/25/65, ibid.
118) 日本政府は7月の日米合同委の後も再三にわたり，米政府による東京支持表明ないしは関係国への影響力行使を促したものの，中立という米政府の態度を変えることはできなかった．その詳細については，武内駐米大使発外務大臣宛（2642号）「アジア開銀について」9/24/65『アジア開発銀行設立関係』FN 1178–1181；同（2643号）「アジア開銀について」9/24/65, ibid., FN 1181–1183; Memorandum of conversation, "Ambassador Takeuchi's Call on Mr. Bundy," 11/1/65, S&N, POL JAPAN-US, RG59, NA；外務大臣発武内駐米大使宛（2182号）「アジア開銀の件」

11/18/65. そのほか, 国経「アジア開発銀行本部の東京誘致運動に対する各国の反応振り（その1）」7/28/65 も参照.

119） 米政府としては本部所在地をめぐるあまりに激しい対立が ADB の設立そのものを脅かす事態を懸念したがゆえに, 10月下旬の政府代表会議において, 本部の決定は加盟国による設立協定署名（マニラ会議）以降に遅らせた方が望ましいとの案を示したものの, 各国の反対により実現しなかったという経緯がある. Telegram from Rome (1122), "Pass Treasury for Barr from Trued," 11/5/65, S&N, AID (ASIAN DB) 9, RG59, NA; 武内駐米大使発外務大臣宛 (3143号)「アジア開銀について」11/24/65.

120） 竹内駐比大使発外務大臣宛（電467号）「アジア開銀閣僚会議（本店のマニラ決定, 藤山代表より）」12/1/65.

121） Memorandum of Conversation, "Site of Asian Development Bank and Its President," 12/2/65, EA/P, ADB, E5215 box 2, RG59, NA.

122） このような米政府の関与は, 当時, 関係国の間でアメリカが当初より「マニラ本部, 渡辺総裁」を実現するために影響力を行使したと噂される所以となった. 竹内駐比大使発外務大臣宛 (724号)「アジア開発銀行の設立について（内話）」8/9/65.

123） その詳細については, Memorandum of Conversation, "Site of Asian Development Bank and Its President," 12/2/65; Memorandum of Conversation, "Asian Development Bank," 12/2/65, EA/P, ADB, E5215 box 2, RG59, NA; Memorandum of Telephone Conversation between Barnett (Manila) and Reischauer (Tokyo), 12/2/65, *ibid.*; 椎名大臣発竹内駐比大使宛 (329号) 12/2/65; 竹内駐比大使発椎名大臣宛 (483号)「アジア開銀総裁問題に関するブラックとの懇談」12/3/65.

124） Memorandum, FE – R. W. Barnett to AA/FE Mr. Poats, "Possible Japanese Candidates for ADB Presidency," 12/30/65, EA/P, ADB, E5215 box 2, RG59, NA; Telegram from Tokyo (2306), "ADB President, Watanabe Candidacy," 12/30/65, S&N, AID (ASIAN DB) 9, RG59, NA; 福田大臣臨時代理発武内駐米大使宛 (144号)「アジア開銀について」1/19/66; 椎名大臣発各大使宛 (合403号)「アジア開銀の件」2/11/66.

125） 1965年6月1日, ジョンソン大統領は米議会に対し66年度 AID 予算の追加資金として 8900万ドルの出資承認を要請したが, ナムグム・プロジェクト向けの1900万ドルの資金援助を含むその一部は「アメリカによる10億ドルの投資」の最初の出資と考えられた（第2章の注20参照）. なお ADB 加盟に伴う2億ドル出資は, その大半は商業ベースでの運用が見込まれており, その中でジョンソン構想の想定した開発プログラムに提供される融資は限られるだろうということで,「10億ドル」の一部とみなされなかった.

126） 特別基金に対して誰よりも積極的であったブラック顧問は,「ADB 枠内の同基金

の設置は，健全な国際的運営による地域プロジェクト出資のための多国間枠組みとして最も有望なもの」と位置付けた．Telegram from Bangkok (2159), "From Black," 6/30/65, S&N, E 5 SEARP, RG59, NA. 6月下旬の諮問委会議における特別基金の出資表明に際し，それが，必ずしもアメリカと同額である必要はないにしろ，他の先進国が同様の出資を行うことを条件とする点を明確にしており，この立場は翌月ECAFE使節団の訪米の際にも強調された．U.S. Government, "Asian Development Bank: Refinements of U.S. Positions as of July 26, 1965."

127) Memorandum of Conversation, "Asian Development Bank," 6/9/65; Memorandum of Conversation, "Asian Development Bank (ADB)," 6/11/65, S/P, Japan 1965–67, box 305, RG59, NA; 武内駐米大使発外務大臣宛 (1573号)「アジア開銀問題について」6/11/65.

128) Telegram from Tokyo (55), "Meeting with Japanese Finance Minister Fukuda," 7/6/65.

129) ジョンソン・福田会談ではとりわけ特別基金への1億ドル出資が強く求められた．再度にわたる大統領からの「平和のための投資」要請に対し，福田が帰国後に佐藤首相と協議しその結果を知らせると答えると，大統領は「日本政府にとって最善の選択は要請された金額でアメリカによる特別基金の立ち上げに参加することであろう」として念を押した．Memorandum of Conversation between Takeo Fukuda, Minister of Finance, Japan and Lyndon B. Johnson, President of the United States, "Sotuheast Asian Development," 7/14/65, CF, 2526, RG59, NA.

130) 7月下旬，ジョンソン大統領は佐藤首相に対し，東南アジア経済開発への日本の寄与を促すメッセージを伝えたが，佐藤は一定の理解を示したものの，大統領の望んだプログラムに対する自らのコミットメントには慎重な態度を崩さなかった．Telegram from Tokyo (298), 7/27/65, J&US 2000: FN 501.

131) Memorandum of Meeting, "Visiting Consultative Committee of Experts on the Asian Development Bank, July 23, 1965," EA/P, ADB, E5215 box 2, RG59, NA; Telegram from USUN (2263), "Southeast Asian Development," 11/25/65, S&N, E 5 SEARP, RG59, NA; Airgram from Helsinki (A-225), "Southeast Asia Development Program," 10/14/66, ibid.; Telegram from Brussels (500), "Southeast Asian Regional Development Fund," 10/29/65, ibid.

132) 特別基金を1966年1月議会提出予定の67年度予算案に反映させるためには，65年10月末頃までに予算化作業を済ませる必要があった．財政当局は，米政府の出資条件としていた「他国の参加」が伴わず，また同基金の運用主体であるADBの設立が実現していない状況での対議会出資要請は困難であると主張した．Memorandum, Henry H. Fowler (Secretary of the Tereasury) for the President, 11/10/65, NSF, Country File, Vietnam, Southeast Asia Development Program,

Vol. I, 1965, box 200, no. 21, LBJL; Memorandum, Joseph W. Barr (Under Secretary of the Treasury) to the Secretary (Henry H. Fowler), "Southeast Asia Regional Development Fund," 11/2/65, *ibid.*, no. 21a.

133) 当初ADB出資2億ドルと特別基金1億ドルはともに67年度予算案に組み入れて, 議会に支出要請をする予定であったが, 前者のみが67年度予算案に編成され議会の承認を得ることができた. その結果, 特別基金の予算化は67年度予算案の追加承認または68年度予算案への組み入れのどちらかにする旨, AIDと財務省の間で合意された. *Ibid.*

134) Telegram from Tokyo (1557), "SEA Regional Development Fund," 10/29/65, S&N, E 5 SEARP, RG59, NA; Telegram from Wellington (234), "SEA Regional Development Fund," 10/29/65, *ibid.*; Telegram from Brussels (500), "SEA Regional Development Fund," 10/29/65, *ibid.*; Telegram from Kuala Lumpur (512), "SEA Regional Development Fund," 10/30/65, *ibid.*; Telegram from Bangkok (853), "SEA Regional Development Fund," 10/30/65, *ibid.*; Cablegram to Kuala Lumpur (Joint State/AID Message, 445), 11/26/65, *ibid.*; Telegram from Kuala Lumpur (594), "ADB Special Fund," 11/29/65, *ibid.*

135) Airgram from Taipei (A-373), "Meeting of the Honorable Eugene R. Black and Advisors with Ranking Officials of Various GRC Ministries," 11/26/66, S&N, POL 7 US/BLACK, RG59, NA; Telegram from Manila (5868), "From Black," 11/30/66, *ibid.*; Memorandum of Conversation Part III of III (betweeen Mr. Robert W. Barnett – Deputy Assistant Secretary and Mr. Robert Furlonger – Minister, Australian Embassy), "Mr. Black's Trip to the Far East," 12/8/66, *ibid.*

136) 1966年11月25日, ADB設立総会におけるファウラー財務長官の発言. Note, "Statement of Officials Relating to Special Funds," 8/18/67, NSF, Country File, Vietnam, Southeast Asia Development Program, Vol. II (1 of 2), 1966, box 200, no. 28a, LBJL.

137) Telegram from Tokyo (3624), 11/16/66, S&N, AID (ASIAN DB) 9, RG59, NA; Telegram from Manila (5738), "From Black," 11/28/66, S&N, POL 7 US/BLACK, RG59, NA. 1966年11月のADB設立総会に際し, 日本政府首脳はブラック顧問に対して農業開発基金への出資を積極的に検討すると約束した. Telegram from Tokyo (3944), "Mekong Program – Prek Thnot," 11/26/66, S&N, E 11-2 MEKONG, RG59, NA; Telegram from Manila (5738), "From Black," 11/28/66.

138) Memorandum, Black to the President, "Five Weeks Visit to Eleven Asian

Countries–Oct. 26–Nov. 30," NSF, Country File, Vietnam, Southeast Asia Development Program, Vol. II (2 of 2), 1966, box 200, no. 30d, LBJL. 1966年10月，ブラック顧問はアジア歴訪の前に，東南アジア開発プログラムには，1967年度分の1億ドルのほかに，1968年度分として更に1億ドルが必要になるとして，特別基金出資額を2億ドルに増額してほしいとの意向を大統領に伝えていた．Note, "For Meeting with President 5:30 P.M. October 13, 1966," *ibid.*, Vol. II (1 of 2), 1966, box 200, no. 4, LBJL. 当初の東南アジア地域開発基金のほか，農業開発基金，運輸通信基金及びメコン川流域開発基金などへの出資が想定された．

139) 1967年1月10日の一般教書．Note, "Statement of Officials Relating to Special Funds," 8/18/67.

140) Press release, White House, Presidential message, "Message on Asian Development Bank to the Congress of the United States," attached to Outgoing telegram Circular (44251), "ADB Special Funds," 9/27/67, S&N, AID (ASIAN DB) 9, RG59, NA.

141) Memorandum, Eugene Black for the President, "Report on Consultations with Congressional Leaders on Asian Development Bank Special Funds," 8/30/67, NSF, Country File, Vietnam, Southeast Asia Development Program, Vol. III (2 of 2), 1967–1968, box 200, no. 40c, LBJL.

142) Memorandum, Joseph Barr for the President, "Asian Bank Proposal," 9/5/67, *ibid.*, no. 41a.

143) Memorandum, W. W. Rostow for the President, "Asian Bank Legislation," 9/5/67, *ibid.*, no. 40a.

144) Telegram to Manila (171902), "Draft ADB Special Funds Rules and Regulations," 5/27/68, S&N, AID (ASIAN DB) 9, RG59, NA; idem (173879), "Senate Action on ADB Special Funds," 5/30/68, *ibid.*

145) *Ibid.*

146) Telegram from Tokyo (49), "Meeting with Minister International Trade and Indusrty Miki and Former PM Ikeda," 7/5/65, S&N, E 5 SEARP, RG59, NA; 経済協力局「三木通商産業大臣とブラック米大統領特別顧問との会談の概要」7/6/65『アジア開発銀行設立関係』FN 2005–2006.

147) Memorandum of Conversation, "Southeast Asian Development, 4th Meeting of US-Japan Joint Committee on Trade and Economic Affairs, Washington, July 12–14, 1965," 6/12/65, CF, 2526, RG59, NA.

148) Telegram from Tokyo (1564), 10/29/65, S&N, E 5 SEARP, RG59, NA.

149) Idem (59), "JOINT ECONCOM," 7/7/66, S&N, E 1 JAPAN-US, RG59, NA.

150) 同年 11 月末のブラック顧問の訪日に際しては，去る 4 月に東南アジア開発閣僚会議が開催され，また 11 月 ADB 設立総会で渡辺が総裁に選出されたこともあり，日本政府内では日本がアジアの経済援助問題においてより積極的な役割を果たすべきであるとの認識が広まっていた．農業開発基金に関しては特に松野頼三農相と三木通産相が日本の出資に積極的姿勢をみせたほか，以前は消極的姿勢を堅持した福田蔵相も，ADBへの期待とともにソフトローン・贈与の必要性を強調するブラック顧問の見解に同調し，日本は特に農業分野の特別基金へ実質的に寄与する用意があると述べ，積極的な態度をみせた．Telegram from Manila (5738), "From Black," 11/28/66.
151) Telegram from Manila, "Special Agricultural Fund," 5/26/67, S&N, AID (ASIAN DB) 9, RG59, NA.
152) 欧州諸国の中ではデンマークのみが特別基金への 200 万ドル程度の出資意向を示した．Telegram from Manila (437), "ADB Special Funds," 7/16/67, ibid.
153) Telegram to Tokyo (10537), "ADB Special Funds," 7/20/67, ibid.; idem (13396), "ADB Special Fund," 7/26/67, ibid.
154) 米政府の対日要請の要点は，(1) 日本政府が欧州の出資とリンクしない 2000 万ドルを 1968 年度に出資することを米議会に知らせることを日本政府が了承する，(2) 日本政府が農業開発基金 1 億ドルに加えその他の特別基金へ出資する意向を公式表明するか，それが困難なら公式表明はしないままそうした意向を米議会に知らせることを日本政府が了承する，というものであった．Telegram from Tokyo (523), "ADB Special Funds," 7/27/67, ibid.
155) 8 月 18 日，大蔵省は ADB 本部の福田勝理事に対し，日本政府は今後，欧州諸国（及びアメリカ）からの妥当な出資を期待し，現在作成中の 1968 年度予算案に農業開発基金への出資金 2000 万ドルを含めることにし，また今後更なる出資を検討する（額は未定），なおその他の特別基金に関しては検討中である，との旨を訓令した．Idem (1048), 8/18/67, ibid.
156) Idem (1472), 9/6/67, ibid.
157) 日本国政府大蔵大臣発渡辺総裁宛「アジア開発銀行特別基金拠出に関する総裁宛書簡案文（訳文）」11/15/68.
158) Report, "SEA Regional Development Program, Plan of Action, Revision Number I and First-Year Evaluation," 3/21/66.

第 4 章

1) 『朝日』1965.4.8 夕 (1).
2) 松井明国連大使の発言．Telegram from USUN (3979), "JAP Mission Response to President's Speech," 4/8/65, S&N, POL 27 VIETS, RG59, NA.

3) 演説直後の8日午前, 佐藤首相は自らライシャワー駐日米大使に電話をかけ, 大統領演説を大歓迎する旨表明した. Telegram from Tokyo (3185), "Sato Tells Reischauer How Happy He Is," 4/8/65, S&N, POL 1 ASIA SE-US, RG59, NA. 藤本 (1998: 146); 菅 (1997b: 81); 河野 (1997: 123) も参照.
4) Telegram to Tokyo (2573), 4/8/65, S&N, POL 1 ASIA SE-US, RG59, NA.
5) Telegram from Tokyo (3220), 4/9/65, S&N, POL 27 VIETS, RG59, NA.
6) Idem (3219), 4/9/65, *ibid*. この点に関するライシャワーの見解については, Reischauer (1968: 113–114).
7) 第48回通常国会における椎名外務大臣の外交演説 (1/25/1965) (外務省 1965: 11). 日本にとって1964年は, 上記の国際的地位の向上に加え, 東海道新幹線の開通, 東京オリンピックの開催成功などによって, 先進国の仲間入り意識が一般国民に浸透した年であった (山影 1985: 144).
8) Telegram from Tokyo (3220), 4/9/65.
9) Memo, McGeorge Bundy to Mr. Valenti (For the President), 4/10/65, NSF, Country File, Vietnam, Southeast Asia Development Program, Vol. I, 1965, box 200, no. 12a, LBJL.
10) Telegram to Tokyo (2588), 4/10/65, S&N, POL 1 ASIA SE-US, RG59, NA.
11) Telegram from Tokyo (3242), 4/12/65, *ibid*.
12) *Ibid*. 佐藤は, 当日の日記にジョンソン構想を大いに歓迎すると記したものの (佐藤 1998: 260), ライシャワー大使との会談を見る限り, 首相にとってアメリカのベトナム政策に対する疑念は完全には払拭されていなかったことが窺える.
13) ところが翌13日, 日本政府のイニシアティブを求める米政府からの要請に対して, 佐藤首相が最善を尽くすと約束したと報じられ (*Japan Times*, 1965.4.13), 佐藤の目論みは外れてしまった. Telegram from Tokyo (3260), 4/13/65, S&N, POL 1 ASIA SE-US, RG59, NA.
14) Idem (3329), 4/17/65, *ibid*.
15) *Ibid*. 駐日米大使館の案によると, 日本のイニシアティブによって設立されるべき組織は, 当初ライシャワー大使の提案したOEEC型よりCIAP型に近いものになっていた. ジョンズ・ホプキンス演説の後に米政府がまとめた東南アジア開発計画に影響された結果であった. 米政府の望むジョンソン構想の推進枠組みは, 援助国側と被援助国側からなる二元構造となっており, 資金の使用に関する権限は援助国側に持たせる半面, アジア諸国の組織に求められた機能は国別開発計画の調整, 開発プロジェクトの検討・評価, 援助国側に提出する勧告案の用意などに限られていたのである (第2章参照).
16) Telegram from Tokyo (3361), "GOJ Aid to Southeast Asia," 4/21/65, S&N,

POL 1 ASIA SE-US, RG59, NA.
17) 「アジア平和計画の構想について」4/21/65. この文書の起案者は不明であるが，前後関係から経済協力局のものと思われる．
18) アメリカ局北米課「ヴィエトナムに関するジョンソン大統領の演説をめぐる動き」4/15/65.
19) Telegram from Tokyo (3361), 4/21/65.
20) *Ibid.*; Telegram from Tokyo (3431), 4/24/65, S&N, POL 1 ASIA SE-US, RG59, NA.
21) 経済協力局「ロッジ特使訪日の際問題となる経済協力案件（アジア開発銀行）」4/23/65.
22) Telegram from Tokyo (3361), 4/21/65.
23) *Ibid.*
24) Telegram to Tokyo (2699), 4/21/65, S&N, POL 1 ASIA SE-US, RG59, NA.
25) 当時国務省としては，「アジア版 CIAP」の出現を望んでおり，それを実現し得る動きの一つとしてアジア諸国の提唱による国際会議を考慮しながらも，基本的にはそれが国連のイニシアティブを妨害してはならないとの立場であった．*Ibid.*; 武内駐米大使発外務大臣宛（1059号）「米の対東南アジア開発援助構想について」4/22/65.
26) Telegram to Tokyo (2699), 4/21/65.
27) Telegram from Tokyo (3432), 4/24/65, S&N, E 5 SEARP, RG59, NA.
28) Idem (3430), 4/24/65, S&N, POL 1 ASIA SE-US, RG59, NA.
29) Idem (3431), 4/24/65, *ibid.*
30) Idem (3432), 4/24/65; 経済協力局「アジア平和計画に対するわが国の拠出の意義」4/15/65.
31) Telegram from Tokyo (3430), 4/24/65.
32) ロッジ前駐南ベトナム大使は，4月15日から大統領特使としてアジアの友好国を歴訪した．24日の佐藤首相との会談は2時間以上に及んでおり，ライシャワー大使，椎名外相が同席した．Telegram from Tokyo (3435), 4/25/65, S&N, E 5 SEARP, RG59, NA.
33) Idem (3430), 4/24/65.
34) Idem (3435), 4/25/65.
35) ベトナム戦争をめぐる日米の安全保障観の違いとその緊張関係については，菅 (1997b: 82–86); Schaller (1997: ch. 11).
36) アメリカ局北米課「ヴィエトナムに関するジョンソン大統領の演説をめぐる動き」4/15/65.

37) 4月13日の武内・ラスク会談．Memo, FE–William P. Bundy to Secretary, "Your Appointment with Ambassador Takeuchi at 4:15 P.M. April 13, Briefing Memorandum," 4/13/65, S&N, POL JAPAN-US, RG59, NA; Memorandum of Conversation, "President's Johns Hopkins Address," 4/13/65, *ibid*.; Telegram to Tokyo（2630）, 4/14/65, *ibid*.
38) 駐日大使館の分析によると，ジョンソン構想発表直後には日本国内のほとんどの新聞がそれを「画期的」と受け止めていたが，その1週間後（15日）には，演説後間もなく激しい空爆が行われたことへの批判的な論調が増え，更にその1週間後（23日）になると，ほとんどのマスコミがアメリカのベトナム政策に敵対的であった．Telegram from Tokyo（3295）, 4/15/65, S&N, POL 1 ASIA SE-US, RG59, NA; idem（3422）, 4/23/65, *ibid*.
39) Idem（3435）, 4/25/65.
40) Idem（3430）, 4/24/65.
41) Airgram from Tokyo（A-1581）, "Second Japan-U.S. Policy Planning Consultations（April 24–27, 1965）," 5/24/65, S&N, POL JAPAN-US, RG59, NA; 国際資料部「ロストウ米国務省政策企画委員長との第2回定期協議記録」5/–/65.
42) Telegram from Tokyo（3501）, 4/29/65, S&N, E 5 SEARP, RG59, NA.
43) 経済協力局「ジョンソン米大統領の東南アジア開発提案について」5/6/65; 外務大臣発在アジア諸国大使宛（1141号）「東南アジア開発構想について」5/7/65.
44) Telegram to Tokyo（2699）, 4/21/65, S&N, POL 1 ASIA SE-US, RG59, NA.
45) Telegram from Tokyo（3503）, 4/29/65, S&N, E 5 SEARP, RG59, NA; Telegram to Tokyo（2825）, 4/30/65, *ibid*.; Telegram from USUN（4301）, "South East Asia Development," 4/30/65, S&N, POL 1 ASIA SE-US, RG59, NA.
46) Telegram from Tokyo（3555）, 5/4/65, S&N, E 5 SEARP, RG59, NA; idem（3714）, 5/13/65, *ibid*.
47) 外務大臣発在アジア諸国大使宛（1141号）「東南アジア開発構想について」5/7/65.
48) 経済協力局「ジョンソン米大統領の東南アジア開発提案について」5/6/65.
49) 第14回アジア・太平洋地域公館長会議（5/18–21/1965）．アジア局総務参事官室「第14回アジア・太平洋地域公館長会議議事要録（未定稿）」5/–/65.
50) 椎名大臣発在国連大使宛（電877号）「東南アジア開発構想にについて」5/21/65.
51) Letter, Yoshino to Rostow, 5/21/65, S/P, Southeast Asia 1965–68, box 316, RG59, NA.
52) 『朝日』1965.5.13（2）．ADB構想とジョンソン大統領の東南アジア開発構想の比較については，原（1965）．

53) Telegram to Tokyo (Joint State/AID Message, 2986), "SEA Economic Development," 5/14/65, S&N, E 5 SEARP, RG59, NA.
54) Telegram from Tokyo (3782), 4/18/65, *ibid*.
55) 経済協力局「ニブロックとの会談の概要」5/19/65; Telegram from Tokyo (3782), 4/18/65.
56) *Ibid*.
57) Telegram from Tokyo (3501, 3503), 4/29/65, S&N, E 5 SEARP, RG59, NA.
58) 外務省側は国連との協議に関して「インドとパキスタンはしゃべり過ぎている」としたほか,東南アジア開発プログラムにおける国連・ECAFEのリーダーシップを好まない立場を明確にした. Idem (3782), 4/18/65.
59) Telegram from USUN (4751), 5/28/65, S&N, E 5 SEARP, RG59, NA; 松井国連大使発外務大臣宛 (847号)「アジア開発銀行に関する米国の態度照会に対する回答」5/26/65.
60) 国連側も自らのリーダーシップが日本によって阻害されることを望まなかった. ナラシムハン事務次長は米政府高官らとの会合で,東南アジア諸国は「日本の動機はいつも商売にある (commercial)」との不信を持っているため,日本のイニシアティブに多く依存することは望ましくないとの見解を示し,東南アジア開発プログラムは今後も国連中心の多国間枠組みになるべきである旨発言をした. Outgoing cablegram Circular (Joint State/AID Message, X1379), "Southeast Asia Development Program – Meeting with Narasimhan, May 24," 5/25/65, S&N, E 11-2 Mekong, RG59, NA.
61) 6月1日の大統領の特別教書 (United States, Office of the Federal Register 1966b: 607–609). 第2章の注20参照.
62) 6月3日,上院外交委員会聴聞会にての発言 (『朝日』1965.6.4夕 (2)).
63) 6月3日,佐藤政権の内閣改造 (椎名外相は留任,三木通産相,福田蔵相就任) (『朝日』1965.6.3夕 (1); 楠田1983a: 96–100).
64) 『日経』1965.6.3 (3); 『朝日』1965.6.6 (1). 第4回日米合同委では,協議内容が政治・安全保障問題にまで拡大する「政治化」の傾向が強まり,特に東南アジア開発問題が強調された (増田1978: 139–140).
65) 経済協力局「東南アジア開発提案に対するわが国の態度 (案)」6/9/65.
66) *Ibid*.
67) 経済協力局「東南アジア拡大経済社会開発計画 (案)」6/11/65.
68) 「米国の意向および東南アジア諸国の態度を勘案し,当面メコン河流域4ヵ国に限定する」. *Ibid*.
69) 既に指摘したように,5月のメコン委員会特別会議においてナムグム・プロジェ

クトへの支援策が具体化し，米政府がそれに必要な歳出の手続きに入ったことは，外務省にとって今後同委員会がジョンソン構想の中心的枠組みになるだろうとの見通しを与えるものとなった．経済協力局「ジョンソン米大統領の東南アジア開発提案について」6/3/65.
70) 経済協力局「ジョンソン提案に対するわが国の態度（とくに将来のアジア開発機構）」6/23/65;「ジョンソン米大統領提案の東南ア開発資金10億ドル受入れ機構試案」．
71) 「ジョンソン提案に対するわが国の態度（とくに将来のアジア開発機構）」6/23/65．
72) 第3章の注60参照．
73) 武内駐米大使発外務大臣宛（1573号）「アジア開銀問題について」6/11/65『アジア開発銀行設立関係』FN 964–967. アメリカ側の記録は，Memorandum of Conversation, "Asian Development Bank (ADB)," 6/11/65.「ADB枠組み内のCIAP」については，第2章の注113参照．
74) ロストウは，渡辺との会合に先立って外務省の吉野参事官に書簡を送り，同様の趣旨を伝えた．65年4月の第2回日米政策企画協議においてCIAP型機構設立を日本側に働きかけたロストウは，その後，米政府が出資関連の機能をADBに付与することを検討していることを吉野に伝えた．Letter, W. W. Rostow to Mr. Bunroku Yoshino, Deputy Director, Economic Cooperation Bureau, Ministry of Foreign Affairs, Tokyo, Japan, "Dear Mr. Yoshino," 6/9/65, S/P, Chronology April–July 1965, box 319, RG59, NA.
75) Telegram from Tokyo (4393), "SEA Economic Development," 6/24/65, S&N, E 5 SEARP, RG59, NA.
76) 「10億ドル構想案」6/23/65. 同文書ではCIAP設立に伴う日本政府の出資すべき援助金額については明言が避けられたものの，「アジア唯一の先進国として応分の資金的，人的寄与を覚悟しなければならない」との態度からすると，そのイニシアティブの発揮に際しては当然，相当規模の出資が前提にされていたことはいうまでもない．
77) 「『東南ア開発諮問委員会』を発足するにあたり日米間で合意すべき秘密事項」．
78) 上記の経済協力局による二つの試案は，大規模なアメリカ援助から派生する経済利益に注目すると同時に，CIAP型組織とアメリカのアジア政策との差別化及びアメリカの影響力の排除を強調することで，CIAP型組織の必要性，及びそれに向けた日本政府のイニシアティブの正当性をアピールしている点に特徴がある．ただし，経済協力局の狙いは日本の関係省庁及び政治家たちの説得にあったと思われるだけに，これらの試案のみを根拠に東南アジア開発への積極的参加を目指す外務省の真の動機が日本の経済利益の確保にあったと判断したり，あるいは外務省の追求したCIAP型組織をジョンソン構想との関連性が薄いものとみなすのは適切ではないだ

79) 経済協力局「東南アジア開発の効果的促進のための若干の方途（試案）」6/25/65.
80) 同「『東南アジア開発大臣会議』構想の概要及び，その開催に関し執るべき措置」6/30/65.
81) 同「『東南アジア開発大臣会議』に関する椎名大臣の構想」6/30/65.
82) 23日の時点での外務省案，即ち自助努力と援助吸収能力を強化するために設立されるべき「東南ア開発諮問委員会」とは「ラ米の9人委員会ないしCIAPの如き機関」であって，明らかに米政府の意向に沿うものであった．それに対して，30日の「東南アジア開発大臣会議」開催案は外務省自らの発想によるものであった．
83) Telegram from Tokyo (4429), "SEA Economic Development – Joint Econcom," 6/26/65, CF, 2527, RG59, NA.
84) 当時大蔵省は財政難を理由に途上国援助には消極的態度をとっており，既に決まったADBの件を除くいかなる形での出資についても否定的であった（『朝日』1965.5.24 (2); Telegram from Tokyo (127), "SEA Economic Development – Joint Econ Com.," 7/9/65, S&N, E 5 SEARP, RG59, NA).
85) 三木通産相の見解は7月4日のブラック顧問との会談で一層明らかにされた．三木は，東南アジア援助はアジアの主体性を尊重すべく，日本政府はその進め方として国連・ECAFEの活用を希望すると表明したほか，援助の使途に関しては，私見として，「農業開発特別基金」の設立を提案した．国連・ECAFEの枠を活用することが日本政府の立場であるとの三木の発言は，国連とは別個の協力枠組みを目指す外務省の立場を日本政府のものとみなしていたブラック顧問を驚かすものであった（『朝日』1965.7.5 (3); Telegram from Tokyo (49), "Meeting with Minister International Trade and Industry Miki and Former PM Ikeda," 7/5/65, S&N, E 5 SEARP, RG59, NA).
86) 前蔵相の田中角栄自民党幹事長は，6月30日，ライシャワー大使との会合で，日本がCIAP型組織設立のリーダーシップを取ることに慎重な態度を見せた．Telegram from Tokyo (4448), 6/30/65, *ibid*. 来日中 (7/3-6) のブラック顧問は各要人との個別会談を総括して，特に佐藤首相，池田前首相及び福田蔵相などの政治家たちの態度から，「我々の希望するような，日本政府による東南アジア開発プログラムへの積極的かつ完全な参加に対して強い反感があることは明白である」と報告した．Idem (57), "From Black," 7/6/65, *ibid*. 同顧問の個別会談については，会談順に，idem (56), "Meeting with Business and Industry Leaders," 7/6/65, *ibid*.; idem (49), "Meeting with Minister International Trade and Industry Miki and Former PM Ikeda," 7/5/65, *ibid*.; idem (55), "Meeting with Japanese Finance Minister Fukuda," 7/6/65, *ibid*.; idem (61), "Meeting with Foreign Minister Shiina," 7/6/65, *ibid*.; idem (59, 60), "Meeting with Prime Minister Sato,"

7/6/65, *ibid.*

87) 椎名大臣発各国公館宛「東南アジア開発大臣会議」7/7/65;『朝日』1965.7.2 夕(1);日経1965.7.2夕(1).東南アジア開発のための日本の協力方法について,外務,通産,大蔵など主要省庁間で意見が分かれていたのは,財政及び政治的側面からの各省の利害の相違,即ち対米協調の重視,多くの国々との円満な通商関係の維持,財政支出の削減といった各省の利害が反映された結果であり,また,椎名,三木,福田の三閣僚間の認識の違いも基本的にはこうした当該省の利害関係から大きく外れるものではなかったといえよう.

88) 『朝日』1965.7.3 (1).

89) 4日には三木通産相の出国が予定されており,合同委の前に閣僚たちが会合するのは現地ワシントンになるとの見通しであった(『朝日』1965.7.3 (1)).

90) 「本件会議の結果,実施が適当と認められるプロジェクトについては米国の東南アジア援助資金の優先的使用を認める」,経済協力局「東南アジア開発の効果的促進のための若干の方途(試案)」6/25/65.同会議は当初「10億ドルの米援助の使い道」を決めるもの,即ちその受け入れ機関として紹介されていた(『日経』1965.7.3 (1)).

91) 経済協力局「東南アジア経済開発大臣会議の構想」7/7/65;『東南アジア開発会議』について(案)」7/10/65;「(幹部会資料)東南アジア経済開発大臣会議構想」7/12/65.「閣僚会議の目的は東南アジア諸国の開発全般について互いに話し合い,そこから開発を進める具体的な方向を自主的に見出すことにあり,必ずしもジョンソン米大統領の対東南ア十億ドル援助構想だけを協議するものではないと説明している」(『日経』1965.7.9 (3)).

92) 経済協力局「椎名外務大臣とブラック米大統領特別顧問との会談の概要」7/6/65,『アジア開発銀行設立関係』FN 2002-2004.

93) *Ibid.*

94) Telegram from Tokyo (61), 7/6/65.

95) 経済協力局「(幹部会資料)東南アジア経済開発大臣会議の要綱」7/12/65.

96) Telegram from Tokyo (127), 7/9/65.

97) *Ibid.*

98) 『朝日』1965.7.12 夕 (1); 7.17 (1).

99) Memorandum of Conversation, "Southeast Asian Development, July 12, 1965, Secretary's Private Dining Room – 'Counterpart Luncheon' during U.S.-Japan Joint Economic Committee Meeting," 7/29/65, S&N, E 5 SEARP, RG59, NA; 外務省「椎名外務大臣,ラスク国務長官カウンターパート・ランチ会談要旨」7/12/65.同個別会談には通訳のほか,武内大使,牛場外務審議官,安川壮北米局長,ライシャワー大使,バーネット国務次官補代理及びロバート・フィアリー極東部長が同席した.『朝日』1965.7.13 夕 (1)も参照.

100) 同日朝, 国務省で約30分間行われた二度目の個別会談は当初の予定になかったもので, その主な議題はアジア情勢と日米航空協定改定問題であったと報じられた(『朝日』1965.7.14 (1)).
101) Memorandum of Conversation, "Southeast Asian Development," 7/13/65, S&N, E 5 SEARP, RG59, NA.
102) 経済協力局菊地米国・カナダ課長記「第4回日米貿易経済合同委員会出席報告」7/27/65.
103) 日本側の記録によると,「東南アジア開発閣僚会議については椎名大臣は, ラスク長官とのカウンターパート・ランチの席上わが方の考え方を披露したのに対し, ラスク長官は関係者と検討の後, 本会議の席上この構想は極めて良いものと思うとの発言があった」となっている. *Ibid*.
104) Memorandum of conversation, "Southeast Asian Development, 4th Meeting of US-Japan Joint Committee on Trade and Economic Affairs, Washington, July 12–14, 1965," 6/12/65, CF, 2526, RG59, NA; Telegram to Tokyo (169), "JOINT ECONCOM," 7/16/65, S&N, E 1 JAPAN-US, RG59, NA.
105) Telegram from Tokyo (127), 7/9/65.
106) 同全体会議において, 椎名外相と三木通産相はともに援助実施に当たってアジアの自主性への配慮と民生の安定・向上を優先することを強調しながらも, 三木の場合, 資金援助の中心機関として, メコン委員会やアジア・ハイウェー委員会のほか, ADB内の信託基金 (即ち東南アジア開発特別基金) を挙げており, 総じて国連・ECAFE中心の立場をとっていた. 椎名の閣僚会議案と比べると, 三木の提案は米政府の東南アジア開発戦略に近いものであったのである. また, 三木の提示した農業開発基金に対しては既にブラック顧問が積極的評価を与えており, 同会議においてもデヴィッド・ベルAID長官から賛意が表明された.
107) 日米合同委から閣僚会議開催までの間, 外務省事務方と駐日米大使館職員の間の接触を通じて閣僚会議の日程調整や議題選定などその準備状況はアメリカ側に伝えられていた. Telegram from Tokyo (1426), 10/19/65; idem (1973), 12/2/65; idem (2193), 12/21/65; idem (2477), 1/17/66; idem (3121), 3/8/66; idem (3202), 3/15/66; idem (3241), 3/16/66; idem (3355, 3356), 3/25/66. また1965年9月の日米外相会談においても閣僚会議に話が及んだほか, ブラック顧問の補佐役であったニブロック部長の2回の来日 (66年2月と3月) に際しての外務省はじめ関係省庁事務方との話し合いにも同会議が含まれていた. 松井国連大使発本省宛 (電1360号)「椎名大臣・ラスク会談」9/27/65; Telegram from Tokyo (2863), 2/16/6; idem (3047), 3/3/66.
108) 外務大臣発各公館宛「東南アジア開発大臣会議」7/3/65.
109)『朝日』1965.7.17 (1).

110) *Ibid.*
111) 椎名外相は，日米合同委の後，欧州を訪問しており（OECD閣僚会議，イタリア，フランスとの定期協議参加など），26日の帰国の際に記者会見を行った（『朝日』1965.7.27（1））．
112) 『朝日』1965.8.24；8.31（2）．
113) 『朝日』1965.8.31（2）．
114) 外務省「アジア経済閣僚会議について」10/19/65．会議の模様については，経済協力局「東南アジア開発閣僚会議に関する外交関係閣僚協議会の議事概要」10/15/65．9月21日の閣議において椎名外相による説明が行われたが，最終的開催決定には至らなかった．外務省「東南アジア開発閣僚会議の開催について（大臣の閣議における説明用）」9/21/65．
115) 外務省「アジア経済閣僚会議について」10/19/65．同日の橋本官房長官による記者会見（『朝日』1965.10.15夕（2）；10.16（2））．
116) 1月にはイスラム教国では断食があり，また同月末は旧正月に当たるという理由で，参加希望国の一部から1月開催は都合が悪いとの返答があった（『朝日』1965.11.12（2）；11.12夕（2）；11.19（2））．
117) 経済協力局「東南アジア開発閣僚会議の開催について」12/6/65．
118) 議題については，(1)参加国の経済開発の基本方針，(2)経済開発上各国が直面している問題，(3)経済開発促進のための方策の三つとすることとし，各議題の中の小項目については，更に，関係省庁間で検討を行った上で，招請状とともに関係諸国に提出することになった（『朝日』1966.2.11（2））．
119) 3月24日，佐藤首相主催の外交関係閣僚協議会．経済協力局「東南アジア開発閣僚会議に関する外交関係閣僚協議会の議事記録」3/24/66．『朝日』1966.3.24夕（1）も参照．そのほか，3月17日の外交関係閣僚協議会と4月8日の外交関係閣僚協議会小委員会についてはそれぞれ，経済協力局「外交関係閣僚協議会の議事概要」3/17/65，同「外交関係閣僚協議会小委員会会議記録」4/8/66．
120) 外務省は1965年12月中旬まで，上記5ヵ国から参加する旨回答を得ていたほか，シンガポールも最終的には参加するだろうと見込んでいた．経済協力局「東南アジア開発閣僚会議について」1/7/66．
121) そのため，インドネシア，ビルマ，カンボジアの3ヵ国に対しては，招請状の内容を今後それぞれ検討することにしたほか，シンガポールについては，現在交渉が進行中である事情を考慮し，招請状の発出を遅らせることになった．椎名大臣発各大使宛（399号）「東南アジア開発閣僚会議の開催」2/12/66．
122) このような外務省の立場は，その他の国々に対しても示された．例えば，1965年9月下旬，国連総会に際して椎名外相は，ビルマ，マレーシア，タイ及びフィリピンなどの代表らとの昼食会において閣僚会議が「もっぱら経済的な観点から問題をと

りあげんとするものであり,政治的意味ないしイデオロギーを含まざる旨を強調した」．松井国連大使発本省宛（電1380号）「東南アジア経済閣僚会議について椎名大臣の東南アジア諸国外相との会談」9/28/65.

123) 実のところ，シンガポール政府は正式な参加意思を示したわけではない．日本政府の度重なる打診に対して，シンガポール側は，アブ・バーカー外務次官，リム・キム・サン財務大臣など，政府要人から，他の閣僚との協議の上正式に返答するとしながらも，「個人としては結構と思う」という反応が得られたため，外務省としては「参加すると考えられるが，最終的な決定はまだ行なっていない」と判断していた．上田総領事発外務大臣宛（電169号）「東南アジア開発閣僚会議」10/15/65; 同（電175号）「東南アジア開発閣僚会議」10/20/65; 経済協力局「東南アジア開発閣僚会議について」10/30/65.

124) 1965年12月29日，上田常光総領事によるラジャラトナム外相との面談．上田総領事発外務大臣宛（電221号）「東南ア開発閣僚会議」12/29/65.

125) 1966年1月，西山経済協力局長がシンガポールを訪れ，バーカー外務次官及びリム財務大臣と会談した．同（電11号）「東南ア開発閣僚会議問題について」1/21/66.

126) *Ibid.*

127) 上田総領事発外務大臣宛（電20号）「東南ア開発閣僚会議の開催」2/8/66; 同（往信89号）「東南ア開発閣僚会議について」2/8/66.

128) 同（電23号）「東南ア開発閣僚会議開催」2/10/66; 同（往信106号）「シンガポールの閣僚会議出席について」2/10/66.

129) 椎名大臣発上田総領事宛（電20号）「東南アジア開発閣僚会議の開催」2/16/66. 但し「本件経緯が外部に漏れざるよう慎重に対処されたく，シ［シンガポール］側にも念を押しておくれたい［原文ママ］」と指示した．

130) 上田総領事発外務大臣宛（電36号）「東南ア開発閣僚会議への招請」2/26/66.

131) 日本政府は，1965年6月，関係諸国に閣僚会議への参加を打診する以前，インドネシア・マレーシア紛争和解への外交努力の一環として，両国間の直接会談の仲介を推進した．当時インドネシア政府は，マレーシアとの対決政策のためマレーシアの参加する国際会議には出席しないとの方針を理由に，日本政府の申し出を拒否していた．インドネシアにとって東南アジア開発閣僚会議への参加拒否はその延長上のものであった．斉藤大使発外務大臣宛（電343号）「東南アジア開発閣僚会議に対する招請」3/2/66.

132) 斉藤大使「閣僚会議に関するイ政府首脳との会談内容に関する件」10/26/65.

133) 斉藤大使発外務大臣宛（電242号）「東南アジア開発閣僚会議の開催」2/14/66; 同（電343号）「東南アジア開発閣僚会議に対する招請」3/2/66; 同（電355号）「東南アジア開発閣僚会議に対する招請」3/3/66.

134) 同（電552号）「東南アジア開発閣僚会議にインドネシア代表派遣方要請」

3/22/66.
135) *Ibid.*; 斉藤大使発外務大臣宛（電 563 号）「東南ア開発大臣会議にオブザーバー派遣問題について」3/23/66.
136) 同（イ 262 号）「インドネシアに対する東南アジア開発閣僚会議参加招請について」3/26/66.
137) 同（電 613 号）「東南アジア開発閣僚会議にインドネシア代表派遣方要請」3/28/66.
138) 同（電 631 号）「東南アジア開発閣僚会議にインドネシア代表派遣方要請」3/30/66.
139) 同（電 643 号）「東南アジア開発閣僚会議について」3/31/66. 3 月 31 日，インドネシア政府は，駐日大使に任命されたルクミト・ヘンドラニングラッド少将によるオブザーバー出席との方針をジャカルタの駐日大使に伝えてきた（『朝日』1966.3.26 夕 (1); 4.1 (1)）．4 月 3 日，東京に到着したルクミト大使は記者会見を開き，インドネシア政府が大規模な経済使節団の日本派遣を検討中であることなどを明らかにした（『朝日』1966.4.4 (1)）．これに対し，日本政府も同大使への資格付与などにおいて迅速に対応した．Telegram from Djakarta (2898), 4/8/66, S&N, POL 17 INDON-JAPAN, RG59, NA.
140) 斉藤大使発外務大臣宛（電 643 号），3/31/66.
141) 田村大使発外務大臣宛（電 75 号）「東南アジア開発閣僚会議に対する招請（訓令）」3/5/66.
142) 椎名大臣発田村大使宛（電 74 号）「東南アジア開発閣僚会議について」4/3/66.
143) Telegram from Tokyo (3575), 4/13/66, S&N, E 5 SEARP, RG59, NA.
144) ビルマは，「会議の趣旨には賛成するが，会議の性格を純粋に経済的なものに限ることは至難であり，どうしても政治的なインプリケーションをもつに至ろう．日本の呼びかける国際会議に出席すれば他の陣営からの呼びかけにも応じなければならなくなる．国連の会議等を除いてはマルチラテラルの会議には出席しない方針である」とし，日本の申し入れに応じなかった．「第十三回中南米公館長会議における事務次官説明案」12/–/65.
145) 高瀬大使発外務大臣宛（電 88 号）「東南アジア開発閣僚会議に対する招請」3/8/66.
146) 閣僚会議へのオブザーバーとして当初は ECAFE のほか域外先進諸国からの参加も検討したが，結局 ECAFE のみにすることとなった．
147) ウ・ニュン事務局長は，第 22 回 ECAFE 総会（3/22–4/4/1966, New Delhi）参加のほか，それに続くインド政府との懇談，アフガニスタン，イランなど近隣国の訪問が予定されていた．
148) 椎名大臣発粕谷駐泰大使宛（電 164 号）「東南アジア開発閣僚会議の開催」

2/26/66; 粕谷大使発外務大臣宛（電230号）「東南アジア開発閣僚会議の開催」2/28/66.
149) 吉田代理大使発外務大臣宛（電248号）「東南アジア開発閣僚会議開催」3/3/66.
150) 椎名大臣発吉田代理大使宛（電213号）「東南アジア開発閣僚会議の開催」3/9/66.
151) 但し，当然ながら，韓国と台湾を招請しなかったことが，日本にとって両国との関係が東南アジアの関係より重要ではなかったことを意味するわけではない．*Ibid*.
152) ラオスからはスヴァナ・プーマ首相兼外相とインペン・スルヤタイ計画相，マレーシアからはラザク副首相兼国家開発相，フィリピンからはフィレモン・ロドリゲス経済審議庁長官，シンガポールからはリム財務相，タイからはポット・サラシン国家開発経済相，南ベトナムからはアウ・チューン・タン経済財務相が参加した．日本からは，開会式で挨拶した佐藤首相のほか，外相，蔵相，農林相，通産相，経済企画庁長官，文部相，厚生相，運輸相，郵政相，労働相，建設相，科学技術庁長官及び内閣官房長官が参加した．オブザーバーとしては，ルクミト駐日インドネシア大使，イアット・ブンタン駐日カンボジア臨時代理大使が参加した．会議と前後して，日本と一部の参加国の間では経済協力に関する個別会談も行われた．会議の模様については，経済協力局「東南アジア開発閣僚会議議事要録」4/15/66及び一連の別添資料．
153) 同「東南アジア開発閣僚会議の評価」4/13/66.
154) 例えば，1957年，岸首相の推進した「東南アジア開発基金」構想は，同地域の経済開発に対する日本の積極的な姿勢を打ち出したものの，アメリカ援助の「受け皿」を設けて日本の経済利益を確保するための方策であった．同構想については，保城（2001）．
155) 第14回アジア・太平洋地域公館長会議の第3日（5/20/1965）午後の部における冒頭説明，アジア局総務参事官室「第14回アジア・太平洋地域公館長会議議事要録（未定稿）」5/–/65.
156) 経済協力局「経済協力政策の再検討」（上記公館長会議における配布資料）．経済協力局を中心に援助拡大について省内及び関係省庁との意見調整を試みたものの，財源確保などその具体化作業が課題にされていたことが窺える．
157) 同公館長会議においては二国間援助の拡大及び日本独自のイニシアティブを強調する意見が表明された．アジア局総務参事官室「第14回アジア・太平洋地域公館長会議議事要録（未定稿）」5/–/65.
158) 経済協力局「東南アジア開発の効果的促進のための若干の方途（試案）」6/25/65; Memorandum of Conversation, "Southeast Asian Development, July 12, 1965, Secretary's Private Dining Room – 'Counterpart Luncheon' during U.S.-Japan Joint Economic Committee Meeting," 7/29/65.
159) 1965年を境に顕著になる日本の対外援助の積極化，政治化については既存研究で

指摘されている．従来の賠償中心の援助から脱皮し，地域安定への貢献など政治的要因を考慮した円借款中心の経済協力が本格化するのである（山影 1985: 144–145; 山本 1984a: 87; 河野 1997: 122; 田所 1999: 131; 稲田 1990: 117–120）．その結果，援助の対象地域については近隣アジア地域，即ち韓国，台湾をはじめ，ビルマ以東の東南アジアに比重がおかれるようになり（加藤 1980: 46–47），この時期から東南アジアの地域範囲から南アジアが脱落し，ビルマ以東のみに限られるようになった（末廣 1995: 247）．河野（1997: 124–125）によると，こうした地域的関心のシフトと地域範囲の変化を決定付けたのは閣僚会議の開催であった．

160) Airgram from Tokyo (A-935), "Japan's Foreign Economic Aid Program," 1/19/65, S&N, AID JAPAN, RG59, NA.
161) Telegram from Tokyo (3219), 4/9/65, S&N, POL 27 VIETS, RG59, NA.
162) Reference Paper, Thomas C. Niblock, "New Developments in Asian Cooperation," 9/8/66, NSF, Country File, Vietnam, Southeast Asia Development Program, Vol. II (1 of 2), 1966, box 200, no. 9h, LBJL. 同様の認識は，Paper, Department of State, Policy Planning Council, "The Future of Economic Cooperation in Asia," 10/19/66, S/P, Asia 1966, RG59, NA にも見られる．
163) 経済協力局「東南アジア開発閣僚会議の評価」4/13/66.
164) Memorandum of Conversation, "Japanese and U.S. Assistance to Asian Nations," 4/11/66, S&N, AID (JAPAN), RG59, NA.
165) Paper, Department of State, Policy Planning Council, "The Future of Economic Cooperation in Asia," 10/19/66.
166) Airgram from Tokyo (A-209), "U.S.-Japan Coordination of AID Program," 8/9/66, S&N, AID (US)-ASIA SE, RG59, NA.
167) Interdepartmental Regional Group of Far East, "The U.S.-Japan Over-all Relationship," 5/27/66, J&US 2000: FN 489.

第 5 章

1) 第 1 章の注 5 参照．
2) NATO 型安全保障体制に比べると，米政府の想定した「太平洋協定」におけるアメリカのコミットメントは機能と組織の面で弱いものであった（菅 1992: 266–267）．その背景にはアジアの地域的特殊性に加え，強力なコミットメントによる対外政策上の制約や議会による批准の手続きを避けたいとの米政府内の事情があった．SEATO 設立の際にもこのような米政府の慎重な姿勢には変わりはなかった（Buszynski 1983: 16–20）．
3) アメリカはキリノ政権に対し経済的地域統合を進めるよう圧力を行使し，また瀬戸際の蒋介石政権を切り捨てることで，国民党と李承晩の試みを妨害した．結局，

中国白書の発表とキリノの離脱によって,反共軍事同盟としての太平洋同盟は実現しなかった(朴實1979: ch. 6; Dobbs 1984; Mabon 1988; 李호재〈リ・ホ・ジェ〉1988: 275-322; 金정배〈キム・ジョン・ベ〉1990; 崔永鎬1991; 1999; 노기영〈ノ・キ・ヨン〉2002).
4) 《895》G-0002, 05.
5) 《211》I-0005, FN 682-764.
6) 更なる軍事面での包括的なコミットメントは,現行の個別的コミットメントの有効性のみならずアメリカの対外政策上の柔軟性を阻害しかねず,結果として欧州及び極東におけるソ連の立場を有利にすると考えられた.Memorandum, the Assistant Secretary of State for Far Eastern Affairs (Butterworth) to the Secretary (Acheson), 11/18/49, FRUS 1949 Vol. VII, The Far East and Australasia, Part 2: 901-902.
7) *Ibid.*
8) Memorandum of Conversation, by the Assistant Secretary of State for Far Eastern Affairs (Allison), "Pacific Pact," 8/21/52, FRUS 1952-1954 Vol. XII, East Asia and Pacific, Part 1: 212-213.
9) Memo, Vice Minister of Foreign Affairs to the President, "Dispatch of Ambassador Hong Il Kim to Malaya," 9/1/59《776》C1-0011, 07, FN 14-15.
10) Draft, "Organization of East Asian Nations," *ibid.*, FN 7-13.
11) 「아주 4개국 외상회의 개요〈アジア 4ヵ国外相会議概要〉」*ibid.*, FN 34.
12) 「亞洲 四個國 外相會議報告書」*ibid.*, FN 140-141.
13) *Ibid.*, FN 158.
14) 「아시아 정상회담 개최 교섭 경위〈アジア首脳会談開催交渉経緯〉」;「아세아 자유제국 외상(정상) 회담 개최 문제〈アジア自由諸国外相(首脳)会談開催問題〉」《777》C1-0011, 08, FN 4-5.
15) 「亞細亞自由諸國外相會議開催計畫書」《1444》C-0010, 22, FN 89-122; 韓・台 外相会談記録「第 3 次會談」2/1/63, *ibid.*, FN 80-86.
16) 大統領秘書室「亞洲外相會談의 年内開催를 促求함〈アジア外相会談の年内開催を勧告する〉」8/19/64《777》FN 71-75.
17) 外務部亞洲局東南亞洲課「동남아 자유제국 외상회의 개최〈東南アジア自由諸国外相會議開催〉」8/24/64《1444》FN 148-150.
18) 後の初回会議に際して同会議の正式名称は「アジア太平洋協議会会議(Meetings of Asian and Pacific Council)」に決まったが,「アジア太平洋」を地域範囲として成立した地域機構,即ちアジア諸国と太平洋諸国の双方を含みながら,それ以外の地域の国々は含まない国際機構はこのASPACが最初である(山影1985: 154; 大庭 2004a: ch. 4).

19) 「동남아 외상회의 "오브서-버-" 초청문제 검토〈東南アジア外相会議 "オブザーバー" 招請問題検討〉」《1444》FN 137–140.
20) 外務部亞洲局東南亞洲課「동남아 자유제국 외상회의 개최를 위한 조치〈東南アジア自由諸国外相会議開催のための措置〉」9/7/64, ibid., FN 159; 外務部長官発駐米大使宛(WUS-0886 号) 8/29/64, ibid., FN 601.
21) 外務部長官発関係各国大使宛「"동남아자유제국외상회의" 개최〈"東南アジア自由諸国外相会議" 開催〉」9/10/64, ibid., FN 157–163.
22) 駐台大使発外務部長官宛 (CHW-1010 号) 10/2/64, ibid., FN 170.
23) 外務部長官発駐台大使宛 (WCH-0953 号)「南太平洋作戦」9/24/64, ibid., FN 166–167;「동남아자유제국 외상회의 중국과의 교섭경위〈東南アジア自由諸国外相会議、中国との交渉経緯〉」10/5/64, ibid., FN 171–173.
24) 「외상회의 개최추진〈外相会議、開催推進〉」12/14/64, ibid., FN 626–639.
25) Ibid.
26) 駐南ベトナム大使発外務部長官宛 (VNW-1050 号) 10/16/64, ibid., FN 546–547; 同 (VNW-1169 号) 11/26/64, ibid., FN 559–560; Telegram from Saigon (1530), 11/17/64, S&N, POL 7 KOR S, RG59, NA.
27) 駐泰大使代理発外務部長官宛 (THW-1024 号) 10/12/64《1444》FN 452–453.
28) 駐比大使発外務部長官宛 (PHW-0927 号)「남태평양 작전〈南太平洋作戦〉」9/21/64, ibid., FN 339–340; 同 (PHW-0931 号) 9/22/64, ibid., FN 343–344.
29) Ibid.
30) 駐比大使発外務部長官宛 (PHW-0937 号) 9/25/64, ibid., FN 348.
31) 同 (PHW-1156 号) 11/24/64, ibid., FN 362; Telegram from Manila (A-352), 11/6/64, S&N, POL 7 KOR S, RG59, NA.
32) 駐豪大使発外務部長官宛, 9/23/64《1444》FN 017–019; 同, 10/7/64, ibid., FN 025–028; 同, 10/14/64, ibid., FN 029–031.
33) 11月2日の面談. 同, 11/4/64, ibid., FN 035–037.
34) 同, 11/18/64, ibid., FN 041–048. ニュージーランドには韓国公館が駐在しなかったため、その交渉は駐豪韓国大使が担当した.
35) Telegram from Wellington (260), 11/6/64, S&N, POL 7 KOR S, RG59, NA.
36) Idem (232), 10/21/64, ibid.
37) 駐馬大使発外務部長官宛「동남아 자유제국 외상회의 개최 교섭〈東南アジア自由諸国外相会議開催交渉〉」10/1/64《1444》FN 286–288.
38) 外務部長官発駐馬大使宛「남태평양 작전 (가제)〈南太平洋作戦 (仮題)〉」9/29/64, ibid., FN 284–285.
39) 10月6日、崔圭夏無任所大使、李東南亜洲課長とイスマイル駐韓馬大使との面談.

Ibid., FN 289–291.
40) Telegram from Kuala Lumpur（703），12/10/64, S&N, POL 7 KOR S, RG59, NA.
41) Idem（700），12/9/64, *ibid*.
42) 韓国政府が日本への参加要請を決断した直接のきっかけは，オーストラリア政府からの勧告とそれを踏まえた駐日韓国大使の進言であった．駐日大使発外務部長官宛（JAW-11170 号），11/9/64《1444》FN 235; 外務部長官発駐日大使宛（WJA-11122 号）11/11/64, *ibid.*, FN 238–239.
43) アジア局北東アジア課「東南アジア外相会議に対するわが国の態度（試案）」1/24/66.
44) 駐日大使発外務部長官宛（JAW-11317 号）11/14/64《1444》FN 241–243. そのほか，提案された会議の目的が曖昧であること，韓国との間で国交が樹立していないことも日本の不参加決定の理由であった．Telegram from Tokyo（1730），11/14/64, S&N, POL 7 KOR S, RG59, NA.
45) 外務部亞洲局東南亞洲課「1964 年 11 月 24 日의 泰國外相과의 面談을 위한 資料〈1964 年 11 月 24 日のタイ外相との面談のための資料〉」11/20/64《1444》FN 463–480.
46) 「長官과 "코－만" 泰國外相과의 會談内容（第 1 次）〈長官とコーマン・タイ外相との会談内容（第 1 次）〉」11/24/64, *ibid.*, FN 483–490;「長官과 "코－만" 泰國外相과의 會談内容（第 2 次）〈長官とコーマン・タイ外相との会談内容（第 2 次）〉」11/25/64, *ibid.*, FN 495–499.
47) これに関連して外務部内関係部署から外相会議の議題として経済交流促進や文化交流促進が提案された．外務部通商局長発亞洲局長宛「외상회의 의제〈外相会議議題〉」11/25/64, *ibid.*, FN 502; 情報文化局長発亞洲局長宛「동남아 자유제국 외상회의 의제〈東南アジア自由諸国外相会議議題〉」11/15/64, *ibid.*, FN 500–501.
48) 開催時期の目途としては，翌年 1 月予定の椎名外相の訪韓後となった．
49) 1964 年 7 月，駐韓米大使はサミュエル・バーガーからブラウンに，韓国の外務長官は丁一権から李東元に交替した．
50) *Ibid.*, FN 599–601; Telegram from Seoul（197），8/31/64, S&N, POL 7 KOR S, RG59, NA; Airgram from Seoul（A-135），"ROK Proposal for Foreign Ministers Conference," 9/1/64, *ibid*. 外務部は，外相会議開催計画に対する米政府の立場，即ち少なくとも同政府が反対しないことを確認した後に，国務総理と大統領の裁可を得て，関係諸国の意思打診に入った．
51) 会議開催のための対米協力要請は駐米韓国大使館による国務省関係者との接触を通じても行われた．8 月 31 日，同大使館員は国務省関係者と会合し，同会議の趣旨・概要を説明して，米政府の積極的な支持・協力を要請した．駐米大使発外務部

長官宛（USW-08126 号）8/31/64《1444》FN 605.
52) 同（USW-0909 号）9/2/64, *ibid*., FN 606. 9 月 4 日，駐韓米大使館からも同様の回答が韓国政府に伝えられた．*Ibid*., FN 607; Telegram from Seoul (215), 9/4/64, S&N, POL 7 KOR S, RG59, NA.
53) Telegram to Seoul (196), 9/1/64, *ibid*.
54) 大統領の当選が確実になった 64 年 11 月 2 日，ジョンソン大統領は，NSC 内にバンディ国務次官補を座長とする主要省庁の代表からなる作業グループを設置し，ベトナム政策を再検討するよう指示した（第 1 章参照）．
55) Airgram from Taipei (A-274), "Asian Defense Alliance Draws Heavy Attention," 9/25/64, S&N, POL 7 KOR S, RG59, NA.
56) *Ibid*.
57) 1964 年 1 月 29 日の朴大統領とラスク長官の会談．「朴大統領과 러스크國務長官과의 會談〈朴大統領とラスク国務長官との会談〉」《854》C-0009, 29, FN 133–155; FRUS 1964–1968 Vol. XXIX, Part 1, Korea: 4–13, 62.
58) 1964 年のアメリカからの軍事援助は前年度の 2/3 の水準である 1 億 2400 万ドルにまで縮小されたが，これは 1956 年以来の最少額であった（Han 1978: 908）．
59) 軍事力削減問題に関しては，米政府内で国務省・国防総省・AID による合同研究が完了し，1964 年 1 月のラスク長官による韓日両国歴訪の前に意見調整が行われた．7 万人の韓国軍の削減と 1 万 2000 人の駐韓米軍の削減を主張した国防総省と，韓国軍の削減だけを主張した国務省の間で意見の相違があったが，議会への対応を考慮した結果，今回は両方とも削減しないことになった．しかし，財政状況及び東南アジアにおける兵力増強の可能性に備えて，駐韓米軍の削減問題は「引き続き圧力をかけるべき」懸案として残った．Telegram from Seoul (953), 1/21/64, FRUS 1964–1968 Vol. XXIX, Part 1, Korea: 1–2 ; Memorandum, Robert W. Komer of the National Security Council Staff to President Johnson, 1/22/64, *ibid*., 3–4; National Security Action Memorandum No. 298, "Study of Possible Redeployment of U.S. Division for International Development," 5/5/64, *ibid*., 21–22.
60) Telegram from Seoul, 3/15/65, *ibid*., 61–63 ; Editorial Note, *ibid*., 63–64.
61) 金貞烈駐米韓国大使らとアレクシス・ジョンソン政治問題担当国務次官代理との会談．Memorandum of Conversation, "General Situation in Korea," 4/15/64, S&N, POL 7 KOR S, RG59, NA.
62) Telegram to Seoul (434), Taipei (486), 11/18/64, *ibid*.
63) Telegram from Taipei (451), 11/23/64, *ibid*.
64) Telegram from Seoul (494), 11/24/64, *ibid*.
65) Telegram to Seoul (485), "Far Eastern Foreign Ministers' Conference,"

12/4/64, *ibid*.
66) *Ibid*.
67) 上記の駐韓米大使宛の電文が送付された日，駐米ニュージーランド大使館員は国務省を訪ね，同政府の外相会議不参加の意向を伝えていた．その際のニュージーランド側の不満の一つは，韓国政府の提示した議題そのものの曖昧さであった．それに対して，国務省側は，会議開催まで時間は十分あり，関係諸国との協議によって議題を具体化することは可能だろうとし，もし要請があるならば，米政府もそのアイディアについて寄与できるだろうとした．Memorandum of Conversation, "ROK Proposed Foreign Ministers' Conference," 12/4/64, *ibid*.
68) Telegram from Seoul (511), 12/8/64, *ibid*.
69) Telegram to Seoul (497), Bangkok (871), Canberra (445), Kuala Lumpur (490), Manila (880), Saigon (1245), Taipei (557), Tokyo (1515), Wellington (438), "Far Eastern Foreign Ministers' Conference," 12/10/64, *ibid*.
70) Telegram to Seoul (497), Canberra (445), Tokyo (1515), Wellington (438), "Far Eastern Foreign Ministers' Conference," 12/10/64.
71) 外務部長官発関係各国大使宛「외상회담개최추진〈外相会談開催推進〉」12/12/64《854》FN 200–205.
72) 同, 12/16/64, *ibid*., FN 382.
73) Memorandum of Conversation, "Far Eastern Foreign Ministers' Conference," 12/21/64, S&N, POL 7 KOR S, RG59, NA.
74) Telegram to Canberra (496), 12/24/64, *ibid*.
75) Telegram to Wellington (426), 12/7/64, *ibid*.; Telegram from Wellington (298), 12/8/64, *ibid*.
76) Memorandum of Conversation, "ROK Proposed Foreign Ministers' Conference," 12/4/64.
77) Telegram to Wellington (446), 12/11/64, *ibid*. 翌年1月，ニュージーランド政府は予備会談参加を正式に通告した．駐豪大使発外務部長官宛（AUW-0102号）1/27/65《1445》C-0011, 01, FN 109.
78) 外務部長官発国務総理宛（PHW-1257号）12/27/64《1444》FN 396–397; 同（PHW-1265号）12/29/64《1445》FN 21–22.
79) Telegram from Manila (1108), 12/24/64, S&N, POL 7 KOR S, RG59, NA.
80) 比大使発外務部長官宛（PHW-1236号）「동남아 외상회담관계 논설보고〈東南アジア外相会談関係論説報告〉」12/12/64《1444》FN 376–377; Telegram from Manila (1607), "Far East FONMIN Conf," 3/4/65, S&N, POL 7 KOR S, RG59, NA.
81) 「외상회담에 관한 주한 태국대사대리의 정보〈外相会談に関する駐韓タイ大使代

理の情報〉」3/2/65《1444》FN 410.
82) 「외상회담을 위한 예비회담 참가 교섭경위〈外相会談のための予備会談参加交渉経緯〉」 ibid., FN 411–412.
83) 「次官과 Ismail Malaysia大使와의 面談要録〈次官とイスマイル・マレーシア大使との面談要録〉」12/9/64, ibid., FN 295–297.
84) 駐馬大使発外務部長官宛（MAW-1215号）12/17/64, ibid., FN 313; 同, 12/17/64, ibid., FN 389–391.
85) Telegram from Kuala Lumpur (733), 12/18/64, S&N, POL 7 KOR S, RG59, NA; Telegram to Kuala Lumpur (515), "Far Eastern Foreign Ministers' Conference," 12/18/64, ibid.
86) 1964年12月23日の韓・馬外相会談記録．駐馬大使発外務部長官宛「이동원 외무장관과 라만수상간의 회담록 작성송부〈李東元外務長官とラーマン首相との会談録作成送付〉」1/13/65《1445》FN 54–62.
87) ラーマン首相は李長官との会談の当日，ベル駐馬米大使に予備会談へのオブザーバー参加方針を伝えた．Telegram from Kuala Lumpur (761), 12/23/64, S&N, POL 7 KOR S, RG59, NA.
88) Telegram from Tokyo (1934), 12/12/64, ibid.
89) 外務部長官発駐日大使宛（WJA-01242号）「외상회담〈外相会談〉」1/26/65,《1445》FN 83.
90) 駐日大使発外務部長官宛（JAW-02039号）「남태평양〈南太平洋〉」2/2/65.
91) 同（JAW-02057号）「남태평양〈南太平洋〉」2/3/65, ibid., FN 126–127. 同月17日，椎名外相が訪韓し，韓日基本条約の仮調印が行われた．
92) 外務部長官発駐泰大使宛（WTH-0213号）「남태평양〈南太平洋〉」2/8/65, ibid., FN 138–140.
93) 駐泰大使発外務部長官宛, 2/24/65, ibid., FN 173.
94) 会議の模様及び議事内容については，「외상회의 개최를 위한 대사급회담 참석보고서〈外相会談開催のための大使級会談参席報告書〉」，外務部長官発関係各国大使宛「남태평양 작전〈南太平洋作戦〉」3/22/65, ibid., FN 207–217. 日本政府の関連資料としては，アジア局南西アジア課「東南アジア外相会議準備会議の開催」3/18/65.
95) 「외상회의 개최를 위한 대사급회담 참석보고서〈外相会談開催のための大使級会談参席報告書〉」3/22/65.
96) Ibid.
97) 「丁総理와 Rahman 말레이시아首相과의 面談録〈丁総理とラーマン・マレーシア首相との面談録〉1965.4.28」《1497》C-0012, 10, FN 170–172;「Rahman 말레이시아首相과 文外務次官과의 面談録〈ラーマン・マレーシア首相と文外務次官との面

談録〉1965.4.28」 ibid., FN 173–174.
98) 3月15日の李・ラスク会談のなかで李外務長官は「アジア外相会議」に対する日本の消極的姿勢に言及した. Memorandum of Conversation, "Current Korean Problems," 3/15/65《1488》C-0012, 01, FN 201–213. 会談の後, 李長官は, ラスク国務長官も「東アジア八ヵ国外相会議」を支持したと発言した (『朝日』1965.3.17 (3)).
99) 李・ラスク会談の共同声明.《1488》FN 214.
100) 外務部亞洲局東南亞洲課「외상회담개최〈外相会談開催〉」5/26/65《1444》FN 211–212.
101) 『朝日』1965.3.18夕 (1).
102) アジア局南西アジア課「東南アジア外相会議準備会議の開催」3/18/65.
103) 外務部長官発関係各国大使宛 (WJA-08081 号) 8/15/65《1444》FN 223–224.
104) 外務部亞洲局東南亞洲課「외상회담개최〈外相会談開催〉」7/19/65, ibid., FN 217–219.
105) 外務部長官発駐日大使宛 (WJA-07354 号) 7/26/65, ibid., FN 264.
106) 駐日大使発外務部長官宛 (JAW-07473 号) 7/28/65, ibid., FN 267–268.
107) 外務部長官発駐日大使宛 (WJA-07365 号) 7/27/65, ibid., FN 265.
108) 8月に入り, タイ政府が会議の開催日として9月14・15の両日に絞ってきたので, 韓国政府は再度日本の参加を要請したが, 日本は従来の立場を変えなかった. 同 (WJA-0812 号) 8/2/65, ibid., FN 269; 駐日大使発外務部長官宛 (JAW-0823 号) 8/2/65, ibid., FN 270–271.
109) Telegram from Bangkok (350), 8/24/65, S&N, E 5 SEARP, RG59, NA.
110) Background Paper, "Situation in Thailand," SEATO Council Meeting, Washington, April 18–20, 1967, CF, 171, RG59, NA.
111) 国務省は, 韓日条約批准問題のみならず, 11月初旬にアジア・アフリカ会議とフィリピンの大統領選挙が予定されている点を指摘し, できるだけ多くの国々の参加を可能にするためには外相会議開催をそれ以後に延期した方が望ましいとの米政府の見解を, 必要であれば韓国側に伝えるよう駐韓米大使に指示した. Telegram to Seoul (214), "Asian Foreign Minister's Conference," 8/29/65, S&N, E 5 SEARP, RG59, NA.
112) 外務部長官発駐日大使宛 (WJA-12588 号) 12/31/65《1444》FN 282. 日本政府が外相会議予備会談への参加を公式に発表したのは1966年3月22日のことであった (『朝日』1966.3.23 (1)).
113) アジア局北東アジア課「東南アジア外相会議に対するわが国の態度 (試案)」1/24/66.
114) Ibid.

115) *Ibid.*; アジア局北東アジア課「東南アジア外相会議について」1/29/66; 木村駐韓大使発椎名大臣宛（281号）「李外務部長官との話合について」3/14/66.
116) NSAM 331, 4/9/65, NSF, National Security Action Memorandums, Bandung Conference, box 6, no. 3–no. 5a, LBJL; 外務省中近東アフリカ局アフリカ課「国際情勢及び主要外交案件（第7回在アフリカ公館長会議資料）」11/24/65.
117) 駐エチオピア馬代理大使は韓国代理大使との話し合いの中で，そもそもマレーシアが外相会議に消極的であった主な理由は，アジア・アフリカ首脳会議を前に，「反共会議」に積極的に加担することは望ましくないとの判断にあったとし，同首脳会議が無期延期された以上，外相会議を積極的に支持できるようになったと発言した．駐エチオピア代理大使発外務部長官宛，11/3/65《1444》FN 327–328.
118) 新任のナルシソ・ラモス比外相は，1964年韓国政府が外相会議を提唱した際に駐台比大使を務めていたこともあり，外相就任直後に域内国同士の反共同盟の構築が緊要であり，外相会議はそのためのいい機会である旨を述べていた．これに対し，韓国政府は，反共の組織化に消極的な国々があるため会議開催の交渉中には経済・文化協力に重点をおく必要があり，本会議が成功した後に徐々に自由主義諸国の結束を図るべきであるとの立場を伝えた．1月21日から29日にかけての駐比韓国大使館と本国政府間の一連の電文，《1789》C-0015, 05, FN 128–143.
119) 1966年2月の朴大統領によるタイ，マレーシア，台湾歴訪（2/7-18/1966）．この歴訪は前年4月のラーマン首相による訪韓に際しての公式訪問要請を受けて準備が始まったものであったが，65年末，日本政府の参加意向が伝えられてから，韓国外交当局は歴訪を利用して，李外務長官と相手国の首脳または外相との間で別途の会談を設け，外相会議開催のための具体的調整を図ることにしたのであり，そのため3人の特別班を組織し歴訪に同行させることになった．「동남아, 서태평양지역 외상회담 개최교섭을 위한 특별반 구성〈東南アジア，西太平洋地域外相会談開催交渉のための特別班構成〉」《1812》C-0016, 12, FN 38.
120) そのほか，本会議開催地としては東京またはバンコクを希望し，「軍事色の強過ぎる首都（too much militaristic capital）」であるソウルと台北は困難との意向を表明した．「이외무장관의 라만 말레이시아 수상겸 외상과의 회담요지〈李外務長官のラーマン・マレーシア首相兼外相との会談要旨〉」2/9/66《1813》C-0016, 13, FN 274–275.
121) タナット外相が新たな予備会談を提案したのは，本会議開催のための十分な準備作業と「反共同盟への不安の除去」という二つの目的があった．特にマレーシア政府は会議の性格を明確にするために，再度の予備会議開催をタイ側に働きかけていた．Telegram from Kuala Lumpur (894), 2/11/66, S&N, POL 7 KOR S, RG59, NA; Telegram from Bangkok (1853), 3/9/66, *ibid*.
122)「태왕국에서의 타놈수상과의 회담의제밑 내용설명〈タイ王国でのタノム首相との

会談議題及び内容説明〉』《1814》C-0016, 14, FN 239–251;「이외무장관과 코만 태국외상과의 회담요지〈李外務長官とコーマン・タイ外相との会談要旨〉」2/11/66, *ibid*., FN 264–265.
123)「外相會議予備會議外國反應」3/14/66《1783》C-0014, 26, FN 48.
124) 外務部長官発駐台大使宛（WCH-0335号）3/15/66, *ibid*., FN 53; 駐泰大使発外務部長官宛（THW-0328号）3/15/66, *ibid*., FN 58–60; 外務部長官発駐泰大使宛（WTH-0345号）3/19/66, *ibid*., FN 61.
125) 会談の模様については、「외상회담개최를 위한 제 2 차 대사급 예비회담 참석보고〈外相会談開催のための第 2 次大使級予備会談参席報告〉1964.4.18–20」，駐泰大使発外務部長官宛, 4/27/66, *ibid*., FN 220–257. 日本政府の関連資料としては、外務省「アジア・太平洋地域の協力のための閣僚会議」5/11/66.
126) アジア局北東アジア課「『東南アジア外相会議』のためのバンコク準備会議への対応方針」4/8/66.
127)「이동원 외무장관과 중국 심창환 외교부장과의 회담〈李東元外務長官と台湾沈昌煥外交部長との会談〉」《1783》FN 233–243;「양중국 외교부 차장과의 면담자료〈台湾外交部次長との面談資料〉」4/11/66, *ibid*., FN 123–127.
128) 駐泰大使発外務部長官宛（THW-0427号）4/12/66, *ibid*., FN 145; 同（THW-0434号）4/15/66, *ibid*., FN 164-165;「외상회담개최를 위한 제 2 차 대사급 예비회담 참석보고〈外相会談開催のための第 2 次大使級予備会談参席報告〉1964.4.18–20」, FN 223.
129) 駐泰大使発外務部長官宛（THW-0407号）4/6/66, *ibid*., FN 121.
130) 同（THW-0444号）4/18/66, *ibid*., FN 181.
131) 同（THW-0438号）4/18/66, *ibid*., FN 173–174; 同（THW-0439号）4/18/66, *ibid*., FN 177.
132) 同（THW-0448号）4/19/66, *ibid*., FN 183; 同（THW-0454号）4/20/66, *ibid*., FN 190.
133)「외상회담개최를 위한 제 2 차 대사급 예비회담 참석보고〈外相会談開催のための第 2 次大使級予備会談参席報告〉1964.4.18–20」, FN 224.
134) 駐泰大使発外務部長官宛（THW-0438号）4/18/66, FN 173–174.
135) 外務部長官発駐泰大使宛（WTH-0442号）4/18/66《1783》FN 175.
136) Ministry of Foreign Affairs (Thailand), "Preparatory Conference for Ministerial Meeting for Asian and Pacific Cooperation, Bangkok, April 18–20, 1966," *ibid*., FN 239–240.
137)「동 회담 참석에 즈음한 훈령〈同会談参席に際しての訓令〉」4/13/66, *ibid*., FN 151–154. 予備会談でマレーシア政府は本会議の開催地としてバンコクまたは東京を希望したが、日本はじめその他の国々がいずれもソウル開催を支持したため、マ

レーシア政府もそれに同意せざるを得なかった．

138) 駐泰大使発外務部長官宛（THW-0438号）4/18/66.
139) 同（THW-0445号）4/18/66《1783》FN 182；同（THW-0454号）4/19/66, ibid., FN 183–184.
140) 「외상회담개최를 위한 제2차 대사급 예비회담 참석보고〈外相会談開催のための第2次大使級予備会談参席報告〉1964.4.18–20」, FN 227.
141) マレーシアの場合，外相会議開会日の6月14日，国内では国会開院式が予定されていた．駐馬大使発外務部長官宛（MAW-0542号）5/12/66《1789》FN 33. ニュージーランドの場合，国政選挙を間近に控え，かつ国会会期中であるとの事情があった．駐豪大使発外務部長官宛（AUW-0507号）5/28/66, ibid., FN 107.
142) 駐泰大使発外務部長官宛（THW-0573号）5/24/66, ibid., FN 38；同（MAW-0606号）6/2/66, ibid., FN 51.
143) 駐豪大使発外務部長官宛「뉴질랜드 출장보고〈ニュージーランド出張報告〉」6/1/66, ibid., FN 114–118；「뉴질랜드 대표단〈ニュージーランド代表団〉」6/1/66, ibid., FN 119–120.
144) 駐日大使発外務部長官宛（JAW-05539号）5/25/66《1788》C-0015, 04, FN 256；木村駐韓大使発椎名大臣宛（545号）「アジア太平洋地域協力のための閣僚会議について」5/17/66.
145) 駐日大使発外務部長官宛（JAW-0604号）6/1/66《1788》FN 266.
146) 5月に入り，外相会議への招請状が駐在国大使館へ送付された．「외상회의 초청장〈外相会議招請状〉」5/3/66, ibid., FN 187–190. 台湾では5月沈昌煥外相が辞任したため，新任の魏道明外相が参加することになった．駐台大使発外務部長官宛（CHW-05126号）5/25/66, ibid., FN 103.
147) 外務部長官発関係各国大使宛，5/31/66《1789》FN 43–44；外務部長官発関係各国大使宛，5/28/66《1790》C-0015, 06, FN 23–25；「각 대사관 연락관과의 연석회의〈各大使館連絡官との連席会議〉」ibid., FN 19–20.
148) 「동 회담 참석에 즈음한 훈령〈同会談参席に際しての訓令〉」4/13/66. 韓国政府は本会議首席代表への訓令の中でも，会議の性格について，一方では日本，マレーシア両政府代表による「経済的・文化的なものにし，その政治的性格を減少させようとする可能性を十分に警戒する」と同時に，他方では，タイ，フィリピン両政府による「アジア憲章（Asian Charter）」設立の提議可能性につき，「わが国は原則的にはこれを支持するものの，このような同盟の結成がわが国の提議した外相会議（協議体）の定例開催へ影響を及ぼしてはならず」と注意を促した．「아세아태평양지역 각료회의 대표단에 대한 훈령〈アジア太平洋地域閣僚会議代表団に対する訓令〉」《1785》C-0015, 01, FN 88–93.
149) 駐南ベトナム大使発外務部長官宛（VNW-0551号）5/11/66《1789》FN 259；同

(VNW-0615 号) 6/2/66, *ibid.*, FN 274; 同 (VNW-1626 号) 6/7/66, *ibid.*, FN 275–276.
150) 駐馬大使発外務部長官宛 (MAW-05117 号) 6/30/66, *ibid.*, FN 46; 外務部長官発駐馬大使宛 (WMA-0605 号) 6/1/66, *ibid.*, FN 47; 粕谷駐泰大使発椎名大臣宛 (304 号)「東南アジア外相会議準備会議」3/11/66.
151) 韓国政府は外相会議の連続性を確保するため，常設的で包括的な地域的協議機構の設立を目指すが，これが困難なら定期的な外相会議または閣僚会議の設置を確保し，最悪の場合でも次回閣僚会議の開催時期及び場所の決定は絶対確保する，との方針で本会議に臨んだ．外務部「亞細亞太平洋地域閣僚會議代表團指針」《1785》FN 78–87.
152) 外務省「アジア・太平洋地域の協力のための閣僚会議」5/11/66.
153) アジア局北東アジア課「アジア太平洋地域の協力のための閣僚会議の問題点」5/10/66.
154) 日本の参加が公式確認されたのは，5月12日の椎名外相による発言であり，その翌日閣議決定されて，21日，招請状への返信が韓国政府に手渡された．4月21日，椎名外相は，参議院内閣委の質疑で，アジア外相会議について，同会議参加は予備会談参加報告を受けて決定するが，集団防衛機構の設置提案などが提起される可能性があるなら参加しない旨発言をしていた．その後，5月12日，参議院外務委員会では，バンコク予備会談で日本の主張が通ったので参加することに決定したと発言した．駐日大使発外務部長官宛 (JAW-04411 号) 4/22/66《1788》FN 183–184; 同 (JAW-05231 号) 5/12/66, *ibid.*, FN 200; 同 (JAW-05274 号) 5/13/66, *ibid.*, FN 202; 同 (JAW-05466 号) 5/21/66, *ibid.*, FN 209.
155) 5月26日，参議院外務委員会での椎名外相の発言．同 (JAW-05610 号, 05611 号) 5/27/66, *ibid.*, FN 219–221.
156) 6月8日，金東祚大使と牛場審議官との話し合い．同 (JAW-06231 号) 6/9/66, *ibid.*, FN 231–232.
157) 6月9日，金永周外務次官と吉田健三代理大使との話し合い．吉田駐韓代理大使発椎名大臣宛 (682 号)「アジア太平洋地域の協力のための閣僚会議について」6/9/66.
158) 同会議の議事録は，《1791》C-0015, 07. 英文のものは，《1790》FN 50 以降を参照.
159) これらの問題に対するの各国の態度については，「아시아태평양지역 각료회의 잠정 보고서〈アジア太平洋地域閣僚会議暫定報告書〉」6/20/66《1787》C-0015, 03, FN 28–49.
160) "Joint Communique, 1st Ministerial Meeting, Adopted in Seoul on July 16, 1966, at the Ministerial Meeting for Asian and Pacific Cooperation" (Haas 1974–1985 (1974 年版): 1029–1030).

注(第5章)　303

161) 韓国政府の公式名称は「아시아태평양이사회〈アジア太平洋理事会〉」となっている.
162) 第2回会議以後のASPACの活動については, 木宮 (2001a: 127–129); 朴준영〈パク・ジュン・ヨン〉(1983: 128–134).
163) Memorandum, Dean Rusk to the President, "Washington Visit by Chung Hee Park, President of the Republic of Korea," S&N, POL 7 KOR S, RG59, NA.
164) 「공동성명서〈共同声明書〉1964.1.29」《854》FN 217–220;「공동성명서〈共同声明書〉1964.10.3」《867》C-0009, 42, FN 104; United States, Department of State (1964: 929–930).
165) ジョンソン政権にとって朴大統領の外国訪問はこうした目的達成の一環として位置付けられていた. 例えば, 1964年12月の西ドイツ訪問と翌年4月の訪米にはそのような効用が期待されていた. Airgram from Seoul (A-166), 9/18/64, S&N, POL 7 KOR S, RG59, NA; Letter, Winthrop G. Brown to William P. Bundy, 9/21/64, *ibid.*; Memorandum, FE–William P. Bundy to the Secretary, "Visit by Korean President Park–Action Memorandum," 12/4/64, *ibid.*; Memorandum, Dean Rusk to the President, "Washington Visit by Chung Hee Park, President of the Republic of Korea," *ibid.*; Memorandum of Conversation, "Possibility of State Visit by Korean President to the U.S. in the Spring of 1965," 12/2/64, *ibid.*
166) Memorandum of Conversation, "Impressions of Mr. Bundy's Visits to Japan and Korea," 10/9/64, *ibid.*
167) 外務部通商局「韓國의 対越南輸出의 現況과 展望: 韓・越・米 經濟協力과 輸出 増大를 中心으로〈韓国の対南ベトナム輸出の現況と展望: 韓・越・米経済協力と輸出増大を中心に〉, 1965年2月」《1677》N-0004, 05, FN 5–62.
168) *Ibid.*
169) *Ibid.* 対南ベトナム輸出緩和のための対米交渉については, 木宮 (2001a: 110–117).
170) 1965年2月の韓日基本条約の仮調印以来残っていた三大懸案, 即ち漁業, 在日韓国人の法的地位及び請求権問題に関する交渉は, 事実上4月2日に最終的に妥結した (李元徳 1994: 216).
171) FRUS 1964–1968 Vol. XXIX, Part 1, Korea: 93–114. 韓国軍のベトナム派兵は韓国政府の自発的決断によるものであった. 韓国からのインドシナ派兵の意向表明は, 1950年代の李政権期にまで遡ることができ (李鍾元 1996: 94–98), また61年の朴・ケネディ会談でも表明されていた (木宮 2001a: 106). しかしながら, 両国の間でそれが現実味を帯びて議論されるようになったのは64年3月以後のことで

あった．当時，金顯哲元総理はバーガー駐韓米大使に対してベトナム戦争遂行のために韓国は 3000 ないし 4000 人規模の派遣が可能であろうと伝えたほか，丁一権外務長官もベトナム派兵に積極的な姿勢を示した（FRUS 1964–1968 Vol. XXIX, Part 1, Korea: 15–17）．その翌月，いわゆる「モア・フラッグス・プログラム」（第 1 章の注 87 参照）が開始されると，7 月には両国間で韓国軍のベトナム派兵が合意された．但し米政府は韓国政府からの戦闘部隊派遣の申し出を受け入れず，派遣は非戦闘部隊に限られた．ところが翌 65 年 3 月になると，南ベトナムへの大規模な兵力増派を求める米統合参謀本部の勧告案に初めて韓国の戦闘部隊派遣要請が盛り込まれ，翌月マクナマラ国防長官による正式勧告がジョンソン大統領によって了承された（United States, Department of the Army 1975: 7–9; FRUS 1964–1968 Vol. II, Vietnam, January–June 1965: 509–513; FRUS 1964–1968 Vol. XXIX, Part 1, Korea: 77–80）．そして 5 月の韓米首脳会談で，ジョンソン大統領は朴大統領に戦闘部隊の派遣を要請した（ibid., 97–99）．韓国のベトナム派兵については，木宮（2001a: 105–118）；鄭珠鎔（2001）．

172) FRUS 1964–1968 Vol. XXIX, Part 1, Korea: 113–114, 125;「韓國軍의越南派兵〈韓国軍の南ベトナム派兵〉」《1833》C-0017, 17, FN 174–176.
173) もっとも韓国政府のベトナム派兵の動機については多様な説明がされてきた（鄭珠鎔 2001: 7–16）．いずれにせよ，韓国政府が戦闘部隊派遣交渉を通じてアメリカによる安全保障上のコミットメント，持続的軍事・経済援助の約束に加え，ベトナム特需確保のための有利な条件を獲得できたことには変わりはないだろう．ベトナム派兵に際しての韓国政府の対米要求及び米政府の対応については，Yi (2000).
174) FRUS 1964–1968 Vol. XXIX, Part 1, Korea: 80–84.
175) *Ibid.*, 128–172.
176) Letter, United States Ambassador Brown to Korean Foreign Minister Tong Won Lee, 3/4/66《1833》FN 238–242.
177) 1966 年 7 月，ラスク長官の訪韓の際に韓国政府が手渡した覚書には「韓国の対南ベトナム通商拡大及び韓国軍派遣に伴う 14 条項の早期実行」の条項が設けられ，南ベトナムとの一般貿易・軍需品調達・建設及び用役分野への積極参加，AID 事業計画の物資調達などにおける協力及び制限緩和措置が含まれていた．「러스크 장관 방한시 수교한 각서〈ラスク長官の訪韓に際して手交した覚書〉」, *ibid.*, FN 81–92.
178) 国務総理発大統領宛（VNW-0991 号）9/29/65《1485》C-0011, 10, FN 79.
179) 駐南ベトナム大使発外務部長官宛（VNW-0994 号）9/29/65, *ibid.*, FN 78.
180)「韓・越南共同聲明 1965.11.11」《1653》M-0005, 03, FN 23–24.
181)「第 1 次韓・越經濟閣僚會談報告書 65.10」, *ibid.*, FN 6–15.
182)「동 회담 참석에 즈음한 훈령〈同会談参席に際しての訓令〉」4/13/66.
183) 第 1 章の注 84 参照．

184) 「동 회담 참석에 즈음한 훈령〈同会談参席に際しての訓令〉」4/13/66. ただし,韓国政府はASPACにおいて自国のベトナム政策に対する理解と支持の獲得を目標としたものの,その場においてベトナム問題の共同対応策を講じる意図はなかったし,そもそもそのような協議が可能であるとも思っていなかった. ASPAC ソウル会議の翌月に行われた韓米外相会談で,李長官は,ベトナム戦争への共同対応を目的とした「新たな」枠組みの設立,即ち「参戦国会議」の開催を提案している.これは韓国政府が,ASPACにはベトナム問題への対応策を協議する機能が備わっていない,あるいはASPACはそのような目的には向いていないと認識していたことを示すものであるといえよう. 「이동원 외무부장관과 딘러스크 국무장관과의 회담요지〈李東元外務部長官とディーン・ラスク国務長官との会談要旨〉1966.7.9」《1833》FN 101–108; Memorandum of Conversation, "Vietnam, SEATO and Mainland China," Secretary's Visit to Seoul July 8–9, 1966, CF, 61, RG59, NA; Memorandum of Conversation, "Tour d'horizon," *ibid*.
185) Airgram from Taipei (A-301), "Far East Ministers' Conference," 10/8/65, S&N, E 5 SEARP, RG59, NA.
186) 「아세아태평양지역 각료회의 대표단에 대한 훈령〈アジア太平洋地域閣僚会議代表団に対する訓令〉」.
187) 外務部「亞細亞太平洋地域閣僚會議代表團指針」6/11/66.
188) 「동 회담 참석에 즈음한 훈령〈同会談参席に際しての訓令〉」4/13/66.
189) 外務部「亞細亞太平洋地域閣僚會議」《1833》FN 141–146.
190) Letter, the Ambassador to Korea (Brown) to the Assistant Secretary of State for Far Eastern Affairs (Bundy), 8/26/66, FRUS 1964–1968 Vol. XXIX, Part 1, Korea: 187–192.
191) 米政府の立場を端的に示す例を一つ挙げておきたい. 1966年2月の朴大統領の東南アジア諸国歴訪に際して,その目的の一つに「反共同盟結成の打診」が含まれているとの報道が広まったため,米政府はその真相把握に尽力した. その結果,李外務長官本人による否定を確認したほか,台湾外交当局からの「アメリカが無関心である以上,近い将来同盟結成に向けた進展は見られないだろう」との返答,またタイ外交当局からも地域の安全保障は従来の条約体制で十分であり,朴大統領の訪問に際しては「反共同盟についていかなる形での協議も行われなかった」との確認をとることができた. Telegram from Seoul (782), 1/26/66, S&N, POL 7 KOR S, RG59, NA; idem (1350), 5/27/66, *ibid*.; Airgram from Taipei (A-636), 2/11/66, *ibid*.; Memorandum of Conversation, "Visit of Korean President Pak Chong-hui," 2/25/66 (Enclosure 2 in Airgram from Bangkok (A-736), 3/9/66), *ibid*.; Memorandum of Conversation, "Korean President Pak's Visit to Thailand and the Far East Foreign Ministers's Conference," 3/2/66 (Enclosure

3 in idem（A-736）），*ibid*.

192) ジョンソン構想が提唱された際，それが韓国政府の推進するアジア外相会議と何らかの関係があるのか，との韓国側の問い合わせに対し，グリーン国務次官補代理は，「それは考慮していない．提案中の外相会議はそれなりに意味があるだろう．しかしながら，勿論，大統領の提案を実現するためのメカニズムではないだろう」と答えた．Memorandum of Conversation, "President's Speech on Southeast Asia," 4/7/65, S&N, POL 27 VIETS, RG59, NA.

第 6 章

1) これに対して西側諸国は対インドネシア債権国会議を結成して債務の支払延期と新規借款提供で応えた（『国際年報』1965–1966 年版：158, 161；1967 年版：217–223；首藤 1995）．
2) 但し，正式な外交関係の正常化はサバの選挙後とされ，翌年 8 月 30 日に実現した．
3) マリクは同会談のついでにガザリ馬外務次官との秘密会談を行った（山影 1981: 224）．
4) ゴードンは，バンコク会談の議題の一つに地域協力が入っていたとして，この会談を新地域機構設立の具体的動きの始まりとして位置付けている（Gordon 1969: 112–113）．しかしながら，新地域機構設立問題が会議の中で議論されたか否かは確認されておらず，この問題については会談の合間にタイのタナットとインドネシアのマリクの間の個人的意見交換にとどまっていた可能性も考えられる．当時マスコミの一部では，マリクが，自らの「新たな地域組織」提案に対して既に ASA 加盟 3 ヵ国がそれへの参加を決定した旨発言したと報じられた（*New York Times*, 1966.6.3）．ところが実際には，6 月 2 日の記者会見でのマリクの発言は，「地域協力が必要であるという意見には全く賛成である．タナット外相が提案しているような，経済・技術・文化協力のための東南アジア連合の創設は，我々もまた意図しているところである．この連合には，タイ，マレーシア，フィリピンそしてカンボジア，ビルマの参加が望ましい」としただけであった（『アジアの動向』1966.6.7: 182）．
5) アジア局南西アジア課「東南アジア諸国連合（ASEAN）の創設について」8/18/67．もっともこの点に関するタナット本人の説明は異なっている．即ち ASA に代わる地域機構の新設及びそれへのインドネシアの参加という自らの打診に対して，マリクはマレーシアとの関係正常化まで時間をほしいと断りながらも，原則的賛成を表明したという（タナット 1977: 87）．
6) 同会談は両国の国交正常化協定調印のためのものであったが，地域協力問題についてどのような議論があったかは不明である．しかし，バンコクでの 4 ヵ国外相級会談と前後してマレーシア政府内では ASA とは別の新たな地域機構設立を進める動きが見られ始めた（山影 1991a: 94–95）．

7) *New York Times*, 1966.8.24（Gordon 1969: 114 からの再引用）. エストレア・ソリダムは，地域協力への新たなイニシアティブ，即ち ASEAN の結成におけるマリク外相の活動を高く評価しており，マリクの新地域機構設立の発想は，1966 年 4 月の外相就任以来フィリピン及びマレーシアとの関係改善に取り組んでいく過程で生まれたものであるとして，その具体的端緒をこのマリク・ラモス会談に求めている（Solidum 1974: 56）. 一方，ゴードンは地域機構新設のイニシアティブをマリクの発想に求めながらも，その端緒を 6 月初めの 4 ヵ国外相級会談まで遡って説明する（Gordon 1969: 112–113）.
8) SEAARC 案は基本的に ASA とマフィリンドそれぞれの設立宣言と共同声明をミックスしたものであった（Gordon 1969: 114–116）. 但し従来の説明（Gordon 1969: 114）とは違って，当時タイ政府はフィリピン政府には同宣言案を送付していなかった. 新機構設立における最大の難関はマレーシア政府の態度にあり，フィリピン政府の説得はそれほど難しくないと思われたため，マレーシア政府の説得を優先したのである. Telegram from Manila（7522），1/17/67, S&N, DEF 4 ASIA SE, RG59, NA; Telegram from Bangkok（9967），"SEAARC," 2/3/67, *ibid.*
9) Telegram from Kuala Lumpur（2694），"Possible Regional Security Pact," 1/5/67, *ibid.* これらの理由に加え，ベル駐馬米大使は，マレーシアの SEAARC 反対の直接の原因の一つとして，前年インドネシア政府が抑留していたマレーシアの反政府組織「マレーシア民族解放連盟（MNLL）」の指導者たちをマレーシア政府に引き渡さず，北ベトナムへの渡航を許したことにつき，ガザリ次官など従来インドネシアとの地域協力に前向きであった政府高官らがインドネシアの態度に不満を感じるようになったことがあるとの分析を寄せた. Telegram from Kuala Lumpur（2958），1/27/67, *ibid.*
10) 3 月 23 日，リー・クアンユー首相が条件付きで新地域機構設立へ同意したと報道された（*Antara News Bulletin*, 1967.3.23（Solidum 1974: 58 からの再引用））.
11) Telegram from Singapore（1686），4/14/67, S&N, POL 7, RG59, NA. ラーマンはまた 4 月 13 日，「シンガポールは中立国の資格を維持するために ASA には加盟しないだろう」と発言した（*Straits Times*, 1967.4.14）.
12) *Ibid.* このような状況を踏まえ，マリク外相は 4 月 11 日，シンガポールでのインタビューの中で，地域機構設立問題に言及しながらも，シンガポールの参加については直接の言及を避け，インドネシア，マレーシア，シンガポール，フィリピン，タイの 5 ヵ国のほか，可能ならビルマやカンボジアの参加を希望していると発言するにとどまった（*Straits Times*, 1967.4.12）.
13) マリク・タナット会談（4/11–13, Bangkok）. Telegram from Bangkok（13242），4/12/67, S&N, POL 7, RG59, NA. 同会談後タナットは，新しい地域機構の設立問題を議論したことを認めたほか，同問題がこれまでの数ヵ月の間協議されてきた

こと，新機構は今年中に設立される見通しであり，ASA とは関係のない別のものであると発言した (*Antara News Bulletin*, 1967.4.12 (Solidum 1974: 58 からの再引用)).

14) Telegram from Kuala Lumpur (4480), 5/24/67, S&N, DEF 4 ASIA SE, RG59, NA; 浅羽満夫駐馬代理大使発外務大臣宛 (電 528 号)「タナット・コーマン・タイ外相の訪マについて (報告)」5/26/67. 従来 SEAARC 案に対するマレーシア政府の方針転換にはタナット外相の電撃訪問 (5/19) による説得が大きかったとの説が有力であった (Morrison and Suhrke 1978b: 270). しかし，タナットとの会談の前にラーマンの態度は変わっていたのである．ラーマンはタナットの到着 3 日前，ガザリ次官との間で ASA を弱める地域機構の新設には反対との方針を再確認していた．ところがその直後，フィリピン政府がサバの転覆を企てているとの報告が届くと，ASA より大きな地域機構の設立がフィリピン政府の牽制に役立つと考え直すようになった．このような経緯を知らずにクアラルンプール入りしたタナット外相は，ラーマンの突然の態度変化とフィリピン政府に対する非難発言に驚かざるを得なかった．但し二人は 7 月まで機構設立問題を公式化しないことで合意した．ラーマンが，自らの態度変化が公にされるのを嫌ったからである．

15) Telegram from Djakarta (5696), 5/23/67, S&N, POL 7, RG59, NA.
16) 安川壮駐比大使発外務大臣宛 (電 374 号)「マリク外相の訪比について」6/1/67.
17) 安川駐比大使発外務大臣宛 (500 号)「東南アジア新協力機構」8/3/67; Telegram from Kuala Lumpur (446), "SEAARC Meeting," 8/5/67, S&N, DEF 4 ASIA SE, RG59, NA.
18) 甲斐文比古駐馬大使発外務大臣宛 (495 号)「新地域協力機構についてのガザリ次官の内話」8/9/67.
19) 安川駐比大使発外務大臣宛 (581 号)「東南アジア新協力機構設立のためのバンコク会議の成果」8/23/67.
20) フィリピンは 1947 年に署名された米比軍事基地協定に基づき，アメリカに基地を提供していた (Simbulan 1983: 76–79; Magallona 1986).
21) Telegram from Manila (9161), "SEAARC," 3/3/67, S&N, DEF 4 ASIA SE, RG59, NA.
22) Telegram from Djakarta (4922), "Regional Cooperation," 4/18/67, S&N, POL 1 ASIA SE, RG59, NA. 5 月下旬のマリク外相の訪比に際してもフィリピンのラモス外相は，新しい地域機構の設立には賛成したものの，インドネシア側の設立宣言草案そのものには若干の問題が残っているとして同意しなかった．安川駐比大使発外務大臣宛「マリク・インドネシア外相訪比の際の共同声明テキスト送付について」5/31/67; 同 (電 374 号)「マリク外相の訪比について」6/1/67.
23) Telegram from Manila (354), "SEAARC," 7/13/67, S&N, DEF 4 ASIA SE,

RG59, NA; idem (770), "SEAARC," 7/25/67, *ibid*.; Outgoing telegram Circular (16748), "SEAARC: Background and U.S. Attitude," 8/5/67, *ibid*.

24) Telegram from Kuala Lumpur (541), "ASEAN Conference," 8/15/67, S&N, POL 3 ASEAN, RG59, NA. マレーシア政府は，新機構の第一目的に関する限り自国の主張が多く反映されたと評価していたが，これがラザクによるマリクへの配慮に影響したと思われる．ラザク副首相を随行して会議に参加したザイナル東南アジア問題担当首席次官補によると，ラザクは，マリク外相にとっては帰国後に「ASEANは単なるASAの拡大版ではない」と報告できることが重要であると認識していたため，インドネシアの立場に同調した．*Ibid*.

25) 西山駐インドネシア大使発外務大臣宛 (1000号)「東南ア連合」8/18/67. ラモス外相を随行したペニヤ比外務省政務局長は，フィリピン政府が外国軍基地関連文言を受諾したことについて，マフィリンド結成の際のマニラ協定に同じ趣旨の表現が入っていたため今回改めてそれに強く反対する訳にはいかず，「外国軍基地が一時的なものであるということ自体は本当にそのとおりである」こと，共同新聞発表にシンガポール駐屯英軍の引き上げへの言及などによって一定の配慮が見られたことを挙げた．安川駐比大使発外務大臣宛 (581号)「東南アジア新協力機構設立のためのバンコク会議の成果」8/23/67. 山影 (1991a: 97–98) によると，イギリス軍基地を抱えるマレーシアとシンガポールの両国は当初外国軍基地条文について難色を示していたが，67年7月，イギリスの1967年度国防白書の追補が発表され，1970年代半ばまでに両国から兵力を撤退する計画が明らかになったため，両国が同条文に反対する理由がなくなった．英軍のスエズ以東撤退問題については，永野 (2001); Goldsworhty (2002: ch. 8);『国際年報』1967年版: 386–392.

26) フィリピン政府は駐インドネシア比大使館からの報告によって遅くとも1967年1月末には，即ちインドネシア政府よりSEAARC案を受け取る1ヵ月前の時点で，インドネシア外務省が新たな地域機構設立計画を立ち上げたことを把握していた．そして，仮に他の国々が外国軍基地に関する条文を設立文書に入れようとしても，それがフィリピン領内の米軍基地の運用に何らかの影響を与えるものであるならフィリピン政府はその対話に応じないとの立場を米政府に伝えた．Telegram from Manila (8106), 2/1/67, S&N, POL 3 MAPHILINDO, RG59, NA. ASEAN設立会議までフィリピン外務省が作成した三つの設立宣言草案はいずれもアメリカ側に示され，その際フィリピン政府は，外国軍基地に関する不利な表現を含むいかなるものにもサインしないと約束していた．しかし米政府は，同設立会議においては「非同盟の刻印 ("non-alignment" stamp)」を押そうとするインドネシアの試みが予想されるため，「舞台裏で厳しい交渉 (first class behind the scenes tug of war during and before SEAARC meeting)」が繰り広げられるだろうとし，油断しなかった．上記の注23参照．

27) Memorandum of Conversation, "Philippine International Relations," 9/29/67, Secretary's Delegation to the 22nd session of UNGA, New York, September–October, 1967, CF, 216, RG59, NA. マルコス比大統領も基地条項について、ASEANは「ASAの拡大版」であり、「スハルトは米軍のアジア駐屯に反対しない」と発言したが（10/24/1967）、これには国内世論と米政府を意識し、フィリピン領内の米軍基地の正当性と必要性を裏付けようとする狙いがあった．

28) 米政府は，外国軍基地問題に関する限り，当初の表現が緩和されたものの，ASEAN設立宣言に外国軍基地関連の文言が含まれたことは「インドネシアの勝利」であると評価した．Telegram from Manila (1279), 8/14/67, S&N, POL 3 ASEAN, RG59, NA.

29) 1967年4月の時点で，タイ領内には3万6000人の米軍が駐屯しており，その3/4は，空爆関連人員，8000人は道路・基地建設関連人員，1000人はタイ軍の訓練に当たっていた．Background Paper, "U.S.-Thai Military Relations," SEATO Council Meeting, Washington, April 18–20, 1967, CF, 171, RG59, NA. そのほか，Thompson (1975: 83–86) も参照．

30) 関駐泰大使発外務大臣宛「ASEAN結成に関するタナット外相内話」8/11/67.

31) Telegram from Bangkok (1544), "ASEAN," 8/10/67, S&N, POL 3 ASEAN, RG59, NA. ASEAN設立の当日，『プラウダ (Pravda)』(8月8日付) は，SEAARCはアメリカが自国の東南アジア政策に対する一層の支持を集めるために仕組んだ装置であり，「経済・文化」協力を標榜しているものの，いずれ軍事・政治組織に発展するだろう旨を報道した．Telegram from Moscow (484), 8/8/67, S&N, DEF 4 ASIA SE, RG59, NA. その翌日，バンコクで行われたシンガポールの独立記念式典 (National Day Reception) の会場において，タナット外相はボルコフ大使に対し，前日の『プラウダ』紙の批判的記事を取り上げ，これは大使の報告に基づくものであるのかと質した．これに対してボルコフが「外国軍基地」を持ち出すと，上記の発言で応酬したのである．

32) Memorandum of Conversation, "SOFA," 6/28/66, FRUS 1964–1968 Vol. XXVII, Mainland Southeast Asia; Regional Affairs: 685–686.

33) Background Paper, "U.S.-Thai Military Relations"; Memo, the Acting Assistant Secretary of Defense for International Security Affairs (Hoopes) to Secretary of Defense McNamara, "Status Report on SOFA Negotiations with Thailand," 6/10/67, FRUS 1964–1968 Vol. XXVII, Mainland Southeast Asia; Regional Affairs: 775–777.

34) Telegram from Bangkok (1544).

35) Memorandum of Conversation, "Thai Desire for Security Guarantee from U.S.," 9/22/66, FRUS 1964–1968 Vol. XXVII, Mainland Southeast Asia; Re-

gional Affairs: 701–705.
36) 山影（1991a: 106–108）；タナット（1977）；Thanat（1964）．そのほか，Paper, INR – Thomas L. Hughes to the Secretary, "Thailand's Foreign Minister Thanat Looks at Southeast Asia's Future," 11/7/68, S&N, POL 1 ASIA SE, RG59, NA.
37) 西山大使発外務大臣宛（1000 号）「東南ア連合」8/18/67.
38) Memorandum of Conversation, "The Vietnam Situation," 9/29/67, Secretary's Delegation to the 22nd session of UNGA, New York, September–October, 1967, CF, 216, RG59, NA.
39) 10月3日，タナット外相はラスク長官との昼食会において，先日の国連総会におけるマリク外相による北爆中止要請について自分が問い合わせたところ，マリクは，それはハノイからの何らかの反応を誘い出すための戦術であって，アメリカの政策を批判するためのものではなかったと述べたとし，インドネシア政府を弁護した．Telegram from USUN (1168), 10/3/67, *ibid*.
40) スハルト大統領代行は，11月4日，インドネシア訪問中のヒューバート・ハンフリー米副大統領との会談の中で，「南ベトナムは『本当の意味での自主国家』であってこそ最高の抵抗力を持つだろうし，私の思うには，アメリカの政策はそのナショナリズムの育成を目指すべきであろう」と述べた．Telegram from Djakarta (2614), 11/4/67, Vice President's Asian Trip, October–November, 1967, CF, 224, RG59, NA.
41) Telegram to Bangkok, Manila, Djakarta, Singapore, Kuala Lumpur, "ASEAN," 8/8/67, S&N, POL 3 ASEAN, RG59, NA.
42) Telegram to Bangkok, "ASEAN," 8/10/67, *ibid*.
43) ASEAN 設立宣言（第1回 ASEAN 外相会議，8/8/1967, Bangkok）の序文の第5，第6パラグラフ（山影 1999）．
44) 第11回 SEATO 閣僚理事会（6/27–29/1966, Canberra）に際してのラスク・タナット個別会談．Memorandum of Conversation, "Asian Regional Arrangements," 6/28/66, S&N, POL 1 ASIA-SE, RG59, NA; FRUS 1964–1968 XXVII, Mainland Southeast Asia; Regional Affairs: 190–192.
45) 同年4月中旬には ASPAC ソウル会議が開催され，また3月には3年ぶりに ASA の復活に向けた具体的動きが始まっていただけに（ASA 常任委員会会議，3/2/1966, Bangkok; ASA 作業委第3回会議，4/27–30/1966, Kuala Lumpur），同外相会談ではこれらの機構に話題が及んだものと思われる．
46) *Ibid*.
47) Paper, Department of State, Policy Planning Council, "The Future of Economic Cooperation in Asia," 10/19/66, S/P, Asia 1966, RG59, NA.

48) Telegram from Djakarta (2262), "Black Party Visit to Djakarta," 11/11/66, S&N, POL 7 US/BLACK, RG59, NA.
49) 1966年末タイ政府からSEAARCの共同宣言案がマレーシア政府に送られた際，タイ政府から米政府への連絡はなかった．それゆえアメリカが入手した情報はマレーシア政府から提供されたものであり，米政府は同案がインドネシアとタイの共同作業の結果であったことは知らず，タナット外相のイニシアティブとみなしていた．米政府は67年1月初旬のラスク・タナット会談（1/9, Washington）においてタナット外相からSEAARCに関する何らかの説明があるのではと期待していたが，タナットはSEAARCには触れなかった．Memorandum, EA – William P. Bundy to the Secretary, "Your Meeting with Foreign Minister Thanat Khoman of Thailand," 1/9/67, EA/P, POL 7 Thanat Khoman, Entry 5310, box 4, RG59, NA. ベル駐馬米大使は，同宣言案で注目すべき点は，文化や経済の分野における協力もさることながら，「A. 地域平和と安全保障への寄与を目指している，B. 外国軍基地は本質的に暫定的である，C. 域外大国（"Big Powers"）は排除されている」点にあるとし，それを軍事同盟的機構として捉えていた．Telegram from Kuala Lumpur (2694).
50) Telegram from Djakarta (3108), "Talk of SEA Mutual Defense Organization," 1/6/67, S&N, DEF 4 ASIA SE, RG59, NA; idem (3166), "Indonesian Participation in SEA Regional Defense Organization," 1/10/67, *ibid.*
51) Telegram from Manila (7296), "Possible Regional Security Pact (SEAARC)," 1/11/67, S&N, DEF 4 ASIA SE, RG59, NA; idem (7522), 1/17/67, *ibid.*; idem (8106), 2/1/67, S&N, POL 3 MAPHILINDO, RG59, NA.
52) Telegram from Kuala Lumpur (2775), "Possible Regional Organization," 1/12/67, S&N, DEF 4 ASIA SE, RG59, NA; idem (2958), 1/27/67, *ibid.*; Telegram from Bangkok (9967), "SEAARC," 2/3/67, *ibid.*; Telegram from Singapore (1236), "SEAARC," 2/4/67, *ibid.*
53) ベル駐馬米大使は2月14日ラザクと，また16日ラーマン首相と会合したが，その際二人はいずれも，来る3月9日予定のタナット外相の訪馬に際しては地域機構設立問題が主な案件になるだろうが，マレーシア政府は，インドネシアを含む地域機構の設立は時期尚早であるとの従来の立場に変わりはない，と大使に伝えた．Telegram from Kuala Lumpur (3195), 2/16/67, *ibid.*
54) Telegram from Bangkok (11917), "SEAARC," 3/16/67, *ibid.*; idem (12350), "SEAARC," 3/24/67, *ibid.*
55) Telegram from Djakarta (4581), 3/31/67, *ibid.*
56) *Ibid.*

57) Telegram from Singapore (1522), 3/21/67, *ibid*.
58) Background Paper, "Regional Cooperation–Political Aspects," SEATO Council Meeting, Washington, April 18–20, 1967, CF, 171, RG59, NA. 東南アジア駐在の米大使らの議論の中でSEATOへの言及が目立つのは、翌月にSEATO年次閣僚理事会 (4/18–20/1967, Washington) を控えていた事情によるものであって、当時米政府がSEATOの代替・補完に向けて新たな軍事同盟的機構の設立を目論んでいたことを意味しない。ベトナム問題への共同対応の法的根拠としてSEATOを重視するアメリカに対して、SEATO加盟国の一部及び南ベトナム、韓国、台湾など同盟諸国からはSEATOの有効性に対する疑問の声が多く出されていた。しかし、ジョンソン政権は、少なくとも近い将来にはアジアの同盟体制におけるいかなる根本的な変更も現実的ではないとの立場から、SEATOを維持していく方針をとった (第1章参照)。米政府は、SEATO理事会に臨むアメリカの目的として「SEATOに対する米政府の強力な支持」をアピールし、また「SEATO規定の有効性」への理解・支持を獲得することを挙げ、SEATO体制の現状維持を固持した。Scope Paper, "U.S. Objectives," SEATO Council Meeting, Washington, April 18–20, 1967, CF, 170, RG59, NA.
59) Background Paper, "Regional Cooperation–Political Aspects." ASAに関しては、マレーシア・フィリピンの対立で1963–66年の間休眠状態であったが、インドネシアとマレーシアの関係改善に伴い、最近その加盟国とインドネシア、シンガポールとの間で話し合いが始まっており、現時点では、これが今後ASAの拡大につながるか、新たな機構が出現してASAがその下部組織として共存するか、あるいはそれに代替されるかは不確かである、とした。
60) Background Paper, "The Situation in Indonesia," SEATO Council Meeting, Washington, April 18–20, 1967, CF, 170, RG59, NA.
61) アメリカにとっては、インドネシア政府による地域諸国との急速な関係改善もさることながら、インドネシア側が自らの外交政策の意図をアメリカ側に説明するまでになったことこそ「驚くべき態度変化」であった。1960年代前半、米政府がスカルノの強固な対決姿勢にどれほど腐心したのかについては、当時の駐インドネシア米大使らの著作が参考になる (アメリカとインドネシアの関係が悪化しつつあった65年5月、ジョンソン大統領はジョーンズ大使の後任にグリーン極東問題担当国務次官補代理を任命した) (Jones 1971: part 3; Green 1990: ch. 4)。なおアメリカはじめ関係諸国の対応については、Jones (2002a: ch. 9, ch. 10; 2002b); Subritzky (2000: ch. 6, ch. 7)。
62) Telegram from Djakarta (4281), 3/15/67, S&N, POL 7 INDON, RG59, NA.
63) Idem (5696), 5/23/67.

64) Background Paper, "The Situation in Indonesia." グリーン駐インドネシア米大使による同様の認識は，Airgram from Djakarta (A-24), "General Suharto's Remarks on Southeast Asian Affairs," 7/19/67, S&N, POL 1 ASIA SE, RG59, NA.
65) Telegram from Bangkok (15005), 5/18/67, S&N, DEF 4 ASIA SE, RG59, NA.
66) 翌月のラスク・タナット会談 (6/28) に際しても，前月既にラーマンの参加承諾を得ていたにもかかわらずタナットは，SEAARC 実現における最大の問題はマレーシア政府の消極的な姿勢であるが，最終的にはラーマンを説得できると思うと述べた．これに対しラスクは，アメリカはそのような地域協力を強く支持しており，そのイニシアティブがアジア人自身のものであるべきことを熟知していると答えた．
67) タナット外相の訪問直後，マレーシアではマスコミによって新地域機構設立問題が取り上げられたが，とりわけそれが「アメリカの使嗾に基づくものであり，マレーシアをアメリカ路線に引き入れんとする圧力がある」との報道が目立った．浅羽駐馬代理大使発外務大臣宛（電 528 号）「タナット・コーマン・タイ外相の訪マについて（報告）」5/26/67．
68) 実のところアメリカの介入を求めるマーティン大使の提言はその後も続いた．5月末，同大使は国務省に対し再び「地域のイニシアティブに対するアメリカの実質的支援」を勧告したのである．Telegram from Bangkok (15421). それに対し，シンガポールで会合したグリーン，ベル，ガルブレイスの三大使は，とりわけインドネシアとシンガポールにとっては SEAARC が「非共産主義的とはいえ，過度に反共産主義的ではない (non-communist but not so overtly anti-communist)」ことこそが参加への誘因であり，インドネシア，マレーシア及びシンガポールの3ヵ国の SEAARC 参加を望むならば，現段階ではアメリカの干渉が少なければ少ないほど望ましいだろう，との立場を再確認し，その旨国務省へ報告した．Telegram from Singapore (1969), 5/29/67, S&N, DEF 4 ASIA SE, RG59, NA.
69) Telegram to USUN (5934), 6/27/67, Special UNGA, June 1967, CF, 196, RG59, NA; Talking Paper, "Indonesia, Foreign Minister Adam Malik," Special UNGA, June 1967, CF, 199, RG59, NA.
70) Outgoing telegram Circular (16748).
71) *Ibid.* 但し，SEAARC 構想ないしその設立会議に関するコメントを求められた場合には，国務省は「SEAARC は全くアジアのイニシアティブであり，我々は何の関わりもない．我々は，一般に，域内相互関係の拡大・強化に対する東南アジア諸国の間で高まっている関心を知っており，当然ながら，他の地域同様，東南アジアにおける発展と理解の増進に向けた建設的な努力を尊重し歓迎する」との立場を表明するつもりでいた．

72) Action Memorandum, EA – William P. Bundy to the Secretary, "Paying Our Respects to the ASEAN Foreign Ministers," 8/(8–19)/67, EA/P, ECIN 1 General ASEAN 1967, Entry 5416, box 4, RG59, NA. バンディ次官補はラスク長官に対し, ASEAN 設立の経緯を説明し, アメリカの対アジア政策への含意及びアメリカの国益との関係を述べ, タナット外相はじめ ASEAN 加盟国外相たちに祝意を非公式に伝えるよう勧告した. 8月下旬, ラスク長官の訓令を受けた関係大使らは各駐在国外相にその旨伝えた. Telegram to Bangkok, Djakarta, Kuala Lumpur, Manila, Singapore, 8/19/67, S&N, POL 3 ASEAN, RG59, NA.

資料・参考文献

1. 外交史料
(1) アメリカ政府・議会文書
公 刊
Declassified Documents Reference System (Retrospective Collection Microfiches), Washington, D.C.: Carrollton Press.
Lester, Robert, ed. 1987. *Asia and the Pacific: National Security Files, 1963–1969* (The Lyndon B. Johnson National Security Files; 15 Microfilm Reels). Frederick, Md.: University Publications of America.
——, ed. 1997. *Asia and the Pacific: National Security Files, 1963–1969, First Supplement* (The Lyndon B. Johnson National Security Files; 12 Microfilm Reels). Frederick, Md.: University Publications of America.
Michael, Beschloss, ed. 2001. *Reaching for Glory: Lyndon Johnson's Secret White House Tapes, 1964–1965*. New York: Simon & Schuster.
National Security Archive. 2000. *Japan and the United States: Diplomatic, Security and Economic Relations, 1960–1976* (NSA; 316 Microfiches). Washington, D.C.: National Security Archive. [J&US 2000 と略記]
United States, Congress, Senate, Committee on Foreign Relations. 1966. *Supplemental Foreign Assistance, Fiscal Year 1966: Vietnam*. Washington, D.C.: U.S. Government Printing Office.
——. 1967. *Asia, the Pacific, and the United States: Hearing, Ninetieth Congress, First Session, with Former Ambassador to Japan Edwin O. Reischauer. January 31, 1967*. Washington, D.C.: U.S. Government Printing Office.
United States, Congressional Quarterly Inc. 1969. *Global Defense: U.S. Military Commitments Abroad*. Washington, D.C.: Congressional Quarterly Service.
United States, Department of the Army. 1975. *Allied Participation in Vietnam: Study by Stanley Robert Larsen and James Lawton Collins, Jr.* Washington, D.C.: U.S. Government Printing Office.
United States, Department of Defense. 1971. *United States-Vietnam Relations, 1945–1967: Study Prepared by the Department of Defense* ("Pentagon Papers" Printed for the Use of the House Committee on Armed Services, 12 vols.). Washington, D.C.: U.S. Government Printing Office.
——. 1971–1972. *The Pentagon Papers: The Defense Department History of United States Decisionmaking on Vietnam* (The Senator Gravel ed., 4 vols.). Boston: Beacon Press.
United States, Department of State. 1964. *American Foreign Policy: Current Documents*. Washington, D.C.: U.S. Government Printing Office.
——. 1965. *Aggression from the North: The Record of North Viet-Nams Campaign to Con-

quer South Viet-Nam. Washington, D.C.: U.S. Government Printing Office.
—. Annual. *Department of State Bulletin*. Washington, D.C.: U.S. Government Printing Office.
—. Annual. *Foreign Relations of the United States*. Washington, D.C.: U.S. Government Printing Office. [FRUSと略記]
United States, Office of the Federal Register. 1966a. *Public Papers of the Presidents of the United States: Lyndon B. Johnson, 1965* (Vol. I). Washington, D.C.: U.S. Government Printing Office.
—. 1966b, *Public Papers of the Presidents of the United States: Lyndon B. Johnson, 1965* (Vol. II). Washington, D.C.: U.S. Government Printing Office.

非公刊
a. ジョンソン大統領記念図書館(Lyndon Baines Johnson Library and Museum)所蔵のもの
NATIONAL SECURITY FILE [NSFと略記]
    Agency File
    Country File
    Country File, Vietnam
    Files of McGeorge Bundy
    Files of Robert W. Komer
    Files of Walt W. Rostow
    International Meetings and Travel File
    Memos to the President – McGeorge Bundy, Walt W. Rostow
    Name File
    National Intelligence Estimates
    National Security Action Memorandums
    National Security Council Histories
    National Security Council Meetings File
    Speech File
    Subject File
WHITE HOUSE CENTRAL FILE [WHCFと略記]
    Confidential File
    Name File
    Subject File
SPECIAL FILES
    Administrative Histories
    Statements of Lyndon B. Johnson
PERSONAL PAPERS
    Papers of McGeorge Bundy
    Papers of William P. Bundy
ORAL HISTORY COLLECTION
    Mann, Thomas C.

McNamara, Robert S.
Rostow, Walt W.
Rusk, Dean

b. アメリカ国立公文書館（National Archives and Records Administration II）所蔵のもの
GENERAL RECORDS OF THE DEPARTMENT OF STATE, RECORD GROUP 59［RG59 と略記］
　Central Files
　　Subject and Numeric Files, 1964–1966; 1967–1969［S&N と略記］
　Office Files/Lot Files
　　East Asia/Pacific［EA/P と略記］
　　Executive Secretariat, Conference Files, 1949–72［CF と略記］
　　NSC Executive Secretariat, NSAM Files, 1961–1968
　　NSC Executive Secretariat, NSC Meeting Files, 1966–1970
　　Policy Planning Council, Records of the Policy Planning Council, 1963–1964
　　Policy Planning Staff (S/P), Subject and Country Files, 1965–1969［S/P と略記］
RECORDS OF THE AGENCY FOR INTERNATIONAL DEVELOPMENT (USAID), RECORD GROUP 286
　Office of Public Safety, Office of the Director, Numeric File, 1956–1974
　Office of Public Safety, Operations Division, East Asia Branch, Country and Subject File

(2) 日本政府文書
非公刊
a. 外務省外交史料館で公開されたもの
　（マイクロフィルムのリール番号順. 括弧内の分類番号は，門，類，項，目，号）
B'0148 (B'6,3,0,41)『アジア開発銀行関係雑件』
B'0148 (B'6,3,0,41-1)『アジア開発銀行設立関係』
B'0149 (B'6,3,0,41-1-1)『アジア開発銀行関係　設立関係　準備会議関係』
B'0149 (B'6,3,0,41-1-2)『アジア開発銀行関係　設立関係　閣僚級会議関係』
B'0149 (B'6,3,0,41-1-3)『アジア開発銀行関係　設立関係　本店所在地問題』
B'0150 (B'6,3,0,41-5)『アジア開発銀行関係　創立総会関係』

b. 外務省情報公開室で開示されたもの
　①文書毎の一括申請によるもの
『東南アジア開発閣僚会議関係　第1回会議関係　開催経緯　第1巻』
『東南アジア開発閣僚会議関係　第1回会議関係　開催経緯　第2巻』
『東南アジア開発閣僚会議関係　第1回会議関係　開催経緯　第3巻』
『東南アジア開発閣僚会議関係　第1回会議関係　議事録』
『東南アジア開発閣僚会議関係　第1回会議関係　新聞切り抜き　第1巻』
『東南アジア開発閣僚会議関係　第1回会議関係　新聞切り抜き　第2巻』

『東南アジア開発閣僚会議関係　第1回会議関係　第1巻』
『東南アジア開発閣僚会議関係　第1回会議関係　第3巻』
『東南アジア開発閣僚会議関係　第1回会議関係　第4巻』
『東南アジア開発閣僚会議関係　第1回会議関係　第5巻』
『東南アジア開発閣僚会議関係　第2回会議関係』
『アジア開発銀行関係（ADB）　設立関係　本店所在地問題』
『アジア開発銀行関係（ADB）　拠出及び加盟関係』
『アジア開発銀行関係（ADB）　創立総会関係　総裁，副総裁関係』
『アジア開発銀行関係（ADB）　特別基金関係』

②個別申請によるもの（作成日付順）

アジア局南西アジア課「東南アジア外相会議準備会議の開催」3/18/65.
国際資料部「ロストウ米国務省政策企画委員長との第2回定期協議記録」5/-/65.
アジア局総務参事官室「第14回アジア・太平洋地域公館長会議議事要録（未定稿）」5/-/65.
外務省「椎名外務大臣，ラスク国務長官カウンターパート・ランチ会談要旨」7/12/65.
外務省「第4回日米貿易経済合同委員会の模様」7/19/65.
経済協力局菊地米国・カナダ課長記「第4回日米貿易経済合同委員会出席報告」7/27/65.
アジア局北東アジア課「東南アジア外相会議に対するわが国の態度（試案）」1/24/66.
アジア局北東アジア課「東南アジア外相会議について」1/29/66.
アジア局北東アジア課「『東南アジア外相会議』のためのバンコク準備会議への対応方針」4/8/66.
アジア局北東アジア課「アジア太平洋地域の協力のための閣僚会議の問題点」5/10/66.
外務省「アジア・太平洋地域の協力のための閣僚会議」5/11/66.
外務省「アジア・太平洋地域の協力のための閣僚会議における各種ステートメント及び想定される各種提案及び問題に対する応答振り」6/6/66.
アジア局南西アジア課「アジアにおける地域協力関係諸構想の概要」5/31/67.
アジア局南西アジア課「東南アジア諸国連合（ASEAN）の創設について」8/18/67.
アジア局地域政策課「ASEAN（Association of South East Asian Nations 東南アジア諸国連合）について」11/4/69.
そのほか，外務省所蔵の関連電文

そのほか

海外技術協力事業団編．1966．『メコン河の開発：開発の経緯と現状』海外技術協力事業団．
海外技術協力事業団開発調査部．1966．『メコン河総合開発特集号』海外技術協力事業団．
——訳．1967．「アジア開発銀行メコン開発基金協定案」海外技術協力事業団．
——編．1968．「メコン河開発をめぐる最近の動向：新聞情報」海外技術協力事業団開発調査部．
外務省アジア地域協力研究会．1971．『アジアの地域協力機構』日本国際問題研究所．
内閣総理大臣官房調査室．1968．「韓国の東南アジア政策」『調査月報』13(5): 49–62.
農林大臣官房総務課国際協力班編．1955．「シムラ会議に関する報告書」（謄写版）農林大臣官房総務課国際協力班．

(3) 韓国政府文書
非公刊
外交安保研究所で公開されたもの
（一連番号，文書名〈括弧内は日本語訳〉，マイクロフィルムのロール番号，ファイル番号（ファイル番号がない文書についてはフレーム番号）の順）

140『정일권대사의 SEATO 참석보고〈丁一権大使のSEATO参席報告〉, 1958』G-0001 (Frame No. 0006–0015).
211『APACL (아세아민족반공연맹) 회의〈APACL会議〉, 1954–58』I-0005 (Frame No. 0682–0764).
212『APACL (아세아민족반공연맹) 회의, 제5차, 서울〈APACL会議，第5次，ソウル〉, 1959.6.1–10』I-0005 (Frame No. 0765–0989).
682『동남아국가연합 (ASA) 창립 및 가입교섭〈ASA創立及び加入交渉〉, 1961–62』C-0005, 12.
776『아시아 4개국 외상회의〈アジア4ヵ国外相会議〉, Manila, 1961.1.18–19』C1-0011, 07.
777『제2차 아시아지역 외상 (정상) 회의 개최계획〈第2次アジア地域外相（首脳）会議開催計画〉, 1962–64』C1-0011, 08.
778『말레이지아 성립에 관한 동남아정상회담〈マレーシア成立に関する東南アジア首脳会談〉, Manila, 1963.7.30–8.5』C1-0011, 09.
781『공관장회의, 1964 년도 – 아주지역〈公館長会議，1964年度 – アジア地域〉』C1-0011, 12.
841『Sukarno 인도네시아 대통령 방한 초청 계획〈スカルノ・インドネシア大統領訪韓の招請計画〉, 1962–63』C-0009, 16.
850『Thanat Khoman 태국 외무장관 방한〈タナット・コーマン・タイ外相訪韓〉, 1961.9.13–15』C-0009, 25.
851『Thanat Khoman 태국 외무장관 방한〈タナット・コーマン・タイ外相訪韓〉, 1964.11.24–26』C-0009, 26.
853『Rusk, Dean 미국 국무장관 방한〈ディーン・ラスク米国国務長官訪韓〉, 1961.11.4–7』C-0009, 28.
854『Rusk, Dean 미국 국무장관 방한〈ディーン・ラスク米国国務長官訪韓〉, 1964.1.29』C-0009, 29.
862『Chang, Chun 중화민국 총통 비서장 방한〈台湾総統秘書長訪韓〉, 1964.8.21–27』C-0009, 37.
865『우시바 노부히꼬 (牛場信彦) 일본 외무성 심의관 방한〈牛場信彦日本外務省審議官訪韓〉, 1964.12.11–15』C-0009, 40.
866『Yager, J. 미국 국무부 동아시아국장 방한〈J. イェガー米国国務省東アジア局長訪韓〉, 1962.4.11』C-0009, 41.
867『미국 국무부 동부아시아 및 태평양담당 차관보 방한〈米国国務省東アジア・太平洋担当次官補訪韓〉, 1962–64』C-0009, 42.
891『한국의 대월남 군사원조〈韓国の対南ベトナム軍事援助〉, 1964』G-0002, 01.
893『주한미군 감축관계 발언 및 언론보도〈在韓米軍削減関係発言及び言論報道〉,

資料・参考文献　321

　　　1963–64』G-0002, 03.
895 『태평양동맹안〈太平洋同盟案〉, 1951–53』G-0002, 05.
942 『ECAFE 아시아경제협조를 위한 특별회의〈ECAFE アジア経済協力のための特別会議〉, Manila, 1963.12.3–6』I-0006, 02.
1341 『일본정세〈日本情勢〉, 1964』O-0018, 07.
1425 『한국의 외교정책〈韓国の外交政策〉, 1965』C-0010, 02.
1444 『아시아태평양이사회 (ASPAC) 창설계획〈ASPAC 創設計画〉, 1963–65』C-0010, 22.
1445 『아시아태평양이사회 (ASPAC) 창설 예비회담, 제 1 차〈ASPAC 創設予備会談, 第 1 次〉, Bangkok, 1965.3.11–14』C-0011, 01.
1482 『박정희대통령 미국방문, 1965.5.16–26. 전 2 권 (V.1 기본문서집)〈朴正熙大統領米国訪問, 1965.5.16–26. 全 2 巻 (V.1 基本文書集)〉』C-0011, 07.
1483 『박정희대통령 미국방문, 1965.5.16–26. 전 2 권 (V.2 신문기사철)〈朴正熙大統領米国訪問, 1965.5.16–26. 全 2 巻 (V.2 新聞記事綴)〉』C-0011, 08.
1484 『정일권국무총리 말레이지아 및 월남방문, 1965.9.27–10.2 전 2 권 (V.1 말레이지아 방문 및 종합보고)〈丁一権国務総理マレーシア及び南ベトナム訪問, 1965.9.27–10.2 全 2 巻 (V.1 マレーシア訪問及び総合報告)〉』C-0011, 09.
1485 『정일권국무총리 말레이지아 및 월남방문, 1965.9.27–10.2 전 2 권 (V.2 월남방문)〈丁一権国務総理マレーシア及び南ベトナム訪問, 1965.9.27–10.2 全 2 巻 (V.2 南ベトナム訪問)〉』C-0011, 10.
1488 『이동원 외무부장관 미국 방문〈李東元外務長官米国訪問〉, 1965』C-0012, 01.
1497 『Rahman, Tunku Abdul 말레이지아 수상 방한〈アブドル・ラーマン・マレーシア首相訪韓〉, 1965.4.28–5.1』C-0012, 10.
1498 『Ky, Nguyen Cao 월남 수상 방한〈グエン・カオ・キ南ベトナム首相訪韓〉, 1965.11.8–11』C-0012, 11.
1499 『심창환 중화민국 외교부장 방한계획〈沈昌煥台湾外交部長訪韓計画〉, 1965 [8.–]』C-0012, 12.
1519 『주한미군 감축관계 발언〈在韓米軍削減関係発言〉, 1965』G-0003, 02.
1553 『APO (아시아생산성기구) 이사회, 제 6 차〈APO 理事会, 第 6 次〉, New Delhi, 1965.12.7–11』I-0014, 07.
1554 『IPU (국제의원연맹) 총회, 제 54 차, Ottawa (캐나다)〈IPU (国際議員連盟) 総会, 第 54 次, Ottawa (カナダ)〉, 1965.9.8–17』I-0014, 08.
1574 『주월군사원조단의 지위에 관한 한-월남, 한-미간의 군사실무자 약정〈駐越軍援助団の地位に関する韓国・南ベトナム, 韓・米間の軍事実務者協定〉, 1965』J-0024, 04.
1653 『한-월남 경제각료회담, 제 1 차, 서울〈韓国・南ベトナム経済閣僚会談, 第 1 次, ソウル〉, 1965.11.10』M-0005, 03.
1671 『ADB (아시아개발은행) 설립 전권대표회의, 마닐라〈ADB 設立全権代表会議, マニラ〉, 1965.12.2–4』M-0006, 05.
1677 『대월남 군수물자 수출교섭〈対南ベトナム軍需物資輸出交渉〉, 1965』N-0004, 05.
1683 『한국군 월남파병 및 이에 대한 각국반응〈韓国軍南ベトナム派兵及びこれに対する各国の反応〉, 1965』O-0022, 04.
1684 『주미대사관 정무보고〈駐米大使館政務報告〉, 1965』O-0022, 05.

1770 『Humphrey, Hubert H. 미국부통령 아시아순방〈ヒューバート・ハンフリー米国副大統領アジア歴訪〉, 1965.12.28-1966.1.2』 C-0014, 13.
1771 『Humphrey, Hubert H. 미국부통령 아시아순방〈ヒューバート・ハンフリー米国副大統領アジア歴訪〉, 1966.2.10-23』 C-0014, 14.
1783 『ASPAC (아시아태평양이사회) 창설 예비회담, 제 2 차〈ASPAC 創設予備会談, 第 2 次〉, Bangkok, 1966.4.18-20』 C-0014, 26.
1784 『ASA (동남아국가연합) 외무장관회의 및 상설위원회〈ASA 外相会議及び常設委員会〉, 1966』 C-0014, 27.
1785 『ASPAC (아시아태평양이사회) 각료회의, 제 1 차, 서울, 1966.6.14-16, 전 8 권 (V.1 기본문서)〈ASPAC 閣僚会議, 第 1 次, ソウル, 1966.6.14-16, 全 8 巻 (V.1 基本文書)〉』 C-0015, 01.
1786 『ASPAC (아시아태평양이사회) 각료회의, 제 1 차, 서울, 1966.6.14-16, 전 8 권 (V.2 회의문서집)〈ASPAC 閣僚会議, 第 1 次, ソウル, 1966.6.14-16, 全 8 巻 (V.2 会議文書集)〉』 C-0015, 02.
1787 『ASPAC (아시아태평양이사회) 각료회의, 제 1 차, 서울, 1966.6.14-16, 전 8 권 (V.3 보고서)〈ASPAC 閣僚会議, 第 1 次, ソウル, 1966.6.14-16, 全 8 巻 (V.3 報告書)〉』 C-0015, 03.
1788 『ASPAC (아시아태평양이사회) 각료회의, 제 1 차, 서울, 1966.6.14-16, 전 8 권 (V.4 각국대표단 참석계획: 호주-라오스)〈ASPAC 閣僚会議, 第 1 次, ソウル, 1966.6.14-16, 全 8 巻 (V.4 各国代表団参席計画: オーストラリア-ラオス)〉』 C-0015, 04.
1789 『ASPAC (아시아태평양이사회) 각료회의, 제 1 차, 서울, 1966.6.14-16, 전 8 권 (V.5 각국대표단 참석계획: 말레이지아-기타)〈ASPAC 閣僚会議, 第 1 次, ソウル, 1966.6.14-16, 全 8 巻 (V.5 各国代表団参席計画: マレーシア-そのほか)〉』 C-0015, 05.
1790 『ASPAC (아시아태평양이사회) 각료회의, 제 1 차, 서울, 1966.6.14-16, 전 8 권 (V.6 자료집)〈ASPAC 閣僚会議, 第 1 次, ソウル, 1966.6.14-16, 全 8 巻 (V.6 資料集)〉』 C-0015, 06.
1791 『ASPAC (아시아태평양이사회) 각료회의, 제 1 차, 서울, 1966.6.14-16, 전 8 권 (V.7 회의록)〈ASPAC 閣僚会議, 第 1 次, ソウル, 1966.6.14-16, 全 8 巻 (V.7 会議録)〉』 C-0015, 07.
1792 『ASPAC (아시아태평양이사회) 각료회의, 제 1 차, 서울, 1966.6.14-16, 전 8 권 (V.8 준비사항)〈ASPAC 閣僚会議, 第 1 次, ソウル, 1966.6.14-16, 全 8 巻 (V.8 準備事項)〉』 C-0015, 08.
1793 『ASPAC (아시아태평양이사회) 등에 관한 아주지역 공관장회의, 서울〈ASPAC などに関するアジア地域公館長会議〉, ソウル, 1966.6.21』 C-0015, 09.
1794 『ASPAC (아시아태평양이사회) 상임위원회, 제 1-3 차〈ASPAC 常任委員会, 第 1-3 次〉, Bangkok, 1966』 C-0016, 01.
1795 『ASPAC (아시아태평양이사회) 상임위원회 분과위원회, 제 1-3 차〈ASPAC 常任委員会 分科委員会, 第 1-3 次〉, Bangkok, 1966』 C-0016, 02.
1810 『월남문제에 관한 전아시아 평화회의 개최 제의〈南ベトナム問題に関する全アジア平和会議開催提議〉, 1966』 C1-0017, 06.
1812 『박정희대통령 동남아 및 중화민국 순방, 1966.2.7-18, 전 4 권 (V.1 기본계획)

〈朴正熙大統領東南アジア及び台湾歴訪, 1966.2.7–18, 全4巻（V.1　基本計画）〉』C-0016, 12.

1813『박정희대통령　동남아　및　중화민국　순방, 1966.2.7–18, 전4권（V.2　말레이지아 방문）〈朴正熙大統領東南アジア及び台湾歴訪, 1966.2.7–18, 全4巻（V.2 マレーシア訪問）〉』C-0016, 13.

1814『박정희대통령　동남아　및　중화민국　순방, 1966.2.7–18, 전4권（V.3　태국방문）〈朴正熙大統領東南アジア及び台湾歴訪, 1966.2.7–18, 全4巻（V.3　タイ訪問）〉』C-0016, 14.

1815『박정희대통령　동남아　및　중화민국　순방, 1966.2.7–18, 전4권（V.4　중화민국 방문　및　자료）〈朴正熙大統領東南アジア及び台湾歴訪, 1966.2.7–18, 全4巻（V.4　中華民国訪問及び資料）〉』C-0016, 15.

1816『박정희대통령　월남　방문〈朴正熙大統領南ベトナム訪問〉, 1966.10.21』C-0016, 16.

1823『정일권 국무총리　Marcos, Ferdinand E.　필리핀　대통령　취임식　참석〈丁一權国務総理フェルディナンド・マルコス・フィリピン大統領就任式参席〉, 1965.12.28–66.1.2』C-0017, 07.

1824『장개석（蔣介石）중화민국　총통방한〈蔣介石台湾総統訪韓〉, 1949.8.6–8』C-0017, 08.

1825『Marcos, Ferdinand E.　필리핀대통령　방한초청계획〈フェルディナンド・マルコス・フィリピン大統領訪韓招請計画〉, 1966』C-0017, 09.

1826『Johnson, Lyndon B.　미국대통령　방한〈リンドン・ジョンソン米大統領訪韓〉, 1966.10.31–11.2』C-0017, 10.

1831『Malik, Adam　인도네시아외무장관　방한초청계획〈アダム・マリク・インドネシア外相訪韓招請計画〉, 1966』C-0017, 15.

1833『Rusk, Dean　미국국무장관　방한〈ディーン・ラスク米国国務長官訪韓〉, 1966.7.8–9』C-0017, 17.

1840『Lodge, Henry C.　주월미국대사　방한〈ヘンリー・ロッジ駐南ベトナム米国大使訪韓〉, 1966.5.19–20』C-0017, 24.

1841『Chieu, Pham Xuan　월남　영도위원회　사무총장　방한〈南ベトナム指導委員会事務総長訪韓〉, 1966.5.27–29』C-0017, 25.

2111『신동남아　지역협력체　창설구상〈新東南アジア地域協力体創設構想〉, 1967』C-0019, 17.

2112『유엔내의　ASPAC Sub-Group　구성문제〈国連内ASPACサブグループ構成問題〉, 1967』C-0019, 18.

2113『ASPAC（아시아태평양이사회）각료회의, 제2차〈ASPAC閣僚会議, 第2次〉, Bangkok, 1967.7.5–7』C-0019, 19.

2114『ASPAC　상임위원회, 제4–6차〈ASPAC常任委員会, 第4–6次〉, Bangkok, 1967』C-0019, 20.

2131『월남참전 7 개국　외상회의, 제1차, Washington, D.C., 1967.4.20–21, 전 2권（V.2 자료집）〈南ベトナム参戦 7 ヵ国外相会議, 第1次, Washington, D.C., 1967.4.20–21, 全 2 巻（V.2　資料集）〉』C1-0018, 06.

2403『동남아경제개발각료회의, 제2차〈東南アジア経済開発閣僚会議, 第2次〉, Manila, 1967.4.26–28』M-0009, 10.

2537 『ASEAN (동남아국가연합) 창설 및 제 2 차 각료회의〈ASEAN 創設及び第 2 次閣僚会議〉, 1967–68』C-0024, 30.
2539 『ASPAC (아시아태평양이사회) 각료회의, 제 3 차, Canberra, 1968.7.30–8.1, 전 3 권 (V.2 공동성명서 및 연설문)〈ASPAC 閣僚会議, 第 3 次, Canberra, 1968.7.30–8.1, 全 3 巻 (V.2 共同声明及び演説文)〉』C-0024, 32.
2540 『ASPAC (아시아태평양이사회) 각료회의, 제 3 차, Canberra, 1968.7.30–8.1, 전 3 권 (V.3 회의문서철)〈ASPAC 閣僚会議, 第 3 次, Canberra, 1968.7.30–8.1, 全 3 巻 (V.3 会議文書綴)〉』C-0025, 01.
2541 『ASPAC 상설위원회 (1967–68 년도), 제 5–9 차〈ASPAC 常設委員会 (1967–68 年度), 第 5–9 次〉, Canberra, 1968』C-0025, 02.
2547 『ASPAC 사회문화센터 설립경위 및 계획서〈ASPAC 社会文化センター設立経緯及び計画書〉, 1968』C-0025, 08.
2571 『공관장회의 – 동남아〈公館長会議 – 東南ア〉, Bangkok, 1968.4.9』C1-0020, 08.
2577 『박정희대통령 미국방문, 1968.4.17–19, 전 2 권 (V.2 기본문서철)〈朴正煕大統領米国訪問, 1968.4.17–19, 全 2 巻 (V.2 基本文書綴)〉』C-0026, 06.
2579 『최규하외무장관 미국방문〈崔圭夏外務長官米国訪問〉, 1968.12.3–7』C-0027, 20.
2605 『Bundy, William P. 미국국무성 동북아시아 및 태평양담당차관보 방한〈ウィリアム・バンディ米国国務省東アジア・太平洋担当次官補訪韓〉, 1968.7.22–24』C-0028, 19.

2. 資料集・年鑑・辞典など

(1) 英　文

Burns, Richard Dean. 1983. *Guide to American Foreign Relations since 1700*. Santa Barbara, Calif.: ABC-Clio.
Leifer, Michael. 1995. *Dictionary of the Modern Politics of South-East Asia*. London, New York: Routledge.
Matray, James I., ed. 2002. *East Asia and the United States: An Encyclopedia of Relations since 1784*. Westport, Conn.: Greenwood Press.
OECD (Organisation for Economic Co-Operation and Development). 1996. *The European Reconstruction 1948–1961: Bibliography on the Marshall Plan and the Organisation for European Economic Co-Operation (OEEC)*. Paris: Organisation for Economic Co-Operation and Development.
Porter, Gareth, ed. 1979. *Vietnam: The Definitive Documentation of Human Decisions*. Tokyo: International Corporation.
United States, Federal Register Division, National Archives and Records Service, General Services Administration. 1965. *United States Government Organization Manual, 1965–66*. Washington, D.C.: Federal Register Division, National Archives and Records Service, General Services Administration.
―――. 1968. *United States Government Organization Manual, 1968–69* (Revised June 1. 1968). Washington, D.C.: Federal Register Division, National Archives and Records Service, General Services Administration.

United States, National Archives and Records Administration. 1998. *Guide to Federal Records in the National Archives of the United States* (2nd ed. compiled by Robert B. Matchette with Anne B. Eales and Jan Shelton Danis). Washington, D.C.: National Archives and Records Administration.

(2) 和　文
外務省．1965．『わが外交の近況』第9号．
鹿島平和研究所編．1983-1995．『日本外交主要文書・年表』原書房．
日本国際問題研究所編．1961-1990．『国際年報』日本国際問題研究所．
山影進編．1999．『ASEAN資料集成1967-1996』日本国際問題研究所．

3. 新聞・定期刊行物
(1) 英　文
Antara News Bulletin
Bangkok Post
The Indonesia Times
The Japan Times
New Straits Times
The New York Times
The Straits Times

(2) 和　文
『朝日新聞』
『産経新聞』
『東京新聞』
『日本経済新聞』
『毎日新聞』
『読売新聞』
『アジアの動向』アジア経済研究所．
『東南アジア月報』東南アジア調査会．
『東南アジア要覧』東南アジア調査会．

4. 回顧録・伝記
(1) 英　文
Ball, George W. 1982. *The Past Has Another Pattern: Memoirs*. New York: Norton.
Bird, Kai. 1998. *The Color of Truth: McGeorge Bundy and William Bundy, Brothers in Arms*. New York: Simon & Schuster.
Cohen, Warren I. 1980. *Dean Rusk*. Totowa, N.J.: Cooper Square Publishers.
Cooper, Chester L. 1970. *The Lost Crusade: America in Vietnam*. Greenwich, Conn.:

Fawcett Publications.
Elson, R. E. 2001. *Suharto: A Political Biography*. Cambridge, U.K.: Cambridge University Press.
Fulbright, William J. 1966. *The Arrogance of Power*. Harmondsworth, Middlesex: Penguin Books.
Goodwin, Richard N. 1988. *Remembering America: A Voice from the Sixties*. Boston: Little, Brown.
Green, Marshall. 1990. *Indonesia: Crisis and Transformation 1965–1968*. Washington, D.C.: Compass Press.
Johnson, Lyndon B. 1971. *The Vantage Point: Perspectives of the Presidency 1963–1969*. New York: Holt, Rinehart and Winston.
Johnson, U. Alexis. 1984. *The Right Hand of Power*. Englewood Cliffs, N.J.: Prentice-Hall.
Jones, Howard P. 1971. *Indonesia: The Possible Dream*. Singapore: Mas Aju.
Kissinger, Henry. 1994. *Diplomacy*. New York: Simon & Schuster.
Lee, Kuan Yew. 1998. *The Singapore Story: Memoirs of Lee Kuan Yew*. Singapore: Prentice Hall.
——. 2000. *From Third World to First: The Singapore Story, 1965–2000: Singapore and the Asian Economic Boom*. New York: Harpercollins Publishers.
Malik, Adam. 1980. *In the Service of the Republic*. Singapore: Gunung Agung.
McNamara, Robert S. 1995. *In Retrospect: The Tragedy and Lessons of Vietnam*. New York: Times Books.
Oberdorfer, Don. 2003. *Senator Mansfield: The Extraordinary Life of a Great Statesman and Diplomat*. Washington, D.C.: Smithsonian Books.
Park, Chung Hee. 1971. *To Build a Nation*. Washington, D.C.: Acropolis Books.
Rahman, Tunku Abdul, Putra al-Haj. 1977. *Looking Back: Monday Musings and Memories*. Kuala Lumpur: Pustaka Antara.
Reischauer, Edwin O. 1986. *My Life between Japan and America*. New York: Harper & Row.
Rusk, Dean. 1990. *As I Saw It*. New York: W. W. Norton.
Taylor, Maxwell D. 1972. *Swords and Plowshares*. New York: W. W. Norton.
Valenti, Jack. 1975. *A Very Human President*. New York: Norton.

(2) 和 文
オーバードーファー,ドン(菱木一美・長賀一哉訳).2005.『マイク・マンスフィールド:米国の良心を守った政治家の生涯』共同通信社(Oberdorfer 2003 の訳).
金東祚(林建彦訳).1993.『韓日の和解:日韓交渉14年の記録』サイマル出版会.
佐藤榮作(伊藤隆監修).1998.『佐藤榮作日記(第2巻)』朝日新聞社.
ジョンソン,U. アレクシス(増田弘訳).1989.『ジョンソン米大使の日本回想:二・二六事件から沖縄返還・ニクソンショックまで』草思社(Johnson 1984 の訳).
丁一権.1988.『原爆か休戦か』日本工業新聞社.

フルブライト，J. W. 1991.『権力の驕りに抗して：私の履歴書』日本経済新聞社.
マクナマラ，ロバート・S.(仲晃訳). 1997.『マクナマラ回顧録：ベトナムの悲劇と教訓』共同通信社 (McNamara 1995 の訳).
マンスフィールド，マイク(小孫茂編著). 1999.『マンスフィールド 20 世紀の証言』日本経済新聞社.
御巫清尚. 1991.『東の風・西の風』国際開発ジャーナル社.
ライシャワー，エドウィン・O.(徳岡孝夫訳). 1987.『ライシャワー自伝』文藝春秋（Reischauer 1986 の訳).
ラーマン，トゥンク・アブドゥル・プトラ(小野沢純監訳，鍋島公子訳). 1987.『ラーマン回想録』井村文化事業社 (Rahman 1977 の訳).
リー・クアンユー(小牧利寿訳). 2000a.『リー・クアンユー回顧録：ザ・シンガポール・ストーリー（上）』日本経済新聞社 (Lee 1998 の訳).
――. 2000b.『リー・クアンユー回顧録：ザ・シンガポール・ストーリー（下）』日本経済新聞社 (Lee 2000 の訳).
渡辺武. 1973.『アジア開銀総裁日記』日本経済新聞社.

5.研 究
(1) 英 文
Acharya, Amitav. 1992. "Regional Military-Security Cooperation in the Third World: A Conceptual Analysis of the Relevance and Limitations of ASEAN." *Journal of Peace Research* 29 (1): 7–21.
――. 2001. *Constructing a Security Community in Southeast Asia: ASEAN and the Problem of Regional Order*. London, New York: Routledge.
――. 2002. *Regionalism and Multilateralism: Essays on Cooperative Security in the Asia-Pacific*. Singapore: Times Academic Press.
Aggarwal, Vinod K. and Charles E. Morrison, eds. 1998. *Asia-Pacific Crossroads: Regime Creation and the Future of APEC*. New York: St. Martin's Press.
Alagappa, Muthiah. 1995. "Regionalism and Conflict Management: A Framework for Analysis." *Review of International Studies* 21: 359–387.
Andrew, James R. 1968. "The Rhetoric of Alliance." *Today's Speech* 16: 20–24.
Bailey, George. 1976. "Television War: Trends in Network Coverage of Vietnam 1965–1970." *Journal of Broadcasting* 20 (2): 147–158.
Baker, Richard. 1998. "The United States and APEC Regime Building." Vinod K. Aggarwal and Charles E. Morrison, eds. *Asia-Pacific Crossroads: Regime Creation and the Future of APEC*. New York: St. Martin's Press, 165–190.
Baker, Richard W. and Charles E. Morrison, eds. 2000. *Asia Pacific Security Outlook 2000*. Tokyo: Japan Center for International Exchange.
Baldwin, David A. 1966. *Economic Development and American Foreign Policy, 1943–62*. Chicago: University of Chicago Press.
Ball, George W. 1969. "Slogans and Realities." *Foreign Affairs* 47 (4): 623–641.

Banks, Michael. 1969. "Systems Analysis and the Study of Regions." *International Studies Quarterly* 13 (4): 335–360.
Barbezat, Daniel. 1997. "The Marshall Plan and the Origin of the OEEC." Richard T. Griffiths, ed. *Explorations in OEEC History*. Paris: Organisation for Economic Co-Operation and Development, 33–44.
Berman, Larry. 1993. "Coming to Grips with Lyndon Johnson's War." *Diplomatic History* 17 (4): 519–538.
Berton, Peter. 1969. "International Subsystem: A Submacro Approach to International Studies." *International Studies Quarterly* 13 (4): 329–334.
——. 1981. "Direction and Analysis of U.S. Foreign Policy." James C. Hsiung and Winberg Chai, eds. *Asia and U.S. Foreign Policy*. New York: Praeger, ch. 1.
Binder, Leonard. 1958. "The Middle East and a Subordinate International System." *World Politics* 10 (3): 408–429.
Biswas, Asit K. and Tsuyoshi Hashimoto, eds. 1996. *Asian International Waters: From Ganges-Brahmaputra to Mekong*. Bombay, New York: Oxford University Press.
Black, Cyril E. 1970. "Government-Sponsored Research in International Studies." *World Politics* 22 (4): 582–596.
Black, Eugene R. 1960. *The Diplomacy of Economic Development*. Cambridge, Mass.: Harvard University Press.
——. 1968. "Regional Co-Operation and Development Policy: The Asian Example." *The Virginia Quarterly Review* 44 (1): 1–18.
——. 1969a. *Alternative in Southeast Asia*. New York: Praeger.
——. 1969b. *The Mekong River: A Challenge in Peaceful Development*. New York: National Strategy Information Center, Inc.
Black, Lloyd D. 1968. *The Strategy of Foreign Aid*. Princeton, N.J.: Van Nostrand.
Blackburn, Richard M. 1994. *Mercenaries and Lyndon Johnson's "More Flags": The Hiring of Korean, Filipino and Thai Soldiers in the Vietnam War*. McFarland & Company, Incorporated Publishers.
Bloch, Henry Simon. 1968. "Regional Development Financing." *International Organization* 22 (1): 182–203.
Boas, Morten and Helge Hveem. 2001. "Regionalism Compared: The African and Southeast Asian Experience." Bjorn Hettne, Andras Inotai and Osvaldo Sunkel, eds. *Comparing Regionalisms: Implications for Global Development*. Basingstoke and New York: Palgrave, ch. 3.
Borden, William S. 1984. *The Pacific Alliance: United States Foreign Economic Policy and Japanese Trade Recovery, 1947–1955*. Madison, Wis.: University of Wisconsin Press.
Boyle, Kevin. 2003. "The Price of Peace: Vietnam, the Pound, and the Crisis of the American Empire." *Diplomatic History* 27 (1): 37–72.
Brazinsky, Gregg Andrew. 2005. "From Pupil to Model: South Korea and American Development Policy during the Early Park Chung Hee Era." *Diplomatic History* 29 (1): 83–115.

Brecher, Michael. 1963. "International Relations and Asian Studies: The Subordinate State System of Southern Asia." *World Politics* 15 (2): 213–235.
Browne, Stephen. 1990. *Foreign Aid in Practice*. London: Pinter Reference.
Buckley, Roger. 2002. *The United States in the Asia-Pacific since 1945*. New York: Cambridge University Press.
Buszynski, Leszek. 1983. *SEATO: The Failure of an Alliance Strategy*. Singapore: Singapore University Press.
Buzan, Barry. 1991. *People, States and Fear: An Agenda for International Security Studies in the Post-Cold War Era*. London: Harvester Wheatsheaf.
Calder, Kent E. 2008. "Critical Junctures and the Contours of Northeast Asian Regionalism." Kent E. Calder and Francis Fukuyama, eds. *East Asian Multilateralism: Prospects for Regional Stability*. Baltimore: Johns Hopkins University Press, ch. 1.
Calder, Kent E. and Francis Fukuyama. 2008. "Introduction." Kent E. Calder and Francis Fukuyama, eds. *East Asian Multilateralism: Prospects for Regional Stability*. Baltimore: Johns Hopkins University Press, 1–12.
Camilleri, Joseph A. 2003. *Regionalism in the New Asia-Pacific Order: The Political Economy of the Asia-Pacific Region*. Cheltenham: Edward Elgar Pub.
Cantori, Louis J. and Steven L. Spiegel. 1969. "International Regions: A Comparative Approach to Five Subordinate Systems." *International Studies Quarterly* 13 (4): 361–380.
———. 1970. *The International Politics of Regions: A Comparative Approach*. Englewood Cliffs, N. J.: Prentice-Hall.
Carlson, Matthew and Travis Nelson. 2008. "Anti-Americanism in Asia? Factors Shaping International Perceptions of American Influence." *International Relations of the Asia-Pacific* 8 (3): 303–324.
Castle, Timothy N. 1993. *At War in the Shadow of Vietnam: U.S. Military Aid to the Royal Lao Government, 1955–1975*. New York: Columbia University Press.
Cha, Victor D. 2003. "Multilateral Security in Asia and the U.S.-Japan Alliance." G. John Ikenberry and Takashi Inoguchi, eds. *Reinventing the Alliance: U.S.-Japan Security Partnership in an Era of Change*. New York: Palgrave Macmillan, ch. 7.
Chapin, Emerson. 1969. "Success Story in South Korea." *Foreign Affairs* 47(3): 560–574.
Chow, Peter C. Y. 1993. "Asia Pacific Economic Integration in Global Perspective." James C. Hsiung, ed. *Asia Pacific in the New World Politics*. Boulder, London: Lynne Rienner Publishers, 195–211.
Clifford, Clark M. 1969. "A Viet Nam Reappraisal: The Personal History of One Man's View and How It Evolved." *Foreign Affairs* 47 (4): 601–622.
Clymer, Kenton J. 1999. "The Perils of Neutrality: The Break in U.S.-Cambodian Relations, 1965." *Diplomatic History* 23 (4): 609–631.
Cohen, Warren I. 1993. *America in the Age of Soviet Power, 1945–1991*. New York: Cambridge University Press.

Crone, Donald. 1993. "Does Hegemony Matter? The Reorganization of the Pacific Political Economy." *World Politics* 45: 501–525.
Crouch, Harold. 1978. *The Army and Politics in Indonesia*. Ithaca, N.Y.: Cornell University Press.
CSIS Commission on Smart Power. 2007. "A Smarter, More Secure America." CSIS.
Cuddy, Dennis L. 1982. "The American Role in Australian Involvement in the Vietnam War." *Australian Journal of Politics and History* 28 (3): 340–353.
Cullather, Nick. 2000. "Development? It's History." *Diplomatic History* 24 (4): 641–653.
———. 2004. "Miracles of Modernization: The Green Revolution and the Apotheosis of Technology." *Diplomatic History* 28 (2): 227–254.
Cumings, Bruce. 1981. *The Origins of the Korean War I: Liberation and the Emergence of Separate Regimes, 1945–1947*. Princeton, N.J.: Princeton University Press.
———. 1990. *The Origins of the Korean War II: The Roaring of the Cataract, 1947–1950*. Princeton, N.J.: Princeton University Press.
———. 2008. "The History and Practice of Unilateralism in East Asia." Kent E. Calder and Francis Fukuyama, eds. *East Asian Multilateralism: Prospects for Regional Stability*. Baltimore: Johns Hopkins University Press, ch. 2.
Dacy, Douglas C. 1986. *Foreign Aid, War, and Economic Development: South Vietnam, 1955–1975*. Cambridge: Cambridge University Press.
Dallek, Robert. 1996. "Lyndon Johnson and Vietnam: The Making of a Tragedy." *Diplomatic History* 20 (2): 147–162.
Daum, Andreas W., Lloyd C. Gardner and Wilfried Mausbach, eds. 2003. *America, the Vietnam War, and the World: Comparative and International Perspectives*. Cambridge: Cambridge University Press.
Dittmer, Lowell. 2002. "East Asia in the 'New Era' in World Politics." *World Politics* 55: 38–65.
Divine, Robert A., ed. 1987a. *The Johnson Years, Volume One: Foreign Policy, the Great Society, and the White House*. Lawrence, Kan.: University Press of Kansas.
———, ed. 1987b. *The Johnson Years, Volume Two: Vietnam, the Environment, and Science*. Lawrence, Kan.: University Press of Kansas.
———. 1988. "Vietnam Reconsidered." *Diplomatic History* 12 (1): 79–94.
———, ed. 1994. *The Johnson Years, Volume Three: LBJ at Home and Abroad*. Lawrence, Kan.: University Press of Kansas.
Dobbs, Charles M. 1984. "The Pact That Never Was: The Pacific Pact of 1949." *Journal of Northeast Asian Studies* 3 (4): 29–42.
ECAFE. 1964. *Helping Economic Development in Asia and the Far East: The Work of ECAFE*. New York: United Nations.
Ekbladh, David. 2002. "'Mr. TVA': Grass-Roots Development, David Lilienthal, and the Rise and Fall of the Tennessee Valley Authority as a Symbol for U.S. Overseas Development, 1933–1973." *Diplomatic History* 26 (3): 335–374.
Engerman, David C. 2004. "The Romance of Economic Development and New Histo-

ries of the Cold War." *Diplomatic History* 28 (1): 23–54.
Fawcett, Louise. 1995. "Regionalism in Historical Perspective." Louise Fawcett and Andrew Hurrell, eds. *Regionalism in World Politics: Regional Organization and International Order*. New York: Oxford University Press, ch. 2.
Fawcett, Louise and Andrew Hurrell, eds. 1995. *Regionalism in World Politics: Regional Organization and International Order*. New York: Oxford University Press.
Fielding, Jeremy. 1999. "Coping with Decline: US Policy toward the British Defense, Reviews of 1966." *Diplomatic History* 23 (4): 633–656.
Fifield, Russell H. 1958. *The Diplomacy of Southeast Asia, 1945–1958*. New York: Harper & Brothers.
——. 1963. *Southeast Asia in United States Policy*. New York: Praeger (published for the Council on Foreign Relations).
——. 1973. *Americans in Southeast Asia: The Roots of Commitment*. New York: Crowell.
Fluker, Robert. 1969. "Regional Cooperation and Modernization of Southeast Asia." *The Review of Politics* 31 (2): 189–209.
Foot, Rosemary. 1995. "Pacific Asia: The Development of Regional Dialogue." Louise Fawcett and Andrew Hurrell, eds. *Regionalism in World Politics: Regional Organization and International Order*. New York: Oxford University Press, ch. 8.
Frankel, Jeffrey A. and Miles Kahler, eds. 1993. *Regionalism and Rivalry: Japan and the United States in Pacific Asia* (National Bureau of Economic Research Conference Report). Chicago, London: University of Chicago Press.
Frankel, Joseph. 1963. *The Making of Foreign Policy: An Analysis of Decision Making*. New York: Oxford University Press.
Frey, Marc. 2003. "Tools of Empire: Persuasion and the United States's Modernizing Mission in Southeast Asia." *Diplomatic History* 27 (4): 543–568.
Friendly, Fred W. 1971. "TV and the Turning Point." *Columbia Journalism Review* 9: 13–20.
Fujimoto, Hiroshi. 2000. "Japan and the War in Southeast Asia, 1965–67." Lloyd C. Gardner and Ted Gittinger, eds. *International Perspectives on Vietnam*. College Station: Texas A&M University Press, ch. 9.
Fukuyama, Francis. 2008. "The Security Architecture in Asia and American Foreign Policy." Kent E. Calder and Francis Fukuyama, eds. *East Asian Multilateralism: Prospects for Regional Stability*. Baltimore: Johns Hopkins University Press, ch. 10.
Gaddis, John Lewis. 1997. *We Now Know: Rethinking Cold War History*. Oxford: Clarendon Press.
Gardner, Lloyd C. 1995. *Pay Any Price: Lyndon Johnson and the Wars for Vietnam*. Chicago: Ivan R. Dee.
Gardner, Lloyd C. and Ted Gittinger, eds. 2000. *International Perspectives on Vietnam*. College Station: Texas A&M University Press.
Gelb, Leslie H. 1972. "The Essential Domino: American Politics and Vietnam." *Foreign Affairs* 50: 459–475.

Gerberding, William P. 1968. "Vietnam and the Future of United States Foreign Policy." *The Virginia Quarterly Review* 44 (1): 19–42.
Gibbons, William C. 1995. *The U.S. Government and the Vietnam War: Executive and Legislative Roles and Relationships* (*Part IV: July 1965–January 1968*). Princeton, N.J.: Princeton University Press.
Goldsworhty, David. 2002. *Losing the Blanket: Australia and the End of Britain's Empire*. Victoria: Melbourne University Press.
Goodman, Allan E. 1996. "Vietnam and ASEAN: Who Would Have Thought It Possible?" *Asian Survey* 36 (6): 592–600.
Gordenker, Leon. 1969. "The 'New Nationalism' and International Organizations." *International Studies Quarterly* 13 (1): 31–45.
Gordon, Bernard K. 1966. *The Dimensions of Conflict in Southeast Asia*. Englewood Cliffs, N.J.: Prentice-Hall.
———. 1969. *Toward Disengagement in Asia: A Strategy for American Foreign Policy*. Englewood Cliffs, N.J.: Prentice-Hall.
Graff, Henry F. 1970. *The Tuesday Cabinet: Deliberation and Decision on Peace and War under Lyndon B. Johnson*. Englewood Cliffs, N.J.: Prentice-Hall.
Greenstein, Fred I. and Richard H. Immerman. 2000. "What Did Eisenhower Tell Kennedy about Indochina? The Politics of Misperception." Walter L. Hixson, ed. *Leadership and Diplomacy in the Vietnam War*. New York: Garland Pub., 64–84.
Gurtov, Melvin. 1970. *Southeast Asia Tomorrow: Problems and Prospects for US Policy*. Baltimore: Johns Hopkins Press.
Haas, Michael. 1974a. "Asian Development Bank." *International Organization* 28: 281–297.
———. 1974b. "The 'Asian Way' to Peace." *Pacific Community* 4: 498–514.
———, ed. 1974–1985. *Basic Documents of Asian Regional Organizations*. New York: Oceana Publications.
———. 1989. *The Asian Way to Peace: A Story of Regional Cooperation*. New York, Westport, Conn. and London: Praeger.
Hagiwara, Yoshiyuki. 1973. "Formation and Development of the Association of Southeast Asian Nations." *Developing Economies* 11 (4): 443–465.
Halib, Mohammed and Tim Huxley, eds. 1996. *An Introduction to Southeast Asian Studies*. London: Tauris Academic Studies.
Han, Sungjoo. 1978. "South Korea's Participation in the Vietnam Conflict: An Analysis of the U.S.-Korean Alliance." *Orbis* 21 (4): 893–912.
Harris, Stuart. 2000. "Asian Multilateral Institutions and Their Response to the Asian Economic Crisis: The Regional and Global Implications." *Pacific Review* 13 (3): 495–516.
Harrison, Selig S. 1978. *The Widening Gulf: Asian Nationalism and American Policy*. New York: Free Press.
Hellmann, Donald C. 1969. "Emergence of an East Asian International Subsystem."

International Studies Quarterly 13 (4): 421–434.

———. 1972. *Japan and East Asia: The New International Order*. New York: Praeger.

Hemmer, Christopher and Peter J. Katzenstein. 2002. "Why Is There No NATO in Asia? Collective Identity, Regionalism, and the Origin of Multilateralism." *International Organization* 56 (3): 575–607.

Herring, George C. 1987. "America and Vietnam: The Debate Continues." *American Historical Review* 92 (2): 350–362.

———. 1994. *LBJ and Vietnam: A Different Kind of War*. Austin: University of Texas Press.

———. 1996. *America's Longest War: The United States and Vietnam, 1950–1975*, 3rd ed. New York: McGraw-Hill.

Hess, Gary R. 1994. "The Unending Debate: Historians and the Vietnam War." *Diplomatic History* 18 (2): 239–264.

Hettne, Bjorn, Andras Inotai and Osvaldo Sunkel, eds. 2001. *Comparing Regionalisms: Implications for Global Development*. Basingstoke and New York: Palgrave.

Higgott, Richard. 1999. "ASEM: Toward the Institutionalization of the East Asia-Europe Relationship?" Donald Barry and Ronald C. Keith, eds. *Regionalism, Multilateralism, and the Politics of Global Trade*. Vancouver: UBC Press, 194–210.

Higgott, Richard and Richard Stubbs. 1995. "Competing Conceptions of Economic Regionalism: APEC versus EAEC in the Asia Pacific." *Review of International Political Economy* 2 (3): 516–535.

Hill, Kenneth L. 1969. "President Kennedy and the Neutralization of Laos." *The Review of Politics* 31 (3): 353–369.

Hixson, Walter L. 1988. "Containment on the Perimeter: George F. Kennan and Vietnam." *Diplomatic History* 12 (2): 149–164.

———, ed. 2000. *Leadership and Diplomacy in the Vietnam War*. New York: Garland Pub.

Hogan, Michael J. 2004. "The 'Next Big Thing': The Future of Diplomatic History in a Global Age." *Diplomatic History* 28 (1): 1–22.

Hook, Steven W. 1995. *National Interest and Foreign Aid*. Boulder, Colo.: Lynne Rienner Publishers.

Hsiung, James C. 1981. "U.S. Interests in Larger Asia." James C. Hsiung and Winberg Chai, eds. *Asia and U.S. Foreign Policy*. New York: Praeger, ch. 12.

———. 1993. "Asia Pacific in Perspective: The Impact of the End of the Cold War." James C. Hsiung, ed. *Asia Pacific in the New World Politics*. Boulder, Colo., London: Lynne Rienner Publishers, ch. 11.

———, ed. 2001. *Twenty-First Century World Order and the Asia Pacific: Value Change, Exigencies, and Power Realignment*. New York: Palgrave.

Hsiung, James C. and Winberg Chai, eds. 1981. *Asia and U.S. Foreign Policy*. New York: Praeger.

Huang, Po-Wen, Jr. 1975. *The Asian Development Bank: Diplomacy and Development in Asia*. New York: Vantage Press.

Hughes, Christopher and Akiko Fukushima. 2004. "U.S.-Japan Security Relations: Toward Bilateralism Plus?" Ellis S. Krauss and T. J. Pempel, eds. *Beyond Bilateralism: U.S.-Japan Relations in the New Asia-Pacific*. Stanford, Calif.: Stanford University Press, ch. 3.

Humphrey, David C. 1994. "NSC Meetings during the Johnson Presidency." *Diplomatic History* 18 (1): 29–46.

Hunt, Michael H. 1991. "Internationalizing U.S. Diplomatic History: A Practical Agenda." *Diplomatic History* 15 (1): 1–12.

Hurrell, Andrew. 1995. "Explaining the Resurgence of Regionalism in World Politics." *Review of International Studies* 21: 331–358.

Ikenberry, G. John. 2004. "America in East Asia: Power, Markets, and Grand Strategy." Ellis S. Krauss and T. J. Pempel, eds. *Beyond Bilateralism: U.S.-Japan Relations in the New Asia-Pacific*. Stanford, Calif.: Stanford University Press, ch. 2.

——. 2008. "A New Order in East Asia?" Kent E. Calder and Francis Fukuyama, eds. *East Asian Multilateralism: Prospects for Regional Stability*. Baltimore: Johns Hopkins University Press, ch. 9.

Ikenberry, G. John and Michael Mastanduno, eds. 2003. *International Relations Theory and the Asia-Pacific*. New York: Columbia University Press.

Jo, Yung-Hwan. 1968. "Regional Cooperation in Southeast Asia and Japan's Role." *The Journal of Politics* 30 (3): 780–797.

Jones, Matthew. 2002a. *Conflict and Confrontation in South East Asia, 1961–1965: Britain, the United States, and the Creation of Malaysia*. Cambridge, U.K.; New York: Cambridge University Press.

——. 2002b. "U.S. Relations with Indonesia, the Kennedy-Johnson Transition, and the Vietnam Connection, 1963–1965." *Diplomatic History* 26 (2): 249–281.

Jordan, Amos A. and William J. Taylor, Jr. 1989. *American National Security: Policy and Process*, 3rd ed. Baltimore and London: Johns Hopkins University Press.

Jorgensen-Dahl, Arnfinn. 1982. *Regional Organization and Order in South-East Asia*. London: Macmillan.

Kahin, George McT. 1986. *Intervention: How America Became Involved in Vietnam*. New York: Knopf.

Kahler, Miles. 2000. "Legalization as Strategy: The Asia-Pacific Case." *International Organization* 54 (3): 549–571.

Kang, Byung-Kyu. 1968. "ASPAC on the March: ASPAC and the Cultural and Social Center." *Koreana Quarterly* 10 (4): 368–379.

Katada, Saori. 2008. "From a Supporter to a Challenger? Japan's Currency Leadership in Dollar-Dominated East Asia." *Review of International Political Economy* 15 (3): 399–417.

Katzenstein, Peter J. 2005. *A World of Regions: Asia and Europe in the American Imperium*. Ithaca: Cornell University Press.

Katzenstein, Peter J. and Takashi Shiraishi, eds. 1997. *Network Power: Japan and Asia*.

Ithaca, N.Y.: Cornell University Press.
Kaufman, Burton I. 1982. *Trade and Aid: Eisenhower's Foreign Economic Policy, 1953–1961*. Baltimore: Johns Hopkins University Press.
———. 1987. "Foreign Aid and the Balance-Of-Payments Problem: Vietnam and Johnson's Foreign Economic Policy." Robert A. Divine, ed. *The Johnson Years, Volume Two: Vietnam, the Environment, and Science*. Lawrence, Kan.: University Press of Kansas.
Kearns, Doris. 1976a. *Lyndon Johnson and the American Dream*. New York: Harper & Row.
———. 1976b. "Lyndon Johnson's Political Personality." *Political Science Quarterly* 91: 385–409.
Kegley, Charles W., Jr. and Eugene R. Wittkopf. 1991. *American Foreign Policy: Pattern and Process*, 4th ed. New York: St. Martin's Press.
Kenny, Henry J. 1984. *The American Role in Vietnam and East Asia: Between Two Revolutions*. New York: Praeger.
Kettl, Donald F. 1987. "The Economic Education of Lyndon Johnson: Guns, Butter, and Taxes." Robert A. Divine, ed. *The Johnson Years, Volume Two: Vietnam, the Environment, and Science*. Lawrence, Kan.: University Press of Kansas, ch. 3.
Khoo, Nicholas. 2004. "Deconstructing ASEAN Security Community: A Review Essay." *International Relations of the Asia-Pacific* 4: 35–46.
King, Larry L. 1976. "Machismo in the White House: LBJ and Vietnam." *American Heritage* 27: 8–13 and 98–101.
Kissinger, Henry A. 1969. "The Viet Nam Negotiations." *Foreign Affairs* 47 (2): 211–234.
Kohut, Andrew and Richard Wike. 2008. "All the World's a Stage." *The National Interest* 95: 56–62.
Kolko, Gabriel. 1985. *Anatomy of a War: Vietnam, the United States, and the Modern Historical Experience*. New York: Pantheon Books.
Korhonen, Pekka. 1998. *Japan and Asia Pacific Integration: Pacific Romances 1968–1996*. Routledge.
Krasner, Stephen D. 1981. "Power Structures and Regional Development Banks." *International Organization* 35 (2): 303–329.
Krauss, Ellis S. 2000. "Japan, the US, and the Emergence of Multilateralism in Asia." *Pacific Review* 13 (3): 473–494.
Krauss, Ellis S. and T. J. Pempel, eds. 2004. *Beyond Bilateralism: U.S.-Japan Relations in the New Asia-Pacific*. Stanford, Calif.: Stanford University Press.
Krishnamurti, R. 1977. *ADB: The Seeding Days*. Manila: Asian Development Bank.
Kryzanek, Michael J. 1985. *U.S.-Latin American Relations*. New York: Praeger.
Kuik, Cheng-Chwee. 2008. "China's Evolving Multilateralism in Asia: The *Aussenpolitik* and *Innenpolitik* Explanations." Kent E. Calder and Francis Fukuyama, eds. *East Asian Multilateralism: Prospects for Regional Stability*. Baltimore: Johns Hopkins University Press, ch. 5.

Kunz, Diane B., ed. 1994. *The Diplomacy of the Crucial Decade: American Foreign Relations during the 1960s*. New York: Columbia University Press.
LaFeber, Walter. 1985. "The Rise and Fall of American Power, 1963–1975: Introduction." William Appleman Williams et al., eds. *America in Vietnam: A Documentary History*. New York: Anchor Press/Doubleday, 215–233.
———. 2000. "Technology and U.S. Foreign Relations." *Diplomatic History* 24 (1): 1–19.
Latham, Michael E. 1998. "Ideology, Social Science, and Destiny: Modernization and the Kennedy-Era Alliance for Progress." *Diplomatic History* 22 (2): 199–229.
———. 2000. *Modernization as Ideology: American Social Science and "Nation Building" in the Kennedy Era*. Chapel Hill and London: University of North Carolina Press.
Lee, Chae-Jin and Hideo Sato. 1982. *U.S. Policy toward Japan and Korea: A Changing Influence Relationship*. New York: Praeger.
Lee, Hahn-Been. 1968. "ASPAC on the March toward an Economic Community in the ASPAC Region." *Koreana Quarterly* 10 (4): 404–408.
Lee, Tong-Won. 1968. "ASPAC on the March: ASPAC, a Dynamic for Regional Cooperation." *Koreana Quarterly* 10 (4): 359–367.
Lefever, Ernest. 1997. "Vietnam's Ghost." *Wall Street Journal*, May 21.
Leffler, Melvyn P. 1988. "The United States and the Strategic Dimensions of the Marshall Plan." *Diplomatic History* 12 (3): 277–306.
Leifer, Michael. 1978. "The Paradox of ASEAN: A Security Organization without the Structure of an Alliance." *Round Table* 271: 261–268.
———. 1989. *ASEAN and the Security of South-East Asia*. London: Routledge.
Levi, Werner. 1968. *The Challenge of World Politics in South and Southeast Asia*. Englewood Cliffs, N.J.: Prentice-Hall.
Levine, Alan J. 1995. *The United States and the Struggle for Southeast Asia 1945–1975*. Westport, Conn. and London: Praeger.
Lilienthal, David E. 1969. "Postwar Development in Viet Nam." *Foreign Affairs* 47 (2): 321–333.
Lincoln, Edward J. 2004. *East Asian Economic Regionalism*. Washington, D.C.: Brookings Institution Press.
Lyon, Peter. 1968–1969. "Substitutes for SEATO?" *International Journal* 24: 35–46.
Mabon, David W. 1988. "Elusive Agreements: The Pacific Pact Proposals of 1949–1951." *Pacific Historical Review* 57 (1): 147–177.
MacDonald, Donald S. 1992. *U.S.-Korean Relations from Liberation to Self-Reliance: The Twenty-Year Record*. Boulder: Westview Press.
Mackie, J. A. C. 1974. *KONFRONTASI: The Indonesia-Malaysia Dispute, 1963–1966*. Kuala Lumpur: Oxford University Press.
Maga, Timothy P. 1990. *John F. Kennedy and the New Pacific Community, 1961–63*. Basingstoke: Macmillan.
———. 1997. *Hands across the Sea? U.S.-Japan Relations, 1961–1981*. Athens: Ohio University Press.

Magallona, Merlin M. 1986. "U.S. Military Bases and Philippine Sovereignty." Lolita W. McDonough, ed. *The U.S. Military Bases in the Philippines: Issues and Scenarios.* Quezon City, Philippines: The Institute, Law Complex, University of the Philippines, 39–109.

Mahapatra, Chintamani. 1990. *American Role in the Origin and Growth of ASEAN.* New Delhi: ABC.

Mandelbaum, Michael, ed. 1995. *The Strategic Quadrangle: Russia, China, Japan, and the United States in East Asia.* New York: Council on Foreign Relations Press.

Manning, Robert and Michael Janeway, eds. 1969. *Who We Are: An Atlantic Chronicle of the United States and Vietnam.* Boston: Little, Brown.

Mansfield, Edward D. and Helen V. Milner. 1999. "The New Wave of Regionalism." *International Organization* 53 (3): 589–627.

Maswood, S. Javed, ed. 2001. *Japan and East Asian Regionalism.* London, New York: Routledge.

McCloud, Donald G. 1995. *Southeast Asia: Tradition and Modernity in the Contemporary World.* Boulder, San Francisco, London: Westview Press.

McIntyre, W. David. 1995. *Background to the ANZUS Pact: Policy-Making, Strategy, and Diplomacy, 1945–55.* New York: St. Martin's Press.

McKinlay, R. D. and R. Little. 1977. "A Foreign Policy Model of U.S. Bilateral Aid Allocation." *World Politics* 30 (1): 58–86.

McKinnon, Malcolm. 1978. "Costs and Continuity: New Zealand's Security and the United States." *Political Science* 30: 29–44.

McMahon, Robert J. 1988. "The Cold War in Asia: Toward a New Synthesis?" *Diplomatic History* 12 (3): 307–328.

――. 1999. *The Limits of Empire: The United States and Southeast Asia since World War II.* New York: Columbia University Press.

――. 2000. "What Difference Did It Make? Assessing the Vietnam War's Impact on Southeast Asia." Lloyd C. Gardner and Ted Gittinger, eds. *International Perspectives on Vietnam.* College Station: Texas A&M University Press, ch. 10.

――. 2002. "Contested Memory: The Vietnam War and American Society, 1975–2001." *Diplomatic History* 26 (2): 159–184.

Menon, P. K. 1971–1972. "Financing the Lower Mekong River Basin Development." *Pacific Affairs* 44 (4): 566–579.

Millikan, Max F. 1968. "An Introductory Essay (The Global Partnership: International Agencies and Economic Development)." *International Organization* 22 (1): 1–15.

Millikan, Max F. and W. W. Rostow. 1957. *A Proposal: Key to an Effective Foreign Policy.* New York: Harper.

Morrison, Charles E. and Astri Suhrke. 1978a. "Malaysia." Charles E. Morrison and Astri Suhrke, eds. *Strategies of Survival: The Foreign Policy Dilemmas of Smaller Asian States.* St. Lucia, Queenland: University of Queenland Press, ch. 5.

———. 1978b. "The Association of Southeast Asian Nations." Charles E. Morrison and Astri Suhrke, eds. *Strategies of Survival: The Foreign Policy Dilemmas of Smaller Asian States.* St. Lucia, Queenland: University of Queenland Press, ch. 9.

Moss, George Donelson. 1998. *Vietnam, an American Ordeal*, 3rd ed. Upper Saddle River, N.J.: Prentice Hall.

Nau, Henry R. 2002. *At Home Abroad: Identity and Power in American Foreign Policy.* Ithaca: Cornell University Press.

Nguyen Khac Vien, ed. 1972. *U.S. Neo-Colonialism in Southeast Asia.* Hanoi: Distributor, Xunhasaba.

Nguyen Thi Dieu. 1999. *The Mekong River and the Struggle for Indochina: Water, War, and Peace.* Westport, Conn.: Praeger.

Nuechterlein, D. E. 1968. "Prospects for Regional Security in Southeast Asia." *Asian Survey* 8: 806–816.

Nye, Joseph S. 1969. "United States Policy toward Regional Organization." *International Organization* 23 (3): 719–740.

Olson, Lawrence. 1970. *Japan in Postwar Asia* (Published for the Council on Foreign Relations). New York: Praeger Publishers.

Osgood, Robert E. 1968. *Alliances and American Foreign Policy.* Baltimore: Johns Hopkins Press.

Packenham, Robert A. 1966. "Political-Development Doctrines in the American Foreign Aid Program." *World Politics* 18 (2): 194–235.

———. 1973. *Liberal America and the Third World: Political Development Ideas in Foreign Aid and Social Science.* Princeton, N.J.: Princeton University Press.

Pak, Chi Young. 1978. "The Prospect for a Revitalization of ASPAC." *Asian Perspective* (The Institute for Far Eastern Studies, Kyungnam University) 2 (1): 80–97.

Palmer, Norman D. 1969. "Reviews: Asian Realities and American Interests." *Orbis* 13 (4): 1209–1211.

———. 1991. *The New Regionalism in Asia and the Pacific.* Lexington, Mass.: Lexington Books.

Park, Joon Young. 1981a. "Korea's Return to Asia: An Analysis of New Moves in South Korean Diplomacy in the 1960s and 1970s." *Korea Observer* 12 (3): 281–303.

———. 1981b. "The Political Economic Implications of South Korea's Vietnam Involvement, 1964–1973." *Korea and World Affairs* 5 (3): 471–489.

———. 1985. *Korea's Return to Asia: South Korean Foreign Policy 1965–1975.* Seoul: Jin Heong Press.

Paul, T. V., et al., eds. 2004. *Balance of Power: Theory and Practice in the 21st Century.* Stanford, Calif.: Stanford University Press.

Pearce, Kimber C. 2001. *Rostow, Kennedy, and the Rhetoric of Foreign Aid.* East Lansing: Michigan State University Press.

Peou, Sorpong. 2002. "Realism and Constructivism in Southeast Asian Security Studies Today: A Review Essay." *The Pacific Review* 15 (1): 119–138.

Platig, E. Raymond. 1969. "Foreign Affairs Analysis: Some Thoughts on Expanding Competence." *International Studies Quarterly* 13 (1): 19–30.

Pollack, Jonathan D. 2005. "The Transformation of the Asian Security Order: Assessing China's Impact." David Shambaugh, ed. *Power Shift: China and Asia's New Dynamics*. Berkeley: University of California Press, ch. 15.

Pollard, Vincent K. 1970. "ASA and ASEAN 1961–1967: Southeast Asian Regionalism." *Asian Survey* 10: 244–255.

Poole, Peter A. 1973. *The United States and Indochina, from FDR to Nixon*. Hinsdale, Illinois: Dryden Press.

Porter, Gareth. 1975. *A Peace Denied: The United States, Vietnam, and the Paris Agreement*. Bloomington: Indiana University Press.

Ramnath, Thangam, ed. 1996. *The Emerging Regional Security Architecture in the Asia-Pacific Region*. Kuala Lumpur: ISIS Malaysia.

Rapkin, David. 2001. "The United States, Japan, and the Power to Block: The APEC and AMF Cases." *Pacific Review* 14 (3): 373–410.

Ravenhill, John. 2000. "APEC Adrift: Implications for Economic Regionalism in Asia and the Pacific." *Pacific Review* 13 (2): 319–333.

——. 2001. *APEC and the Construction of Pacific Rim Regionalism*. Cambridge: Cambridge University Press.

——. 2002. "A Three Bloc World? The New East Asian Regionalism." *International Relations of the Asia-Pacific* 2 (2): 167–196.

Reischauer, Edwin O. 1968. *Beyond Vietnam: The United States and Asia*. New York: Alfred A. Knopf.

Rhee, Seung-Huhn. 1966. "Achievements of the ASPAC Ministerial Meeting in Seoul: Prospects of the Asian and Pacific Community." *Koreana Quarterly* 8 (3): 11–24.

Riddell, Roger C. 1987. *Foreign Aid Reconsidered*. Baltimore, Md. and London: Johns Hopkins Press.

Robson, Peter. 1993. "The New Regionalism and the Developing Countries." *Journal of Common Market Studies* 31 (3): 329–358.

Rodan, Paul. 1979. "Harold Holt's Foreign Policy." *Australian Journal of Politics and History* 25 (3): 310–318.

Rook, Robert. 2004. "Race, Water, and Foreign Policy: The Tennessee Valley Authority's Global Agenda Meets 'Jim Crow'." *Diplomatic History* 28 (1): 55–82.

Rose, Gideon. 1998. "Neoclassical Realism and Theories of Foreign Policy." *World Politics* 51 (1): 144–172.

Rosenstein-Rodan, Paul N. 1968. "The Consortia Technique." *International Organization* 22 (1): 223–230.

Ross, Robert S. 2004. "Bipolarity and Balancing in East Asia." T. V. Paul, et al., eds. *Balance of Power: Theory and Practice in the 21st Century*, Stanford, Calif.: Stanford University Press, ch. 10.

Rostow, Walt W. 1960. *The Stages of Economic Growth: A Non-Communist Manifesto*.

New York: Cambridge University Press.
———. 1972. *The Diffusion of Power: An Essay in Recent History.* New York: Macmillan.
———. 1985. *Eisenhower, Kennedy, and Foreign Aid.* Austin: University of Texas Press.
———. 1986. *The United States and the Regional Organization of Asia and the Pacific, 1965–1985.* Austin: University of Texas Press.
———. 1996. "Vietnam and Asia." *Diplomatic History* 20 (3): 467–471.
Roy, Denny. 1998. *China's Foreign Relations.* New York: Rowman & Littlefield Publishers.
Rozman, Gilbert. 2004. *Northeast Asia's Stunted Regionalism: Bilateral Distrust in the Shadow of Globalization.* Cambridge, U.K.: Cambridge University Press.
———. 2007. "Japanese Strategic Thinking on Regionalism." Gilbert Rozman, Kazuhiko Togo and Joseph P. Ferguson, eds. *Japanese Strategic Thought toward Asia.* New York: Palgrave Macmillan, ch. 11.
Ruttan, Vernon W. 1996. *United States Development Assistance Policy: The Domestic Politics of Foreign Economic Aid.* Baltimore and London: Johns Hopkins University Press.
Saez, Raul. 1968. "The Nine Wise Men and the Alliance for Progress." *International Organization* 22 (1): 244–269.
Samuels, Richard J. 2007. *Securing Japan: Tokyo's Grand Strategy and the Future of East Asia.* Ithaca, N.Y.: Cornell University Press.
Sarantakes, Nicholas Evan. 1999. "In the Service of Pharaoh? The United States and the Development of Korean Troops in Vietnam, 1965–1968." *Pacific Historical Review* 68 (3): 425–449.
Schaaf, C. Hart and Russell H. Fifield. 1963. *The Lower Mekong: Challenge to Cooperation in Southeast Asia.* Princeton: D. Van Nostrand.
Schaller, Michael. 1985. *The American Occupation of Japan: The Origins of the Cold War in Asia.* New York: Oxford University Press.
———. 1997. *Altered States: The United States and Japan since the Occupation.* New York: Oxford University Press.
Schubert, James N. 1978. "Toward a 'Working Peace System' in Asia: Organizational Growth and State Participation in Asian Regionalism." *International Organization* 32 (2): 425–462.
Scott, Andrew M. 1969. "The Department of State: Formal Organization and Informal Culture." *International Studies Quarterly* 13 (1): 1–18.
See, Jennifer W. 2001. "A Prophet without Honor: Hans Morgenthau and the War in Vietnam, 1955–1965." *Pacific Historical Review* 70 (3): 419–447.
Shaplen, Jason T. and James Laney. 2007. "Washington's Eastern Sunset: The Decline of U.S. Power in Northeast Asia." *Foreign Affairs* 86 (6): 82–97.
Shimizu, Sayuri. 2001. *Creating People of Plenty: The United States and Japan's Economic Alternatives, 1950–1960.* Kent, Ohio: Kent State University Press.
Shulman, Stephen. 2000. "Nationalist Sources of International Economic Integration."

International Studies Quarterly 44: 365–390.
Simbulan, Roland G. 1983. *The Bases of Our Insecurity: A Study of the US Military Bases in the Philippines.* Metro Manila, Philippines: BALAI Fellowship.
Singh, Lalita Prasad. 1966. *The Politics of Economic Cooperation in Asia: A Study of Asian International Organizations.* Columbia: University of Missouri Press.
Smith, R. Bernard. 1983. *An International History of the Vietnam War: Revolution versus Containment 1955–61.* New York: St. Martin's Press.
———. 1985. *An International History of the Vietnam War Volume II: The Struggle for South-East Asia, 1961–65.* New York: St. Martin's Press.
———. 1991. *An International History of the Vietnam War Volume III: The Making of a Limited War, 1965–66.* New York: St. Martin's Press.
Solidum, Estrella D. 1974. *Towards a Southeast Asian Community.* Quezon: University of the Philippines Press.
Sours, Martin H. 1981. "ASEAN and U.S. Foreign Policy." James C. Hsiung and Winberg Chai, eds. *Asia and U.S. Foreign Policy.* New York: Praeger, ch. 9.
Steel, Ronald. 1980. *Walter Lippmann and the American Century.* Boston: Little, Brown.
Sterling-Folker, Jennifer. 2000. "Competing Paradigms or Birds of a Feather? Constructivism and Neoliberal Institutionalism Compared." *International Studies Quarterly* 44: 97–119.
Subritzky, John. 2000. *Confronting Sukarno: British, American, Australian and New Zealand Diplomacy in the Malaysian-Indonesian Confrontation, 1961–5.* New York: St. Martin's Press.
Suhrke-Goldstein, Astri. 1969. *SEATO: Rethinking Regionalism.* Canberra: Australian National University.
Tarling, Nicholas, ed. 1999. *The Cambridge History of Southeast Asia, Volume 2, Part 2: From World War II to the Present.* Cambridge: Cambridge University Press.
Thanat Khoman. 1964. "Which Road for Southeast Asia?" *Foreign Affairs* 40: 628–639.
Thompson, W. Scott. 1975. *Unequal Partners: Philippine and Thai Relations with the United States, 1965–75.* Lexington, Mass.: Lexington Books.
Thomson, James C. 1969. "How Could Vietnam Happen?" Robert Manning and Michael Janeway, eds. *Who We Are: An Atlantic Chronicle of the United States and Vietnam.* Boston: Little, Brown, 196–212.
Thorn, Richard S. 1968. "The Alliance for Progress: The Flickering Flame." Cole Blasier, ed. *Constructive Change in Latin America.* University of Pittsburgh Press, 117–159.
Turnbull, C. M. 1999. "Regionalism and Nationalism." Nicholas Tarling, ed. *The Cambridge History of Southeast Asia, Volume 2, Part 2: From World War II to the Present.* Cambridge: Cambridge University Press, ch. 5.
Turner, Kathleen J. 1982. "Press Influence on Presidential Rhetoric: Lyndon Johnson at Johns Hopkins University, April 7, 1965." *Central States Speech Journal* 33: 425–436.
———. 1985. *Lyndon Johnson's Dual War: Vietnam and the Press.* Chicago: University of

Chicago Press.
Umetsu, Hiroyuki. 2004. "The Birth of ANZUS: America's Attempt to Create a Defense Linkage between Northeast Asia and the Southwest Pacific." *International Relations of the Asia-Pacific* 4: 171–196.
Valencia, Mark J., Jon M. Van Dyke, William S. Richardson and Noel Ludwig. 1996. "The South China Sea Disputes: Approaches and Interim Solutions." Thangam Ramnath, ed. *The Emerging Regional Security Architecture in the Asia-Pacific Region*. Kuala Lumpur: ISIS Malaysia, 155–186.
Van Alstyne, Richard W. 1973. "The Vietnam War in Historical Perspective." *Current History* 65: 241–246, 273–274.
VanDeMark, Brian. 1991. *Into the Quagmire: Lyndon Johnson and the Escalation of the Vietnam War*. New York: Oxford University Press.
Vandenbosch, Amry and Richard Butwell. 1966. *The Changing Face of Southeast Asia*. Lexington: University of Kentucky Press.
Vandiver, Frank E. 1997. *Shadows of Vietnam: Lyndon Johnson's Wars*. College Station: Texas A&M University Press.
Walker, Lannon. 1969. "Our Foreign Affairs Machinery: Time for an Overhaul." *Foreign Affairs* 47 (2): 309–320.
Wan, Ming. 1995–1996. "Japan and the Asian Development Bank." *Pacific Affairs* 68 (4): 509–528.
Warner, Denis. 1967. "First Steps toward an Asian Common Market." *The Report*, May 18: 24–30.
Watanabe, Akio. 1993. "Japan, the United States, and Southeast Asia: A 'New Look' at the 1950s."（文部省科学研究費重点領域研究 105「戦後日本形成の基礎的研究」Occasional Paper No. 1）.
Watanabe, Takeshi. 1972. *Paths to Progress*. Manila: ADB Information Office.
――. 1977. *Towards a New Asia*. Singapore: Times Printers.
Webber, Douglas. 2001. "Two Funerals and a Wedding? The Ups and Downs of Regionalism in East Asia and Asia-Pacific after the Asian Crisis." *Pacific Review* 14 (3): 339–372.
Weeks, Stanley and Charles A. Meconis. 1999. *The Armed Forces of the USA in the Asia-Pacific Region*. New York: I. B. Tauris.
Wehrle, Edmund F. 1998. "'A Good, Bad Deal': John F. Kennedy, W. Averell Harriman, and the Neutralization of Laos, 1961–1962." *Pacific Historical Review* 67 (3): 349–377.
Weinstein, Franklin B. 1969. *Indonesia Abandons Confrontation: An Inquiry into the Functions of Indonesian Foreign Policy*. Ithaca, N.Y.: Modern Indonesia Project, Southeast Asia Program, Department of Asian Studies, Cornell University.
――. 1976. *Indonesian Foreign Policy and the Dilemma of Dependence: From Sukarno to Soeharto*. Ithaca, N.Y.: Cornell University Press.
Westad, Odd Arne. 2000a. "The New International History of the Cold War: Three

(Possible) Paradigms." *Diplomatic History* 24 (4): 551–565.
——, ed. 2000b. *Reviewing the Cold War: Approaches, Interpretations, Theory*. London: F. Cass.
Wheeler, Virginia Morsey. 1970. "Co-Operation for Development in the Lower Mekong Basin." *The American Journal of International Law* 64 (3): 594–609.
White, John. 1971. *Regional Development Banks: The Asian, African, and Inter-American Development Banks*. New York: Praeger.
Wightman, David. 1963. *Toward Economic Cooperation in Asia: The United Nations Economic Commission for Asia and the Far East*. New Haven: Yale University Press.
Williams, William Appleman, Thomas McCormick, Lloyd Gardner and Walter LaFeber, eds. 1985. *America in Vietnam: A Documentary History*. New York: Anchor Press.
Wolf, Charles, Jr. and David Weinschrott. 1973. "International Transactions and Regionalism: Distinguishing 'Insiders' from 'Outsiders'." *The American Economic Review* 63 (2): 52–60.
Woods, Lawrence T. 1993. *Asia-Pacific Diplomacy: Nongovernmental Organizations and International Relations*. Vancouver: University of British Columbia Press.
Yahuda, Michael. 1996. *The International Politics of the Asia-Pacific, 1945–1995*. New York: Routledge.
——. 2004. *The International Politics of the Asia-Pacific*, 2nd and rev. ed. London: RoutledgeCurzon.
Yasutomo, Dennis T. 1983. *Japan and the Asian Development Bank*. New York: Praeger.
Yi, Kil J. 2000. "The U.S.-Korean Alliance in the Vietnam War: The Years of Escalation, 1964–68." Lloyd C. Gardner and Ted Gittinger, eds. *International Perspectives on Vietnam*. College Station: Texas A&M University Press, ch. 8.
——. 2002. "In Search of a Panacea: Japan-Korea Rapprochement and America's 'Far Eastern Problems'." *Pacific Historical Review* 71 (4): 633–662.
Zartman, I. W. 1967. "Africa as a Subordinate State System in International Relations." *International Organization* 21 (3): 545–564.
Zhai, Qiang. 1999. "Opposing Negotiations: China and the Vietnam Peace Talks, 1965–1968." *Pacific Historical Review* 68 (1): 21–49.
Zimmermann, Hubert. 2003. "Who Paid for America's War? Vietnam and the International Monetary System, 1960–1975." Andreas W. Daum, Lloyd C. Gardner and Wilfried Mausbach, eds. *America, the Vietnam War, and the World: Comparative and International Perspectives*. Cambridge: Cambridge University Press, ch. 7.

(2) 和 文
青木保ほか.2005.『東アジア共同体と日本の針路』NTT出版.
青野博昭.1968.「地域協力の展開:アジアのばあい」『東海大学論叢商経研究』21: 3–26.
赤木完爾.1995.「戦後日本の東南アジア回帰とアメリカの冷戦政策」『法学研究』(慶應義塾大学) 68 (11): 125–146.
——.2004.「東アジアにおける安全保障秩序の展望:アメリカの視角」久保文明・赤木完爾

編『アメリカと東アジア』慶應義塾大学出版会, ch. 6.
赤羽恒雄. 2007. 「東アジアにおける非伝統的安全保障と地域協力」山本武彦・天児慧編『東アジア共同体の構築 1: 新たな地域形成』岩波書店, ch. 13.
安芸皎一. 1966. 「メコン流域開発の意義」『国際問題』73: 28–35.
秋田茂・籠谷直人編. 2001. 『1930年代のアジア国際秩序』溪水社.
吾郷健二. 1971. 「『進歩のための同盟』: 合衆国の対中南米援助政策 (1)」『西南学院大学経済学論集』6 (3): 35–54.
―. 1972. 「『進歩のための同盟』: 合衆国の対中南米援助政策 (2)」『西南学院大学経済学論集』7 (2・3): 61–96.
朝日新聞社編. 1966. 「マニラのベトナム参戦国会議: ジョンソン大統領の綿密な計算」『朝日ジャーナル』8 (43): 4–6.
アジア政経学会編. 1974. 『1960年代における中国と東南アジア』アジア政経学会.
有賀貞. 1989. 「外交政策」有賀貞ほか編『外交政策』東京大学出版会, 1–14.
五百旗頭真編. 1999. 『戦後日本外交史』有斐閣.
五十嵐武士. 1989. 「アメリカ」有賀貞ほか編『外交政策』東京大学出版会, ch. 6.
―. 1999. 『日米関係と東アジア: 歴史的文脈と未来の構想』東京大学出版会.
―. 2005. 「太平洋世界の形成と東アジアの民主化」五十嵐武士編『太平洋世界の国際関係』彩流社, ch. 1.
池端雪浦・生田滋. 1977. 『東南アジア現代史 II: フィリピン・マレーシア・シンガポール』山川出版社.
石井修. 1982. 「『政治経済戦争』としての米国対外経済政策: アイゼンハワー期」『国際政治』70: 100–119.
石橋重雄. 1970. 「最近におけるアジアの地域協力体制と日本」『海外事情』(拓殖大学) 18 (11): 43–50.
石丸和人. 1983a. 『戦後日本外交史 I: 米国支配下の日本』三省堂.
―. 1983b. 『戦後日本外交史 II: 動き出した日本外交』三省堂.
―. 1985. 『戦後日本外交史 III: 発展する日米関係』三省堂.
市川泰治郎. 1960. 『アメリカ低開発国援助の構造』鹿島研究所.
稲田十一. 1990. 「国際システムにおける日本のODAの位置づけ」『国際政治』93: 115–130.
井上寿一. 1999. 「戦後日本のアジア外交の形成」日本政治学会編『年報政治学 1998: 日本外交におけるアジア主義』岩波書店, 129–147.
今川瑛一. 1972. 『東南アジア現代史』亜紀書房.
―. 1977. 「アメリカのASEAN政策」岡部達味編『ASEANをめぐる国際関係』日本国際問題研究所, 29–57.
―. 1987. 「米国=ASEAN関係の20年」岡部達味編『ASEANの20年: その持続と発展』日本国際問題研究所, 119–142.
―. 1999. 『続・東南アジア現代史: 冷戦から脱冷戦の時代』亜紀書房.
岩本祐二郎. 1974. 「東南アジアにおける地域主義」アジア政経学会編『1960年代における中国と東南アジア』アジア政経学会, 125–183.
ウェストン, ステファニー・A. 1997. 「日米関係とアジアにおける多国間安全保障イニシアティブ: アメリカの視点」菅英輝, グレン・D. フック編『アジア太平洋の地域秩序と安全保

障』ミネルヴァ書房, 84–100.
上原圭三. 1965.「『メコン川開発計画』と帝国主義侵略」『前衛』240: 93–99.
―――. 1966.「佐藤内閣の『東南アジア援助』政策の従属的・軍事的性格」『前衛』250: 57–64.
牛場信彦・原康. 1979.『日本経済外交の系譜: 新たな世界の展望を求めて 対談』朝日イブニングニュース社.
浦野起央編. 1967–1973.『ベトナム問題の解剖: 分析と資料』外交時報社.
―――. 1997.『アジアの国際関係』南窓社.
浦野起央・大隈宏・谷明良・恒川惠市・山影進. 1982.『国際関係における地域主義: 政治の論理・経済の論理』有信堂.
エコノミスト編集部編. 1999a.『高度成長期への証言(上)』日本経済評論社.
―――. 1999b.『高度成長期への証言(下)』日本経済評論社.
遠藤泰生・油井大三郎編. 2004.『太平洋世界の中のアメリカ: 対立から共生へ』彩流社.
大木浩. 1966.「東南アジアの経済開発と域外諸国」『国際問題』73: 36–45.
大来佐武郎. 1966.「アジア開発銀行の発足」『国際問題』73: 10–13.
―――. 1992.『経済外交に生きる』東洋経済新報社.
大隈宏. 1973.「地域統合の研究動向」『国際政治』48: 127–153.
大嶽秀夫. 1990.『政策過程』東京大学出版会.
大西昭. 1970.「東南アジアの経済開発と日本」『国際問題』127: 20–29.
大庭三枝. 2000.「アメリカのAPEC政策: アメリカにとっての『アジア太平洋』の位置づけの変化の視点から」『東京大学アメリカン・スタディーズ』5: 23–37.
―――. 2001.「地域主義と日本の選択」末廣昭・山影進編『アジア政治経済論: アジアの中の日本を目指して』NTT出版, 259–288.
―――. 2003.「通貨・金融協力とFTAに見る日本の東アジア地域形成戦略」山影進編『東アジア地域主義と日本外交』日本国際問題研究所, 259–288.
―――. 2004a.『アジア太平洋地域形成への道程: 境界国家日豪のアイデンティティ模索と地域主義』ミネルヴァ書房.
―――. 2004b.「アジア太平洋地域主義とアメリカ」遠藤泰生・油井大三郎編『太平洋世界の中のアメリカ: 対立から共生へ』彩流社, ch. 9.
大森実. 1965.「佐藤アジア外交に直言する: ジョンソンのメコン開発計画に注目せよ」『潮』62.
岡倉古志郎編. 1986.『バンドン会議と50年代のアジア』大東文化大学東洋研究所.
小笠原高雪. 1996.『メコン川: 環境と開発』古今書院.
―――. 1999.「アメリカの東南アジア政策」五味俊樹・滝田賢治編『現代アメリカ外交の転換過程』南窓社, ch. 5.
―――. 2003.「メコン地域開発をめぐる国際関係とASEAN」山影進編『東アジア地域主義と日本外交』日本国際問題研究所, ch. 5.
―――. 2004.「アメリカの東南アジア政策: 米越関係の回顧と展望」久保文明・赤木完爾編『アメリカと東アジア』慶應義塾大学出版会, ch. 5.
荻原弘明ほか. 1983.『東南アジア現代史Ⅳ: ビルマ・タイ』山川出版社.
奥園秀樹. 2001.「朴正熙のナショナリズムと対米依存:『軍事革命政府』による『自立』の追求」『国際政治』126: 65–80.

小倉貞男．1992．『ドキュメント・ヴェトナム戦争全史』岩波書店．
小此木政夫．1994．「朝鮮半島の冷戦終結」小此木政夫編『ポスト冷戦の朝鮮半島』日本国際問題研究所，1-9．
海外経済協力基金．1992．『海外経済協力基金三十年史』海外経済協力基金．
籠谷直人．2000．『アジア国際通商秩序と近代日本』名古屋大学出版会．
鹿島平和研究所編．1967．『東南アジア開発選書1：開発の基本構想』鹿島研究所出版会．
加藤淳平．1980．「日本の開発援助：その軌跡と理念」『国際政治』64: 40-60．
金沢洋．1966．「最近の南朝鮮の断面：『国威発揚』のベトナム派兵」『朝鮮研究』56: 1-5．
加納啓良編．2001．『岩波講座・東南アジア史6：植民地経済の繁栄と凋落』岩波書店．
鎌田與左衛門．1967．「ジョンソン大統領の東南アジア開発10億ドル構想」鹿島平和研究所編『東南アジア開発選書1：開発の基本構想』鹿島研究所出版会，197-213．
上東輝夫．2002．「メコン河流域開発計画の対象分野及び領域の変化とその背景についての考察」『NUCB Journal of Economics and Information Science』（名古屋商科大学総合経営・経営情報論集）46 (2): 341-350．
鴨武彦．1985．『国際統合理論の研究』早稲田大学出版部．
川上高司．1998．「米国のアジア政策とARF」『海外事情』（拓殖大学）46 (9): 63-78．
川口融．1980．『アメリカの対外援助政策：その理念と政策形成』アジア経済研究所．
川野重任．1966．「『東南ア経済開発』の特質と問題点」『国際問題』73: 2-9．
菅英輝．1988a．「アメリカの戦後秩序構想とアジアの地域統合：1945年—50年」『国際政治』89: 109-125．
――．1988b．「アメリカのアジアにおける集団安全保障構想と日本再軍備問題，1948-51」『北九州大学外国語学部紀要』62: 19-54; 63: 1-25; 64: 35-59．
――．1992．『米ソ冷戦とアメリカのアジア政策』ミネルヴァ書房．
――．1994．「ベトナム戦争をめぐる国際関係」『国際政治』107: 11-29．
――．1997a．「日本の役割に関するアメリカの見解とアジア太平洋の地域主義」菅英輝，グレン・D．フック編『アジア太平洋の地域秩序と安全保障』ミネルヴァ書房，50-82．
――．1997b．「ベトナム戦争と日米安保体制」『国際政治』115: 75-93．
――．2001．「冷戦の終焉と60年代性：国際政治史の文脈において」『国際政治』126: 1-22．
――．2002．「ベトナム戦争における日本政府の和平努力と日米関係：1965年〜68年」『国際政治』130: 92-108．
菊池努．1993．「アジア太平洋の地域主義」細谷千博・丸山直起編『ポスト冷戦期の国際政治』有信堂，ch. 12．
――．1995a．『APEC：アジア太平洋新秩序の模索』日本国際問題研究所．
――．1995b．「アジア太平洋協力をめぐる外交過程」草野厚・梅本哲也編『現代日本外交の分析』東京大学出版会，ch. 2．
――．2001．「『東アジア』地域主義の可能性：ASEAN＋3（日中韓）の経緯と展望」『国際問題』494: 16-33．
木畑洋一．1996．『帝国のたそがれ：冷戦下のイギリスとアジア』東京大学出版会．
木宮正史．1995．「1960年代韓国における冷戦と経済開発：日韓国交正常化とベトナム派兵を中心にして」『法学志林』（法政大学）92 (4): 1-116．
――．1996．「第三世界発展モデルとしての『韓国モデル』：冷戦・経済発展・民主化」『法学

志林』(法政大学) 93 (4): 51–88.
―――. 1998.「北東アジアの秩序形成：日韓の責務」『外交フォーラム』11 (6): 48–55.
―――. 2001a.「1960 年代韓国における冷戦外交の 3 類型：日韓国交正常化，ベトナム派兵，ASPAC」小此木政夫・文正仁編『国家・市場・国際体制』慶應義塾大学出版会, 91–145.
―――. 2001b.「政治体制と開発協力：日韓関係を事例として」『国際問題』498: 28–43.
―――. 2003.『韓国：民主化と経済発展のダイナミズム』筑摩書房.
草野厚・梅本哲也編. 1995.『現代日本外交の分析』東京大学出版会.
楠田實. 1983a.『佐藤政権・2797 日 (上)』行研出版局.
―――. 1983b.『佐藤政権・2797 日 (下)』行研出版局.
クラインシュミット, H., 波多野澄雄編. 1997.『国際地域統合のフロンティア』彩流社.
栗本弘. 1966a.「経済開発とエカフェの役割」『国際問題』73: 20–27.
―――. 1966b.「アジア開発援助における日米協力の可能性」『国際問題』78: 24–31.
黒崎輝. 2000.「東南アジア開発をめぐる日米関係の変容 1957–1960」『法学』(東北大学) 64 (1): 94–130.
河野康子. 1994.『沖縄返還をめぐる政治と外交：日米関係史の文脈』東京大学出版会.
―――. 1997.「日本外交と地域主義：アジア太平洋地域概念の形成」『年報政治学 1997: 危機の日本外交――70 年代』岩波書店, 117–132.
小林英夫. 1975.『「大東亜共栄圏」の形成と崩壊』御茶の水書房.
五味俊樹・滝田賢治編. 1999.『現代アメリカ外交の転換過程』南窓社.
桜井由躬雄・石澤良昭. 1977.『東南アジア現代史Ⅲ：ヴェトナム・カンボジア・ラオス』山川出版社.
櫻谷勝美. 2003.「『東アジア経済圏』を阻むアメリカと東アジア諸国の反応：頓挫した EAEC 構想をてがかりとして」『季刊経済研究』(大阪市立大学) 25 (4): 47–58.
笹川正博. 1966.「ジョンソン政権の人脈と外交」『国際問題』81: 18–25.
佐藤考一. 1995.「アメリカ合衆国のアジア太平洋政策と ASEAN：会議外交をめぐる摩擦と共存」『外交時報』11・12 月号.
―――. 2001.「地域紛争と ASEAN の機能：南シナ海をめぐる協調と対立」山影進編『転換期の ASEAN：新たな課題への挑戦』日本国際問題研究所, ch. 6.
佐藤晋. 2004.「佐藤政権期のアジア政策」波多野澄雄編『池田・佐藤政権期の日本外交』ミネルヴァ書房, ch. 4.
佐藤英夫. 1989.『対外政策』東京大学出版会.
佐野方郁. 1999.「バンドン会議とアメリカ：戦後アジア国際関係の新展開という文脈の下で」『史林』82 (1): 122–143.
島川雅史. 1999.『アメリカ東アジア軍事戦略と日米安保体制』社会評論社.
清水さゆり. 1993.「ポスト占領期の日米関係：東南アジア経済開発構想を中心に」上智大学アメリカ・カナダ研究所編『アメリカと日本』彩流社, 177–201.
鄭敬娥. 2001.「60 年代における日本の東南アジア開発：『東南アジア開発閣僚会議』と『アジア太平洋圏』構想を中心に」『国際政治』126: 117–131.
―――. 2002.「1960 年代アジアにおける地域協力と日本の外交政策：アジア開発銀行 (ADB) 本店所在地決定過程を中心に」『比較社会文化研究』(九州大学) 11: 65–77.
丁在文. 1993.「ASEAN の成立と東南アジアの地域協力」『法学政治学論究』(慶應義塾大学)

19: 249–281.

白石隆．2004．『帝国とその限界：アメリカ・東アジア・日本』NTT 出版．

――．2008．「国境を越える脅威にどう立ち向かうか」『外交フォーラム』243: 46–47．

末廣昭．1995．「経済再進出への道：日本の対東南アジア政策と開発体制」中村政則ほか編『戦後日本・占領と戦後改革・第 6 巻：戦後改革とその遺産』岩波書店，ch. 6．

末廣昭・山影進編．2001．『アジア政治経済論：アジアの中の日本を目指して』NTT 出版．

菅沼靖志．2002．「『APEC の変質』に関する一考察：ASEAN 相対化論の文脈から」『同志社法学』53 (6): 479–515．

杉原薫．1996a．『アジア間貿易の形成と構造』ミネルヴァ書房．

――．1996b．「近代アジア経済史における連続と断絶：川勝平太・浜下武志氏の所説をめぐって」『社会経済史学』62 (3): 370–392．

――．2001．「国際分業と東南アジア植民地経済」加納啓良編『岩波講座・東南アジア史 6：植民地経済の繁栄と凋落』岩波書店，ch. 9．

鈴木早苗．2003．「緩やかな協議体における議長国制度の意義：APEC とサミットを事例として」『国際政治』132: 138–152．

鈴木隆．2001．「冷戦後 ASEAN をめぐる地域主義の理論的再構成」『筑波法政』30: 163–194．

首藤もと子．1995．「国際援助フォーラムの政治的役割：IGGI 試論」『法学論集』(駒沢大学) 50: 411–450．

添谷芳秀．1992．「戦後日本外交の構図」『法学研究』(慶應義塾大学) 65 (2): 79–101．

――．1997a．「アジアの秩序変動と日本外交」『国際問題』444: 37–48．

――．1997b．「米国のアジア太平洋政策における ASEAN：冷戦後安全保障への一視角」『国際政治』116: 114–129．

高埜健．1995．「東南アジアにおける『地域安全保障』の変容：SEATO から ASEAN へ，1960〜1965 年」『法学研究』(慶應義塾大学) 68 (11): 301–326．

――．2001．「ASEAN の拡大大国関係：地域秩序へのイニシアチブと限界」山影進編『転換期の ASEAN：新たな課題への挑戦』日本国際問題研究所，143–176．

高橋和宏．2003．「アジア経済統合問題と池田外交：OAEC 構想・西太平洋五ヵ国首脳会談構想をめぐって」『国際政治経済学研究』(筑波大学) 11: 69–85．

――．2004a．「『東南アジア経済開発』とヴェトナム戦争をめぐる日米関係 (1)」『筑波法政』36: 177–195．

――．2004b．「『東南アジア経済開発』とヴェトナム戦争をめぐる日米関係 (2・完)」『筑波法政』36: 249–267．

――．2004c．「『南北問題』と東南アジア経済外交」波多野澄雄編『池田・佐藤政権期の日本外交』ミネルヴァ書房，ch. 3．

高原明生．2004．「中国の多角外交：新安全保障観の唱道と周辺外交の新展開」『国際問題』527: 17–30．

滝田賢治．1995．「米国のアジア政策史：『太平洋国家アメリカ』への夢と現実」『海外事情』(拓殖大学) 43 (1): 39–59．

竹田純．1976．「日本の外交政策決定における官庁間調整」『国際問題』201: 15–25．

武田康裕．1995．「東南アジア外交の展開：『アジアの一員』と『先進民主主義諸国の一員』」草野厚・梅本哲也編『現代日本外交の分析』東京大学出版会，ch. 3．

田所昌幸．1999．「経済大国の外交の原型：1960年代の日本外交」五百旗頭真編『戦後日本外交史』有斐閣，ch. 3.

田中明彦．2003．「『東アジア』という新地域形成の試み：ASEAN＋3の展開」東京大学東洋文化研究所編『アジア学の将来像』東京大学出版会，269–306.

―――．2007．『アジアのなかの日本』NTT出版．

田中孝彦．1998．「冷戦構造の形成とパワー・ポリティクス：西ヨーロッパVSアメリカ」東京大学社会科学研究所編『20世紀システム・第1巻：20世紀世界秩序』東京大学出版会，216–251.

―――．2001．「冷戦史研究の再検討：グローバル・ヒストリーの構築に向けて」一橋大学法学部創立50周年記念論文集刊行委員会編『変動期における法と国際関係』有斐閣，523–547.

―――．2003．「冷戦史の再検討」『国際政治』134: 1–8.

田中康友．2002．「ベトナム戦争終結と日本外交：戦後秩序をめぐる経済大国としての外交」『国際政治』130: 143–159.

タナット・コーマン．1977．「地域協力による新たな展望」渋沢雅英編『日本を見つめる東南アジア：新しい道さぐるアセアン』サイマル出版会，87–98.

谷川栄彦．1972．「ベトナム戦争における一大転機としてのテト攻勢」『法政研究』（九州大学）38 (2–4): 311–339.

谷口弘行．1974．「1960年代の東南アジア諸国の対中国政策」アジア政経学会編『1960年代における中国と東南アジア』アジア政経学会，65–124.

―――．1996．「APECをめぐるアジア太平洋地域の構図：冷戦体制崩壊後の枠組み」『神戸学院法学』26 (1): 311–384.

谷口誠．2004．『東アジア共同体：経済統合のゆくえと日本』岩波書店．

玉木一徳．2002．「日本主導の東南アジア開発閣僚会議：経済外交の挫折」『国士舘大学教養論集』52: 1–15.

崔永鎬．1991．「李承晩政権による反共外交の展開：韓国の対東南アジア外交の始まり」『アジア経済』32 (5): 48–63.

寺田貴．2002．「日本のAPEC政策の起源：外相三木武夫のアジア太平洋圏構想とその今日的意義」『アジア太平洋研究』（成蹊大学）23: 77–96.

寺地功次．2002．「ラオス危機と米英のSEATO軍事介入計画」『国際政治』130: 33–47.

―――．2004．「アジア太平洋とアメリカの東南アジア政策：1940年代～1950年代」遠藤泰生・油井大三郎編『太平洋世界の中のアメリカ：対立から共生へ』彩流社，ch. 4.

鳥潟優子．2001．「ドゴール大統領によるアメリカ外交批判：ベトナムと戦争中立化構想・1961年5月～1965年3月」『国際公共政策研究』（大阪大学）6 (1): 99–119.

―――．2003．「冷戦構造とドゴール大統領の『中立化』構想：1960年代・ベトナム戦争をめぐる仏米同盟」『国際公共政策研究』（大阪大学）7 (2): 137–158.

永井陽之助．1978．『冷戦の起源：戦後アジアの国際環境』中央公論社．

中島信吾．2004．「『同盟国日本』像の転換：ジョンソン政権の対日政策」波多野澄雄編『池田・佐藤政権期の日本外交』ミネルヴァ書房，ch. 2.

中西寛．1994．「戦後アジア・太平洋の安全保障枠組みの模索と日本：1949～51年」近代日本研究会編『戦後外交の形成』山川出版社，69–104.

永野隆行．2001．「イギリスの東南アジアへの戦略的関与と英軍のスエズ以東撤退問題」『獨協

大学英語研究』53: 45-67.
———. 2003.「東南アジア国際関係の変容とオーストラリア：オーストラリアにとっての英米軍事プレゼンス」『国際政治』134: 86-102.
中村隆英. 1993.『昭和史Ⅱ: 1945-89』東洋経済新報社.
西原正. 1989.「外交交渉」有賀貞ほか編『外交政策』東京大学出版会, ch. 4.
西向嘉明. 1968.「『進歩のための同盟』の現状と問題点」『アジア経済』9 (11): 76-84.
野口博史. 2002.「ベトナム戦争とカンボジア」『国際政治』130: 128-142.
昇亜美子. 1999.「ベトナム戦争と日本の東南アジア外交政策：日越国交正常化を通じて」『新防衛論集』27 (3): 90-107.
野本啓介. 2002.「メコン地域開発をめぐる地域協力の現状と展望」『開発金融研究所報』12: 73-100.
秦正流. 1966.「ベトナム和平の模索と展望」『国際問題』79: 26-33.
波多野澄雄. 1994.「『東南アジア開発』をめぐる日・米・英関係：日本のコロンボプラン加入（1954年）を中心に」近代日本研究会編『戦後外交の形成』山川出版社, 215-242.
———. 1997.「アジア太平洋の『地域主義』と日本」H. クラインシュミット, 波多野澄雄編『国際地域統合のフロンティア』彩流社, ch. 7.
———編著. 2004.『池田・佐藤政権期の日本外交』ミネルヴァ書房.
花井等. 1998.『新外交政策論』東洋経済新報社.
花井等・浅川公紀. 1991.『アメリカの外交政策』勁草書房.
———編. 1997.『戦後アメリカ外交の軌跡』勁草書房.
花井等・木村卓司. 1993.『アメリカの国家安全保障政策：決定プロセスの政治学』原書房.
浜下武志. 1989.「東アジア国際体系」有賀貞ほか編『国際政治の理論』東京大学出版会, ch. 2.
———. 1990.『近代中国の国際的契機：朝貢貿易システムと近代アジア』東京大学出版会.
———. 1997.『朝貢システムと近代アジア』岩波書店.
浜下武志・川勝平太編. 1991.『アジア交易圏と日本工業化 1500-1900』リブロポート.
林理介. 1995.「EAEC は"文明の衝突"の犠牲になるか：アメリカの『野心』とマレーシアの『夢』が対立」『世界週報』76 (17): 10-13.
原覚天. 1965.「東南アジア経済開発の構想と日本」『国際問題』67: 12-19.
ハルバースタム, デイビッド（浅野輔訳）. 1976.『ベスト&ブライテスト』サイマル出版会.
ハンリョウ. 2004.「『経済大国化』と国際的地位：安保理常任理事国入り問題をめぐる日米関係」波多野澄雄編『池田・佐藤政権期の日本外交』ミネルヴァ書房, ch. 5.
樋口美智子. 1997.「ヨーロッパの再建と統合」花井等・浅川公紀編『戦後アメリカ外交の軌跡』勁草書房, ch 3.
ビスワス, アシット・K., 橋本強司編著（レックス・インターナショナル訳）. 1999.『21世紀のアジア国際河川開発：ガンジス・ブラマプトラ, サルウィーン, メコン』勁草書房.
フォーセット, L., A. ハレル（菅英輝・栗栖薫子監訳）. 1999.『地域主義と国際秩序』九州大学出版会.
福田茂夫. 1986.「ベトナム戦争論争と戦後アメリカ外交」『社会科学研究年報』（龍谷大学）16: 31-50.
———. 2002.「ジョンソン大統領の派兵後のベトナム戦略：米地上軍派遣発表（1965・7）よりテト攻撃（68・1）まで」『国際政治』130: 63-75.

藤本博．1998．「ヴェトナム戦争と日米関係，1965–1967 年：アジアにおける『冷戦』史の文脈の中で」『社会科学論集』（愛知教育大学）37: 137–171．
古田元夫．1991．『歴史としてのベトナム戦争』大月書店．
―――．1996．『アジアのナショナリズム』山川出版社．
保城広至．2001．「岸外交評価の再構築：東南アジア開発基金構想の提唱と挫折」『国際関係論研究』（東京大学）17: 57–80．
細谷千博．1984．『サンフランシスコ講和への道』中央公論社．
細谷千博・信田智人編．1998．『新時代の日米関係：パートナーシップを再定義する』有斐閣．
堀博．1996．『メコン河：開発と環境』古今書院．
増田弘．1978．「1960 年代日米経済関係の政治性：日米貿易経済合同委員会を中心として」『国際政治』60: 131–153．
松岡完．1997．「ベトナム戦争と東南アジア：冷戦における地域創造の試み」『筑波法政』22: 87–112．
―――．1999．『1961 ケネディの戦争：冷戦・ベトナム・東南アジア』朝日新聞社．
―――．2002a．「ベトナム症候群のゆくえ：敗戦の記憶と冷戦後アメリカの軍事介入政策」『アメリカ研究』36: 37–53．
―――．2002b．「歴史は書き換えられたか：ベトナム症候群克服の試み」『国際政治』130: 160–174．
松本三郎・殷寅永．1976．「ASEAN の研究：その発展過程と国勢の分析」『法学研究』（慶應義塾大学）49 (6): 739–808．
丸山直起．1973．「地域サブシステムの展開」『国際政治』48: 30–42．
御園生等．1966．「アジアにおける日米経済関係」『思想』500: 22–33．
宮城大蔵．2001．『バンドン会議と日本のアジア復帰：アメリカとアジアの狭間で』草思社．
宮里政玄．2000．『日米関係と沖縄 1945–1972』岩波書店．
宮下明聡・佐藤洋一郎編．2004．『現代日本のアジア外交：対米協調と自主外交のはざまで』ミネルヴァ書房．
メイソン，E. S.（鹿島守之助訳）．1965．『対外援助と外交政策』鹿島研究所出版会．
毛里和子．2005．「中国のアジア地域外交：上海協力機構と『東アジア安全保障共同体』をめぐって」渡辺昭夫編『アジア太平洋連帯構想』NTT 出版，ch. 9．
森田善二郎．1966．「アメリカの対外経済援助の展開：とくに余剰農産物援助の推移をめぐって」『国際問題』81: 10–17．
森田桐郎．1968．「地域主義の理論と現実：アジアにおける地域協力の諸問題」『国際経済』19: 58–71．
森本敏編．2003．『アジア太平洋の多国間安全保障』日本国際問題研究所．
安原和雄．1984．「日米貿易経済合同委員会の足跡」安原和雄・山本剛士『戦後日本外交史 IV：先進国への道程』三省堂，ch. 5．
安原和雄・山本剛士．1984．『戦後日本外交史 IV：先進国への道程』三省堂．
柳沢英二郎．1985a．『戦後国際政治史 1』柘植書房．
―――．1985b．『戦後国際政治史 2』柘植書房．
―――．1987．『戦後国際政治史 3』柘植書房．
矢野暢．1973．「多極化と『従属体系』状況の変容：地域主義との関連」『国際政治』48: 12–29．

——．1980．「東南アジアの地域主義：『従属体系』状況の変容」渡部忠世編『東南アジア世界：地域像の検証』創文社．
——．1986．『冷戦と東南アジア』中央公論社．
——．1991a．「『東南アジア』の成立」矢野暢編『講座東南アジア学 9：東南アジアの国際関係』弘文堂，1–28．
——編．1991b．『講座東南アジア学 9：東南アジアの国際関係』弘文堂．
山影進．1981．「ASEAN の結成と地域協力：国際・国内政治からみた要因と誘因」『東南アジア研究』19（2）：222–236．
——．1983．「地域統合論再考：新たな展望を求めて」『国際政治』74: 93–116．
——．1985．「アジア・太平洋と日本」渡辺昭夫編『戦後日本の対外政策』有斐閣，135–161．
——．1988．「リージョナリズムとグローバリズム」渡辺昭夫・緒田原涓一編『国際政治経済論』有斐閣，251–276．
——．1991a．『ASEAN：シンボルからシステムへ』東京大学出版会．
——．1991b．「地域主義の時代」矢野暢編『講座東南アジア学 9：東南アジアの国際関係』弘文堂，ch. 10．
——．1997．「初期 ASEAN 再考：冷戦構造下のアジア地域主義と ASEAN」『国際政治』116: 17–31．
——．2000．「不戦共同体の形成と ASEAN の経験」『世界歴史 27：ポスト冷戦から 21 世紀へ——1980 年代』岩波書店，259–276．
——．2003a．「日本・ASEAN 関係の深化と変容」山影進編『東アジア地域主義と日本外交』日本国際問題研究所，ch. 1．
——編．2003b．『東アジア地域主義と日本外交』日本国際問題研究所．
——．2003c．「東アジア地域主義と日本・ASEAN パートナーシップ」山影進編『東アジア地域主義と日本外交』日本国際問題研究所，1–10．
——．2005．「東アジア共同体構築に向けての課題と ASEAN」渡辺昭夫編『アジア太平洋連帯構想』NTT 出版，ch. 10．
山澤逸平・平田章．1992．『日本・アメリカ・ヨーロッパの開発協力政策』アジア経済研究所．
山村喜晴．1984．『戦後日本外交史 V：経済大国への風圧』三省堂．
山本進．1961．『東京・ワシントン：日本の経済外交』岩波書店．
山本太一．1966．「アジア外相会議と日本」『朝鮮研究』49: 1–2．
山本武彦編．2005．『地域主義の国際比較：アジア太平洋・ヨーロッパ・西半球を中心にして』早稲田大学出版部．
山本剛士．1984a．『戦後日本外交史 VI：南北問題と日本』三省堂．
——．1984b．「東南アジアへの賠償」安原和雄・山本剛士『戦後日本外交史 IV：先進国への道程』三省堂，ch. 3．
山本信人ほか．1999．『東南アジア政治学：地域・国家・社会・ヒトの重層的ダイナミズム』（増訂版）成文堂．
山本満．1973．『日本の経済外交：その軌跡と転回点』日本経済新聞社．
山本吉宣．1994．「現在の国際関係における地域主義」『アジア太平洋の地域主義と日本外交』（平成 5 年度自主研究報告書）日本国際問題研究所，1–28．
——．1996．「国際レジーム論：政府なき統合を求めて」『国際法外交雑誌』95（1）: 1–53．

―――．2000．「20 世紀の国際政治学：アメリカ」『社会科学紀要』（東京大学）50: 1–88.
―――．2005．「アジア太平洋の安全保障の構図」山本吉宣編『アジア太平洋の安全保障とアメリカ』彩流社，ch. 1.
油井大三郎．2002．「現代史としてのベトナム戦争」『国際政治』130: 1–16.
―――．2004．「太平洋共同体の可能性」遠藤泰生・油井大三郎編『太平洋世界の中のアメリカ：対立から共生へ』彩流社，227–254.
尹春志．1998．「APEC をめぐる米国と ASEAN の角逐：APEC と東アジア地域主義（2）」『東亜経済研究』（山口大学）57 (1): 1–48.
吉田長雄．1966．「国連軍と日本」『国際問題』74: 36–43.
吉野文六．1966．「東南アジア経済開発閣僚会議：開催に伴う四つの設問に答えて」『国際問題』73: 14–19.
吉松昭夫・小泉肇．1996．『メコン河流域の開発：国際協力のアリーナ』山海堂.
吉村健蔵．1959．「ANZUS と SEATO」『国際政治』10: 73–83.
ラフィーバー，ウォルター．1987．「ベトナム戦争と日米関係」細谷千博・有賀貞編『国際環境の変容と日米関係』東京大学出版会，ch. 6.
ラングドン，フランク・C.（福田茂夫監訳）．1976．『戦後の日本外交：池田時代・佐藤時代・その後』ミネルヴァ書房.
李鍾元．1993a．「戦後米国の極東政策と韓国の脱植民地化」大江志乃夫ほか編『アジアの冷戦と脱植民地化』岩波書店，3–38.
―――．1993b．「東アジアにおける冷戦と地域主義：アメリカの政策を中心に」鴨武彦編『講座世紀間の世界政治 3：アジアの国際秩序――脱冷戦の影響』日本評論社，185–239.
―――．1994a．「韓日会談とアメリカ：『不介入政策』の成立を中心に」『国際政治』105: 163–181.
―――．1994b．「韓日国交正常化の成立とアメリカ：1960〜65 年」近代日本研究会編『戦後外交の形成』山川出版社，272–305.
―――．1996．『東アジア冷戦と韓米日関係』東京大学出版会.
李庭植（小此木政夫・古田博司訳）．1989．『戦後日韓関係史』中央公論社.
リー・ポーピン．1993．「外国の浸透：マレーシアの視座から」猪口孝編『アジア太平洋の戦後政治』朝日新聞社，111–143.
李弘杓．1997．「1990 年代における中台関係」菅英輝，グレン・D. フック編『アジア太平洋の地域秩序と安全保障』ミネルヴァ書房，275–296.
渡辺昭夫．1985．『戦後日本の対外政策』有斐閣.
―――．1987．「戦後初期の日米関係と東南アジア：戦前型『三角貿易』から戦後型『半月弧』へ」細谷千博・有賀貞編『国際環境の変容と日米関係』東京大学出版会，ch. 2.
―――．1992a．『アジア・太平洋の国際関係と日本』東京大学出版会.
―――．1992b．「冷戦とその後・序論」『国際政治』100: 1–15.
―――編．2005．『アジア太平洋連帯構想』NTT 出版.
渡部茂己．1997．『国際機構の機能と組織：新しい世界秩序を構築するために』（第 2 版）国際書院.
渡辺武ほか．1967．「アジア開銀への偏見：特色は政治性の除外」『朝日ジャーナル』9 (5): 42–44.

渡辺利夫．2004．『東アジア市場統合への道』勁草書房．
和田久徳ほか．1977．『東南アジア現代史Ⅰ：総説・インドネシア』山川出版社．

(3) ハングル

國際關係研究會．2003．『동아시아 국제관계와 한국〈東アジア国際関係と韓国〉』乙酉文化史．
權泰鈞．1997．「ADB의 메콩江流域 開發事業〈ADBのメコン事業〉」『地域經濟』(對外經濟政策研究院 附設地域情報센터〈センター〉) 6 (5): 70–77.
그리인, 마샬〈グリーン，マーシャル〉．1969．「지역협력에의 눈부신 진전：동『아시아』개발－대외원조와 무역〈地域協力の目覚しい進展：東『アジア』開発－対外援助と貿易〉」『自由公論』37: 64–70.
구프창, 챨스〈グプチャング，チャルス〉．1998．「아시아 태평양의 대두와 地域主義〈アジア太平洋の台頭と地域主義〉」『極東問題』229: 56–63.
金永達．1967．「韓・日兩國의 對亞外交 戰略〈韓・日両国の対アジア外交戦略〉」『政經研究』3 (3): 13–31.
金玉烈．1973．『韓國과 美・日關係論〈韓国と米・日関係論〉』一潮閣．
全正煥．2002．「朴正熙政府의 安保・統一外交政策〈朴正煕政府の安保・統一外交政策〉」『教授論叢』(國防大學校) 24: 19–56.
金鍾驥．1997．「朴正熙, 케네디와의 첫만남에서 한국군 월남파병 제의했다：美 국무부 60년대 비밀외교문서 (2부)〈朴正熙, ケネディとの最初の出会いで韓国軍南ベトナム派兵申し入れ：米国務省60年代秘密外交文書 (2部)〉」『新東亞』448: 566–582.
金鍾信．1966．「第三共和國成年外交의 알찬보람：마닐라 頂上會談 朴正熙大統領閣下 隨行記－아시아를 領導하는 韓國〈第三共和国成年外交の充実したやりがい：マニラ首脳会談朴正煕大統領閣下随行記－アジアを指導する韓国〉」『地方行政』(大韓地方行政協會) 15 (11): 33–36.
김한식〈キム・ハン・シク〉．1970．「한국의 대 동남아 외교 전략의 전제：ASEAN 제국을 중심으로〈韓国の対東南アジア外交戦略の前提：ASEAN諸国を中心に〉」『國防研究』(國防大學院安保問題研究所) 29: 65–108.
金彙出．1990．「朴正熙大統領의 對美外交政策에 關한 硏究：韓美頂上會談 共同聲明書 內容分析을 中心으로〈朴正煕大統領の対米外交政策に関する研究：韓米首脳会談共同声明書の内容分析を中心に〉」『行政研究』(漢陽大學校 行政大學院) 6: 177–215.
노기영〈ノ・キ・ヨン〉．2002．「이승만정권의 태평양동맹 추진과 지역안보구상〈李承晩政権の太平洋同盟推進と地域安保構想〉」『지역과 역사〈地域と歴史〉』11: 185–222.
朴實．1979．『韓國外交秘史〈韓国外交秘史〉』서울〈ソウル〉：麒麟苑．
朴준영〈パク・ジュン・ヨン〉．1983．「아시아 태평양 각료회의 (ASPAC) 의 외교적 의의 재조명〈ASPACの外交的意義再考〉」『社會科學論集』(梨花女子大學校法政大學) 3: 123–136.
변진석〈ビョン・ジン・ソク〉．1995．「APEC과 미국의 아시아태평양 지역주의정책의 등장：다자주의인가 동맹인가？〈APECとアメリカのアジア太平洋地域主義政策の登場：多国間主義か同盟か〉」『韓國政治學會報』29 (1): 613–634.
브렉크, 유젠 R.〈ブラック，ユージン・R.〉(金主洛譯)．1968．「地域協力과 開發政策：아시아의 境遇〈地域協力と開発政策：アジアの場合〉」『國會圖書館報』5 (6): 41–49, 71.

申旭熙. 1995. 「분석수준과 분석단위에 대한 새로운 논의〈分析水準と分析単位に対する新しい論議〉」김달중, 박상섭, 황병무 공편『국제정치학의 새로운 영역과 쟁점〈国際政治学の新しい領域と争点〉』나남〈ナナム〉.

―. 1996. 「국가의 자율성과 상호성에 대한 소고: 냉전기 한미관계의 사례〈国家の自律性と相互性に対する小考: 冷戦期韓米関係の事例〉」『國際問題硏究』(서울〈ソウル〉大學校國際問題研究所) 20: 47–64.

―. 2002. 「東아시아의 冷戰 : 形成, 結果, 遺産〈東アジアの冷戦: 形成, 結果, 遺産〉」『國際問題硏究』(서울大學校國際問題研究所) 24: 3–27.

셔록, 팀〈シャーロック, ティム〉. 2001. 「베트남전, 한·미·일동맹 짰다: 닉슨정부 비밀외교문서 최초 공개 ... 박정희‒닉슨 통신, 미일 안보회담의 기록 상세 분석〈ベトナム戦, 韓・米・日同盟締結: ニクソン政府秘密外交文書初公開 ... 朴正熙‒ニクソン通信, 日米安保会談の記録詳細分析〉」『한겨레 21〈ハンキョレ 21〉』372: 70–73.

安煐哲. 1975. 「東南亞開發閣僚會議의 成果와 展望: 아시아의 地域協力動向〈東南アジア開発閣僚会議の成果と展望: アジアの地域協力動向〉」『經協』(全國經濟人連合會) 75: 23–25.

梁興模. 1973. 「아시아 地域協力機構의 問題點: 아스팍의 試鍊을 中心으로〈アジア地域協力機構の問題点: ASPACの試練を中心に〉」『北韓』2 (5): 49–57.

嚴基衡. 1966. 「亞洲共同紐帶 위한 발판: 아시아太平洋地域閣僚會議의 成果‒변모하는 世界〈アジア共同紐帯のための足場: アジア太平洋地域閣僚会議の成果‒変貌する世界〉」『協同』(農業協同組合中央會) 24: 32–36.

柳永益編. 1998. 『수정주의와 한국현대사〈修正主義と韓国現代史〉』延世大學校出版部.

유장희〈ユ・ジャン・ヒ〉. 2005. 『APEC과 신국제질서〈APECと新国際秩序〉』(改訂2版) 서울〈ソウル〉: 나남출판〈ナナム出版〉.

李祥雨. 1982. 「內幕, 서울과 東京 14년: 朴正熙, 사또政權의 外交흥정〈内幕, ソウルと東京 14年: 朴正熙, 佐藤政権の外交取り引き〉」『月刊朝鮮』3 (8): 46–69.

李承憲. 1967. 「亞細亞太平洋共同體의 創建〈アジア太平洋共同体の創建〉」『法政研究誌』(建國大學校法政大學聯合學會) 1: 65–80.

―. 1969. 「ASPAC 발전 및 지역적방위체제강화의 방안〈ASPACの発展及び地域的防衛体制強化の方策〉」『外交』4 (1): 1–42.

―. 1973. 「60年代以後 韓國外交의 成長: 外交韓國의 位相〈特輯〉〈60年代以後の韓国外交の成長: 外交韓国の位相〈特輯〉〉」『Fides』(서울大學校 法科大學) 20: 76–81.

李浩宰〈リ・ホ・ジェ〉. 1988. 『한국외교정책의 이상과 현실: 해방 8년 민족갈등기의 반성〈韓国外交政策の理想と現実: 解放8年民族葛藤期の反省〉』서울〈ソウル〉: 법문사〈法文社〉.

張基安. 1966. 「對東南亞外交의 結實〈対東南アジア外交の結実〉」『海軍』162: 12–19.

정무열〈ジュン・ム・ヨル〉. 1966. 「한국 외교정책상의 민족주의〈韓国外交政策上の民族主義〉」『高大文化』(高麗大學校) 7: 48–53.

鄭讚實. 1966. 「軍事的 對共對鎖를 건 政治的 結束: 아시아태평양지역리事會는 무엇을 가져올것인가〈軍事的共産主義封じ込めをかけた政治的結束: アジア太平洋地域理事会は何をもたらすのか〉」『海軍』157: 47–51.

趙德松. 1964. 「새로운 亞洲反共同盟結成의 意義와 展望〈新しいアジア反共同盟結成の意義と展望〉」『國防』146: 54–63.

崔敬洛. 1972.「再檢討되는 亞細亞의 安保와 結束: ASPAC, ASEAN, SEATO의 將來問題와 關聯하여〈再検討されるアジアの安全保障と結束: ASPAC, ASEAN, SEATOの将来問題と関連して〉」『国会報』122: 71–80.
崔永鎬. 1999.「이승만 정부의 태평양동맹 구상과 아시아민족반공연맹 결성〈李承晩政権の太平洋同盟構想とアジア民族反共連盟の結成〉」『國際政治論叢』39 (2): 165–182.
河英善編. 1990.『한국전쟁의 새로운 접근 : 전통주의와 수정주의를 넘어서〈朝鮮戦争への新しい接近: 伝統主義と修正主義を越えて〉』나남〈ナナム〉.
韓公澤. 1986.「아시아에 있어서 民族主義와 地域協力에 관한 연구〈アジアにおける民族主義と地域協力に関する研究〉」『研究論文集』(蔚山大學校倂設工業專門大學) 15: 75–86.
韓國産業銀行. 1969.「『제 4 차 아시아지역 개발은행회의』의 토의 및 결의내용〈『第 4 次アジア地域開発銀行会議』の討議及び決議内容〉」『産銀다이제스트〈産銀ダイジェスト〉』307: 1–14.
韓國産業銀行調査部編. 1964.「亞細亞開發銀行의 設立에 關한 研究〈アジア開発銀行の設立に関する研究〉」『調査月報』(韓國産業銀行) 109: 8–55.
── . 1965.「亞細亞開發銀行協定文의 槪要와 亞細亞開發銀行의 設立展望〈アジア開発銀行協定文の概要とアジア開発銀行の設立展望〉」『調査月報』(韓國産業銀行) 121: 13–48.
洪圭德. 1992.「派兵外交와 安保신드롬: 60 年代 韓國外交政策의 評價〈派兵外交と安保シンドローム: 60 年代韓国外交政策の評価〉」『國際政治論叢』32 (2): 23–44.
후로커, 로버트〈フロカー, ロバート〉. 1970.「地域主義와 東南 아시아의 近代化〈地域主義と東南アジアの近代化〉」『國會圖書館報』7 (1): 37–52.
흐시, S. C.〈フシ, S. C.〉. 1970.「아시아개발은행과 농업분야에서의 활동〈アジア開発銀行と農業分野での活動〉」『國際食糧農業』(國連食料農業機構韓國協會) 12 (2): 42–48.

6. 非公刊論文
(1) 英 文
Andersen, Robert Allan. 1974. "The Separation of Singapore from Malaysia: A Study in Political Involution."(Ph.D. Dissertation, The American University) Ann Arbor, Mich.: University Microfilms International.
Brown, Douglas Allen. 1974. "Three Perspectives on U.S. Foreign Aid: Explaining the Alliance for Progress."(Ph.D. Dissertation, University of Oregon) Ann Arbor, Mich.: University Microfilms International.
Bucklin, William Thayre. 1972. "Regional Economic Cooperation in Southeast Asia: 1945–1969."(Ph.D. Dissertation, Michigan State University) Ann Arbor, Mich.: University Microfilms International.
Hernando, Orlando Maravillas. 1976. "The United States and the Philippines, 1946–1975: A Study of a Small Power in an Alliance."(Ph.D. Dissertation, The University of Oklahoma) Ann Arbor, Mich.: University Microfilms International.
Ma, Sang-Yoon. 2001. "Dealing with Authoritarianism: U.S. Policy towards South Korean Governments, 1960–1968."(Ph.D. Dissertation, St. Antony's College).
Pechkam, Danai. 1974. "Regional Organization and Integration in Southeast Asia."(Ph.

D. Dissertation, Claremont Graduate School) Ann Arbor, Mich.: University Microfilms International.
Reinhardt, Jon McEwen. 1967. "Nationalism and Confrontation in the Southeast Asian Islands: The Sources of Indonesian Foreign Policy." (Ph.D. Dissertation, Tulane University) Ann Arbor, Mich.: University Microfilms International.
Reksopoetranto, Soemardi. 1968. "Enhancing Indonesia's Long-Run Economic Development within the Framework of Regional Economic Cooperation in Southeast Asia." (Ph.D. Dissertation, University of Pittsburgh) Ann Arbor, Mich.: University Microfilms International.
Sinaga, Edward Janner. 1974. "ASEAN: Economic, Political and Defense Problems, Progress and Prospects in Regional Cooperation with Reference to the Role of Major Powers in Southeast Asia." (Ph.D. Dissertation, The George Washington University) Ann Arbor, Mich.: University Microfilms International.
Snow, Roger William, Jr. 1973. "A Comparative Analysis of Confrontation as an Instrument of Indonesian Foreign Policy." (Ph.D. Dissertation, University of Washington) Ann Arbor, Mich.: University Microfilms International.
Warshawsky, Howard. 1974. "From Confrontation to Cooperation: The Influence of Domestic Forces on Indonesian Foreign Policy." (Ph.D. Dissertation, University of Virginia) Ann Arbor, Mich.: University Microfilms International.
Weinstein, Franklin Bernard. 1972. "The Uses of Foreign Policy in Indonesia." (Ph.D. Dissertation, Cornell University) Ann Arbor, Mich.: University Microfilms International.

(2) 和　文
大庭三枝．2002．「『アジア太平洋』地域への道程：日豪の政策担当者と知識人の『自己包摂的地域』の模索」東京大学大学院総合文化研究科博士学位論文．
李元徳．1994．「日本の戦後処理外交の一研究：日韓国交正常化交渉（1951-65）を中心に」東京大学大学院総合文化研究科博士学位論文．

(3) ハングル
木宮正史．1992．「한국의 내포적 공업화전략의 좌절：5.16 군사정부의 국가자율성의 구조적 한계〈韓国の内包的工業化戦略の挫折：5.16 軍事政権の国家自律性の構造的限界〉（The "Failure" of the Inward-Looking Deepening Strategy in South Korea: The Limits of the State's Structural Autonomy in the 5.16 Military Government)」高麗大學校大學院政治外交學科博士学位論文．
金容執．1970．「ASPAC 社會文化센터에 關한研究：設置過程을 中心으로〈ASPAC 社会文化センターに関する研究：設置過程を中心に〉」서울〈ソウル〉大學校行政大學院行政學科修士学位論文．
金정배〈キム・ジョン・ベ〉．1990．「미국의 세계전략적 관점에서 본 태평양연맹논의의 성격〈米国の世界戦略的観点からみた太平洋連盟論の性格〉」釜山大學校大學院史學科修士学位論文．

朴泰均. 2000.「1956–1964 년 한국 경제개발계획의 성립과정 : 경제개발론의 확산과 미국의 대한정책 변화를 중심으로〈1956–1964 年韓国経済開発計画の成立過程 : 経済開発論の拡散とアメリカの対韓政策の変化を中心に〉」서울〈ソウル〉大學校大學院国史學科博士学位論文.

邊鎭錫. 1994.「일본의 아시아 지역주의에 대한 정책 분석〈日本のアジア地域主義に対する政策分析〉」高麗大學校大學院博士学位論文.

鄭琇鎔. 2001.「한국의 베트남전 파병과 한・미 동맹체제의 변화〈韓国のベトナム戦争派兵と韓・米同盟体制の変化〉」高麗大學校大學院政治外交學科博士学位論文.

정일준〈ジョン・イル・ジュン〉. 2000.「미국의 대한정책 변화와 한국 발전국가의 형성, 1953–1968〈アメリカの対韓政策の変化と韓国発展国家の形成, 1953–1968〉」서울〈ソウル〉大學校大學院社会學科博士学位論文.

あとがき

　本書は 2006 年 4 月東京大学大学院総合文化研究科に提出した博士論文「アジア地域主義とアメリカ外交——1960 年代地域機構設立の相互作用における多様性の分析」を加筆・修正したものである．もとの博論の分量が多かったため，本書の刊行に当たっては，いかに実証研究の成果を損なわずに短くできるかが課題となった．結局，本論では，全体の流れと直接関係のない記述は省き，先行研究批判などは必要最小限に止め，特に量が多かった注を圧縮することにした．序章と終章においては最近の国際情勢や文献を取り入れ，今日的意味合いを強調し，読者にとってできるだけ読み易い内容にしようとした．

　思い起こせば，筆者が本書の題材を博論のテーマとして決めたのはほぼ 10 年前のことである．当時は冷戦終結後の「新しい地域主義」の文脈で，特に APEC の「成功神話」に注目が集まり，既に多くの研究成果が出されていた．そうした中で，筆者は，設立 30 年を迎え，その加盟国を東南アジア全体にまで拡大しようとしていた ASEAN の設立の動因に注目するようになった．そして，ASEAN の設立と前後して多くの政府間機構が設立されていたこと，その多くはアメリカの冷戦戦略の結果物といった低い評価が多いこと，にもかかわらずそれらについてはきちんとした実証研究が意外に少ないことに気付いた．ちょうど 30 年を経過したアメリカ政府の外交文書が公開され始めており，果たしてこれらの機構設立におけるアメリカの役割はどのようなものであったのかに焦点を絞って調べてみることにしたのである．

　このようにして 1960 年代のアジア地域主義外交の再構成作業が始まったものの，浅学非才で外交史に不慣れな筆者にとって，問題の設定，資料の収集と分析，論理の立て方など，決して容易なものではなかった．しかしながら，「下手な鉄砲も数打てばあたる」如し，指導教官の論文ゼミでの試行錯誤を繰り返す中でようやくなんとか全体像が描けるようになった．当初の問題について，曲がりなりにも一貫性のある答えが出せると思われるようになったのである．

本書で述べたように，冷戦終結後の国際関係は冷戦期のそれとは大きな違いを見せており，地域協力をめぐる国家間関係も絶えず変化している．にもかかわらず，21世紀のアジア地域主義を議論する上で，国際関係の多様性に注目し，関係国の相互作用のあり方を分析するという，地域国際関係に対する本書の捉え方は，依然として有効であると思われる．本書は，外交史，国際関係史の専門家には実証研究として評価されうるだろうが，その他の国際政治学者にとっても，例えば外交政策論，覇権・ヘゲモニー論，帝国論，構成主義理論，レジーム論，地域統合論，地域システム論など，様々な理論を深めるための一つの材料になり得るだろう．そのほか，外交に携わる方々，それに関心のあるジャーナリストや一般の読者にとっても，本書で分析した実際の外交経験から得られる教訓は少なくないだろう．

　博論執筆以来，本書の刊行に至るまで，先生方，先輩・同僚から多くのご教示を頂いており，その全てを活かし切れなかったことは筆者の能力不足によるものであり，今後の課題にしたい．当然ながら本書の中での事実関係及びその解釈などに間違いがあるならば，それは一切筆者の責任である．資料の分析に当たっては，偏見や先入観にとらわれず，あらゆる可能性を排除しないよう心がけたものの，至る所で間違いが残っている可能性は否定できない．博論提出後，筆者の知る限りでも本書のテーマと関連する研究が出されているが，本書の内容に対して大きな変更を強いるものではないと判断し，あえてそれらの研究についての言及は控えることにした．読者諸賢からの叱正をお待ちしている．

　学者の道を志し日本に留学してから本書の刊行に至るまで，多くの方々から筆舌に尽くし難い恩を蒙っており，この場を借りて，心から謝意を申し上げておきたい．とりわけソウル大学外交学科の河龍出，申旭熙の両先生からは研究及び資料調査の面で多くの支援を頂いた．東大留学の先輩・同僚たちには色々とお世話になり，中でも張寅性，李元徳，南基正，梁基雄，姜相圭の各先生からは絶えず激励を頂いた．留学の開始から今日に至るまで，指導教官の山影進先生には学問の面はもちろん留学生活全般において物心両面ではかりしれないご支援と激励を頂いている．先生からは博論の構想と執筆はもとより東京大学出版会刊行助成の申請，帰国後の就職と活動に至るまで全幅のご支援を頂い

た．また木宮正史先生には研究と生活の面で大きな力になって頂いた．博士論文のコロキアムと口述試験においては，田中明彦，恒川恵市，石田淳の各先生に的確かつ暖かいご指導を頂いた．平野健一郎，山本吉宣，石井明，古田元夫，加藤淳子，古城佳子，五十嵐武士などの諸先生方の授業で多くのことを学ぶことができた．それから，駒場の国際関係論専攻の新進気鋭の方々，大庭三枝，光辻克馬の両氏をはじめ山影ゼミの皆さんとは知的交流を深め，多くの貴重なご助言を頂き，本書の問題意識を発展させることができた．

長い留学生活を無事終えることができたのは，韓国の製鉄奨学会（POSCOの旧奨学団体）から長期にわたる財政援助をいただいたおかげである．またアメリカでの資料調査は2回にわたる富士ゼロックス小林節太郎記念基金からの研究助成のお世話になった．関係者の方々に御礼申し上げたい．

筆者は帰国後，韓国国民大学の日本学研究所で半年間の専任研究員を務めた後，韓国外交通商部外交安保研究院での教職を得て今日に至っている．研究院での安定した研究環境は本書の刊行にとって不可欠なものであった．絶えず知的刺激を与えてくださっている先輩・同僚の先生方に感謝したい．

本書の刊行は，第49回東京大学出版会刊行助成によるものである．ご推薦頂いた山影先生のほか，その審査委員の先生方，東京大学出版会にお礼を申し上げたい．それから，博論草稿の校正作業での山元菜々氏のご協力，本書の校正における奥田修一氏の丁寧なご対応は，日本語を母国語としない筆者にとって大きな力になった．

最後に私事にわたるが，親不孝者の長い留学を限りない信頼と支援で支えてくれた両親と，結婚後長きにわたり苦労をかけた妻・智媛，昨年健康に生まれた長女・永恕に，感謝の念とともに本書を捧げたい．

2008年12月　良才の研究室にて

曺　良鉉

363

人名索引

ア 行

アンワル・サニ　→サニ
池田勇人　284
李東元　168, 171, 177–178, 180–181, 184, 298–299, 305
ヴァレンティ（Valenti, Jack）　35, 37–38, 235
ウィルソン（Wilson, Woodrow）　36
ウェストモーランド（Westmoreland, William C.）　82
ウ・タント（U Thant）　33, 42–43, 45, 62, 64–66, 69–70, 73, 89, 105, 131, 134, 238, 245, 249
ウ・ニュン（U Nyun）　42–43, 72, 98, 100, 266
ウンパーコーン　→プウォイ
大橋薫　97

カ 行

ガザリ（Ghazali Shafie, Tan Sri Muhammad）　178, 204, 306–308
ガルブレイス（Galbraith, Francis J.）　210, 314
キ（Ky, Nguyen Cao）　193
金顯哲　49, 304
グエン・カオ・キ　→キ
グッドウィン（Goodwin, Richard）　35, 37–38
クーパー（Cooper, Chester L.）　34, 40, 44–45, 238
クリシュナムルティ（Krishnamurti, R.）　98, 100, 266
グリーン（Green, Marshall）　176–177, 210–211, 306, 314
ケネディ（Kennedy, John F.）　237, 303
コスイギン（Kosygin, Alexey N.）　172
コチニック（Kotschnig, Walter M.）　102, 262
ゴード（Gaud, William S.）　46
コーマー（Komer, Robert W.）　84–85

コーマン　→タナット
ゴールドシュミット（Goldschmidt, Arthur）　37–38, 65
ゴールドバーグ（Goldberg, Arthur J.）　89

サ 行

佐藤栄作　99–100, 119, 128–137, 147–148, 156, 261, 266, 271, 275, 279–280, 284
サニ（Sani, Anwar）　202–203
サリヴァン（Sullivan, William H.）　248
シアヌーク（Sihanouk, Norodom）　72, 75, 77
椎名悦三郎　125, 129, 135–136, 144–149, 151, 153, 181, 183–184, 188, 272, 285–287
シャーフ（Schaaf, C. Hart）　72
シャフィー　→ガザリ
ジョーンズ（Jones, Howard P.）　68, 246
ジョンソン，アレクシス（Johnson, U. Alexis）　248
ジョンソン，リンドン（Johnson, Lyndon B.）　15, 27–39, 45, 50, 52, 55–56, 62–63, 65–66, 68–69, 78, 82–86, 90, 102, 104, 109, 123–124, 128, 130, 135, 141, 148, 151, 159, 192, 226, 234, 240–241, 244, 246, 251, 253, 261, 264, 274–275, 281, 295, 304
スカルノ（Sukarno）　68, 151, 154, 200, 202, 205, 313
スパルジョ（Supardjo）　202
スハルト（Suharto）　200, 310–311

タ 行

田中角栄　284
タナット（Thanat Khoman）　170–171, 179–180, 182, 184–185, 187, 202–203, 205–206, 208–209, 211–212, 306–308, 310–312, 314–315
千野忠男　98, 260

丁一権　193, 304
ド・ゴール（de Gaulle, Charles）　33
ド・セヤンヌ（de Seynes, Philippe）　76

ナ 行

ナラシムハン（Narasimhan, C. V.）　65–67, 72–75, 77, 89, 134, 140, 249, 282
西山昭　132, 149, 157
ニブロック（Niblock, Thomas）　55, 74–75, 81, 140, 266, 286

ハ 行

バーガー（Berger, Samuel D.）　49, 304
朴正煕　166, 173, 184, 192, 299, 303, 305
バーネット（Barnett, Robert W.）　33, 69
ハリマン（Harriman, W. Averell）　38, 45, 237–238
バンディ, ウィリアム（Bundy, William P.）　32–33, 85, 213, 295, 315
バンディ, マクジョージ（Bundy, McGeorge）　32, 34–35, 37–40, 45–46, 53, 56, 85, 130, 242
ピン（Pin Malakul, H. E.）　89–90
ファウラー（Fowler, Henry H.）　272
プウォイ（Puey Ungphakorn）　84, 93–94, 259
福田赳夫　119, 145, 156, 271–272, 275, 278, 284–285
藤山愛一郎　148, 156
ブラウン（Brown, Winthrop G.）　171, 175, 197
ブラック（Black, Eugene R.）　30, 37–38, 55–56, 62, 64–65, 67, 72, 74, 79, 81, 83–84, 87–93, 107, 109–111, 114, 116, 119–121, 123–125, 127, 130–131, 146–147, 149, 208, 227, 242, 245, 251, 255–256, 258, 264, 266, 271, 274, 277–278, 284, 286
ブレジネフ（Brezhnev, Leonid I.）　172
ベル, ジェームズ（Bell, James D.）　178, 248, 307, 312, 314
ベル, デヴィッド（Bell, David E.）　286
ポーツ（Poats, Rutherford M.）　40–41, 44–45
ボール（Ball, George W.）　39

マ 行

マカパガル（Macapagal, Diosdado）　184, 205
マクガヴァン（McGovern, George）　36, 39
マクナマラ（McNamara, Robert S.）　37, 39, 304
松野頼三　278
マーティン（Martin, Graham A.）　77, 93–94, 209, 211–212, 248, 314
マラクル　→ピン
マリク（Malik, Adam）　154–155, 200–206, 208–209, 211, 306–308, 311
マルコス（Marcos, Ferdinand E.）　184, 310
マンスフィールド（Mansfield, Mike）　33
三木武夫　125, 145, 147–149, 278, 284–286

ラ 行

ライシャワー（Reischauer, Edwin O.）　129–134, 140, 158–159, 178, 279, 284
ラザク（Razak, Tun Abdul）　92, 201, 208, 258, 312
ラスク（Rusk, Dean）　37, 46, 99, 136, 141, 148–149, 151, 173, 205–206, 241, 272, 286, 298, 304, 311–312, 314–315
ラーマン（Rahman, Tunku Abdul）　169, 178, 180–181, 199, 202–203, 299, 307–308, 312, 314
ラモス（Ramos, Narciso）　201, 205, 299, 307–308
リー（Lee Kuan Yew）　307
リップマン（Lippmann, Walter）　34, 40
リム（Lim Kim San）　153
ルーズヴェルト（Roosevelt, Franklin D.）　36
ロストウ（Rostow, Walt. W.）　43–45, 124, 138, 143, 149, 241, 253, 266, 283
ロッジ（Lodge, Henry C.）　132, 134–137, 253, 280

ワ 行

渡辺武　84, 97–100, 115, 118, 120–121, 125, 260, 266, 272–273, 278

事項索引

ア 行

アジア・アフリカ会議 23, 232, 298
 　第2回―― 184, 232
アジア欧州会合（ASEM） 219, 225
アジア開発銀行（ADB） 2–5, 11–12, 15, 17–18, 41–42, 44–45, 61, 65–67, 70, 74–82, 84, 86–88, 91–93, 97–127, 138–140, 142–145, 147, 149–150, 208, 216, 218, 232, 244–245, 251–253, 255, 260–267, 273–276, 278, 283–284, 286
 　――設立に関する諮問委員会（――諮問委） 110–111, 113–117, 266, 271
 　――特別基金 18, 92–93, 108, 122–126, 274–278
アジア関係会議 22
（国連）アジア極東経済委員会（ECAFE） 11–12, 18, 21–22, 36, 42–45, 61–63, 65–66, 70–72, 74–81, 86, 88–89, 91, 93, 96–104, 108, 110–111, 115, 121, 126, 133–134, 137–140, 142, 145–146, 150, 153, 155, 161, 216, 249, 252, 260–261, 264, 266, 272, 275, 284, 286
アジア経済開発機構（OAEC） 96
アジア経済開発のための大統領基金 26
アジア生産性機構（APO） 23
アジア太平洋協議会（ASPAC） 3–5, 10, 13, 15, 19, 156, 190, 194–198, 204, 208, 216–219, 229–230, 232, 292, 305
アジア太平洋経済協力会議（APEC） 1, 219, 221–223, 225–226
アジア地域主義 1–2, 4, 6–9, 14–20, 28, 31, 59, 106, 215, 217, 222–224, 226–228
アジア通貨基金（AMF） 1, 221, 223
アジア版進歩のための同盟 9, 18, 41, 53, 59, 61, 95, 237
アジア版 OEEC 161, 216
アジア版進歩のための同盟米州委員会（アジア版 CIAP） 18, 59, 71, 79–80, 84, 94, 137–138, 145, 160–161, 215–217, 237, 241, 280
アジア平和計画 69–70, 132–133, 135, 137, 140, 161
アジア民族反共連盟（APACL） 23, 164, 166
アジア4ヵ国外相会議 165
新しい地域主義 2, 219–220
アフリカ開発銀行（AfDB） 96, 114, 116
アンザス（ANZUS） 25, 27, 47–49, 163–164, 178, 227
アンザム（防衛計画取り決め）（ANZAM） 47–48
イギリス・マラヤ防衛協定（AMDA） 22
偉大な社会 9, 37, 85, 95
ウィルソンの14ヵ条 34, 36
運輸通信基金 277
欧州経済協力機構（OEEC） 79, 130, 132, 161, 243, 279
欧州統合 2, 14

カ 行

開発援助 9, 53, 242
開発援助委員会（DAC） 42–43
開発外交 54, 83, 127, 227, 255
（南ベトナム）解放民族戦線（NLF） 33, 42
革命的開発計画 83
韓国軍のベトナム派遣（派兵） 192, 303–304
韓日会談 177, 181, 191, 195
韓日国交正常化 167–168, 177, 181, 191, 195
北大西洋条約機構（NATO） 23, 164, 227, 241, 291
9・30事件 154, 200
キューバ危機 30
経済連携協定（EPA） 223
国際開発協会（IDA） 103, 107, 113
（米国）国際開発庁（AID） 34, 37, 44, 55, 102
国際通貨基金（IMF） 42, 93, 97, 266
国連開発の10年 9, 14, 53

（米国）国家安全保障会議（NSC） 32, 35, 40, 45, 55, 63, 295
　　──執行委員会（EXCOM） 32
コロンボ・プラン 22, 41, 86, 142

サ　行

索敵撃滅 82
3・11政変 154, 200
シムラ会議 233
上海協力機構（SCO） 219
自由貿易協定（FTA） 222–223
修正主義論者 226
ジョンズ・ホプキンズ演説 29, 37–40, 46, 52–53, 55–56, 62, 65, 67–69, 71–72, 104, 128, 130, 136, 138, 197, 228, 235, 238, 241–242, 244, 247–248, 279
ジョンソン構想 5, 7–13, 15–18, 27–28, 31, 38, 40, 47, 51–53, 56, 59–72, 74–75, 81–83, 85, 87–89, 91–95, 104, 106, 108–109, 119, 122, 126–132, 134–140, 142, 146, 150–153, 157–162, 197–198, 206, 215–216, 218, 226, 228, 233, 241–245, 248–249, 251, 256, 259, 263–266, 274, 279, 281, 283, 306
新太平洋共同体 26
進歩のための同盟 9, 43, 53, 62, 79, 216, 237, 243
進歩のための同盟米州委員会（CIAP） 41–42, 44, 58, 70, 77, 79–82, 84, 86–87, 94, 106, 108, 137–145, 147, 149–150, 161, 237, 243, 252–253, 279, 283–284
（米国）政策企画会議 30, 33, 79, 101, 247, 252
世界銀行（世銀） 42, 44, 93, 97, 103, 114, 266

タ　行

大西洋憲章 36
太平洋協定 25, 27, 163–165, 291
太平洋同盟 23, 164, 292
地域システム論 5, 226–227
地域的経済統合 8, 25, 53, 165, 242
地位協定（SOFA） 206
中央条約機構（CENTO） 227
（米国）テネシー川流域開発公社（TVA） 29, 36, 41
東南アジア運輸・通信高官会議 91–93
東南アジア開発 5, 7–10, 12, 18, 27, 29–31, 33–34, 36–41, 45–46, 52–53, 55–57, 59–66, 68–71, 73, 75–78, 80–81, 86–87, 94–95, 101–102, 104–106, 108, 122, 131–132, 134–150, 158, 160–161, 181, 197, 228, 238, 245–246, 249, 251, 263–264, 271, 277, 279, 282, 286
東南アジア開発閣僚会議 3, 5, 12–13, 15, 18, 125, 128, 152–162, 181, 184, 216, 218, 229, 278, 285–286, 288
東南アジア開発特別基金 82, 119, 147, 150, 286
東南アジア開発連合 18, 37, 40, 42, 44–46, 53, 55, 58, 60, 62, 65, 237, 242
東南アジア条約機構（SEATO） 22, 25–27, 47–50, 57, 163–165, 173, 178, 206, 210, 214, 218, 227, 229, 234, 238–239, 291, 313
東南アジア諸国連合（ASEAN） 3, 6, 10, 13–14, 19, 203–208, 212–214, 217–219, 221, 224–225, 230, 307, 309–310, 315
　　──地域フォーラム（ARF） 219, 223, 225
　　──＋3 219, 223, 225
東南アジア地域開発基金 81, 105–107, 109, 113, 119, 122, 124, 244, 277
東南アジア地域協力連合（SEAARC） 202–204, 209, 211–212, 217, 307–310, 312, 314
東南アジア中央銀行総裁会議 2–3, 86, 93–94, 206, 259
東南アジアに関する4ヵ国協議 47, 218
東南アジア農業開発会議 124–125, 208
東南アジア文部大臣委員会（SEAMEC） 91
東南アジア文部大臣会議 2, 89–92, 94, 257
東南アジア文部大臣機構（SEAMEO） 91
東南アジア文部大臣事務局（SEAMES） 90–92, 206, 208
東南アジア連合（ASA） 23–24, 199, 201–205, 208–209, 211–212, 306–308, 310, 313
特殊戦争 31–32

ナ行

ナムグム・プロジェクト　65–66, 81, 88, 119, 127, 147, 244, 255, 266, 274, 282–283
日米安全保障条約　25, 163
日米政策企画協議　79, 137–138
日米貿易経済合同委員会（日米合同委）　119, 123, 125, 141, 145, 147–148, 151, 272, 282, 286–287
農業開発基金　124–126, 277–278, 286
農村建設計画　83

ハ行

バイ・アメリカン政策　192
ハブ・アンド・スポーク体制　1, 10, 18, 25, 47, 163, 218, 223, 227
ハリマン・クルグ委員会　84
東アジア共同体　1, 220–221
東アジア経済グループ（EAEG）　1, 219, 221
東アジア首脳会議　223
非同盟（運動）　22–24
ブラウン覚書　193
米州開発銀行（IDB）　96, 116–117
米比相互防衛条約　25, 163
ベトナム（戦争）　2, 4, 7, 15, 22, 32–33, 40, 47, 52–54, 57, 68, 82–83, 85, 95, 139, 214, 218, 229–230, 253, 280, 304–305
ベトナム参戦国会議　3–4, 17, 50, 218, 232, 240, 305
ベトナム修正主義論争　230
ポイント5　35–36, 44–45, 102, 263
北東アジア条約機構（NEATO）　49
北爆　32–33, 35, 135, 206–207, 238

マ行

マーシャル・プラン　53, 62, 79, 82–85, 131, 133, 237–238, 241, 243
マニラ条約　22
マフィリンド（MAPHILINDO）　169, 199, 205, 207–209, 211, 307
メコン委員会　36, 40, 58, 61, 63, 65–67, 70–78, 80–81, 87–89, 91, 95, 105–106, 134, 137–139, 141–143, 145, 155, 161, 247, 249, 251, 282, 286

メコン川開発公社　34
メコン川流域開発　9, 12, 30, 33, 36–37, 39–42, 44, 63, 65, 67, 69, 71–74, 81–82, 89, 92, 104, 138, 245–246
メコン川流域開発基金　277
モア・フラッグス・プログラム　240, 304
もう一つの戦争　83, 228

ラ行

冷戦　3–4, 6, 8–9, 14, 22–26, 53, 215, 219–220, 226–227, 241
ロストウ・ドクトリン　9, 53
6ヵ国協議　223

ADB　→アジア開発銀行
AfDB　→アフリカ開発銀行
AID　→国際開発庁
AMDA　→イギリス・マラヤ防衛協定
AMF　→アジア通貨基金
ANZAM　→アンザム
ANZUS　→アンザス
APACL　→アジア民族反共連盟
APEC　→アジア太平洋経済協力会議
APO　→アジア生産性機構
ARF　→東南アジア諸国連合
ASA　→東南アジア連合
ASEAN　→東南アジア諸国連合
ASEAN+3　→東南アジア諸国連合
ASEM　→アジア欧州会合
ASPAC　→アジア太平洋協議会
CENTO　→中央条約機構
CIAP　→進歩のための同盟米州委員会
DAC　→開発援助委員会
EAEG　→東アジア経済グループ
ECAFE　→アジア極東経済委員会
EPA　→経済連携協定
EXCOM　→国家安全保障会議
FTA　→自由貿易協定
IDA　→国際開発協会
IDB　→米州開発銀行
IMF　→国際通貨基金
MAPHILINDO　→マフィリンド
NATO　→北大西洋条約機構

NEATO →北東アジア条約機構
NLF →解放民族戦線
NSC →国家安全保障会議
OAEC →アジア経済開発機構
OEEC →欧州経済協力機構
SCO →上海協力機構
SEAARC →東南アジア地域協力連合
SEAMEC →東南アジア文部大臣委員会
SEAMEO →東南アジア文部大臣機構
SEAMES →東南アジア文部大臣事務局
SEATO →東南アジア条約機構
SOFA →地位協定
TVA →テネシー川流域開発公社

著者略歴

1967 年　韓国に生まれる．
1993 年　ソウル大学外交学科卒業．
2005 年　東京大学大学院総合文化研究科博士課程単位取得退学．
現　在　韓国外交通商部外交安保研究院助教授．

主要論文

「1977 年福田赳夫首相東南アジア歴訪と日本の東南アジア政策形成：『福田ドクトリン』をめぐる通説の批判的検討」『国際関係論研究』第 22 号（2004 年 9 月）．

「日本の外交政策」共著『現代外交政策論』（明仁文化社，2007 年〔韓国語〕）．

「戦後日本のアジア外交におけるアメリカ・ファクター：『東南アジア開発閣僚会議』設立を事例に」現代日本学会『現代日本論叢』第 26 号（2007 年 12 月）．

アジア地域主義とアメリカ
ベトナム戦争期のアジア太平洋国際関係

2009 年 2 月 18 日　初　版

［検印廃止］

著　者　曺　良　鉉（ジョ ヤンヒョン）

発行所　財団法人　東京大学出版会
代表者　岡本　和夫
113-8654 東京都文京区本郷 7-3-1 東大構内
http://www.utp.or.jp/
電話 03-3811-8814　Fax 03-3812-6958
振替 00160-6-59964

印刷所　研究社印刷株式会社
製本所　矢嶋製本株式会社

©2009 Jo, Yanghyeon
ISBN 978-4-13-036232-0　Printed in Japan

Ⓡ〈日本複写権センター‐委託出版物〉
本書の全部または一部を無断で複写複製（コピー）することは，著作権法上での例外を除き，禁じられています．本書からの複写を希望される場合は，日本複写権センター（03-3401-2382）にご連絡ください．

渡辺 昭夫 著	アジア・太平洋の国際関係と日本	A5・3600円
山影　進 著	ASEAN シンボルからシステムへ	A5・5200円
山影　進 著	ASEAN パワー	A5・5800円
山影　進 著	対立と共存の国際理論	A5・4800円
五十嵐 武士 著	日米関係と東アジア	A5・4200円
李　鍾元 著	東アジア冷戦と韓米日関係	A5・5400円
草野 厚 / 梅本 哲也 編	現代日本外交の分析	A5・7200円
東京大学東洋文化研究所 編	アジア学の将来像	A5・6800円

ここに表示された価格は本体価格です．御購入の際には消費税が加算されますので御了承下さい．